城市轨道交通信号系统

主　编　邢红霞　李　乐

副主编　王　瑾　王丽萍

参　　编（按姓氏笔画为序）

文冬林　马小玲　马晓薇

王小可　宋　薇　高　玉

重庆大学出版社

内 容 简 介

本书内容是总结国内多个城市轨道交通信号系统而编写的,介绍了城市轨道交通信号系统原理,把信号系统按照设备布置位置信号工种分类和信号系统组成特点分为车载、ATS、正线、DCS、车辆段和其他辅助系统这几个部分,全书总共 8 个项目 15 个任务,囊括了城轨信号系统所有的子系统,内容实用,针对性强。编写中多个项目都是以目前国内使用最多的西门子和浙大网新的各个子系统为例进行分类描述的的。

本书可作为高职高专、中专、中技的城市轨道交通信号系统教材,城市轨道交通信号技术人员的技术参考书,以及本科院校相关专业师生的自学参考书。

图书在版编目(CIP)数据

城市轨道交通信号系统 / 邢红霞,李乐主编.—重
庆:重庆大学出版社,2013.8(2022.1 重印)
高等职业教育城市轨道交通专业系列教材
ISBN 978-7-5624-7227-8

Ⅰ.①城… Ⅱ.①邢… ②李… Ⅲ.①城市铁路—交
通信号—信号系统—高等职业教育—教材 Ⅳ.①U239.5

中国版本图书馆 CIP 数据核字(2013)第 026237 号

城市轨道交通信号系统
主 编 邢红霞 李 乐
副主编 王 瑾 王丽萍
策划编辑:杨粮菊

责任编辑:文 鹏 姜 凤 版式设计:杨粮菊
责任校对:陈 力 责任印制:张 策

*
重庆大学出版社出版发行
出版人:饶帮华
社址:重庆市沙坪坝区大学城西路 21 号
邮编:401331
电话:(023)88617190 88617185(中小学)
传真:(023)88617186 88617166
网址:http://www.cqup.com.cn
邮箱:fxk@ cqup.com.cn(营销中心)
全国新华书店经销
POD:重庆新生代彩印技术有限公司

*
开本:787mm×1092mm 1/16 印张:17 字数:424千
2013 年 8 月第 1 版 2022 年 1 月第 2 次印刷
ISBN 978-7-5624-7227-8 定价:49.00 元

序

轨道交通以其快捷、舒适等其他交通工具无法比拟的优越性，成为城市交通发展新的热点和重点。当前我国的城市轨道交通正处在大发展、大建设时期，截止 2012 年年底，全国有 16 座城市共开通运营 70 条线，总里程 2 081.13 千米。

随着城市轨道交通行业的迅猛发展，相应运营专业人才的需求也日益紧迫，尤其是具有理论和实践性的复合型人才尤为紧缺。为适应新形势，近年来，国内的大专院校，尤其是交通职业技术类院校的城市轨道交通专业迅速扩大，早出人才、快出人才、出实用型人才成为学校和业界的共同愿望。通过一系列的调研和准备工作，在重庆大学出版社的倡导下，西安市地下铁道有限责任公司联合多省市交通类高职高专院校（如西安铁路职业技术学院、陕西交通职业技术学院、广东交通技师职业技术学院等）建立了校企合作联盟，组织具有丰富实践经验的轨道企业技术人员和职业院校的一线教师，与地铁运营实际紧密结合，共同编写了高等职业教育城市轨道交通专业规划教材。

这套规划教材采用校企结合模式编写，结合全国轨道交通发展状况，推出的面向全国、面向未来的教材，既汇集了高校专业教师们的理论知识，也汇聚了城市轨道交通专业技术部门创业者们的宝贵经验。

为做好教材的编写工作，重庆大学出版社专门成立了由著名专家组成的教材编写委员会。这些专家对城市轨道交通专业教学作了深入细致的调查研究，对教材编写提出了许多建设性意见，慎重地对每一本教材一审再审，确保教材本身的高质量水平，对教材的教学思想和方法的先进性、科学性严格把关。

"校企合作"、"理论与实践相结合"是本套系列教材的特点，不但可以满足当前城市轨道交通运营技术管理的需要，也为今后的城市轨道交通运营发展管理提出了新思考。随着运营管理的要求越来越高，以及新技术的不断应用，本系列教材必然还要不断补充、完善,希望该套教材的出版能满足广大职业院校培养城市轨道交通专业人才的需求,能成为城市轨道交通运营技术管理人员的"良师益友"。

建设部地铁轻轨研究中心　　顾问总工
建设部轨道交通建设标准　　主　编
建设部轨道交通专家委员会　专家委员

2013 年 7 月 26 日

前言

在交通运输业迅猛发展的今天,城市轨道交通已经成为城市缓解公路交通压力的最好途径,我国目前已有46条1 950余 km 地铁线路运营(2013 年 5 月数据),十二五期间,有2 000余 km 的地铁线路在建。不同时期的地铁线路采用了不同公司、不同制式的信号系统,随着控制技术和通信技术的不断发展,基于 CBTC 的信号系统已经成为目前新建地铁线路首选的信号系统,随着城市轨道交通的不断发展,信号设备不断增加,维护技术人员需求大增,进入这个行业的从业者需要进行专业的技能培训才能上岗,市场上介绍城轨信号系统原理的系统教材几乎没有,本书的应运而生就是基于这种需求的不断刺激,填补了这个空白,希望能为从业者在技术层面上增加知识储备。全书总共3 个项目15 个任务,囊括了城轨信号系统所有的子系统,内容实用,针对性强。

项目一作为城轨信号系统的入门级介绍,说明了城轨交通的特点、对信号系统的要求,信号系统的模块式构成、各子系统的简单功能及系统的分类方式等内容。

项目二是城轨信号系统的运行模式,包括 CBTC、点式ATP 和联锁控制 3 个由高到低的控制等级,对不同公司的CBTC 系统从系统结构组成、信息交换方式、基本工作原理等方面作了深入浅出的描述。

项目三是车载信号子系统。书中以车载 ATO 和车载 ATP子系统为两条主线介绍不同公司的系统结构组成、基本工作原理等内容。

项目四是 ATS 信号子系统。从 ATS 系统结构、功能原理、性能、接口、人机界面、ATS 运行方式等多个方面深入浅出的介绍了 ATS 信号子系统。

项目五是正线信号部分,在介绍联锁的概念、内容及进路等铺垫知识的基础上以西门子的 SICAS 计算机联锁和 ASTS-USA 公司的 MICROLOK Ⅱ计算机联锁系统为例介绍了正线计算机联锁系统的结构配置特点和联锁原理,同时对正线的智能电源屏和 UPS 也作了一定程度的阐述。

项目六是车辆段信号系统,主要以最常用的 DS6-K5B 和

TYJL-Ⅱ型计算机联锁系统为例介绍车辆段计算机联锁的硬件结构、工作原理、系统操作等内容，同时也对微机监测系统信号采集方式及结构组成、工作原理进行了一定程度的探讨。车辆段电源系统也是其中一大内容。

项目七是 CBTC 的 DCS 子系统，以浙大网新的 CBTC 系统为例介绍 DCS 子系统的结构组成、功能原理、性能和接口等多个方面的内容。

项目八是城轨信号系统的一些辅助系统，内容涵盖试车线子系统、维修子系统和培训子系统。对每个子系统的设备组成、工作过程等多个方面都作了一定程度的介绍。

本书对城轨信号系统各个子系统无一遗漏的进行了从简到难由浅及深的阐述，符合学习循序渐进的基本规律。每一个任务编写从知识准备到任务实施有两个层次模块，不但注重"学"的过程，还强调"做"（即实施）的重要性，以学生评分的形式凸显学生主导的含义，弱化"教"者的主体意识，是一本典型的"教、学、做"一体化的学习资料。

本书的参编人员大部分都是西安地铁公司经验丰富的在职在岗技术人员；另一部分是从事轨道交通职业技术教育的资深教师（西安铁路职业技术学院、陕西交通职业技术学院、湖南铁路科技职业技术学院），本着对职业的热爱和对行业发展负责的态度从事编写工作，编写中每个项目都遵循由易到难的规律，从理论知识准备到实际设备应用两个模块加深学生的学习印象。

本书全面的介绍了城轨信号系统的所有子系统，全书共有八个项目十七个任务，项目一和项目二由李乐、邢红霞、王小可编写，项目三由王瑾、邢红霞编写，项目四、项目五由宋薇编写，项目六由马晓薇、李乐、马小玲编写，项目七有李乐、邢红霞、文冬林编写，项目八由王瑾、王丽萍、邢红霞编写，全书的教学组织由邢红霞负责，全书的统稿由李乐和邢红霞共同完成。

在教材编写资料搜集过程中，得到西安地铁公司、南京地铁公司、广州地铁公司等多个同行的支持和帮助，在此对所有的编写者、资料提供者表示由衷的感谢。

由于编者水平有限，书中难免有不足之处，若在应用中发现错漏，请您及时联系我们。

编　者
2013 年 6 月

城市轨道交通信号系统常用专业名词英汉对照表

A	计轴点　Axle Counter Head
ACS	计轴系统　Axle Counter System
ACSDV	电源板　Power Supply Board
AM	ATO 自动模式　ATO Mode
ANSI	美国国家标准协会　American National Standard Institute
AP	无线接入点 Access Point
AREMA	美国铁路维护工程协会　American Railway Engineering and Maintenance-of-Way Association
ARP	地址解析协议　Address Resolution Protocol
AS	接入交换机　Access Switch
ASTS	安萨尔多 交通集团　Ansaldo Transportion
ASTS-USA	美国联合道岔信号国际有限公司　Union Switch & Signal International Co.
ATB	自动折返　Automatic Turn-Back
ATC	列车自动控制　Automatic Train Control
ATO	列车自动运行　Automatic Train Operation
ATP	列车自动防护　Automatic Train Protection
ATPM	ATP 防护下的列车人工驾驶模式　ATP Manual Mode
ATS	列车自动监控　Automatic Train Supervision
ATS/LCW	现地控制工作站　ATS Station Workstation/Local Control Workstation
AX	安全型继电器　Vital Relay
BAS	设备监控系统　Building Automation System

续表

BC	广播控制　Broadcast Control
BS	骨干交换机　Backbone Switch
BSP	板支持包　Board Support Packet
CAD	计算机辅助设计　Computer Aided Design
CAN	控制器局域网　Controller Area Network
CBI	计算机联锁系统　Computer-Based Interlocking
CBN	车载网络　Carborne Network
CBOP	存储器板　Carte BOuchon Panier（Plug-in board）
CBTC	基于通信的列车控制系统　Communications-Based Train Control
CC	车载控制器　Carborne Controller
CCTE	车载安全计算机处理器（包括 ATP/ATO 子系统）　Vital processing board of carborne ATP and ATO subsystems
CDMA	码分多址　Code Division Multiple Access
CENELEC	欧洲电工标准化委员会　European Committee for Electrotechnical Standardization
CI	计算机联锁　Computer Based Interlocking
CN	车载网络　Carborne Network
CNS	CBTC 网络支持子层　CBTC Network Support
COAST	惰行　Coast
COTS	可购买的商用产品　Commercially-available Off The Shelf
CP	循环前缀　Cyclic Prefix
CPS	条件电源　Conditional Power Supply
CPU	中央处理器　Central Processing Unit
CRC	循环冗余码校验码　Cyclic Redundancy Check
CSD	三取二 ASTS FRANCE 安全计算机　2 out of 3 ASTS FRANCE Transport Vital Computer
DB	数据库　Database
DCS	数据通信子系统　Data Communication Subsystem
DDOS	分布式拒绝服务　Distributed Denial-of-Service
DID	目的地号
DIVA	动态综合安全可用系统　Dynamic Integrated Vital and Available system
DSU/FRONTAM	数据库存储单元　Database Storage Unit/ FRONTAM

DT	动态信标 Dynamic Transponder
DTI	发车计时器 Departure Time Indication
Duty Rm	值班室 Duty Room
DWDM	密集波分复用 Dense Wavelength Division Multiplexing
EB	紧急制动 Emergency Brake
EBA	施加紧急制动 Emergency Brake Applied
EBR	紧急制动继电器 Emergency Brake Relay
EIA	美国电子工业协会 Electronic Industires Association
EMC	电磁兼容 Electro-Magnetic Compatibility
EMI	电磁干扰 Electro-Magnetic Interference
EN	欧洲标准 European Norms
EOSS	光电速度传感器 Electro-Optical Speed Sensor
ESB	紧急停车按钮 Emergency Stop Button
ESE	以太网交换机/扩展器 Ethernet Switch & Extender
ESS	紧急停车系统 Emergency Stop System
FAC	前向纠错编码 Forward Error Correction
FAS	火灾报警系统 Fire Alarm System
FAT	工厂验收测试 Factory Acceptance Test
FLASH PROM	闪存型可编程只读存储器 Flash PROM
FSB	全常用制动 Full Service Brake
FT	静态信标 Static Transponder
GSM	全球移动通信系统 Global System for Mobile communication
I/O	输入/输出 Input/Output
IATP	点式 ATP Intermittent ATP
iATPM	点式 ATP 监控下的人工驾驶模式 iATP monitored manual mode
IBP	综合后备控制盘 Intergrated Back-up Panel
ICDD	接口控制和定义文档 Interface Control and Definition Document
ID	身份 Identity
IDS	入侵检测系统 Intrusion Detection System
IEEE	国际电气与电子工程师协会 Institute of Electrical and Electronics Engineers

续表

IL	联锁 Interlocking
ILC	联锁控制器 Interlocking Controller
IP	互联网协议 Internet Protocol
IPS	入侵防御系统 Intrusion Protection System
IPSec	互联网协议安全 Internet Protocol Safety
ISA	独立安全评估机构 Independent Safety Assessment
ISI	码间干扰 InterSymbol Interference
ISO	国际标准化组织 International Standards Organization
LAN	局域网 Local Area Network
LCD	液晶显示器 Liquid Crystal Displayer
LCVO	价轨线性组合 Linear Combination of Valence Orbitals
LCW	本地控制工作站 Local Control Workstation
LED	发光二极管 Light Emitting Diode
LLC	逻辑链路控制 Logic Link Control
LRU	在线可替换单元 Line Replaceable Unit
MAC	介质访问控制 Media Access Control
MAL	移动授权 Movement Authority Limit
MIB	管理信息数据库 Management Information Base
Microlok	ASTS-USA 生产的联锁系统 Interlocking System Provided by ASTS-USA
MOI	操作员界面主菜单 Main Menu Operator Interface
MOI	操作员界面主菜单 Main Menu Operator Interface
MR	Mobile Radio 移动通信系统
MR	车载无线台 Mobile Radio
MRT	生产线测试 Manufacture Routine Test
MTBF	平均无故障时间 Mean Time Between Failure
MTBFF	平均无功能故障时间 Mean Time Between Functional Failure
MTBHE	平均无危险事件时间 Mean Time Between Hazardous Event
MTBSF	平均无运行故障时间 Mean Time Between Service Failures
MTBWSF	平均导向危险侧的故障间隔时间 Mean Time Between Wrong Side Failures
MTORE	车载输入/输出板 Module Tour Ou Rein（Binary I/O Board）

MTTR	平均故障维修时间　Mean Time to Repair
N/A	不适用　Non Applicable
NMS	网络管理站　Network Management Station
NMS	网络管理服务器　Network Management Server
NRM	非限制人工模式　Non-Restricted Manual
OCC	运营控制中心　Operational Control Center
OFDM	正交频分复用技术　Orthogonal Frequency Division Multiplexing
OSI	开放式系统互联模型　Open System Interconnect Reference Mode
OTE	光端机　Optical Terminal Equipment
P/B	牵引/制动系统　Propulsion/Brake system
PA	接近天线　Proximity Antenna
PC	个人计算机　Personal Computer
PCB	印刷电路板　Printed Circuit Board
PCI	协议控制信息/信息控制协议　Protocol Control Information
PDI	站台发车指示器　Platform Departure Indicator
PE	牵引使能　Propulsion Enable
PIDS	乘客信息显示系统　Passenger Information Display System
PMC	PCI 中间层　PCI Mezzanine Card
PMC	接口控制板（文档中的缩写）　Interface Connector（abbreviation in the document）
POS	基于 SDH 的点到点协议　（PPP）PPP Over SDH
POSIX	便携操作系统界面　Portable Operating System Interface
PS	电源　Power Supply
PSD	安全门/屏蔽门　Platform Screen Door
PSR	永久限速　Permanent Speed Restriction
PVID	车辆固定标识　Permanent Vehicle Identity
PWM	脉宽调制　Pulse-Width Modulation
QA	质量保证　Quality Assurance
QoS	服务质量保障　Quality of Service
RAM	可靠性、可用性和可维护性　Reliability, Availability & Maintainability
RF	无线电频率（射频）　Radio Frequency

续表

RI	继电器接口　Relay Interface
RM	限制人工模式　Restricted Manual
RPR	弹性分组数据环　Resilient Packet Ring
S,X	信号机　Signal
SAN	存储区域网络　Storage Area Network
SAP	服务接入点　Service Access Point
SAP	服务接入点　Service Access Point
SBA	施加常用制动　Service Brake Applied
SBD	安全制动距离　Safety Braking Distance
SCADA	电力监控系统　Supervisory Control and Data Acquisition system
SCC	车站控制计算机　Station Control Computer
SCR	车站控制室　Station Control Room
SCT	系统配置工具　System Configuration Tool
SDH	同步数字系列　Synchronous Digital Hierarchy
SDU	服务数据单元　Service Data Unit
SE	以太网交换机/扩展器　Switch/Extender
SER	信号设备室　Signaling Equipment Room
SID	区间隔断门　Section Isolation Door
SIL	安全完整性等级　Safety Integrity Level
SIR	安全联锁继电器　Safety Interlocking Relay
SNMP	系统网络管理协议　System Network Management Protocol
SONET	同步光网络　Synchronous Optical Networking
SPR	系统问题报告　System Problem Report
SSID	禁用服务集标志　Stop Service ID
SSID	服务集标志　Service Set ID
SSPP	系统安全程序计划　System Safety Program Plan
ST	有岔轨道区段　Track Section with Switch
STCP	系统测试和调试方案　System Testing & Commissioning Plan
STCP	系统测试和调试方案　System Testing & Commissioning Plan
T	无岔轨道区段　Track Section without Switch

TACH	转速计 Tachometer
TB	自动折返按钮 Automatic Turnback Button
TD-SCDMA	时分同步码分多址接入 Time Division Synchronous Code Division Multiple Access
TFT	薄膜工艺 Thin-Film Technology
TI	查询应答器 Transponder Interrogator
TIA	查询器天线 Transponder Interrogator Antenna
TID	追踪标识 Tracking Identity
TIMS	列车信息管理系统 Train Information Management System
TMS	列车管理系统,某些线路中称为 ATI Train Management System（Autonomous decentralized Train Integrated system）
TMS	列车管理系统 Train Management System
TOD	列车司机显示器 Train Operator Display
TOR	轨面 Top of Rail
TR	k终端架/分线架 Terminal Rac
TSR	临时速度限制 Temporary Speed Restriction
TT	型式试验 Type Test
TTT	列车追踪
UDP	用户数据报协议 User Datagram Protocol
UDP	用户数据报协议 User Datagram Protocol
UPS	不间断电源 Uninterruptible Power Supply
VB	虚拟闭塞 Virtual Block
VDU	视频显示单元 Video Display Unit
VLAN	虚拟局域网 Virtual Local Area Network
VPN	虚拟专用网络 Virtual Professional Network
VR	列车调整 Vehicle Regulation
W	转辙机 Switch Machine
WAN	广域网 Wide Area Network
WBN	轨旁骨干网络 Wayside Backbone Network
WLAN	无线局域网 Wireless Local Area Network
ZC	区域控制器 Zone Controller
ZVR	零速继电器 Zero Vital Speed

目 录

项目 1
城市轨道交通信号系统概述

【项目描述】

1. 城市轨道交通的特点。

2. 对城市轨道交通信号系统的要求。

3. 城轨信号系统的基本构成及各部分的功能。

4. 城轨信号系统的分类。

【项目目标】

1. 了解城市轨道交通的特点。

2. 熟悉对城市轨道交通信号系统的要求有哪些。

3. 掌握城轨信号系统的基本构成及各部分的功能。

4. 掌握城轨信号系统的分类。

【能力目标】

1. 能了解城轨交通的特点。

2. 能熟悉城轨交通信号系统的要求。

3. 能正确描述城轨信号系统的基本构成。

4. 能正确说出城轨信号系统的分类。

5. 培养学员学习的主观能动性和参与学习交流的能力。

6. 具备团结协作、吃苦耐劳的工作素养。

【场景设计】

1. 多媒体教室或轨道交通信号车间现场,学生人数根据场地和需要确定。

2. 教学用的 PPT、视频及相关教学引导资料。

3. 考评所需记录、评价表。

【知识准备】

(1)概述

城市轨道交通(包括地下铁道和轻轨线路)是现代化都市的重要基础设施,是目前缓解城市交通压力的有效途径,纵观世界所有国际化大都市,都具备数条地铁和轻轨线路,地铁占居民出行方式的比重均超过50%,城市轨道交通安全、迅速、舒适、便利地在城市范围内运送乘客,对改善城市交通拥挤、乘车困难、行车速度下降是行之有效的。截至 2012 年 5 月,我国北

1

京、天津、上海、广州、深圳、南京、大连、重庆等城市已建成轨道交通线路1 000多km,"十二五"期间,全国有近30个城市在建或扩建地铁线路,预计增加2 000多km的城市轨道交通线路,我国城市轨道交通适应经济发展的需要出现了建设高潮,其发展前景十分广阔。

在城市轨道交通系统中,信号系统是一个集行车指挥和列车运行控制为一体的非常重要的机电系统,它直接关系到城市轨道交通系统的运营安全、运营效率以及服务质量。它保证乘客和列车的安全,实现列车快速、高密度、有序运行的功能。如果把地铁比喻做"人",那么信号系统就像地铁的"大脑"一样。

(2)城市轨道交通的特点

1)容量大、运营范围小

城市轨道交通具有城市道路交通无可比拟的优势,地下铁道单向每小时运送能力可达30 000~70 000人次,轻轨交通在10 000~30 000人次,而公共汽车、电车为8 000人次,在客流密集的城市建设城市轨道交通可疏散公交客流。但其大容量又不同于铁路交通。铁路追求的是高速度长线路、长距离,城轨交通注重的是行车的高密度、安全、舒适和准时。

2)运行准时、速达、安全

城市轨道交通有自己的专用线路,与道路交通相隔离,不受其他交通工具的干扰,不会出现交通阻塞而延误运行时间,可保证乘客准时、迅速地到达目的地。

城市轨道交通或于地下或高架,即使在地面也与道路交通相隔离,与其他交通工具无相互干扰,如果不遇到自然灾害或发生意外,运行安全有充分的保障。

3)利于环境保护、节省土地资源

城市轨道交通噪音小,污染轻,对城市环境不造成破坏。

城市轨道交通(多建于地下或高架)即使在地面其占地也有限,充分利用了城市空间,节省了日益宝贵的土地资源。

4)技术先进、成本大、建设周期长、乘客疏散困难

城市轨道交通也存在一定的局限性,如建设费用高,建设周期长,技术含量高,建设难度大;一旦遇有自然灾害,尤其是火灾,容易造成人员伤亡。

城市轨道交通系统建成后就难以迁移和变动,不像地面公共交通可以机动地调整路线和设置站点,以满足乘客流量和流向变化的需要,其运输组织工作远比地面公共交通复杂。

(3)城市轨道交通对信号系统的要求

1)具有完善的列车安全间隔监控功能,对安全性要求高

城市轨道交通所承担的客运量巨大,对行车间隔的要求远高于铁路,最小行车间隔达到90 s甚至更小,因此对列车运行速度监控的安全性要求极高。

2)数据传输网络独立建立

随着城市轨道交通信号技术从固定闭塞发展到基于通信的移动闭塞,高密度的列车间隔对信息需求越来越多,信号系统也逐步采用速率较高且独立的数据传输系统以保证行车的可靠性。

3)联锁关系较简单但技术要求高,车辆段独立采用联锁设备

城市轨道交通的大多数车站没有配线,不设道岔,甚至也不设地面信号机(折返站除外),仅在少数有岔联锁站及车辆段才设置道岔和地面信号机,联锁关系远没有铁路复杂。往往正线上一个联锁车站可以兼顾好几个非联锁站的联锁。车辆段类似于铁路的区段站,信号设备

相对集中,完成列车编解、接发列车和频繁的调车作业,才设有自己独立的联锁系统。

城市轨道交通信号自动控制最大的特点是把联锁关系和 ATP 编/发码功能结合在一起,且包含一些特殊的功能,如自动折返、自动进路、紧急关闭、扣车等,增加了技术难度。

4)自动化水平要求高

由于城市轨道交通的线路长度短,站间距离短,列车种类较少,行车规律性很强,因此,它的信号系统中通常包含自动排列进路和运行自动调整的功能,自动化强度高,人工介入极少。

5)抗干扰能力要求高

城市轨道交通均为直流电力牵引,要求信号设备对其有较强的抗电气化干扰能力。

6)限界条件苛刻

城市轨道交通的室外设备及车载设备,受土建限界的制约,要求设备体积小,同时必须兼顾施工和维护作业空间。

(4)城市轨道交通信号系统的构成概述

1)信号系统构成

目前在城市轨道交通中使用的信号系统称为列车运行自动控制系统,简称 ATC 系统(见图 1.1)。它是整个信号系统的核心,其基本构成如下:

a. 列车自动监控子系统(ATS);

b. 列车自动防护子系统(ATP);

c. 列车自动驾驶子系统(ATO);

d. 联锁子系统(CI);

e. 数据传输子系统(DCS)(只有基于通信的移动闭塞才有,图 1.1 中无明确标明)。

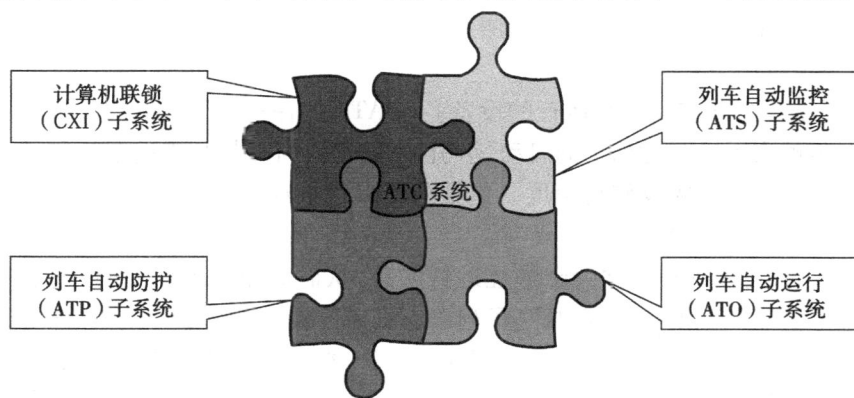

图 1.1　信号系统构成图

系统需设置行车控制中心,沿线各车站设计为区域性联锁(正线联锁),其设备放在联锁站(一般为有岔站),列车上安装有车载控制设备。控制中心与联锁站通过数据通信网连接,控制中心与列车之间可采用无线通信进行信息交换。ATC 系统中的数据传输要求比一般通信系统的安全性、可靠性、实时性更高。各子系统之间相互渗透,实现地面控制与车上控制相结合、现地控制与中央控制相结合,构成一个以安全设备为基础,集行车指挥、运行调整以及列车驾驶自动化等功能为一体的自动控制系统。它是现代城市轨道交通核心控制技术之一。ATC 系统大多应用于 80 km/h 以下的轨道交通工程中。

①ATP 子系统。

ATP(列车自动防护)子系统,是对列车运行自动实施列车追踪间隔和超速防护控制技术的总称,它作为 ATC 系统的安全核心,由车载设备和地面设备组成,符合故障导向安全的原则。该子系统由列车自动防护的轨旁设备、车载设备组成,利用轨旁 ATP 设备向车载 ATP 传递信息,实现列车运行的安全间隔和超速防护,并负责车门和站台屏蔽门的联锁关系,是保证列车运行安全的重要设备。

ATP 列车自动防护子系统具备以下主要功能:

a. 自动检测列车位置;

b. 确定 ATP 信息的发送方向,以满足双向运行的需要;

c. 通过车—地传输通道向车载 ATP 设备传送列车安全运行的控制信息,防止因敌对移动、道岔错误设置/移动引起的冲突;

d. 保证列车之间的安全运行间隔,满足设计追踪间隔和折返间隔;

e. 对车门开关进行监控;

f. 实现与 ATS,ATO 及联锁系统的接口及信息交换;

g. 通过司机或自动实现列车驾驶模式转换,实现与车辆的接口及信息交换;

h. 列车运行状态、设备状态、驾驶模式等信息的显示及记录;

i. 列车实际运行速度、列车限速、目标速度、目标距离等信息显示;

j. 具有轮径自动补偿功能;

k. 列车超速、设备故障等报警;

l. 监测列车的完整性;

m. 对中央和站台紧急停车按钮的监测及响应。

②ATO 子系统。

ATO 子系统是自动控制列车运行的设备。在 ATP 的保护下,根据 ATS 的指令实现列车的自动驾驶,能够自动完成对列车的启动、牵引、巡航、惰行和制动、传送车门和屏蔽门同步开关信号,确保达到设计间隔及旅行速度。包括列车自动折返,根据控制中心的指令使列车按最佳工况正点、安全、平稳地运行。

使用 ATO 后,可使列车经常处于最佳运行状态,从而避免了不必要的、过于剧烈的加速和减速,明显提高了乘客的舒适度,提高了列车正点率并减少了能量消耗和轮轨磨损。

轨道交通系统升级为列车自动运行 ATO 子系统,能使整个列车自动控制系统的优越性充分发挥出来,使轨道交通的管理水平上升一个档次。特别是在高密度、高速度运行的轨道交通系统中,满足高水平的列车运行自动调整,节约能源,规范对列车运行的操作控制,减轻司机的劳动强度,提高列车正点率,保证运营指针的实现,实现无人驾驶折返、车站站台精确停车控制,提高旅客乘坐的舒适度都起着非常重要的作用。另外采用 ATO 系统可保证高密度行车间隔,克服节假日高峰客流突发变化,采用小编组高密度行车,节约运营成本。

ATO 子系统包括车载 ATO 单元和地面设备两部分。地面设备有站台电缆环路、车地通信设备(TWC)以及与 ATP,联锁系统的接口设备。其主要功能如下:

a. 完成列车的速度控制(牵引、惰行、制动控制),保证列车按照计划运行图运行;

b. 定点停车功能;

c. 控制列车对车门、站台屏蔽门进行开、关门控制;

d. 实现列车的有人或无人自动折返;

e. 列车运行自动调整;

f. 记录报警操作;

g. 为列车自动广播提供信息;

h. 列车节能控制。

③ATS 子系统。

ATS 子系统在 ATP 子系统的支持下完成对全线列车运行的自动管理和监控,辅助调度人员对全线列车进行管理,其功能包括:调度区段内列车运行情况的集中监视与控制,监测进路控制、列车间隔控制设备的工作,按行车计划自动控制道旁信号设备以接发列车,列车运行实迹的自动记录,时刻表自动生成、显示、修改和优化,运行数据统计及报表自动生成,设备运行状态监测,设备状态及调度员操作记录,运输计划管理等,还具有列车车次号自动传递等功能。

ATS 子系统包括控制中心设备和 ATS 车站、车辆段分机。控制中心 ATS 设备有中心计算机系统、工作站、显示屏、绘图仪、打印机、UPS 等。每个控制站设一台 ATS 分机,用于采集车站设备的信息和传送控制命令,并实现车站进路自动控制功能。车辆段 ATS 分机用于采集车辆段内库线的列车占用情况及进/出车辆段的列车信号机的状态。

ATS 子系统具备以下主要功能:

a. 列车自动识别及自动追踪功能;

b. 提供列车运行调整功能;

c. 根据列车时刻表进行进路的自动控制功能;

d. 通过运行图工作站实现时刻表的编制与管理的功能;

e. 运行图控制功能;

f. 列车运行的实时监视功能;

g. 系统设备的实时监测功能;

h. 控制车站发车计时器;

i. ATS 控制中心负责与其他系统进行信息交换;

j. 培训及运行模拟功能;

k. 记录与回放功能;

l. 统计、报告功能。

④联锁子系统。

在有道岔车站和车辆段里,联锁设备是实现道岔、信号机、轨道电路间的正确联锁关系及进路控制的安全设备,并通过设在车辆段的 ATS 分机与控制中心交换信息。联锁设备是自动化信号系统的重要环节,是 ATP 子系统的重要组成部分,是确保行车安全的基础设备,必须符合故障导向安全原则及必要的设备冗余。

在联锁站设有正线联锁设备,车辆段因为联锁设备集中设有独立的联锁系统。

计算机联锁系统,除能保证实现列车进路上道岔、信号机、轨道电路间正确的联锁关系以及系统的自诊断、故障报警外,还应具有以下功能:

a. 对正常进路防护的同时,根据地铁安全要求建立列车进路的保护区段并予以防护,并能防止侧面列车冲突。

b. 除在车站控制终端上对设备集中站控制范围内的道岔实行单独操作和单独锁闭,除对列车开放引导进路外,还能对道岔、信号机、轨道电路区段等信号控制单元实施封锁,禁止通过该单元排列进路。

c. 利用设置于设备集中站的车站控制终端进行轨道和道岔区段临时限速的设置,临时限速不少于四级。

d. 向 ATP 提供信号机状态、列车进路的设置情况、保护区段的建立、轨道区段临时限速以及区间运行方向等信息。

e. 系统具有完善的自诊断功能,对包括联锁设备以及 UPS 电源、轨道区段等实施监督,并能根据用户需要经通信传输通道实现车辆段、维修中心以及系统供货商所在地的远程故障诊断。

f. 根据运营提出的要求,完成与车辆段以及其他地铁线路的特殊接口功能,完成必要的逻辑判断以对其接口对象进行正确控制和监督。

g. 具备完善的点式后备系统:实现进路控制,当车载设备故障或无车载设备的列车驶入,可以设定全部或部分站间降级为进路点式控制方式。通过有关车站值班人员的办理、系统实现后备运行模式。

⑤DCS 子系统(只有基于通信的移动闭塞才有)。

DCS(数据传输)子系统由网络数据传输和交换设备、光缆、车—地间数据通信设备(包括无线接入 AP 点、无线天线或波导管或泄漏电缆等)构成,一方面通过组成干线网络(SDH 骨干网或以太网)将控制中心、正线车站、车辆段、停车场、维护中心等地点的各系统设备连接起来;另一方面通过无线接入 AP 点、无线天线或波导管或泄漏电缆等将在线运行的列车与干线网络连接起来,使得相关 ATS 信息、ATP 信息、ATO 信息能在各系统设备间快速传递,完成ATS,ATP,ATO 的各类功能。

2)城轨信号系统分类

按照信号系统在实现列车速度控制方式、车地数据传输方式和闭塞方式等方面的不同,将城轨信号系统做了不同的分类,具体如图 1.2 所示。

按各城轨信号设备所处地域又可将系统分为:控制中心 ATS 子系统、车站及轨旁子系统、车载设备子系统、车辆段信号子系统和其他子系统(试车线、培训子系统等),具体如图 1.3 所示。

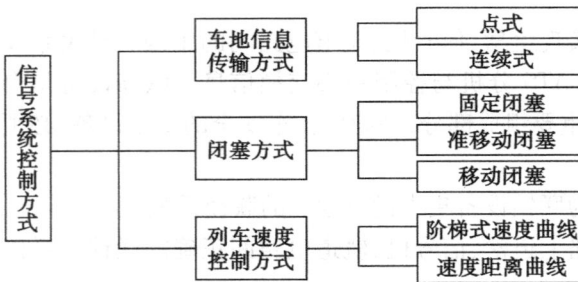

图 1.2 城轨信号系统分类

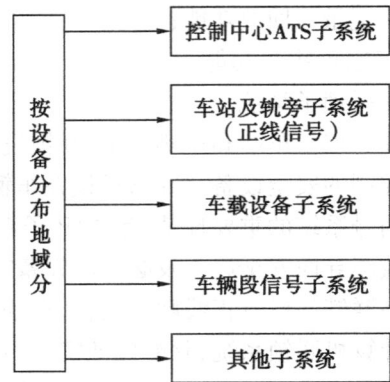

图 1.3 城轨信号系统按设备分布分类图

本书将以城轨信号设备的地域分布进行城轨信号系统的分步讲述。另外,在移动闭塞的信号系统中,有基于通信的移动闭塞系统(CBTC),它是目前最先进的城市轨道交通信号系统制式,新修线路中有很大一部分使用这种制式的信号系统,项目 2 将对 CBTC 系统进行独立列举讲授。

【任务实施】

任务提出

学习城轨信号系统必须对整个系统有个简单的框架认识。

任务实施

1. 准备教学资料。

2. 学生分组讨论学习计划。

3. 各组讨论学习城轨信号系统的特点、构成及分类。

4. 各组将学习的成果进行交流并汇报。

5. 学生的学习情况评价。

【任务考评】

任务实施过程考核评价表

考评项目		配分(分)	要　求	学生自评	小组互评	教师评定
知识准备	基本知识回顾 制订学习计划	5	熟悉的程度			
任务完成	城轨交通的特点	5	合理性			
	城轨信号系统的要求	20	熟悉的程度			
	城轨信号系统的构成	20	熟悉的程度			
	城轨信号系统的分类	20	熟悉的程度			
	任务实施过程记录	5	详细性			
	所遇问题与解决记录	5	成功性			
讨论过程的表现		5	遵守上课纪律、态度			
协调合作,成果展示成绩		15	小组成员的参与积极性、 成果展示的效果			
成　绩						
总成绩 (根据需要按照自评、互评和教师评价作百分比计算,以学生为主、教师为辅)						

思 考 题

1. 简述城市轨道交通的特点。

2. 城市轨道交通对信号系统的要求。

3. 城市轨道交通信号系统的构成。

4. ATP 子系统的主要功能有哪些?

5. ATO 子系统的主要功能有哪些?

6. ATS 子系统的主要功能有哪些?

7. 联锁子系统的主要功能有哪些?

8. DCS 子系统的主要功能有哪些?

9. 城轨信号系统如何分类?

项目 **2**
城市轨道交通信号系统运行模式

【项目描述】

1. CBTC 信号系统的基本运行模式。

2. 西门子 CBTC 信号系统的结构、功能、特点。

3. 西门子 CBTC 信号系统的原理及信息交换。

4. 浙大网新的 CBTC 的结构、功能、特点、原理及信息交换。

【项目目标】

1. 掌握 CBTC 信号系统的基本运行模式。

2. 掌握西门子 CBTC 信号系统的结构、功能、原理及信息交换。

3. 掌握浙大网新 CBTC 的结构、功能、特点、原理及信息交换。

【能力目标】

1. 能对 CBTC 信号系统的运行模式透彻理解。

2. 能正确理解西门子 CBTC 信号系统的结构、功能、特点。

3. 能正确理解西门子 CBTC 信号系统原理及信息交换方式。

4. 能正确理解浙大网新的 CBTC 的结构、功能、特点、原理及信息交换。

5. 培养学员对学习有积极主动的态度和参与交流的热情。

6. 培养学员的自主学习能力和发现问题、解决问题的能力。

任务 1　CBTC 信号系统

【场景设计】

1. 多媒体教室教学、西门子 CBTC 信号系统或浙大网新 CBTC 信号系统轨道交通设备现场，学生人数根据场地和需要定。

2. 教学用的 PPT、视频及相关教学引导资料。

3. 考评所需记录、评价表。

【知识准备】

（1）CBTC **概述**

20 世纪 80 年代以后，在通信技术快速发展的前提下，ALCATEL、SIEMENS、ALSTOM 等公司相继推出了"基于通信的列车控制（CBTC）"移动闭塞信号系统。它不依靠轨道电路，而是采用基于通信技术的感应环线、漏缆、裂缝波导管以及无线电台等方式实现车—地间双向数据传输和列车位置检测，它通过提高列车定位精度和移动授权更新率来提供更大的通过能力并减小列车的间隔距离。列车追踪运行的最小安全间隔仅为一个安全保护距离，列车最小正常追踪运行间隔为在当前速度下使用常用制动直至停车的制动距离加安全保护距离，并由前后列车的动态关系确定。

CBTC 系统在我国是主要的、新型的城市轨道交通信号系统，同时也是安全级别及技术含量最高的信号系统。目前新建地铁线路均采用这种信号制式。它的特点是用无线通信媒体来实现列车和地面的双向通信，用以代替轨道电路作为媒体来实现列车运行控制。双向无线通信系统既可以有安全类信息双向传输，也可以双向传输非安全类信息，例如，车次号、乘务员班组号、车辆号、运转时分、机车状态、油耗参数等大量机车、工务、电务等有关信息。不但完成了列车运行控制，还集成了运营管理。由于传输信息量大，传输速度快，很容易实现移动自动闭塞系统。

移动闭塞是指前方列车与后续列车之间的最小安全追踪间隔距离单元不预先设定，并随列车的移动、速度的变化而变化的闭塞方式。在 CBTC 应用中的关键技术是双向无线通信系统、列车定位技术、列车完整性检测等。基于 CBTC 的移动闭塞系统在保证系统安全性的同时，通过改善位置分辨能力和移动授权更新率，来缩短列车间隔距离，提供更大的运能。系统的设计原则就是"目标距离"。

CBTC 的列车定位系统包括地面定位设备和相应的车载定位设备两部分。

车载设备主要包括车载 ATP 计算机、车地通信设备、测速电机（OPG）、测速雷达等，地面设备包括安装于地面的无线设备或交叉感应环线或应答器等，通过车载定位设备和地面定位设备并结合车载线路数据库的方式来建立列车位置信息。车载设备根据从测速电机传来的速度和方向信息确定列车在线路的位置，当经过地面应答器（或感应环交叉点）时，地面设备将传送列车位置校正信息（应答器报文或感应环线交叉点相位的变化信息）。车载 ATP 计算机根据这些信息，并与车载线路数据库相结合，计算出列车在线路上的位置报告并通过车—地通信设备通知地面 ATP 设备。列车的定位精度由测速系统的测速精度、安装的应答器数量和精度（或感应环线交叉点数量和安装精度）等几方面确定。

CBTC 信号系统已成为我国城市轨道交通信号系统运行的主要模式。由于厂家的设计理念不同，从而实现 CBTC 信号系统功能的方式有所区别，本任务主要介绍了新建地铁线路常采用的两种 CBTC 信号系统（西门子和浙大网新）。

（2）CBTC **列车控制等级**

CBTC 系统提供 3 个列车控制等级：CBTC、点式 ATP 和联锁控制。每一个等级基于各个列车控制子系统的运行状态提供相应的操作和性能。控制等级定义如下：

1）CBTC 控制等级——完整的系统操作和性能

CBTC 要求所有列车控制子系统，包括轨旁、中央、车载和通信子系统，都完备并正常工作。CBTC 提供最高等级的系统操作和性能。CBTC 提供移动闭塞安全列车间隔和保护，全功能的车载 ATP/ATO,以及 120 s 的正线运行间隔。支持所有定义的 ATC 驾驶模式。其中,某些 CBTC 提供完整的系统操作和性能,如自动列车运行(ATO)模式和 ATP 监控下人工驾驶(ATPM)模式;其他模式在降级条件下提供降级操作,如受限人工(RM)和非受限人工(NRM)。

在连续式通信级条件下,轨旁 ATP 可支持采用移动闭塞列车分隔原理对列车运行进行安全控制。列车通过检测和识别应答器来确定自己的位置,列车上有一个被称为轨道数据库的铁路网络图,应答器的位置标注于轨道数据库中。结合速度传感器和雷达(或加速度计)所测量的列车位移,列车就可以知道其在轨道网络中的确切位置并将位置报告发送给轨旁 ATP。

根据这些位置报告及轨道空闲检查设备的信息,轨旁 ATP 计算出详细的路网空闲信息。该功能被称为列车追踪。从轨旁向列车发送的移动授权遵从移动闭塞原理下的安全列车分隔,以及来自联锁系统的其他关锁条件,如图 2.1 所示。

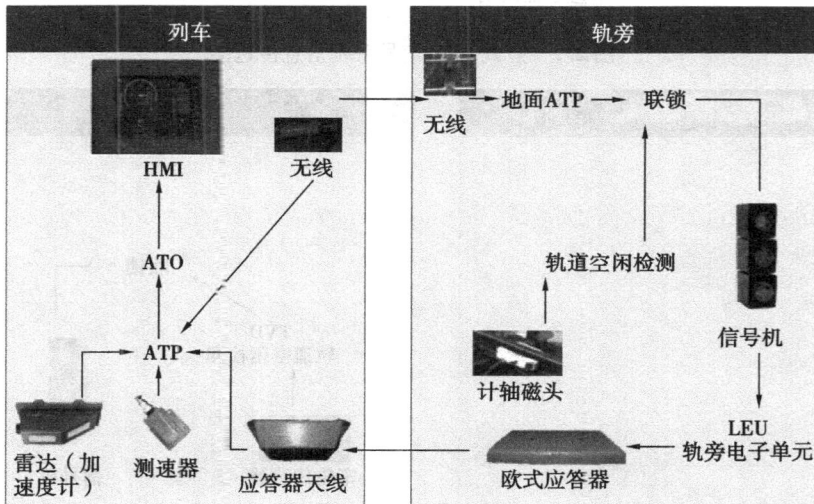

图 2.1　列车信息传送图(CBTC 控制等级)

2)点式 ATP 信号系统控制模式

点式 ATP 提供正方向的车载超速防护(根据预先设定的最大限速),信号灯冒进行防护。后备 ATP 要求车载 ATP(包括所有的传感器)都在工作并且轨旁联锁控制系统工作,定位信标(包括动态和静态信标)轨旁 ATP。

点式通信级作为连续式通信级的后备模式,或在部分对运行间隔要求不高,因而允许在固定闭塞列车分隔原理的线路上使用。移动授权来自信号机的显示,该信息通过可变数据应答器以点式通信模式从轨旁向列车传输。列车如同连续式通信级中一样在路网中得到定位,因此,列车能在全面考虑 TDB 中详细的轨道信息并受 ATP 系统监控的情况下自动地遵从所有的速度限制,如图 2.2 所示。

3)联锁级的控制模式

联锁控制——最低等级的系统操作和性能。联锁控制提供固定闭塞列车间隔和联锁防护。不能提供其他的 ATC 功能,如图 2.3 所示。联锁控制需要联锁系统工作。不需要其他 ATC 子系统存在或工作(除轨旁 DCS 外)。

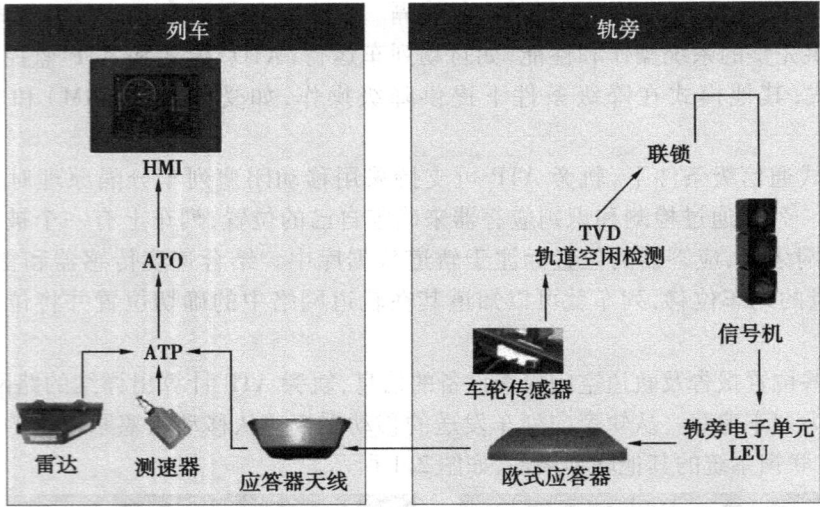

图 2.2　点式 ATP 信号系统信息传送图

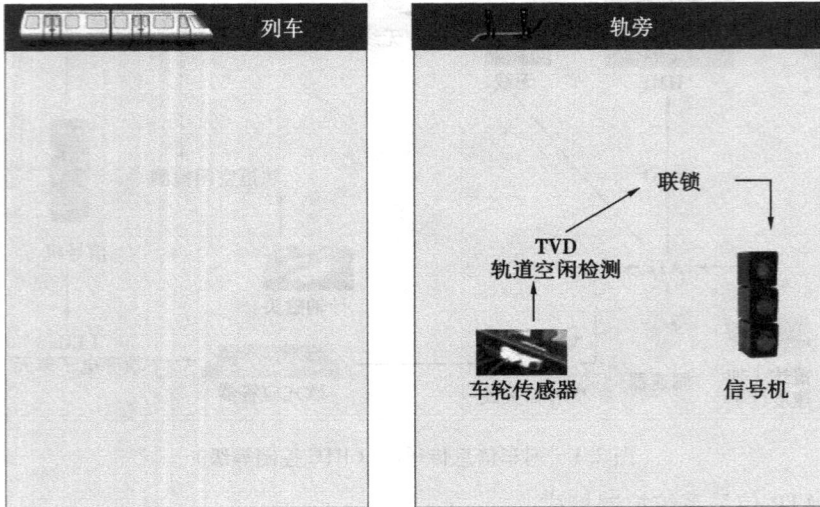

图 2.3　联锁级控制模式信息传送图

当连续或点式通信级都不能正常工作时,可以进一步采用此降级模式运行。此时将由标准的色灯信号机提供全面的联锁级列车防护。

城市轨道交通信号系统的运行模式主要分 3 类:CBTC 运行模式、点式 ATP 运行模式和联锁运行模式。

其中,有五种列车驾驶模式:

a. 列车自动驾驶模式 ATO;

b. 有 ATP 防护的人工驾驶模式;

c. 后备的有点式 ATP 防护的驾驶模式;

d. 限制人工驾驶模式;

e. 非限制的人工驾驶模式。

六种折返模式:

a. 无司机的 ATO 自动折返模式;

b. 有司机的 ATO 自动折返模式;

c. 有 ATP 监督的人工折返模式;

d. 25 km/h 速度限制的受限人工折返模式;

e. 无 ATP 监督的不受限人工折返模式;

f. 点式 ATP 下的人工折返模式。

(3)西门子公司的 CBTC 信号系统

西门子的 CBTC 系统是一个安全、可靠、先进、适应线性电机运载,基于无线通信的列车运行控制系统。系统现应用于广州轨道交通 4 号线、5 号线。北京地铁 10 号线、上海地铁 10 号线、南京地铁 2 号线、西安地铁 1 号线等,是目前国内使用最多的信号系统。

1)西门子城市轨道交通信号系统结构组成

西门子的 CBTC 系统由 VICOS OC(ATS)、SICAS 计算机联锁(正线)、TRAINGUARD MT 移动闭塞式列控系统(ATP/ATO)3 个子系统组成。这 3 个子系统被分到 4 个层级,以便分级实现轨道交通的功能。它们分为中央层、通信层、轨旁层、车载层 4 个层级,分级实现 ATC 功能,如图 2.4 所示。

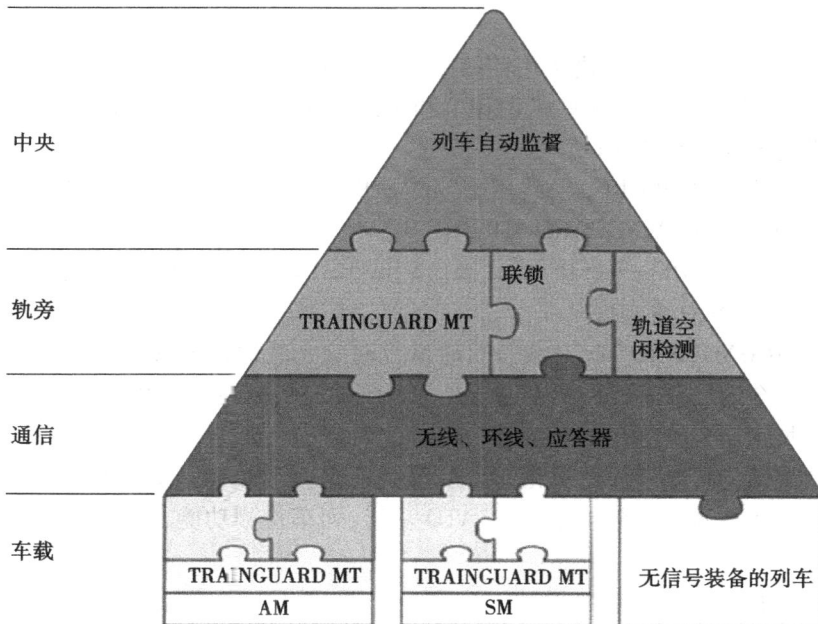

图 2.4   西门子城市轨道信号系统结构图

①中央层分为中央级和车站级。具备集中和本地操作能力的 ATS 系统(VICOS® OC 501 和 VICOS® OC 101)。在中央一级,VICOS OC 501 实现集中的线路运行控制;在车站一级,VICOS OC 101 系统为车站控制和后备模式的功能提供给车站操作员工作站(LOW)和列车进路计算机(TRC)。

②轨旁层沿着线路分布,它由 SICAS 计算机联锁、TRAINGUARD MT 系统、信号机、计轴器和应答器等组成。它们共同执行所有的联锁和轨旁 ATP 功能。

③通信层在轨旁和车载设备间提供连续式和/或点式通信。

④车载层完成 TRAINGUARD MT 的车载 ATP 和 ATO 功能。

⑤RAINGUARD® MT ATP/ATO 系统—连续式移动闭塞列车控制系统。

TRAINGUARD MT 系统包括 ATP/ATO 和通信设备。

ATP/ATO 分为轨旁单元和车载单元，轨旁 ATP 系统与联锁系统、ATS 系统、列车(经过轨旁—列车通信系统)以及相邻的 ATP 系统有双向接口。通过轨旁到列车的通信网络，在轨旁单元和车载单元之间建立了双向通信。

在车载结构中，两个相互独立的无线系统的列车单元(TU)分别安装于列车前后的驾驶室内，作为轨旁无线单元 AP 的通信客户端。这两个 TU 通过一个点对点的以太网连接，不间断地相互通信。同时，这两个 TU 分别连接到列车前后的列车控制系统，如图 2.5 所示的车载通信链路。

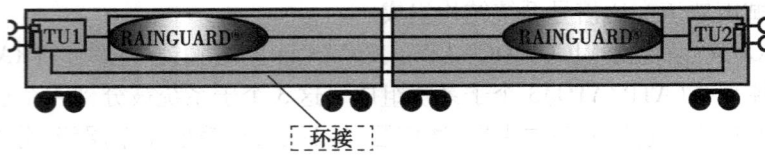

图 2.5　车载通信链路

TU—列车单元

⑥SICAS® 型故障—安全、高可用性的微机联锁系统。

SICAS 主要包括列车进路计算机(TRC)和车站操作员工作站(LOW)。计算机有连接室外设备和轨道空闲检测系统接口。

SICAS 使用联锁 PROFI BUS 总线用于 SICAS ECC 的内部通信。LOW,TRC 和 S&D 系统直接与 SICAS ECC 和 TRAINGUARD MT 通信。

SICAS ECC ODI(ODI——操作/显示接口)和 TRAINGUARD MT 轨旁设备间的通信通过一个 ATC PROFI BUS 总线实现。

SICAS 和 TRAINGUARD MT 总线是双通道双向的光纤通信连接。每个通道独立工作并且提供故障—安全的通信。使用两个通道是为系统的高可用性提供冗余。

2)西门子城市轨道交通信号系统的功能

系统的功能结构可以以一种简化的分层形式在下面的结构图 2.6 和图 2.7 中展示。这个框图是基于 ATS 功能、联锁功能、ATP/ATO 功能、列车检测功能、试车线功能、培训和模拟功能等。

①ATS 功能的主要子功能。

ATS 除了自动进路排列(ARS)功能、自动列车调整(ATR)功能、列车监督和追踪(TMT)、时刻表(TTF)、控制中心人机接口(HMI)和报告、报警与文档等主要功能外，还改进和增加了以下功能:在 CTC 通信级使用双向通信通道;在 ATS 后备模式下车站级可以输入车次号;适应移动闭塞的控制要求;TRC(列车进路计算机)取代了(远程控制单元)RTU的自动进路排列功能;提供独立的冗余局域网段;在 ATS 显示列车状态信息;与 MCS(主控系统)的接口;与车辆段联锁的接口;提供操作日志(含故障信息)的归档功能;设两个控制中心;车辆段调度员 ATS 工作站进行出库列车自动预先通知,在规定时间无列车在车辆段转换轨时自动报警。

在正常情况下,各线的控制中心行使行车调度职权。当各线控制中心的 HMI 丧失有效的

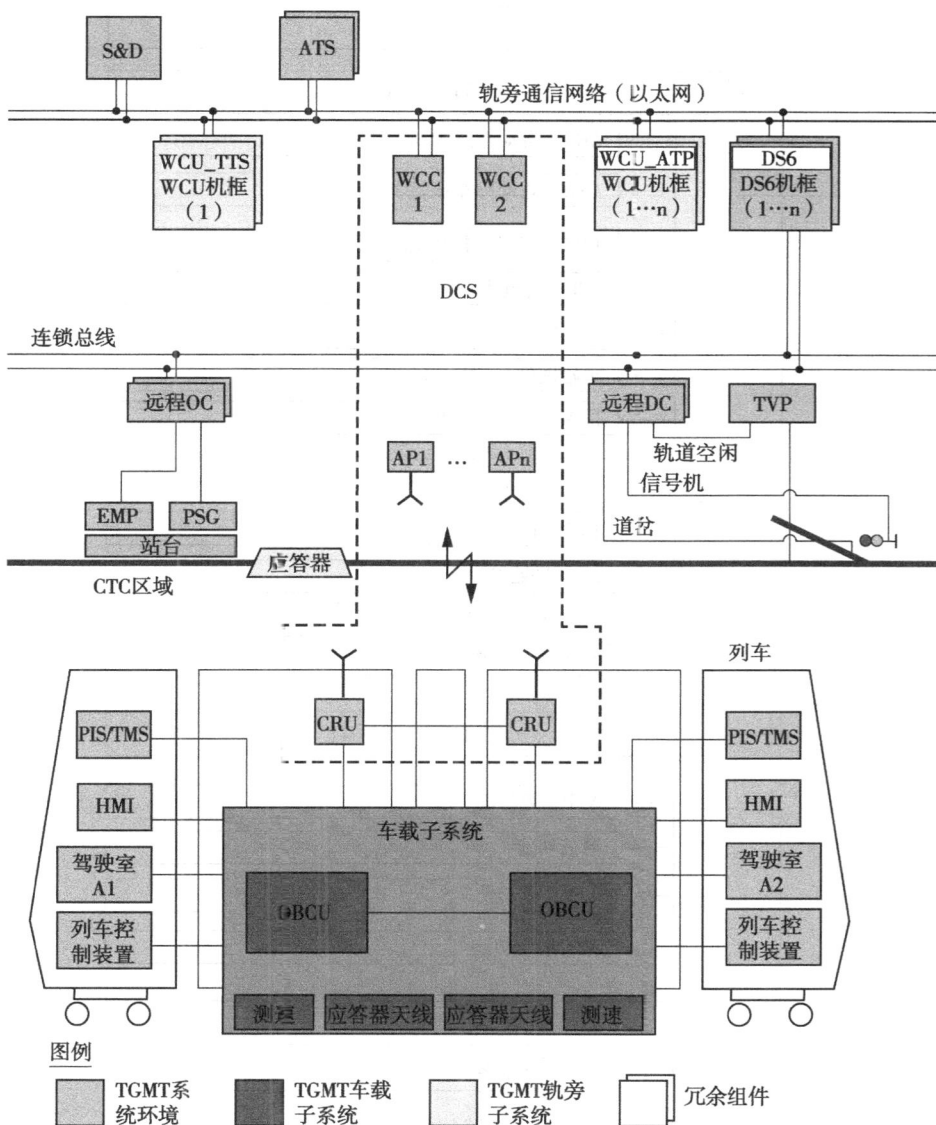

图2.6 系统功能结构图

行车调度和控制功能或当运营需要时,系统应能切换至综合控制指挥中心进行调度和控制。系统的切换能人工操作,也可以自动进行,但自动切换时必须经过人工确认。

②联锁功能的主要子功能:TVP功能、RC功能、PC功能和SC功能。

联锁除了轨道空闲处理(TVP)、进路控制(RC)、道岔控制(PC)和信号机控制(SC)等主要功能外,联锁设备与ATS系统相结合,可实现中央ATS和联锁设备的两级控制。根据运营要求,应能自动或人工进行进路控制。其中人工控制分为中央ATS人工和联锁设备人工两类,自动控制分为中央ATS自动、联锁设备自动。人工控制进路优先级高于自动控制进路。根据需要可进行联锁与中央ATS两级控制权的转换。控制权的转换过程中及转换后,未经人工介入各进路的原自动控制模式不变。在特殊情况下,可不经控制权的转换操作强制进行联锁设备的控制。在车站级控制的情况下,如中央级功能完好,仍可设定或者

15

图 2.7　线路信号结构图

保留中央自动功能(如 ATR,ARS)。在车站 ATS LAN 与中央 ATS 之间通信中断的情况下,列车将在本地工作站 LOW 和列车进路计算机 TRC 的操作下继续运行。ATP/ATO 功能将根据缺省的停站时间和缺省的自动列车调整值在连续式通信模式和点式通信模式下工作,联锁功能继续。

　　③ATP/ATO 功能的主要子功能有:ATP 轨旁功能、通信功能、ATP 车载功能和 ATO 车载功能。ATP/ATO 除了 ATP 轨旁、通信、ATP/ATO 车载等主要功能外,还改进和增加了以下功能:

　　a. 不使用单通道信息交换,相应的功能可以通过双向通信通道在 CTC 实现;

　　b. 适应线性电机系统的线路条件,满足与线性电机接口的新要求;

　　c. 提供 ATO 的冗余;

　　d. ATO 控制列车的原理适应移动闭塞的要求。

因此,TRAINGUARD MT 的核心功能是移动闭塞列车间隔功能,根据线路的空闲状态和联锁状态(道岔状态、进路状态、运行方向、防淹门状态、PSD 状态、ESB 状态)产生移动授权电码。

正线区段(包括车辆段出入段线、存车线、折返线)具有双线双方向有人全自动驾驶运行功能。

列车进站停车时采取一级制动(连续制动曲线)的方式,按一级制动至目标停车点,中途不得缓解,且在进站前不会有非线路限速要求的减速台阶。

④列车检测功能。采用计轴器进行列车检测。

信号系统具有完善的远程故障自诊断功能,对全线的中央设备、车站设备、轨旁设备、车载设备以及车地通信设备进行实时监督和故障报警,能准确报警到可更换单元(指拔件)等,便于及时更换,并能根据用户需要经通信传输通道在车辆段维修中心实施远程故障报警和故障诊断。

3)西门子 CBTC 信号系统特点

CBTC 信号系统的最主要特点是采用无线通信,构成移动闭塞。

TRAINGUARD MT(MT 表示城市轨道交通)是信号系统中提供列车自动防护(ATP)和列车自动驾驶(ATO)功能的一个强大而先进的子系统。是提供 ATP/ATO 功能的强大而先进的系统。它是一个模块化的系统,根据客户的需要可以适用于不同的功能。

①连续式通信:使用无线或感应环线进行轨旁和列车间的通信。

②点式通信:不依赖于连续通信通道,可采用基于应答器的点式通信通道从轨旁向车上传输数据。

③移动闭塞运行:配合连续通信通道,列车根据移动闭塞原理分隔,提供最小运行间隔,列车受 ATP/ATO 控制。

④固定闭塞运行:配合点式通信通道,列车根据固定闭塞原理分隔,并受 ATP/ATO 控制。固定闭塞运行可以被用于移动闭塞运行的后备模式。

⑤混合运输:装备和未装备 ATP/ATO 的列车可以在同一线路运行。

⑥混合模式:人工驾驶的列车可以与采用 ATO 自动驾驶的列车混跑。

⑦可升级性:系统可以方便地从基本的运行模式(点式、固定闭塞)升级到高性能的等级(连续式通信、移动闭塞),直到无人驾驶的运行等级(MTO)。

⑧适度的降级:在故障时,不同的运行等级可以使用一个比较低的等级作为后备级,例如:ATP/ATO 移动闭塞/连续通信→ATP/ATO 固定闭塞/点式通信→使用信号机的联锁级。

⑨可扩展性:一条装备 TRAINGUARD MT 的线路便于扩展,增加车站和列车。

⑩混合的列车类型:TRAINGUARD MT 能够处理具有不同特性的各种类型的列车,例如,4 车编组列车,6 车编组列车,不同的加速和减速参数,不同的列车长度。列车将会被依照他们各自的特性最佳地驾驶。

在连续式通信或点式通信条件下,TRAINGUARD MT 列车自动防护和列车自动驾驶(ATP/ATO)系统保证列车的安全和连续监督。在连续式通信条件下,安全的列车分隔是基于移动闭塞原理;在点式通信条件下,安全的列车分隔是基于固定闭塞原理。两种通信方式可以单独工作或同时使用。

4）各子系统间的信息交换

整个信号系统的信息交换和内部结构如图2.8所示的整个信号系统间的信息交换。

联锁系统使用联锁PROFIBUS总线用于SICAS ECC的内部通信。

SICAS ECC ODI和TRAINGUARD MT轨旁设备之间的通信通过一个ATC PROFIBUS总线实现。

联锁和TRAINGUARD MT总线是双通道双向的光纤通信连接。它们使用PROFIBUS协议，基于RS485通信标准并且满足DIN 19245第1部分的要求。每个通道独立工作并且提供故障—安全的通信。使用两个通道是为系统的高可用性提供冗余。

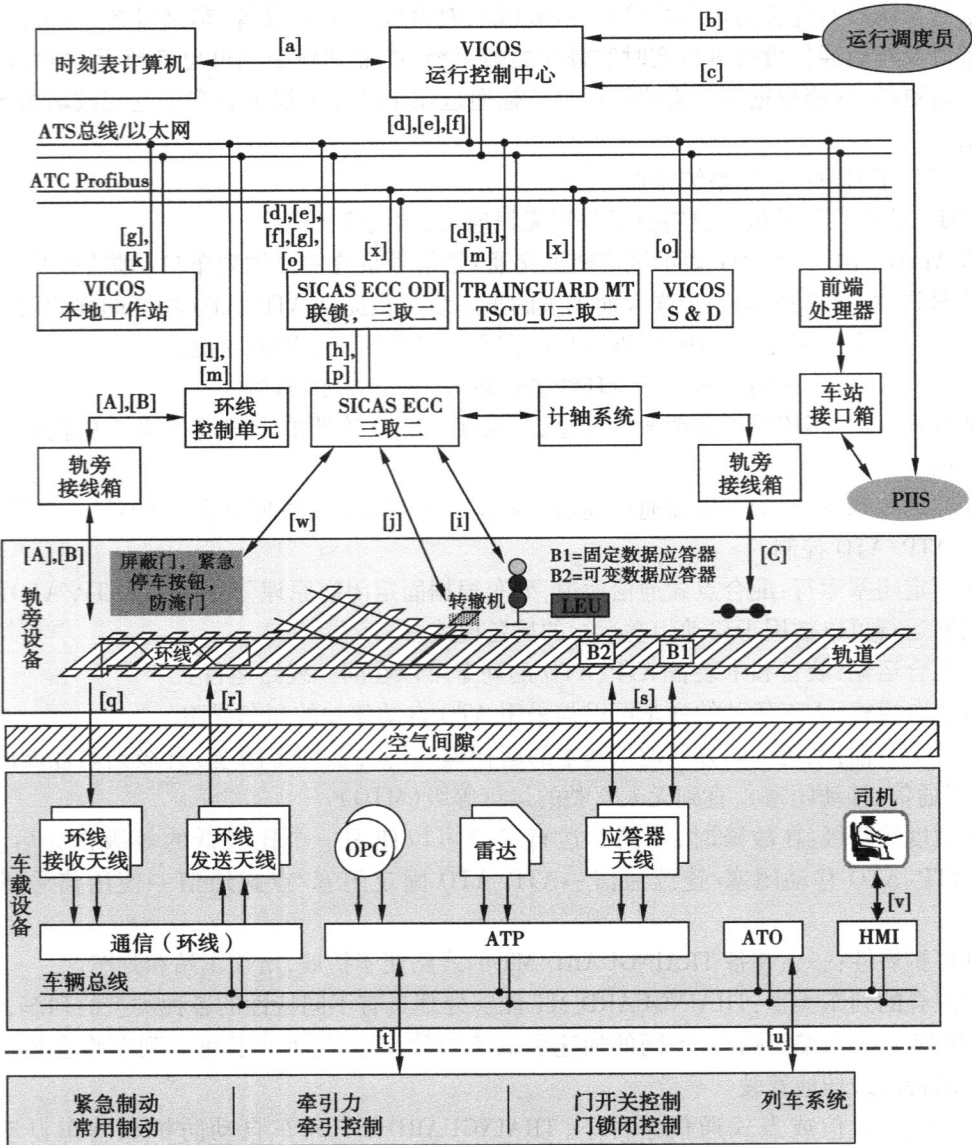

图 2.8 整个信号系统间的信息交换

Ecc—元件接口模块;ODI—操作/显示接口;OPG—速度脉冲发生器;HM1—人机接口;
LEU—轨旁电子单元;S&D—检查和诊断;TSCU_V—轨旁安全计算机单元

注:信息流用[a],[b]等表示。为方便起见,各标志所代表的数据类型如下:

[a]:从 VICOS 要求时刻表数据送至时刻表计算机;从外部时刻表计算机要求时刻表数据送至 VICOS。

[b]:来自行车调度员的输入(如列车车次号分配)至 VICOS,从 VICOS 输出(如状态信息,报警)至行车调度员。

[c]:从 VICOS 输出至车站的旅客向导信息显示系统(PIIS)。

[d]:状态信息和停车取消指令从 TRAINGUARD MT 的轨旁控制单元(TSCU)到 VICOS。旅行时间指令从 VICOS 至 TRAINGUARD MT 的轨旁控制单元(TSCU),该信息通过 SICAS ECC 联锁 ODI 传递。

[e]:从 VICOS 至 SICAS ECC 联锁 ODI 的进路排列命令、道岔转换指令和关键指令。

[f]:从 SICAS ECC 联锁 ODI 至 VICOS 的状态信息(如进路状态、报警、错误消息)。

[g]:仅当配有车站工作站时,由本地操作员输入至 SICAS ECC ODI,SICAS ECC ODI 输出至本地操作员。

[h]:从 SICAS ECC 通过 ATC Profibus 到 SICAS ECC 联锁 ODI 的状态信息交换。

[i]:SICAS ECC 至信号机的控制,信号机至 SICAS ECC 的状态信息。

[j]:SICAS ECC 至道岔的控制,道岔至 SICAS ECC 的状态信息。

[k]:从 SICAS ECC ODI 至 VICOS 诊断设备的输出(如故障报告)。

[l]:从环线控制单元(LCU)到 TRAINGUARD® MT TSCU 的列车相关信息(如车次号,列车位置)。

[m]:来自 TRAINGUARD MT TSCU 的相关集合信息(如移动授权)。

[n]:从计轴器轨旁设备至 SICAS ECC 的轨道区段"出清"或"占用"状态。

[o]:从 SICAS ECC ODI 至 VICOS S&D 诊断设备的输出(如故障报告)。

[p]:从 SICAS ECC 到 SICAS ECC ODI 关于轨道,紧急停车按钮(ESP)、站台屏蔽门(PSD)和安全门的各种状态信息。

[q]:由连续式环线发射的频率产生的,并由车载天线接收的报文。

[r]:由车载环线发送天线产生的,并由连续式环线接收的报文。

[s]:由轨道内的数据应答器发送的,并由车载天线接收的报文(比如,用于校准列车在线路上精确位置)。

[t]:有关驾驶控制和车门的状态信息,实施紧急制动等,从车辆系统至 TRAINGUARD MT 车载设备的 ATP 车载单元。它也控制从 ATP 车载单元至列车系统的紧急制动请求和车门缓解信号。

[u]:从 TRAINGUARD MT 车载设备的 ATO 车载单元至列车系统的对牵引力控制、施加常用制动、车门、司机的安全设备有影响的命令。

[v]:从 TRAINGUARD MT 车载设备的司机位置(HMI)至司机的输出(如直观显示和音响报警);以及司机至驾驶室显示单元的输入(如模式选择、数据输入)。

[w]:从紧急停车按钮至 SICAS ECC 轨旁设备输入。

[x]:SICAS ECC ODI 和 TRAINGUARD MT 之间的屏蔽门(PSD),防淹门的状态信息和交换信息。

[A]:从轨旁连接盒(TCB)到环线控制单元(LCU)用于评估的接收到的来自连续式环线的状态报文。

[B]:从轨旁连接盒(TCB)到连续式环线,再通过空气间隙发送到列车的移动授权(经过真实性和安全性检查)和与安全相关的信号信息的传递。

[C]:来自轨道上车轮传感器的由列车轮对触发的脉冲信号,经轨旁连接盒(TCB)传到计轴系统。

各主要子系统间的通信连接,如图 2.8 所示。

5)系统原理

西门子 CBTC 运营级别下,TRAINGUARD MT 提供最先进的基于移动闭塞原理的列车安全运行。列车通过检测和识别应答器来确定自己的位置。

列车上有一个被称为线路数据库(TDB)的铁路网络图,TDB 中包含应答器的位置数据。

结合来自测速电机和雷达的位移测量,列车就能知道它在线路的绝对位置,并且发送位置报告给轨旁 ATP。

轨旁 ATP 计算线路上基于这些位置报告和轨旁空闲检测的详细空闲信息。该功能称做列车追踪。

移动授权由轨旁发送到列车,该移动授权符合移动闭塞原理的安全列车间隔并且满足其他的来自 SICAS 的联锁条件。

①在任何情况和时间下,列车服从以下两种安全限制(见图 2.9)。

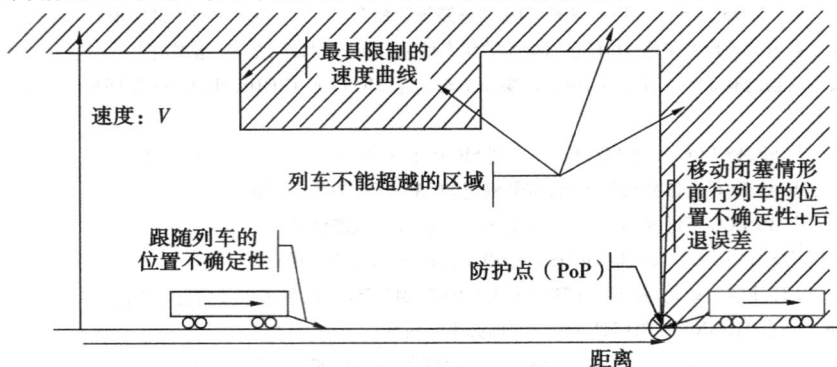

图 2.9　最具限制的速度曲线和防护点监督

在任何情况和时间下,列车服从以下两种安全限制:零速度限制的防护点(PoP)和最具限制的速度曲线(MRSP)。

限制点代表了绝对不允许越过的限制。如果前行信号装备列车定义了一个防护点,则前行列车的位置不确定性因素和后退界限已经考虑在内。

A. 最具限制的速度曲线(见图 2.9)。

最具限制的速度曲线(MRSP)是对于列车在所提供的轨道区段范围内的最具限制的速度极限。MRSP 是存储在线路数据库和由线路操作员设定的临时速度限制的最小的静态速度曲线。同时 MRSP 的计算考虑了列车的长度,因此速度限制包括列车的整个车长。

图 2.10 描绘了列车长度校正的过程。

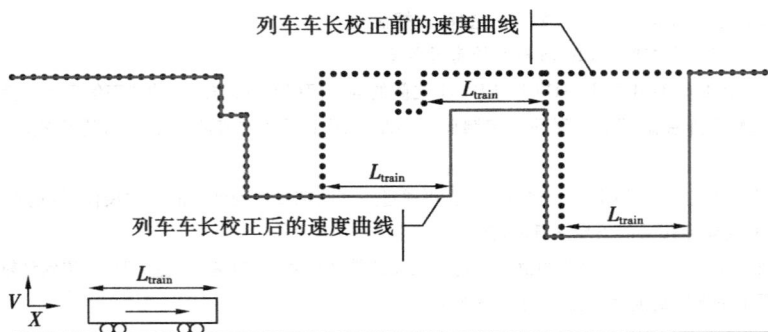

图 2.10　考虑车长的速度校正曲线

B. 防护点。

防护点取决于采用的运行模式。在移动闭塞模式下,防护点位于前行列车的后面,包括位置不确定性因素和后退边界。一般来说,应判断以下情况:

a. 前行列车的安全尾端加上后退边界的定位，并且运行在连续式通信层；

b. 计轴器区段边界；

c. 与信号机相关的防护点；

d. SICAS 安全距离的末端；

e. 其他的安全防护点，比如站台紧急停车防护边界、防淹门或车挡等。

C. 安全制动模型。

安全制动模型描述了如何计算紧急制动曲线和紧急制动触发曲线。紧急制动曲线考虑了列车保证的紧急制动减速度，轨旁 ATP 计算的当前防护点，最具限制的速度曲线和线路的坡度断面。

根据紧急制动曲线可以计算紧急制动触发曲线。该曲线考虑了紧急制动触发后的切断牵引、紧急制动有效以及 ATP 的反应时间的延迟。

在 ATP 车载计算机单元里，连续的监控紧急制动触发曲线。该安全制动模型保证列车不会超过最具限制的速度，且列车将在防护点的前方停车。

图 2.11 中粗略地描绘了紧急制动曲线（橙色）和紧急制动触发曲线（红色）。这里假定列车的紧急制动减速度恒定、加速度能力（独立于速度）恒定且线路没有坡度变化。

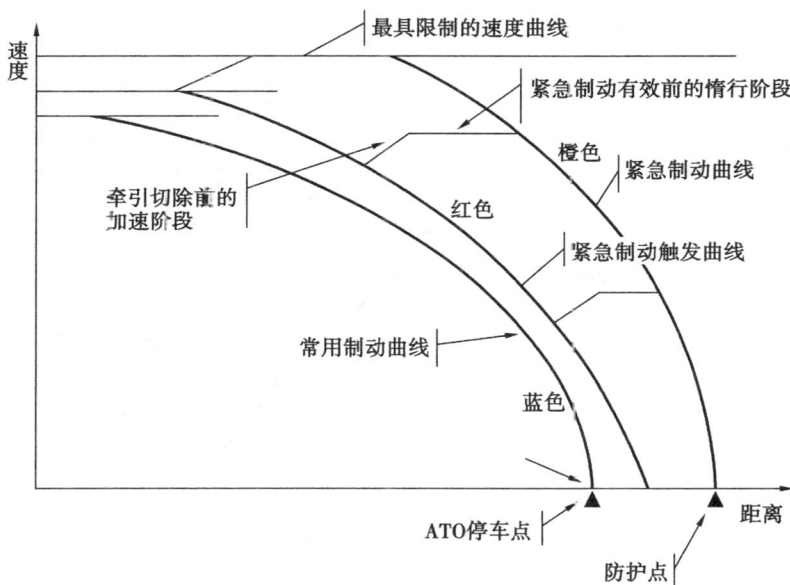

图 2.11　安全制动模型

同时，图 2.11 还描绘了一个具有恒定减速度的常用制动曲线（蓝色），可以由 ATO 的伺服控制系统来控制。由于不同的调节命令可以选用不同的 ATO 策略，保证到 ATO 停车点有一个最佳的制动。这些策略在 ATO 文件中有详细的描述。

注意紧急制动触发曲线和紧急制动曲线之间的距离随着速度降低而减小是重要的。这是因为紧急制动触发曲线是在车载计算机单元动态计算的，如图 2.11 中所示来自于紧急制动曲线。该计算考虑了特定的轨道数据和列车特性。

该原理允许 ATO 尽可能的姿近防护点。

该新原理与传统的 ATP 系统有很大的不同。在这些传统的系统里，一个防护点后面的保

21

护距离是在项目的工程阶段静态计算的。而保护距离考虑了线路上运行的不同类型的列车在最差情况下的列车参数。另外,最差的情况用于计算在接近区域的所有速度值。

最小安全距离与下列参数有关,主要的列车参数有:

- 线路的坡度
- 列车的紧急制动减速度
- 包括坡度的紧急制动合成减速度
- 列车的加速度
- 包括坡度的合成加速度
- 牵引切除延迟
- 紧急制动"死亡时间"
- 距离误差测量
- 列车的当前速度
- 速度误差测量

D. 最小安全距离。

根据安全制动模型,车载 ATP 动态计算和监督紧急制动触发曲线。

图 2.12 说明了最小安全距离。安全距离被定义为紧急制动被触发的位置和防护点间的距离,该距离与列车速度 v 相关。

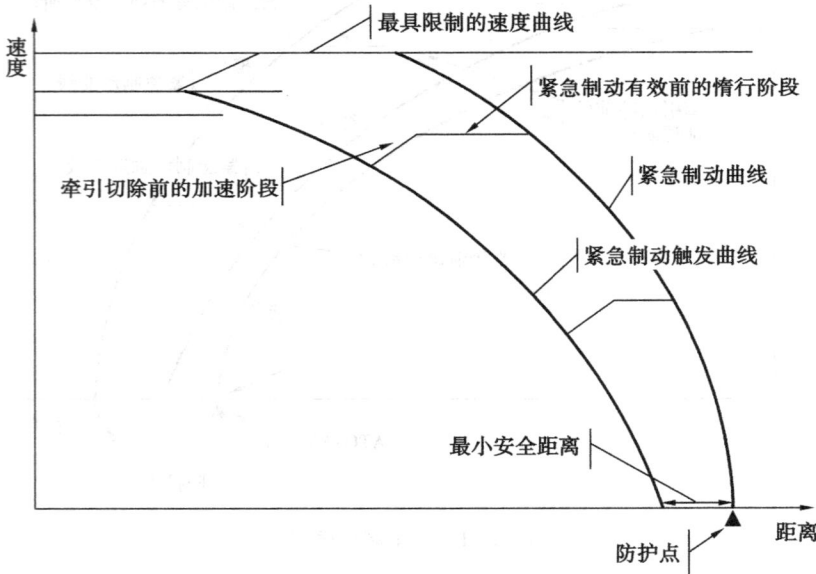

图 2.12　最小安全距离

②列车追踪。

列车追踪是一个轨旁的安全功能。列车追踪负责安全计算线路可变闭塞分区的 ATP 空闲状态。列车的位置报告是主要输入信息,与轨旁 ATP 和轨旁空闲检测状态建立了通信通道。

以下原则是列车追踪功能设计的基础:

a. 该功能提供线路可变闭塞分区的安全空闲信息,作为移动授权计算的基础。

　　b. 建立了车对地通信的列车,用列车的位置进行追踪。

　　c. 没有建立车对地通信的列车,用轨旁空闲检测进行追踪。

　　d. 故障列车用轨旁空闲检测进行追踪。

　　e. 该功能检查轨旁空闲检测和列车位置报告的一致性,一旦出现差异,提供报警。

　　f. 在列车追踪功能里考虑元件的联锁状态,比如道岔的位置、信号机的显示。

　　g. 对装备车和非装备车的识别是安全(vital)功能。此功能是移动闭塞+固定闭塞的混合运营的基础。

　　③CBTC 移动闭塞列车间隔。

　　该功能保证了列车按照移动闭塞原理运行,不会跟随的太近。当列车运行在连续式通信级列车控制下的 SM 或 AM 驾驶模式,移动闭塞列车间隔功能负责保持列车间的安全距离。SM 是 ATP 监督下的人工驾驶模式,AM 是 ATO 自动驾驶模式,细节将在驾驶模式一节中进行介绍。该功能计算并且发送连续式通信级移动授权报文到列车。移动闭塞列车间隔原理如图 2.13 所示。

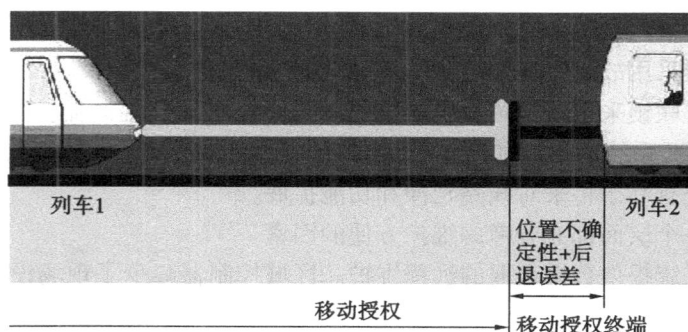

图 2.13　移动闭塞列车间隔原理

　　在连续式通信级,SM 或 AM 驾驶模式下,列车以移动闭塞列车间隔运行。每个车载 ATP 计算在车上计算它的列车位置,并通过连续式通信传送该信息到轨旁 ATP 系统。ATP 轨旁计算机单元追踪列车,评估所有列车的移动条件,并通过连续式通信系统发送一个连续式通信级移动授权报文到车载 ATP。该功能同时监督其他的防护点比如防淹门的状态、道岔的状态,并由连续式通信级移动授权考虑在内。

　　由于列车的位置报告递交的是列车在线路上的绝对位置,而不是一个固定的分区占用,因此移动闭塞原理得以实现。

　　(4)浙大网新 CBTC 信号系统

　　浙大网新 CBTC 信号系统工作原理为车载 CC,负责列车在轨旁 ZC 发出的移动授权(MAL)范围内安全移动。MAL 设置到列车前方障碍物处。CC 确保所有合适的、出于安全方面的考虑都已包括在生成的速度曲线中。这些考虑包括:最不利情况下的停车距离,以及不确定的前方障碍物位置。在移动闭塞系统中,ZC 首先根据报告的列车位置和不确定误差计算在最不利的情况下列车的位置。然后,ZC 将列车视为后续列车的障碍物,为后续列车计算 MAL。在移动闭塞原理中,与前车车尾间的安全间隔,是根据最高运行时速、制动曲线和列车在线路上的位置动态计算的。由于位置信号的高分辨率,后续列车可以按照该段线路的最高运行速度,在与最新验证的前车车尾位置保持安全制动距离的前提下,安全地靠近前车车尾。"安全距离"是在后车的安全防护点与确认的前车尾部位置之间的距离。安全距离的取值考虑了存在的一系列最不利因素,仍能保证安全间隔;关于安全距离的取值将在设计阶段确定。

1)浙大网新 CBTC 系统概述

浙大网新 CBTC 信号系统采用可靠的组件、开放式的接口以及严格的软、硬件设计和品质标准。其中,反向运行时没有 ATS 时刻表调整功能,ATS 需人工为列车排列进路,ATS 可以通过人机界面实现对列车的监督,显示列车的车次号信息以及列车的运行方向。本系统主要技术特点如下:

①采用开放式架构的 DCS 系统,其特点包括:

a. 系统采用 802.11g 来提供更大的带宽和更强的抗干扰的数据通信能力。

b. 采用 802.11i 无线网络技术来保障安全,阻止未授权用户进入网络。

②采用三种明确完整的设计方法实现 99.999% 的高可用性:硬件冗余、功能冗余、功能集中。

③区域控制器采用故障—安全的三取二表决方式。

④车载控制器采用故障—安全的 ATP 三取二表决方式。

⑤正线计算机联锁采用双机热备故障安全 MicroLok Ⅱ 联锁控制器。

⑥装备了 CBTC 系统的列车和没有装备 CBTC 系统的列车都可以安全混跑。

⑦模块化系统有利于将来对线路延伸和功能扩展。

⑧设计的每一个层面都充分考虑维护方便的因素。

⑨中央诊断系统提供数据存取的远程维护。区域控制器减少了现场设备,从而简化了维护人员的维护工作。

⑩列车自动监控子系统采用 32 位数据结构,带冗余的以太网切换设备。

⑪列车自动监控子系统的特点如下:

a. 在时刻表和运行间隔两种方式下,强大的列车自动进路和调整功能。

b. 时刻表方式自动并持续地调整列车站间运行时间和车站站停时间,以保持日常运行计划。

c. 运行间隔方式加强了由用户定义的运行间隔,并提供列车防阻塞功能,以便使地铁列车能够尽可能地、连贯地运行。

d. 带自动调节的严密的交汇进路安排,以确保列车按照时刻表安排按时到发。

e. 可以在任何时候存储和打印报告、报警和事件;列车自动监控子系统中包括了为此而设计的关系型数据库。

f. 为将来的扩展而设计的、内置的可升级性。只需要在网络上增加列车自动监控子系统用户工作站和服务器,系统结构支持近乎无限的扩展(目前的控制中心配置满足西安市地铁二号线远期向北延伸 3 个车站的需求,对于 ATS 系统来说,延伸时只需在车站增加相应的 ATS/LCW 工作站及网络设备即可)。

⑫列车自动防护子系统特点如下:

a. ATP 子系统主要由轨旁子系统和车载子系统组成。

b. 轨旁子系统由分布式区域控制器组成。

c. 区域控制器接收由其控制区内列车发出的位置信号,并负责根据所有已知障碍物的位置和运行权限来确定其区域内所有列车的移动授权。

d. 车载子系统负责确定列车位置,监测列车速度,保证适当的制动次序,管理列车的控制模式并根据区域控制器所提供的信息来控制列车。

e. ATP 子系统符合 CENELEC 标准,安全完整性等级(SIL)为 4 级。

⑬列车自动运行子系统的特点如下:

a. 车载 ATO 与车载 ATP 共用部分硬件设备,不需要独立配置设备。ATO 和 ATP 分别运行于独立的 CPU 处理器中,彼此通过高速 PCI 总线连接。

b. ATO 软件与 ATP 的软件周期同步以实现精确控制,但 ATO 的指令周期比 ATP 的小,使 ATO 的计算精度更高以满足系统要求。

c. ATO 利用 PMC 接口控制板实现以太网通信及传感器数据处理,使 ATO 的 CPU 更有效地实现控制功能。

d. ATO 子系统符合 CENELEC 标准,安全完整性等级(SIL)为 2 级。

e. ATO 驾驶模式下,具有自动启动(需人工按压发车按钮)、速度调节、程序停车、门控、运行等级、折返、跳停、扣车、未达站台或越过站台和发车测试功能。

f. ATO 子系统能够满足"列车停在±0.30 m 停车精度范围内的准确率不低于 99.995%"和"列车停在±0.5 m 停车精度范围内的准确率不低于 99.999 8%"的要求。

⑭正线计算机联锁子系统特点如下:

a. MicroLok Ⅱ安全处理器是一个专为铁路安全应用而设计的基于微处理器的逻辑控制器,其基本功能是根据一个标准的执行程序和一个专为安全功能而设计的应用程序,来处理输入量并生成相应输出,达到控制安全联锁的功能。

b. 联锁控制器的输入/输出接口采用安全继电器。

c. 每个联锁控制器都有一个唯一的 IP 地址。

d. MicroLok Ⅱ联锁控制器符合 CENELEC 标准,安全完整性等级(SIL)为 4 级。

⑮电源系统的主要特点如下:

电源系统采用的是智能电源系统,它主要包括交流输入双路自动/手动切换单元、UPS(单机带稳压旁路)、蓄电池、智能电源屏等单元。输入切换单元做到同时具备自动和手动切换功能。采用高度可靠的工业级、纯在线、双变换、带手动维修旁路的 UPS。采用长效、密封的蓄电池。智能电源屏输入/输出采用完善的防雷系统,同时考虑信号设备复杂的工作环境,系统给室外设备供电的输出也设有一级输出防雷,保证系统在恶劣的环境下可靠的工作。可对电源系统进行远程监测。

2)浙大网新 CBTC 信号系统的结构

浙大网新 CBTC 信号系统架构图,如图 2.14 所示。

图 2.14 显示了信号系统的高层框图。本节旨在给出每个主要子系统的高层描述。分布式信号系统由下列主要的子系统和设备组成:

①中央列车自动监控子系统(ATS)。

列车自动监控子系统设备负责执行各种功能,如确认、跟踪和显示列车信息,提供有人工和自动进路设置功能以及调整列车的运行以保证运行时间。

②区域控制器(ZC)。

区域控制器安装在轨旁,是基于处理器的安全控制器。每个区域控制器通过数据通信

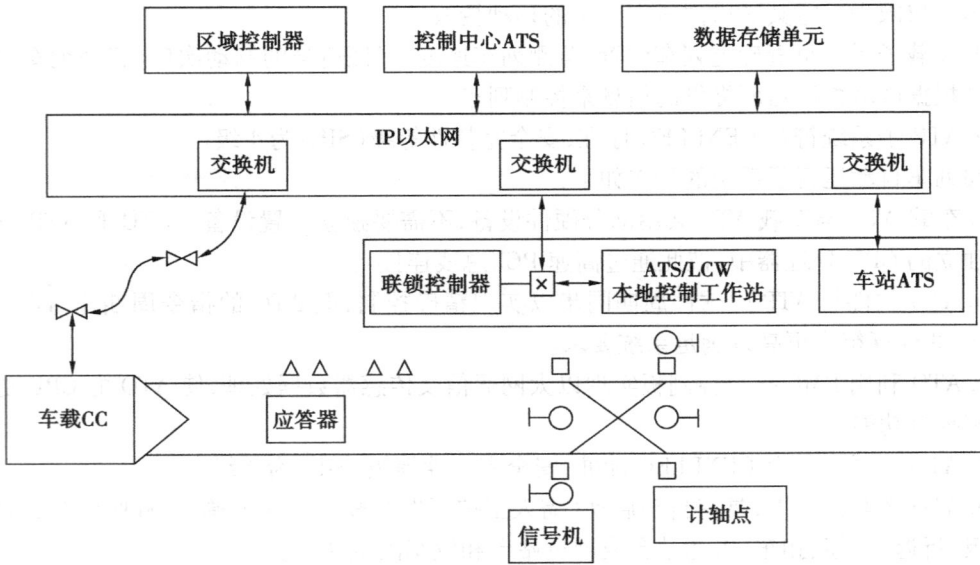

图 2.14　CBTC 系统架构

子系统和车载控制器连接。区域控制器通过运用 CBTC 的移动闭塞概念,确保列车的安全运行。临时速度限制(TSR)储存在区域控制器中。区域控制器基于已知的障碍地点和列车位置,确定预定义的地区(区域)内所有列车的移动权限。区域控制器接收临时限速(TSR)指令以及该区域内列车发出的位置信息。区域控制器与 MicroLok Ⅱ 接口,以控制和表示轨旁设备。每个区域控制器都是以三选二表决配置为基础。临时限速(TSR)储存在ZC 中。

③Frontam 数据存储单元。

数据存储单元给车载控制器(CC)提供轨道数据描述。另外,也采集区域控制器(ZC)和车载控制器(CC)维护信息。数据存储单元传递维护信息给中央维护服务器(CMS)。数据存储单元也提供允许从 ATS 到区域控制器(ZC)和车载控制器(CC)通信的接口。

④联锁控制器 MicroLok Ⅱ。

MicroLok Ⅱ 负责安全执行传统联锁功能。MicroLok Ⅱ 从辅助列车检查计轴系统中获得列车位置信息。MicroLok Ⅱ 与轨旁设备接口,诸如转辙机、LED 信号机等。为保证正确的 CBTC 运行,MicroLok Ⅱ 还与区域控制器(ZC)接口。如果区域控制器、数据通信系统或是车载控制器出故障,MicroLok 将提供列车的安全运行条件,并用轨旁 LED 信号机来实现。如果数据通信子系统或车载控制器出现故障,列车以地面信号显示作为主体信号运行。另外,如果只有数据通信子系统出故障,系统提供超速防护功能并防止列车冒进红灯信号。

⑤集成了 ATS 工作站和本地控制工作站功能的工作站。

集成了 ATS 工作站/本地控制工作站功能的工作站位于设备集中站的本地调度室。该工作站通常用于监督列车运行,也可用于联锁的人工控制。集成后的 ATS 工作站/LCW 本地工作站提供两种控制功能和操作界面。原 LCW 本地工作站和原 ATS 工作站的所有功能将各自保留在集成后的工作站中。如果中央和本地 ATS 功能均不可用,MicroLok 自动设置正线追踪的直通进路,并在终端站自动提供折返进路。MicroLok 会自动建立列车进路,直到调度员使用本地控制工作站(LCW)进行干预或是 ATS 重启才会停止。在正线上 MicroLok 会建立接近进路。当列车接近信号机,MicroLok 会检查直向通过进路并在进路已设置时开放信号机。一旦列车越过信号机,直到下一列车接近此信号机前信号机都保持红色显示。对于 CBTC 列车,ZC 将提供 MicroLok 建立的进路的移动授权。对于终端站折返,MicroLok 定义了默认的进路。在此终端站上,所有折返都采用该默认进路。还可从 LCW 上选择另一条替代的进路。

⑥车载控制器(CC)子系统。

车载控制器(CC)包括基于微处理器的控制器、相关速度测量及位置定位传感器(在轨旁信标的辅助下)。车载设备与列车的各子系统接口,并通过 DCS 与区域控制器接口。车载控制器负责列车定位、允许速度执行、移动授权以及其他有关的 ATP 和 ATO 功能。CC ATP 采用三取二表决方式。每端的 ATO 有一套冗余的设备,如果一个 ATO 单元故障,同一端的另一个 ATO 单元将接替工作。切换是自动的(不影响列车运行),不需要进行人工干预。

⑦DCS 数据通信子系统。

数据通信子系统(DCS)使用 UDP/IP 协议,在信号系统各设备之间提供双向的、安全的数据交换。用户数据包协议是一个非连接协议。在应用层,有另一种称为 Reliable P 的协议,给事件驱动消息提供点到点的转发机制。DCS 系统采用有线 IEEE 802.3,无线 IEEE 802.11g 的通信标准,提供开放式的接口。它是一个非安全的系统,但是通过其传送的消息受安全算法的保护。系统设计能够消除单个独立故障或多个相关故障对系统的影响,通信系统对列车控制操作是透明的。

由于无线信道在移动的环境中易受到攻击,对外来干扰和噪声较敏感,所以空口数据包(指通过无线传输的数据包)出错和丢失的可能性更大。因此,DCS 系统设置了自动重发请求(ARQ)。从安全性的观点考虑,SAFE_P 协议将保证消息(如更新和改正)的安全。自动重发请求的影响是对接收者可能会多次收到同样的消息。SAFE_P 协议这种保护机制。每个消息都有一个仅有的消息码,该消息码可用于接收者过滤到重复的同一消息,换言之,第一份消息会被处理,而其他副本消息将被过滤掉。

SAFE_P 协议定义了时间标记和同步的原则,该原则保证了只有新的消息才能用于设置接收。过期的消息将被舍弃。该协议也定义了消息更新检查机制来保证当超过给定的时间还没有收到消息(或是包括安全性的功能消息)时,相关的因数将估计在最多限制性状态下。SAFFE_P 协议还定义了一种安全检查机制来用于检测消息是否出错、修改和删除。DCS 系统是一个非安全的系统,在两个安全的子系统之间和两台设备上交换的数据都将受安全协议(如 SAFE_P 协议)的保护。

以太网为所有子系统提供了相互通信的途径。DCS 系统提供 2.5 Gbps 带宽双环冗余骨干网络。ATS 接入骨干网络是通过有线交换机(100 M)实现的。

3)浙大网新 CBTC 信号系统的功能

车载控制器负责列车安全定位。CC 通过速度传感器和加速度传感器来确定列车的安全位置,该安全位置通过数据通信子系统(DCS),传输到区域控制器(ZC)以及列车自动监控(ATS)系统。CC 通过检测安装在轨道中间的静态信标来修正列车的位置误差。

区域控制器基于该区域内所有列车的位置和方向,发出移动权限(MAL)指令,并持续更新和传输。计算移动权限,以保正列车安全隔离,并达到最小的列车运行间隔。车载控制器利用 MAL 信息来执行 ATP 和 ATO 的功能。为了达到该目的,车载控制器装载了一个描述列车运行所在线路的轨道数据库。该数据库包括:

①土建限速信息;

②信标识别(ID)号和位置信息;

③转辙机位置;

④折返位置;

⑤任何其他障碍的位置;

⑥所有其他相关线路信息。

ATP 功能包括速度/距离曲线的确定、速度/距离曲线的执行、安全的车门控制以及常用制动和紧急制动请求的发布。ATO 功能包括速度控制、停站和非安全的车门控制。

每个区域控制器通过 DCS,与区域内的轨旁 MicroLok 控制器单元接口。每个设备集中站都配备 MicroLok 控制器。MicroLok 控制器控制和监测轨旁设备,诸如站台屏蔽门、转辙机、计轴器和信号机,并将状态信息传递到区域控制器和 ATS。

本系统支持非 CBTC 列车的运行,非 CBTC 列车的运行是以地面信号作为主体信号。非 CBTC 列车的位置检测由辅助列车位置检测系统(计轴器)完成,其位置信息传输给区域控制器,用于 CBTC 列车的移动授权计算。

通常情况下,ATS 子系统自动执行功能,而不需要人工参与。ATS 子系统监督并显示 CBTC 列车的位置以及被非 CBTC 列车占用的轨道区段。ATS 自动调节 CBTC 列车性能水平以及停站时间,以遵循时刻表。ATS 还提供了人工运行控制模式。人工运行包括在车站扣车/取消扣车,建立/解除速度限制,以及临时区间封锁/取消。

ATO 始终在 ATP 的监督下运行。系统的非安全列车自动运行和监控功能由 ATO 子系统完成。在列车运行过程中,ATO 子系统执行其规定功能,同时与 ATP 交换数据。ATO 使用轨道储存数据来执行程序站停和进路信息。在人工 ATP 模式下,ATO 将连续计算和显示列车行驶信息,但不能控制列车。

4)浙大网新 CBTC 系统的信息交换

通信子系统设计提供验证过的部件和开放接口来提供一个高鲁棒性环境。图 2.15 是一个高级别的模块框图,显示了系统中的经由有线和无线以太网链接进行的信息传递。表中列出的是图中模块间的通信数据变量(用[X],[Y]等代表)。

CBTC 系统包括以下几种信息流:

①区域控制器(ZC)到车载控制器(CC)。

同步信息包括由区域控制器 ZC 授权的车载控制器 CC 版本信息。包括:移动授权、停车保证请求、一般数据(信号机状态、道岔状态、区域防护状态、故障区域状态、控制模式禁止、站台可用信息、站台自动折返按钮状态)、临时限速、轨道数据库的授权版本。

②车载控制器(CC)到区域控制器(ZC)。

同步信息包括:轨道数据库版本请求信息和临时限速信息。包括列车位置报告(车头车尾位置、不确定位置、列车运行方向、速度、激活状态和停车状态)、列车在 CBTC 控制下的轨旁信号机灭灯授权、列车完整性报警、列车倒溜报警、列车站台停稳、移动授权下的停车保证确认、站台屏蔽门门控和开/关门(如有)命令。

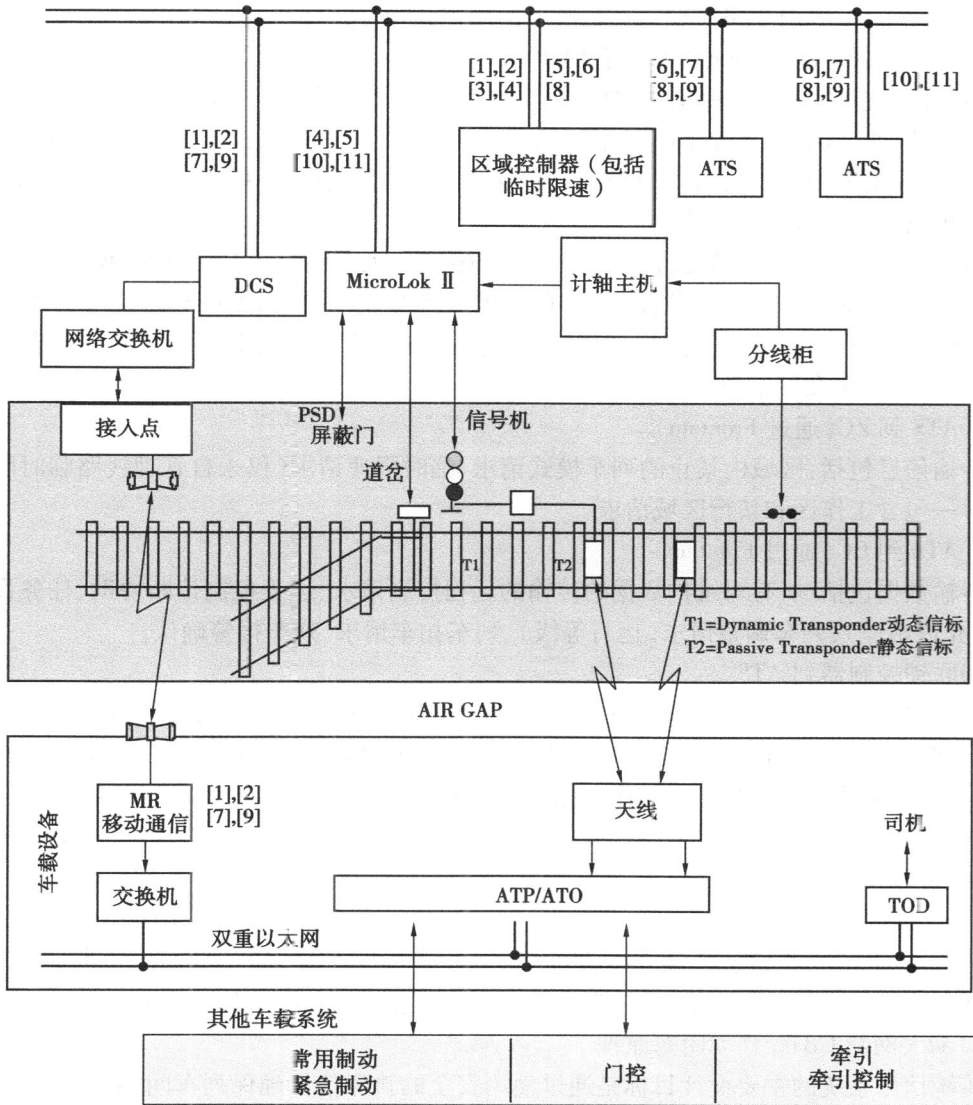

图 2.15　信息交换图

③区域控制器(ZC)到区域控制器(ZC)。

传输的信息包括:CBTC 方向区域状态、临时限速申请(从所有 ZC 到控制该线路临时限速的 ZC)、临时限速(从控制该线路临时限速的 ZC 到所有 ZC)。

④联锁控制器到区域控制器(ZC)。

传输的信息包括:计轴区段状态(占用/空闲)、道岔位置、信号机状态包括解锁状态,联锁保护状态和进路人工取消进路延时状态、站台自动折返按钮状态、站台紧急停车按钮激活、站台屏蔽门报警、进路取消请求(为了停车保证)。

⑤区域控制器(ZC)到联锁控制器。

传输信息包括:CBTC 列车接近信号机(接近锁闭信号)、信号机前停车保证(人工取消延时信号)、灭灯信号命令、重叠区间的 ZC 占用(任一列车的出清)、列车已经越过信号机压入

29

下一个区段(自动取消进路信号)、站台屏蔽门门控和开/关门命令。

⑥区域控制器(ZC)到通过数据存储单元(ATS)。

传输信息包括:人工控制请求(如果列车在无人自动折返控制模式下)、区域禁止的列车模式、临时限速确认(仅从控制临时限速线路的 ZC 得到)—包含工作区和禁行区域、临时限速(仅从控制临时限速线路的 ZC 得到)—包含工作区和禁行区域、CBTC 列车移动授权。

⑦车载控制器(CC)到通过数据存储单元(ATS)。

传输信息包括:列车位置报告、列车位置丢失状态、列车调整状态(运行等级)、扣车状态、列车报警状态(如 EB 等)、车载控制器(CC)运行状态、车载控制器(CC)状态(可用控制模式、激活控制模式,人工控制请求(如果列车在无人自动折返模式下),驾驶室按钮和开关状态,ATO 模式故障和停车失准)。

⑧ATS 到 ZC(通过 Frontam)。

传输信息包括:区域内禁止的列车模式请求、临时限速请求(仅来自管理线路临时限速的 ZC 处)—包含工作区和禁行区域请求。

⑨ATS 到 CC(通过 Frontam)。

传输数据包括:所有对维护数据的传输的远程控制请求、远程控制诊断协助、任务设置请求(不允许站停)、列车调整请求(运行等级)、列车扣车请求、列车报警确认。

⑩联锁控制器到 ATS。

传输数据包括:信号机状态(开放、停止、灭灯、引导、激活、封锁、安全接近、自动进路、亮灯、灯丝断丝)、计轴区段状态(占用/空闲、预复位)、道岔状态(位置、锁定/锁闭)、进路锁闭(方向)状态、站台屏蔽门状态(关闭且锁闭、互锁解除)、ATS/LCW 控制状态、IBP 站台紧急停车按钮激活状态、IBP 站台扣车请求、联锁状态(离线、通信故障、恢复状态)、电源故障状态(接地检测故障、熔断)。

⑪ATS 到联锁控制器。

传输数据包括:进路请求/关闭信号请求、信号锁闭/解锁请求、引导信号请求、道岔定/反位/锁闭、联锁控制器故障切换允许/禁止请求、自动进路信号允许/禁止请求。

5)浙大网新 CBTC 移动闭塞原理

传统信号系统的主要设计目标是通过使用安全的轨旁信号确保列车间隔和提醒司机,因此,没有列车会进入另一列车占用的闭塞区段。基于 CBTC 的移动闭塞系统的主要设计目标是在维持系统安全性的同时,通过改良的位置分辨能力和移动授权更新率,来提供更大的运能,缩短列车间隔距离。系统的设计原则就是"目标距离",如图 2.16 所示。

CC 负责列车在轨旁 ZC 发出的移动授权(MAL)范围内安全移动。MAL 设置到列车前方障碍物处。CC 确保所有合适的、出于安全方面的考虑都已包括在生成的速度曲线中。这些考虑包括:最不利情况下的停车距离,以及不确定的前方障碍物位置。

在移动闭塞系统中,ZC 将根据报告的列车位置和不确定误差来计算在最不利的情况下列车的位置。然后,ZC 将列车视为后续列车的障碍物,为后续列车计算 MAL,使后续列车尽可能靠近该车。

移动闭塞原理中,与前车车尾间的安全间隔,是根据最高运行时速,制动曲线和列车在线路上的位置动态计算的。由于位置信号的高分辨率,后续列车可以按照该段线路的最高运行速度,在与最新验证的前车车尾位置保持安全制动距离的前提下,安全地靠近前车

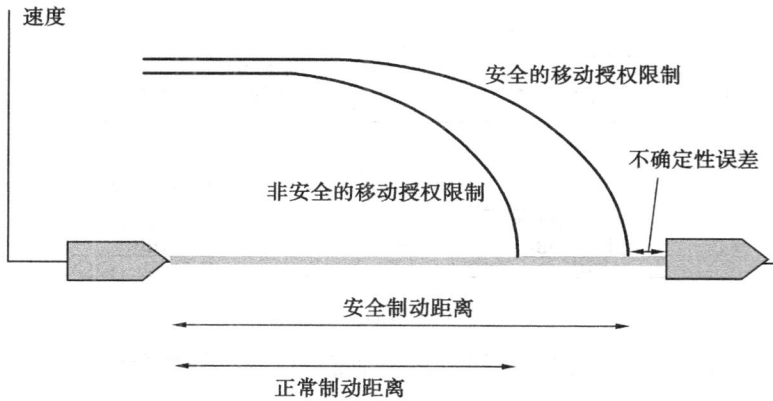

图 2.16　移动闭塞原理

车尾。

"安全距离"是列车间的一个固定值,它是在后车预定的停车点与确认的前车尾部位置之间的距离。这个距离的取值考虑了存在一系列最不利的情况,仍能保证安全间隔。系统的设计原则包括:

a. 由车载设备完成高分辨率的列车位置定位。

b. 通过基于无线的数据通信链,将本列车的位置信息和其他列车的状态数据与轨旁设备进行通信。

c. 基于列车位置信息和其他联锁的输入,通过轨旁设备,确定每列配备车载设备的列车的移动授权限制信息。

d. 通过基于无线的数据通信链,将这些授权限制和其他列车的控制数据与相应列车进行通信。

e. 通过车载设备,完成 ATP 速度/距离曲线的确定和执行。

f. 从轨旁设备到其他联锁的、必需的强制命令,以及其他联锁到轨旁设备的用以支持系统运行的状态的通信。

g. 从一个 ZC 到相邻 ZC 用以支持列车控制交权的必要信息的通信。

h. 一列车内多套车载设备可用以支持系统运行的必要信息的通信。

i. 利用移动闭塞原理设定 MAL。

①移动授权限制

移动授权限制(MAL)是指列车按照给定的运行方向被授权进入和通过一个特定的轨道区段。移动授权在每一个通信周期前被签发和监督。系统执行移动授权,以维持安全的列车间隔,并通过联锁提供防护,MAL"更新"如图 2.17 所示。

MAL 包含安全(V_MAL)和非安全(NV_MAL)的数据部分。MAL 的组成可分为:ZC 确定的约束列车移动的限制,ZC 发送给所有它控制的列车(如"广播模式")的轨旁设备状态及 CC 通过它的内部数据库识别的限制。

CC 基于列车位置和运行模式来识别限制。(举例说明:在 CBTC 区域内与列车定位相关的限制,与在非 CBTC 区域内的定位相反)。

ZC 确定限制以防护其他列车(防止列车相撞),包括迎面行驶、脱轨和侧面冲突。ZC 发

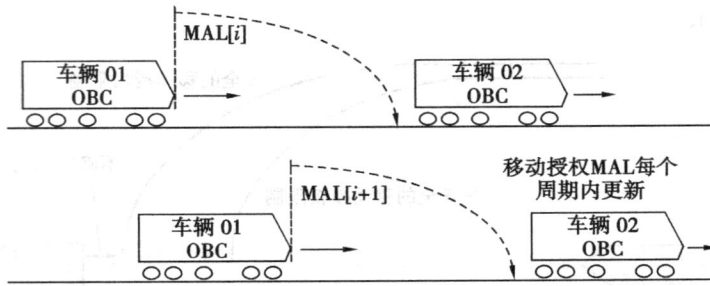

图 2.17　MAL "更新"

送轨旁设备(如道岔位置)状态到所有列车,CC 确定该轨旁设备是否与列车运行有冲突。

A. 移动授权的 3 个组成部分如下:

a. ZC 产生一个"ZC_MAL"给每辆列车。这个 ZC_MAL 由两种元素组成:一个安全元素(ZC_V_MAL)和一个非安全元素(ZC_NV_MAL)。

b. ZC 发送轨旁设备的状态(如道岔位置)到所有列车,包含一个称为 ZC_GD 的信息。该数据包含一个安全数据(ZC_V_GD)和一个非安全数据(ZC_NV_GD)。

c. CC 确定的车载 MAL 组成被称做 CC_MAL,包含一个安全元素(CC_V_MAL)和一个非安全元素(CC_NV_MAL)。

在图 2.18 中,V_MAL 是安全移动授权区域的界限,用于计算安全的最高速度 EB 的曲线。NV_MAL 是非安全移动授权区域的界限,用于计算非安全的最高速度 EB 的曲线——该曲线用于列车自动运行(ATO)和计算显示给列车司机的速度曲线。

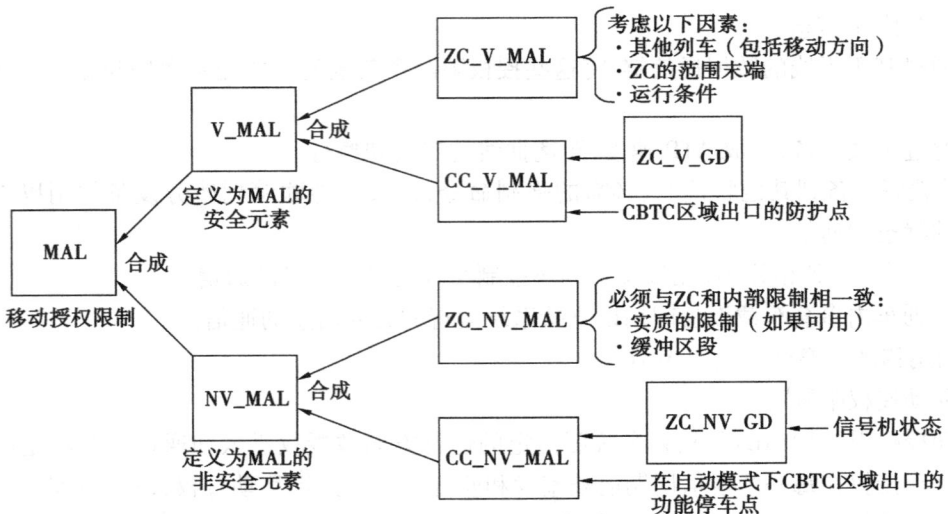

图 2.18　MAL 元素的分类

ZC 通过 ZC_MAL 保证了列车安全间隔。ZC 为每列有装备车载的列车通过其控制下的轨道段时,确定 ZC_MAL。ZC_MAL 被分配给一辆特定列车,并作为一个单独信息被循环发送给 CC。对每辆列车而言,ZC_MAL 的数据由 ZC_V_MAL 和 ZC_NV_MAL 组成。

B. ZC_V_MAL 包含下列信息:

a. 位置:授权的界限位置(以轨道段和段中偏移量的方式识别)。

b.方向:运行方向。

c.类型:区分下列类型的指示器。

● AT 类型:移动授权受限于一列装备车载设备的列车。

● MTc 类型:移动授权受限于一列人工控制的装备车载设备的列车。

● UT 类型:移动授权受限于通过计轴设备追踪一列列车(列车故障或未装备车载设备)。

d.进站信号机:进站信号的显示。

e.追踪限制类型:移动授权受任何其他固定的障碍物限制。

f.缺省:当障碍物类型不确定时 MAL 的值。

C.ZC_NV_MAL 包含授权限制的位置(如果必要),授权限制以轨道段和段中偏移量的识别形式出现。

基于 ZC 发送给 CC 的信息,CC 通过 CC_MAL 确定界限。ZC 发送道岔位置(左、右、未知)给 CC。CC 持续检查位于列车前部的轨道状态(ZC_GD),轨道的元素可能比列车运行的ZC_MAL 的限制性更强。

如果发现列车和 ZC_MAL 间的道岔位置丢失,列车将通过请求紧急制动而停车,直到道岔位置重新与 ZC_MAL 相对应。

D.ZC_MAL 会因考虑如下因素而更新:

a.移动障碍(列车)。

b.固定障碍。

c.信号机,轨道两端,区段两端。

d.CBTC 区域的移动方向。

e.道岔位置。

E.CBTC 区域边界的 MAL 考虑到下列因素时,CC 也会执行 MAL:

a.CC 将根据自己的需要执行下列内容:

在 ATO 模式下,系统将不允许列车离开 CBTC 区域。系统检测任何接近 CBTC 区域的离去的行为。如果列车运行在 ATO 模式下,在离开 CBTC 区域前列车会停止。

当列车发现接近 CBTC 区域(位置和运动方向),但未从轨旁收到有效的移动授权限制,列车将在 CBTC 区域的入口处停车。

b.CC 将与 ATS 共享下列要求:

在 ATO 模式下,列车允许运行的最大点可能是,当车站停车点恰好位于 CBTC 区域出口前。在这种情况下,CC 通知 ATS,列车停留在停车点上。

F.MAL 超时。

系统采用安全机制处理所有通信故障,包括控制每个周期内每个安全输入的"即时性"。即弃用每一个"过老"的安全输入("过老"是指其时间戳与当前时间的差超过了规定值)。

对于 MAL,只要它在(待定)秒内没被 ZC 更新,CC 就实施紧急制动。对于 ZC 提供的安全制动距离范围内道岔的状态信息,只要它在(待定)秒内没被 ZC 更新,CC 就实施紧急制动。

G.两个 ZC 间的交接过程。

如图 2.19 所示,列车从一个区段到另一区段的交接,建立在区段重叠的原则来进行。区段重叠指的是两个 ZC 间的交接区域,在这个区域中,两个 ZC 追踪和计算移动授权限制,CC

以最大的允许运行区域控制列车运行。

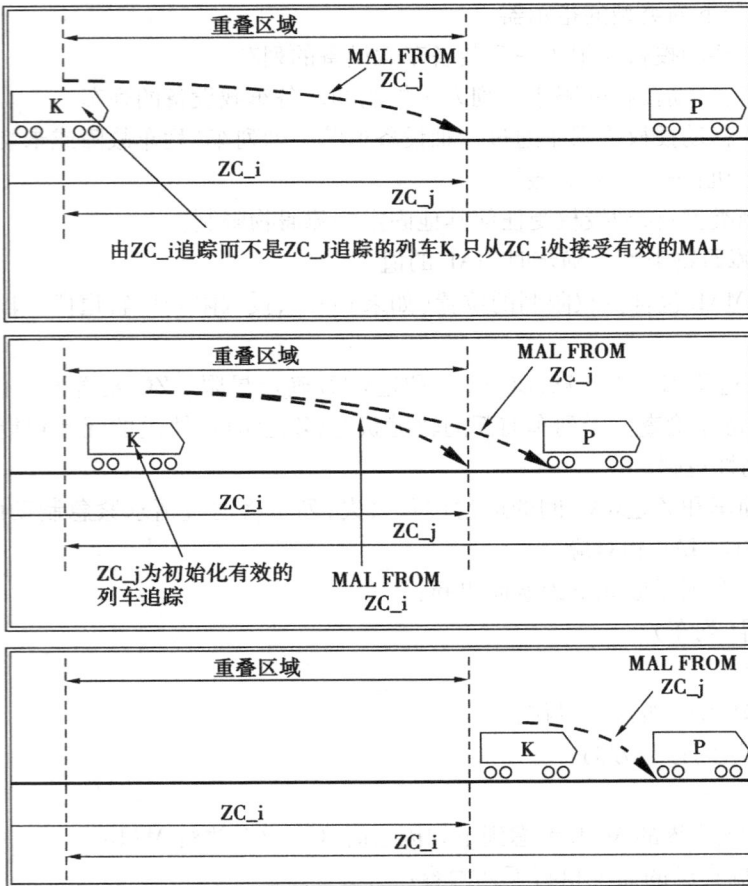

图 2.19　两个 ZC 间 ZC_MAL 的连续

如果与接管 ZC 的通信未建立,CC 将继续与交接 ZC 通信,直到完全离开交接 ZC 的区域。如果在该点列车未与新 ZC 建立通信,列车被认为是无装备列车。

H. 列车通过区段边界的常规程序如下:

a. 本功能由 ZC 和 CC 完成。

b. 当列车自一个 ZC 控制下的区段移动到另一个 ZC 控制下的区段时,交接就通过"交接区域"或"区域重叠"功能完成。

c. 两个相邻的 ZC 共同管理一部分被称为"交接区域"或"区域重叠"的轨道。

d. 在该区段,两个 ZC 接受来自列车的信息,包括定位信息和确保列车追踪。

e. 两个 ZC 为该重叠区域内的列车计算 ZC_MAL。重叠区域内的 CC 接受来自两个 ZC 的 ZC_MAL。CC 选择 ZC_MAL(ZC_V_MAL+ZC_NV_MAL)因为 ZC_V_MAL 是最大允许的指令。在从仅仅一个 ZC 接受 ZC_MAL 的情况下,它就是最大允许的指令。

f. 重叠区域要足够长,以避免列车在重叠区域内减速。当列车到达前一个 ZC 的交接点时,总能被后一个 ZC 考虑进去。

g. 在重叠区域,常规数据(ZC_GD 或 TSR)和数据库仅由一个 ZC 传送。

【任务实施】

任务提出

学习城轨信号系统,首先对目前最先进的 CBTC 信号系统应该有所了解和认识。

任务实施

1.准备教学资料。

2.把学生分成 6~8 人一组,分组讨论学习计划。

3.在老师的指导下,各组学习西门子或浙大网新 CBTC 信号系统的特点、结构、功能、原理等内容。

4.组间交流学习信息,讨论两个系统原理上的异同。

5.各组将学习的成果进行交流汇报。

6.对学生的学习情况进行评价。

【任务考评】

任务实施过程考核评价表

考评项目		配分(分)	要　求	学生自评	小组互评	教师评定
知识准备	基本知识、学习计划	20	熟悉的程度			
任务完成	CBTC 信号系统的运营模式	10	熟悉的程度			
	西门子 CBTC 的结构、功能、原理及信息交换	20	熟悉的程度			
	浙大网新 CBTC 的结构、功能、原理及信息交换	20	熟悉的程度			
	所遇问题与解决问题的能力	5	成功性			
学习的主观能动性、讨论过程的表现		10	遵守上课纪律、态度积极			
协调合作,成果展示成绩		15	小组成员的参与积极性、成果展示的效果			
成　绩						
总成绩 (根据需要按照自评、互评和教师评价作百分比计算,以学生为主、教师为辅)						

任务2　点式 ATP 信号系统和联锁信号系统控制模式

【场景设计】

1. 多媒体教室教学、轨道交通设备(信标、计轴、信号机)旁或正线信号设备房内,学生人数根据场地和需要而定。

2. 教学用的 PPT、视频及相关教学引导资料。

3. 考评所需记录、评价表。

【知识准备】

不管是点式 ATP 信号系统还是联锁控制都是 CBTC 信号系统的后备模式,联锁控制又是点式 ATP 信号系统的后备,就这两种控制模式,本任务分别进行阐述。

(1)点式 ATP 信号系统概述

1)概述

点式 ATP 信号系统单向通信级别主要作为 CBTC 连续式通信级别控制模式的后备模式,或在部分对于列车行车间隔有较低要求、允许使用固定闭塞原理的线路使用。

移动授权来自信号机的显示,并通过可变数据应答器由轨旁点式的传送到列车。列车在线路的定位与在连续通信级一样,自动地服从所有的线路限速。

CBTC 控制级转换到点式 ATP:一旦某列 CBTC 列车失去与轨旁的无线通信达 5 s(厂商不同时间不同),车载将发出 EB 命令使列车停车。此时,联锁系统根据计轴设备占用情况确定本列车的位置。系统根据前行列车的位置,自动确定本列车前方各信号机的显示。当通信故障时,司机转换驾车模式到 iATP 模式。由司机根据轨旁信号显示行车。在 iATP 模式,系统提供点式 ATP 防护。

点式 ATP—降级的系统操作和性能。点式 ATP 提供双方向的车载超速防护(根据预先设定的最大限速),信号灯冒进防护和 240 s 的运行间隔。点式 ATP 要求车载 ATP(包括所有的传感器)都在工作,并且轨旁联锁控制系统(MicroLok Ⅱ和计轴设备)和定位信标(包括动态和静态信标)也工作。区域控制器,DCS(骨干网除外)和 OCC 不需要工作。点式 ATP 提供单一的操作模式。

2)点式 ATP 系统分析概要

假设列车的最大系统土建限速(不允许超过)为 80 km/h。站间 IATP 运行时间使用 CBTC 运行时间。延迟时间被加到运行时间,包含轨旁和车辆设备最坏情况的延迟时间和司机的反映时间。列车速度在 0 ~ 38 km/h 间采用 0.83 m/s² 的加速度率,列车速度在 38 ~ 80 km/h 间采用 0.40 m/s² 的加速度率。站停采用 1.0 m/s² 的减速度率(存在足够的缓冲区或保护区段)以及 1.0 m/s² 的安全制动距离率。

在终端站,如果不存在足够的保护区段距离,根据现存的保护区段距离计算一个可变的制动率(由此产生的平均减速率小于 1.0 m/s²)。所有的 IATP 运行间隔包含了一个时间延迟因素。这个延迟时间包含了轨旁和车辆设备在最糟糕情况的延迟时间和司机的反应时间。站间平均驾驶速度假定为 70 km/h。手动驾驶模式下通过道岔反位的最高速度假定为 32.5 km/h。

（2）**点式 ATP 控制模式的工作原理**

1）基本原理

点式 ATP 控制模式是指连续式车地通信设备或轨旁 ZC 故障，以及其他原因导致连续式 ATP 功能丧失时的系统控制模式。图 2.20 解释说明了点式 ATP 控制系统方案的工作原理。

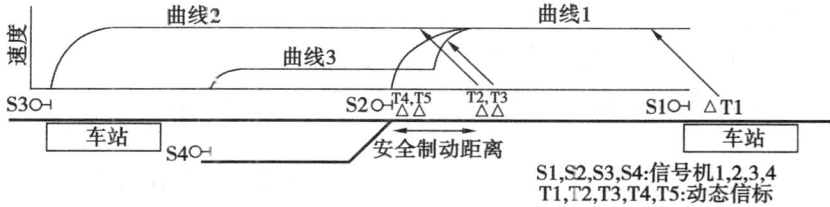

图 2.20　点式 ATP 控制系统方案的工作原理

系统通过轨旁动态信标将速度距离（SD）曲线（从信号机到信号机）传输给列车。如果信号机 S1 开放，一条到信号机 S2 的速度曲线就将传输给列车（通过动态信标 T1）。如图 2.20 中曲线 1 所示。

动态信标（T2，T3）被安装在信号机 S2 之前的安全制动距离外。由于从信号机 S2 出来有两条进路，所以需要两个动态信标。这两个动态信标由联锁 MicroLok 根据信号机 S2 的显示来进行控制。

当列车按照曲线 1 行驶并接近信号机 S2 的位置，列车读到了动态信标 T2 或 T3。如果信号机 S2 开放绿灯（直通进路），信标 T2 将会使列车按照曲线 2 行驶。曲线 2 允许列车以最大线路速度前往下一信号机。

如果信号机 S2 开放黄灯（走弯股的进路），信标 T3 将会使列车按曲线 3 行驶。速度曲线 3 将使列车减速通过道岔，至信号机 S4。

正常情况下，所有列车都要求在每一个车站停车。如果出现了不太可能的情况，即列车按速度曲线 1 行驶而信号机 S2 被关闭了（显示红灯），列车将被迫在信号机 S2 处停车。在这一情况下，当信号机 S2 显示绿灯或黄灯时，司机必须驾驶列车以读到动态信标 T4 或 T5（图上显示黑色）。动态信标 T4 允许列车按曲线 3（通过道岔反位）到信号机 S4，动态信标 T5 将允许列车按曲线 2 到下一信号机。

2）点式 ATP 运营模式下的列车间隔

点式 ATP 功能保证列车按照固定闭塞原理运行，不会跟随的太近。固定闭塞列车间隔功能取决于由始端和终端物理信号机定义的进路。该功能基于相关联锁分区的轨道空闲信息，并保证在一个分区内最多只有一列车。

该功能检测并通过动态信标（可变数据应答器）向列车发送点式通信级移动授权报文。为了优化列车在某些位置的运行，线路上设计了预告信标（也称为"填充的"数据应答器）。

动态大约在信号机上游约一个制动距离的位置，可以选择增加第二个动态信标，动态信标的报文信息与信号机处的动态信标的信息一样，它通过电缆连接到相同的 LEU。

3）点式 ATP 信号系统通信原理

①轨旁到车载的通信设备。

轨旁到车载的通信设备主要由 3 部分组成：定位读取器、定位天线、信标（应答器），其中信标包括两种类型：动态信标和静态信标（也称为有源信标和无源信标）。当机车在运行过程中,通过安装在机头和/或机尾的定位读取器、定位天线,对安装于枕木上的信标完成识别,定位读取器将识别结果上传给车载设备,从而达到目标识别和定位的目的。因此,要达到上述目的,车载设备(包括应用软件)、定位读写器、定位天线、信标,任何一个在系统运行过程中出现问题,都有可能造成对某个点甚至是所有点定位的失败。

②点式通信概念。

点式通信意为在线路上特定的点进行车地信息传输。

点式通信以信标建立,信标安装在线路上。车载查询器天线通过信标时可得到信标内的数据。

正常情况下,动态信标接收 LEU 连续发送的报文,该报文内容取决于与 LEU 相连接的信号机的显示信息。列车通过该信标的瞬间,该报文被传送到列车上。

③点式 ATP 通信原理。

A. 定位天线。定位天线是地—车间信息传输设备,天线可以安装在车体下或转向架下(若安装在转向架下,则需要减震器),西安地铁安装在转向架下,实物图如图 2.21 所示。

图 2.21　信标天线图

车载信标天线是一个全双工的收发天线,既要向地面发送激活地面应答器的功率载波,还要接收地面应答器发送包含数据报文的信号。车载设备根据地面设备提供的线路参数、限速信息、动态信息生成控制速度和目标距离模式曲线,监控列车安全运行。

信标天线的功能如下:

a. 信号放射(27.095 MHz),向信标供电(由 CORE MPC-VIO 进行供电)。

b. 接收和放大信标的上行信号并发送给安全处理器。

c. 准确检测信标中心位置。

B. 信标介绍。北京地铁二号线信标分为有源信标和无源信标两种,无源信标又分为重新定位信标(RB)、移动列车静态初始化信标(STIB)。

a. 静态信标(无源信标)。也称为固定信息的应答器,在区间内每隔 200 m 就布置一个重新定位信标,但在站台为了精确停车每个站台布置 5 个,在转换轨每隔 21 m 安装一个静态初始化信标。无源信标的作用为上下行列车的车载设备发送有效数据,通常不需要与任何设备相连,存放的数据也是固定的。有位置坐标、曲线半径、坡度、限速条件等信息。列车通过无源信标时,车载查询器接受机车信号起始点信息,经处理后提供给运行控制装置。

b. 动态信标(有源信标)。有源信标置于信号机旁,与信号机通过接口相连,可向列车传递信号显示信息,应答器内所存储的部分数据受信号显示的控制,同时与 LEU(轨道旁电子单元)配合使用,LEU 和信标之间的链路最长为 5 km,当 LEU 和信标间的链路出现故障时,传输数据来自内部存储器。车站信息编码设备与车站联锁系统结合,采集来自联锁系统的有关信息,LEU 实时接收车站列控中心报文并发送给有源信标,提供实时信息,当列车接近地面有源信标时,LEU 发送的数据报文保持不变。

c.信标天线及信标的工作原理和接口图。信标安装在两根钢轨中心枕木上,其中无源信标平时处于休眠状态,当列车驶过时,车载传输模块产生 270.95 MHz 的功率波,通过安装列车底部的双频感应收发天线(信标天线)发送出去,通过电磁感应方式将能量传递给地面应答器;地面应答器的内部电路在接收到来自列车的能量后开始运作,通过电路输出一个可靠的电源,为信息发送电路提供能量,将数据以频移调制方式通过电磁感应传送至车上,再由车载设备处理查询器接收到的高频调制编码信息。信标天线及信标的接口图如图 2.22 所示。

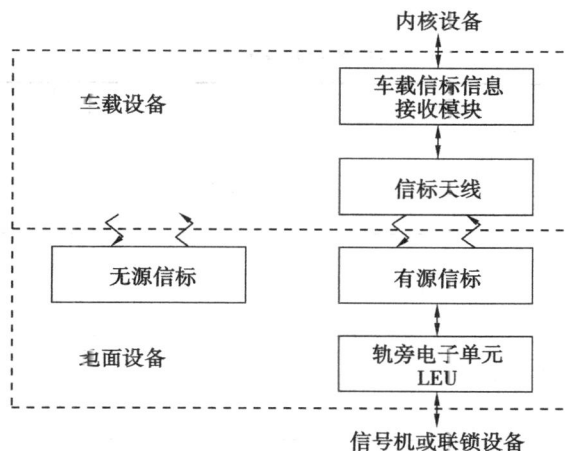

图 2.22　信标的接口图

(3)**联锁信号系统控制模式**

1)概述

联锁信号系统控制也称为人工控制,是最低等级的系统操作和性能。联锁控制提供固定闭塞列车间隔和联锁防护。不提供其他的 ATC 功能,提供 ATP 25 km/h 限速。除联锁外,不需要其他 ATC 子系统存在或工作。

联锁级控制模式是在连续式(CBTC)或点式 ATP 通信级故障,作为降级运行模式,只能由 LED 信号机系统为列车提供全面的联锁防护,是最低级的控制模式。

2)联锁级控制使用前提

①联锁功能正常:正线联锁设备工作正常(西安地铁二号线正线信号系统 MicroLok Ⅱ)、转辙机、信号机和计轴设备功能正常,但不具备点式 ATP 功能或点式 ATP 功能故障。

②联锁功能正常时信号系统提供不小于 240 s 的固定闭塞列车间隔和联锁防护,此时除联锁系统工作且具备联锁功能外,不需要其他 ATC 子系统存在或工作。

③当信号系统降级到人工模式且联锁功能正常时,采用不具备列车超速防护的固定闭塞法组织行车。

【任务实施】

任务提出

从业前,对 CBTC 信号系统的后备模式点式 ATP 信号系统的设备、通信和简单原理应该有所了解,对最低级的联锁级控制模式也该有所认识。

任务实施

1．准备教学资料。

2．把学生分成 6~8 人一组，分组讨论学习计划。

3．在老师的指导下，各组学习点式 ATP 系统的概述、设备、通信原理。

4．认识联锁级控制模式的使用前提和具体功能。

5．组间交流学习信息。

6．各组将学习的成果进行交流汇报。

7．对学生的学习情况进行评价。

【任务考评】

任务实施过程考核评价表

考评项目		配分（分）	要　求	学生自评	小组互评	教师评定
知识准备	基本知识、学习计划	15	熟悉的程度			
任务完成	点式 ATP 信号系统的基本内容	10	熟悉的程度			
	点式 ATP 通信的概念及应用前提	20	熟悉的程度			
	点式 ATP 信号系统的信标及接口	20	熟悉的程度			
	联锁级控制模式	10				
	所遇问题与解决记录	5	成功性			
学习的主观能动性、讨论过程的表现		10	遵守上课纪律、态度			
协调合作，成果展示成绩		10	小组成员的参与积极性、成果展示的效果			
成　绩						
总成绩 （根据需要按照自评、互评和教师评价作百分比计算，以学生为主、教师为辅）						

思考题

1. 简述 CBTC 的概念。
2. 什么是移动闭塞?
3. CBTC 系统的组成有哪些?
4. CBTC 系统列车控制等级有哪几种? 各在什么情况下完成哪些功能?
5. 简述西门子 CBTC 信号系统结构组成。
6. 简述西门子 CBTC 信号系统的特点。
7. 简述西门子 CBTC 系统的基本工作原理。
8. 如何理解最小安全距离?
9. 浙大网新 CBTC 信号系统的基本组成有哪些? 各部分的功能特点是什么?
10. 什么是点式 ATP 信号系统?
11. 点式 ATP 控制模式的基本工作原理?
12. 什么是联锁信号系统控制模式?

项目 **3**

车载信号部分

【项目描述】

1. 车载信号系统的认识。

2. 车载 ATP 系统的设备组成、功能原理。

3. 车载 ATO 系统的设备组成、功能原理。

【知识目标】

1. 掌握车载 ATP 系统基本功能。

2. 掌握车载 ATP 系统基本结构。

3. 掌握车载 ATP 系统基本原理。

4. 掌握车载 ATO 系统基本功能。

5. 掌握车载 ATO 系统基本结构。

6. 掌握车载 ATO 系统基本原理。

【能力目标】

1. 能正确分析车载 ATP 系统结构及原理。

2. 能正确分析车载 ATO 系统结构及原理。

3. 能区分各个公司 ATP/ATO 系统区别。

4. 培养学员对学习的积极主动的态度和参与交流的热情。

5. 培养学员的自我学习能力和发现问题与解决问题的能力。

任务1 车载信号系统功能

【场景设计】

1. 多媒体教室,城轨线路轨旁或机车内,或校内车载模拟实验室,学生可根据需要组织人数。

2. 教学用的 PPT、视频及相关教学引导资料。

3. 考评所需记录、评价表。

【知识准备】

车载信号系统关系列车的运行、制动、速度、位置等方面的信息,信号设备包括车载 ATP

和车载 ATO。

（1）**车载信号系统功能概述**

ATP 功能可确保列车的安全运行。ATP 所有功能都依照故障—安全准则执行,该准则符合 CENELEC 标准。系统具有线路双向运行的 ATP 功能。

车载子系统负责确定列车位置,监测列车速度,保证适当的制动次序,管理列车的控制模式并根据 ZC 所提供的信息来控制列车。车载子系统的关键元件是 CC(车载控制器),它包括一个安全的三取二处理器以及输出/输入控制器模块所提供的输入/输出接口。

CC 与速度传感器、加速计和查询应答器接口,以确定列车的位置。列车司机显示器与 CC 接口,显示驾驶信息,设备状况,以及给司机的报警。

车载子系统的一般功能包括:

a. 安全列车速度和位置的确定;

b. 安全的超速保护;

c. 安全的紧急制动;

d. 安全的列车停靠;

e. 安全的方向控制;

f. 安全的门控制(使能);

g. CBTC 运行模式;

h. 安全后溜和前溜防护;

i. 安全过走恢复保护。

（2）**车载信号系统功能及原理**

1）列车定位功能

通过下列参数描述车载定位:定位过程、列车位置、列车极性和运行方向。

①定位过程。对每一台装备的列车来说,CC 定位包含一个"初始化"阶段和一个更新阶段。列车必须检测到两个相邻的应答器初始化阶段才能完成。一旦被初始化,列车的位置就会根据应答器的检测结果逐步更新。

②列车位置。造成列车位置测量误差的主要原因如下:

a. 信标检测误差;

b. 数据收集时间的不确定性;

c. 轮径校准误差;

d. 空转/打滑时加速度计的校准误差。

CC 功能和 ZC(区域控制器)追踪需要列车确定它的两端位置(A1 和 A2 机车)。另外,定义了两种类型的位置(见图 3.1),即安全位置和非安全位置。

A. 安全位置。安全位置由一个不确定间隔来定义,该间隔把下列"最不利情况"下的不确定因素都考虑在内:读取应答器时的动态和静态的不确定性,自最近读取的应答器的位移测量的不确定性,应答器在轨道下安装的不确定性。

安全功能所使用的定位数据,将选择最合适的位置(安全型最小或最大、最不利情况)。

B. 非安全位置。任何列车点的非安全位置都被定义为该点最可能的位置(准确的)。该点位置的计算将基于应答器的读数和位移测量的可能的假设。非安全位置在运行停车管理中特别有用。

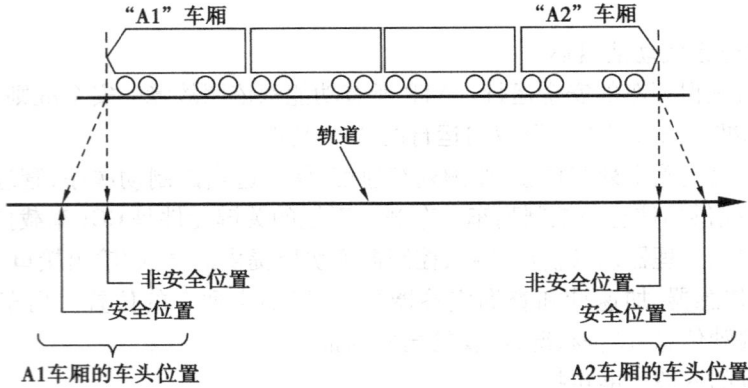

图 3.1　列车位置:安全和非安全位置

ATP 利用安全位置实现列车安全防护功能,包括超速防护。ATO 利用非安全位置实现非安全功能,例如列车速度调节和站停。ATS(列车自动监控)从 CC 接收列车安全前端位置。

③列车极性。列车极性指的是列车运行常规的方向和轨道区段常规的方向之间的比较关系。

④运行方向。该参数描述和比较逻辑网络常规方向的列车的移动方向。当列车自段的起点向终点移动时,移动方向被认为是正向的("+");而向另一个方向移动,则被认为是反向的("-")。

2)列车位置/速度测定功能

对于在 CBTC 范围内运行的配有车载设备的列车,该系统都可确定其位置、速度和运行方向。

列车位置测定功能能够安全而又准确地测定列车前端和后端的位置,其精度和分辨率符合用户运行和安全要求。

列车位置测定功能通过自启动,无须人工输入列车位置,即可自动检测并确定配有车载设备并驶入 CBTC 区域的列车位置。

列车速度测定功能的测量精度可以满足用户的运行和安全要求。系统速度测量精度参数为±0.5 km/h(测速范围为 0~100 km/h)。

对于不准确的列车位置/速度测定,信号系统可进行补充修正。列车位置/速度测定功能以车轮转动为依据,因车轮打滑/空转或车轮尺寸变化(磨损、调校、更换)而产生位置误差,该功能可对这些误差作出修正。

3)信标检测功能

信标位于道床上,是个无源装置,由列车上的查询应答器天线发出的信号提供电力。当列车经过一个信标时,列车接收到一个数字信息,识别该信标并且输入一个数据进入轨道数据库,提供该信标中点处的地理位置。单个或多个静态信标信息丢失时,系统会累积误差,在 AM(ATO 自动模式)、ATPM(ATP 防护下的人工列车驾驶模式)、IATPM(点式 ATP)、ATB(自动折返)模式下,当误差达到 30 m 时,对列车实施紧急制动(EB)。

静态信标布置原则是基于位置不确定性要求设计的。在站外区域,信标大约每隔 200 m 一个。在站台区域,为了达到精确停车,信标安放在站台的开始和末尾处,以及站台中间多处位置。在容易发生空转/打滑的区域,或者在弯道上,信标被更近地安置以减少位置误差。

44

4）安全制动模式功能

安全制动距离模式是在减速停车的过程中,考虑最不利情况的影响因素和故障情况,对列车运行进行分析。配有车载设备的列车,其停车距离将会等于或小于安全制动模式所确保的距离。图 3.2 表示的是本系统典型的安全制动模式。

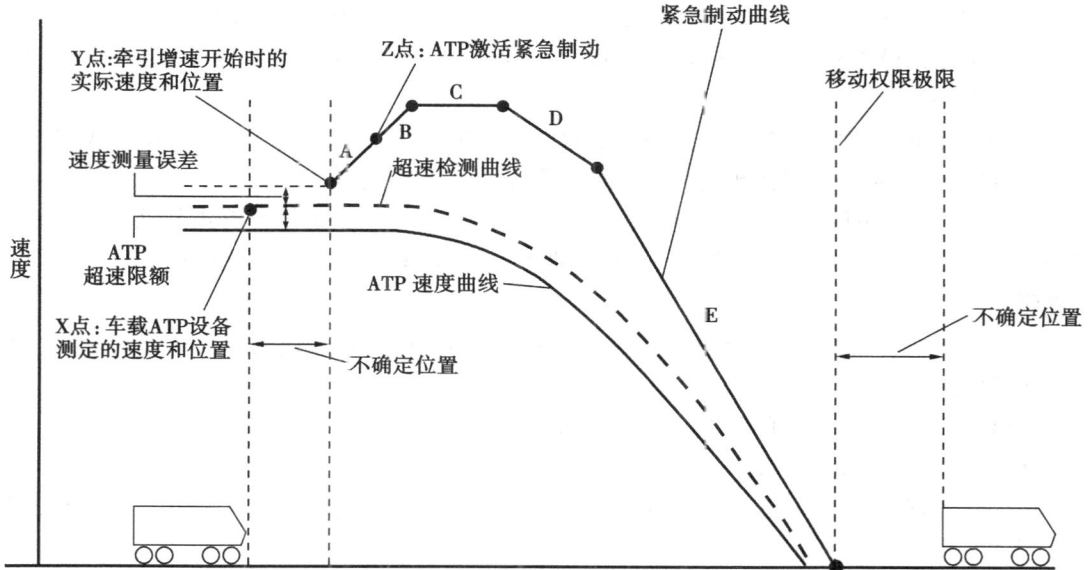

图 3.2　典型的安全制动模式
A—车载 ATP 反应时间;B—紧急制动开始后,牵引的取消时间;C—进行紧急制动的额外时间;
D—紧急制动启动时间;E—紧急制动速度距离(同安全制动模式的时间有关)

安全制动模式符合 CBTC 的 IEEE 标准。CC 的"静态及动态"数字数据库包括了坡度参数、永久限速、临时限速、列车长度、土建限速及列车运行特征。如果移动授权限制妨碍了轨道速度限制的执行,而列车当前的运行速度又高于轨道限速,CC 就会对土建限速的效果进行计算,并确保列车的运行速度低于土建限速。

需要注意的是,图 3.2 并非按比例绘制,而是简化示意图,有助于理解 CBTC 安全制动的典型模式。此处描绘的安全制动模式是由水平切线轨道定义的,有坡度时需要进行修正。

图 3.2 中的紧急制动曲线表示的是在最不利情况下,开环速度—距离曲线。一旦紧急制动程序开始实施,列车就必须遵循该曲线。该曲线应保持等于或小于安全速度曲线,若超过该安全速度,就会出现严重的险情(脱轨或冲突)。

在该模式下,安全因素包括紧急制动曲线、列车位置不确定性及其他附加的测量误差。这些因素已包括在信号系统的设计当中,而无须增加额外的安全空间。

ATP 超速检测曲线是速度—距离曲线,ATP 子系统如果发现列车测量点的测量速度超过该曲线的限定,就会立即激活紧急制动程序。程序激活后,ATP 子系统就脱离控制回路,列车按照或者低于紧急制动曲线进行紧急制动。该曲线包括初始牵引增速阶段,直至牵引取消。

ATP 曲线是速度—距离曲线,表示低于 ATP 超速检测曲线的超速允许量。它是 ATP 子系统所使用的基本曲线。

对图 3.2 的分析如下:

①车载 CBTC 反应时间(A)。

如图 3.2 所示,CBTC 系统对列车速度和位置进行测量(与其移动授权限制有关),并每隔 A 秒(最不利情况)将测量速度与测量点的 ATP 曲线速度进行比较。

在图中,X 点代表 CBTC 测量速度恰好低于 ATP 超速检测曲线。例如,虽然 ATP 测量速度高于 ATP 形式曲线,但仍在 ATP 超速允许范围内。此时,CBTC 系统就不会进行紧急制动。

但由于存在最不利情况下速度与位置的测量偏差(位置偏差),列车的实际速度和位置有可能位于 Y 点。

此种情况下,即使列车操作人员及/或 ATO 子系统一般会试图将列车速度降至 ATP 模式曲线速度以下,系统仍假设出现的故障将导致列车加速而不是制动。

A 秒钟之后,CBTC 系统会检测到该情形(图 3.2 中安全制动典型模式制动点 Z),由于 CBTC 测量速度并未明显超出 ATP 超速检测曲线的范围,CBTC 系统会立即启动开环紧急制动程序。

由于 CBTC 系统在最坏情况下存在反应时间和测量误差,Z 点代表此时列车可超出 ATP 模式曲线的最大速度。

在该点,安全制动模式的剩余操作仅由车辆特征决定。

②牵引取消反应时间(B)。

在该阶段安全制动模式下(标识 B),列车继续加速,直至列车牵引系统由于 CBTC 激活紧急制动应用而停止运作。

③惰行时间(C)。

在本部分安全制动模式下(标识 C),由于列车在牵引停止前一直加速,此时列车将继续以最大速度惰行,紧急制动开始生效后,本阶段制动模式终止。

④紧急制动建立时间(D)。

在本阶段安全制动模式下(标识 D),紧急制动率从零至少累积至 GEBR 水平。

⑤GEBR 紧急制动(E)。

在该阶段安全制动模式下(标识 E),列车在 GEBR 下持续减速直至停止。

注意:D 部分和 E 部分可合并为一条等值曲线来表示。

⑥位置不确定性。

安全制动模式必须包括前后两列车因 CBTC 系统测量误差而形成的最大距离。

5)列车追踪功能

列车追踪功能涉及 ZC 和 CC 子系统:ZC 通过互相对比以及与固定的追踪障碍物对比,来确定列车位置。列车追踪的功能主要被用来提供数据以保持安全的列车间隔。这些数据可被看做是上报列车或者非上报列车的所处位置的网络地图。

追踪占用地图可由 ZC 根据以下内容来构建:提供的列车位置报告(经由 DCS),道岔位置。

每个 CC 提交一份位置报告,包含列车识别号,前后车头位置,加上安全的估计位置的不确定值。列车识别号实际上是"CC 识别号",在每个 CC 上安全地硬件编码,防止两个 CC 有相同的识别号。

只要与不确定性有关,ZC 使用来自 CC 的非安全位置报告,计算"安全的"列车两端位置,提交位置不确定的报告。这将保证列车长度的最大化(对轨道出清确定的"最不利情况"),位置不确定性如图 3.3 所示。

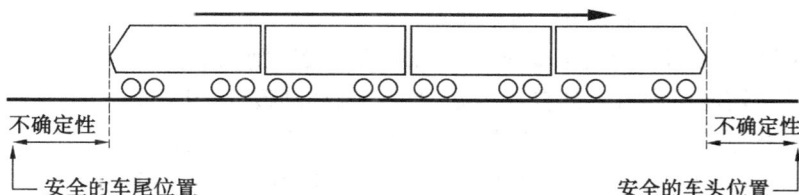

图 3.3　位置不确定性

6)在连续通信级别下移动授权的移动闭塞列车的间隔

①安全列车间隔概述。

无论车载设备是否运行,信号系统都可保证在该系统内的所有列车之间的安全列车间隔。

如果车载设备运转良好,信号系统可对这些列车进行安全列车间隔控制,以认定前方列车可立即在原地停车为原则。

对于车载设备运转良好的列车,其位置测定以信号系统的定位分辨率为基准。如果车载设备无法运转,由司机保证行车安全。

信号系统会将移动授权限定在前方列车尾部后面的安全距离外方停车点。

信号系统安全列车间隔功能包括:

a.利用 ATP 固定数据(如永久限速)和 ATP 可变数据(如临时限速和移动授权),计算 ATP 曲线(即安全速度曲线,属于列车定位功能)。

b.监控并执行信号系统计算出的 ATP 曲线。

c.ATP 曲线受安全制动模式管理,可确保在任何情况下(包括故障),配有车载设备的列车都不会超出移动授权限制。

以下移动授权限制最具约束性:

a.前方 CBTC 列车的后端,包括位置不确定性;

b.轨道终点;

c.在无法证明进路开放且道岔已被锁闭的道岔处;

d.已确立反方向运行的区段边界;

e.锁闭区段的边界;

f.已检测出无法让列车安全运行的进路入口。

系统还提供了旁路信号车载设备安全列车间隔功能的功能,列车可超出其移动授权限制(如以一定速度限制)。但此情况下,列车运行安全由司机保证。

还可收回(增加限制)先前赋予列车的移动授权限制。列车接近或制动到初始移动授权时,可能会违反新的 ATP 曲线,这时,信号系统会立即激活制动程序。该制动程序可以是紧急制动程序或是受监控的常用制动程序。

②ATPM 和 ATO 模式下的列车安全间隔。

A.制约因素分类标准。CC 执行的移动授权来自若干 ATP 功能的制约。另外,对每种模式类型而言,这些制约因素可依据下列标准进行分类:

a.由 CC 直接识别:CC 仅按照列车位置和/或列车运行模式对限制要素进行自我识别;

b.由 ZC 识别,并向每列车(包括轨旁设备)发送专用综合信号。ZC 对限制条件进行汇总,并针对其他列车进行自我防护(列车间隔),包括行驶方向上的头对头防护。

B. 确保 ATPM 和 ATO 模式下安全列车间隔的一般原则如下:

a. ZC 为其所辖区段内每一列自动控制列车计算移动授权(MAL)。

b. 将 MAL 指派给特定列车,并作为个体信息向 CC 周期发送;

c. 依照已接收的 CC 最新信息所要求的方向,ZC 对 MAL 进行计算。

d. MAL 规定了列车运行前方直到授权终点的限速,包括:

- 移动障碍(其他列车);
- 固定障碍(轨道终点,道岔失去表示等);
- 如检测到列车和 MAL 之间的道岔失表,ZC 会重新计算 MAL。收到新的 MAL 后,CC 若认定列车运行速度高于 MAL 所限制的安全停车速度,就会进行紧急制动;
- CC 会连续检测所有列车前方的轨旁设备状态,检查是否存在比 MAL(已接收到的)更为严苛的情况。如检测到列车和 MAL 之间的道岔失表,一旦 CC 认定列车运行速度高于抵达道岔前的安全停车速度,就会进行紧急制动。

e. 在 CBTC 控制的完全 CBTC 状态下(ATPM/ATO),CC 由于缺少轨旁设备的授权,会迫使不具有前方 MAL 的列车停车(采用紧急制动)。

③后备模式下的固定闭塞列车间隔。

在后备运行模式下,利用 CBTC 车载控制器和地面信标实现点式 ATP 控制功能,确保列车安全地停在信号机前方并防止列车冒进信号。

列车由司机人工驾驶,系统提供速度监控。MicroLok Ⅱ 根据进路排列情况、计轴系统报告的区间占用状态,控制信号机的显示。每架正方向信号机处设置动态信标,向车载控制器提供该信号机的显示状态。

7)速度监督功能

CC 会对速度传感器和加速计输入数据的一致性进行监控。如检测到速度或速度传感器信息的非常规变化,则会对异常情况进行记录。这些状况表明,出现了打滑或空转现象,或者可能出现速度传感器信号丢失。

当探测到空转/打滑现象时,CC 会根据加速计上的实际加速或减速,将计算速度值作为现有速度。这就确保在空转-打滑过程中仍将进行速度和位置的计算,并且在经过并检测到信标后,车辆的位置将得到校正。如果这种情况持续了预定长的时间,那么 CC 将会产生一个空转-打滑警报。

一旦检测到空转/打滑,CC 将利用速度传感器上一次的安全速度和位置,通过加速度计测量出来的加速度来更新列车速度和位置,其位置误差通过信标来消除。

8)轮径确认及磨损补偿功能

CC 会自动计算出安装 CC ATP 速度传感器的轮径。安装在笔直与平坦的轨道上(通常为车辆段的转换轨区域)的信标,用于自动计算轮径。

指定的信标就是在笔直和水平轨道上经过选择的信标,当这些信标被 CC 检测到时,校准阶段开始。如果校准阶段成功完成,轮径将被更新。轮径在列车控制中是一个安全的参数。但是,没有一个手动输入轮径的安全方法,因此手动更新轮径不被支持。

当 CC 经过这两个应答器时,CC ATP 会将通过速度传感器的行驶距离与储存在数据库内的实际距离作比较。在将这些值作了比较后,就可以获得计算轮径。

由于车轮尺寸是计算速度与距离的关键性组成,考虑到车轮的磨损情况,CC ATP 在校准区域校准车轮尺寸。

9)停车保证功能

停车保证的功能是:当发生人工进路取消时,安全判定 CBTC 列车是否能够在信号机前停下来。停车保证是一个比较 MAL 和当前列车位置和速度的逻辑功能。

图 3.4—图 3.7 说明在 CBTC 列车接近联锁区之前,进路取消时,执行停车保证的过程。

信号系统接收到紧急进路取消(ERC)请求后,将延迟一段相当于列车紧急制动停车所需要的时间再完成。停车保证功能的目标是在可能的情况下(即当 CBTC 系统能够确保没有列车进入到进路并且该进路被提交了 ERC 请求)来加快 ERC。

对于 CC 而言,这个功能还用于一个已通过的联锁进路释放:在停车保证功能中,CC 的职责与"执行和解锁已通过的联锁进路"中的一样,ZC 的请求限制 CC 的移动授权范围(接下来的 ERC 或是解锁已通过的联锁进路),如果 CC 正处在有关的限制时,它将通知 ZC(停车保证)。

如果列车在 CBTC 系统控制下,并且没有超速(依照基于新 MAL 计算的新 CC ATP 曲线),或者保证列车已经停止,CC 将连同 ZC_V_MAL 中的位置信息一起,发出一个"停车保证"的表示。

如果列车在 CBTC 系统控制下,并且已超速,CC 将记录这个请求,直至列车停止,或直至 CC 能够发出一个"停车保证",或直至列车超出了停车保证请求信息中所提供的 ZC_MAL 的范围。

停车保证图 3.4——CBTC 列车接近联锁区,信号机灭灯。

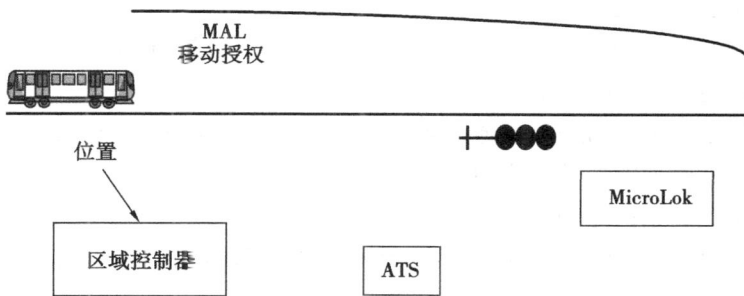

图 3.4　停车保证图(1)

停车保证图 3.5——ATS 发出进路取消请求指令。

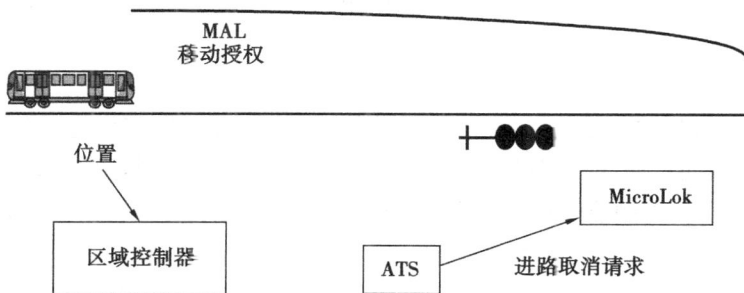

图 3.5　停车保证图(2)

停车保证图 3.6——MicroLok 通知区域控制器人工取消过程。

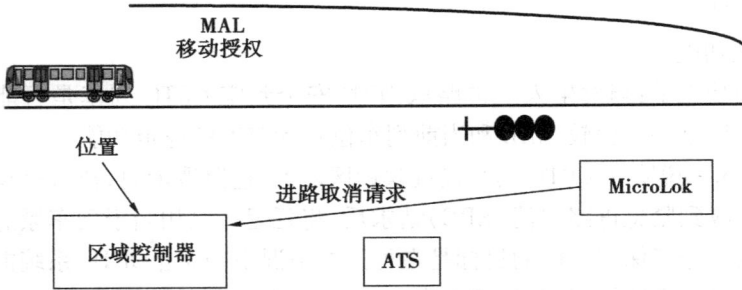

图 3.6 停车保证图(3)

停车保证图 3.7——区域控制器发出移动授权指令,并向 CC 请求停车保证。

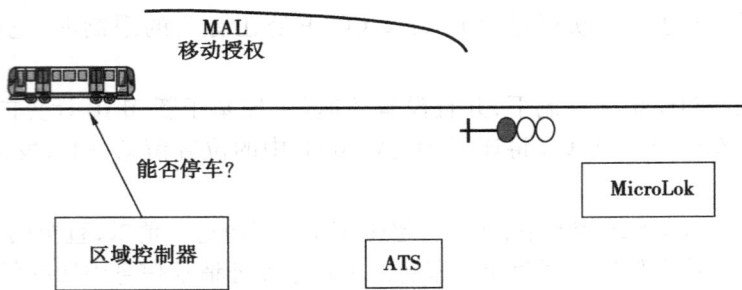

图 3.7 停车保证图(4)

10)运动方向监控功能

CBTC 区域内的运行方向管理对于合理地为 CBTC 列车建立移动授权非常重要。它包括 CC 和 ZC 子系统,包括下列因素:

①列车驾驶人员的方向请求:须通过驾驶室激活和方向控制器进行表示。

②运行方向,车载 CBTC 设备从 ZC 处获取 MAL 计算。

③CBTC 运行方向:由某一区段的 ZC 设定。

如果某一区段的运行方向已确立,系统就不会为该区段的列车再指派相反方向的移动授权。

11)前溜防护功能

列车在站台区域停车时,CC 要确保列车处于"不移动"状态。如果检测到列车在没有命令的情况下,向列车正常行驶方向移动一定的距离,CC 将实施紧急制动。前溜的依据是"CC 能检测到的任何移动"。

12)后溜防护功能

信号系统会对列车的实际运行方向进行监控,并将测定方向与设定/指令运行方向进行比较。列车的反方向运动如果超过额定的距离,CC 就会启动实施紧急制动。

车载 ATP 系统提供倒溜防护。如未施加牵引,CC 检测到任何倒溜移动则立即施加 EB;如果已施加前向牵引,CC 检测到倒溜超过一定允许距离后,实施 EB。后车的 MAL 计算会考虑前车的一定倒溜距离。根据车辆初步提供的参数目前检验倒溜的标准为 1 m,一旦超过 1 m 对列车实行 EB 并向司机提供相应显示。

13）停车过位后退防护功能

在停车误差大于 0.5 m 小于 5 m 的情况下，允许通过人工驾驶向后倒车以恢复停车精度。倒车速度不应超过 5 km/h 并且倒车操作不能超过两次，在整个过走恢复过程中最大的倒车移动距离不能超过 5 m。ATP 将监控保护过程中的列车反向移动，并在下列情况发生时实施紧急制动：

①列车反向移动速度超过 5 km/h。

②或者全部反向移动距离超过 5 m。

③或进行了两次以上的反向移动。

在 ATO 模式下停车过位时，司机打到 ATP 模式下进行停车过位后退保护操作。

14）零速检测功能

零速测定属于 CC 的 ATO 和 ATP 功能。通过速度传感器和加速计，ATP 可探知列车是否处在零速状态。

15）进路联锁功能

信号系统提供的进路联锁功能与传统的联锁相同，可防止列车相撞和脱轨。该功能在 MicroLok Ⅱ 内实施，包括：在列车进入联锁区之前进行进路接近锁闭，以及在列车进入联锁区后对进路进行锁闭（进路锁闭）。如果列车行驶在有岔区段时，则道岔也会被锁闭（检查锁闭）。根据相关要求，可对列车驶过后的区段进行分段解锁。

只有在正确的进路设定并锁闭后，道岔区段才会获得移动授权。移动授权一旦获得，只有在列车驶过道岔区且被证实后，或移动授权已被取消并且生效后，相关进路才会解锁、进路才会开放。

①列车定位故障时的响应。

列车定位功能发生故障时，进路锁闭仍然保持有效，直到信号系统证实列车已驶出道岔区（即道岔区段内已没有列车）或根据行车规程确定，或者两者都采用。

②道岔失表的响应。

如果道岔区出移动授权后，道岔失去表示，那么系统就会将移动授权降低至联锁区段入口处。如果列车已进入道岔的安全制动距离，那么 CC 就会立即实施紧急制动。

16）超速防护功能

在安全制动模式下确立、监督及执行 ATP 曲线时，CC 会确保在任何条件下（包括故障），列车的实际速度都不会超过安全行驶速度。安全速度由以下限制因素决定：

①ATP 曲线规定的区段永久限速。

②ATP 曲线规定的区段临时限速。

③适用于特定列车等级或配置的永久限速。

④使列车在移动授权限制内安全停车的最大速度，或在进入某区段时，使列车减速至该区段永久/临时限速的最大速度。

列车的任何一部分进入限速区时，即应适用限速。

17）轨道终点防护功能

轨道终点防护使列车在接近轨道终点界柱时停止运行。

轨道终点防护属于超速防护功能的一部分，也可以说是与超速防护功能相互配合，防止列车超越轨道终点。如规定有缓冲区，该功能可防止列车超过设计限速和轨道终点相撞。安全制动模式是轨道终点防护的设计基础。

18) 工作区域防护功能

工作保护区域指的是通过 ATS 指示并且受到 TSR(临时速度限制)的防护,ZC 发送 TSR 到 CC 从而限制 ATO 模式。

系统不会授予列车进入封锁区段的移动授权。系统在列车接近和通过限定的工作区域时进行限速。在列车通过工作区域时,如果 CC 收到来自 ATS 发来的 ATO 停用指示,系统还可禁用 ATO 模式。

19) 门控功能

在 AM(自动运行)和 ATB(自动折返)模式下,ADO/ADC(自动开门/自动关门),ADO/MDC(自动开门/手动关门)和 MDO/MDC(手动开门/手动关门)都能用。在 ATP 人工和 IATP 下,MDO/MDC 可用。值得注意的是,在 IATP 模式下,CC 不能使车门和安全门协调动作。在 RM 和 NRM 模式下,车门控制功能不能由 CC 提供。车门动作和车门控制信号之间的关系(使能,开,关)包括在 RS-CC ICDD 中。

CC ATP 开门功能的基本要求是:

a. 列车处于零速状态;

b. 列车已对准站台的正确位置;

c. 列车已实施常用制动。

若能满足所有这些条件,列车车门就会接收到指令并打开。如检测到列车车门没有全部关闭,列车就不会开动。若 CC 发生故障,列车会立即停车,车门只能在旁路模式下打开,列车停止后,若车门控制处于旁路模式,车门即可人工打开。

CC ATP 功能可以确保车辆完全停止后打开车门。CC ATP 可实现两个安全的门控输出(左门可开和右门可开)。根据运行模式的不同,车门依照 ATO 指令或司机的指令开启。

如果 CC 检测到列车一个车门处于打开状态,将实行全常用制动。应当注意紧急制动不会实施,因为存在一个会使乘客从打开的车门甩出车外的潜在的安全隐患。

① 车门开启授权。

列车停止(速度低于零速)并与站台对齐后,车门可依据运行模式的不同通过人工或自动打开。CC 会提供开启哪一侧车门的提示。

收到车辆对齐信号后,CC 向 ATO 发出制动指令,使车辆停靠在预定位置,并在达到零速时取消牵引,并实施制动。

如果列车未达站台或越过站台,CC 就会向司机发出警报,让司机进行人工调整。如果停车位置超过预先定义的位置,列车会继续行驶到下一车站。

CC 会在列车操作人员的显示器上显示 ATS 的停站时间。如果 ATS 发出一个有效的扣车命令,那么列车会无限期停站,直至扣车命令撤销。

CC ATP 向车门控制电路(或控制器)发出两个门控信号,左门可开或右门可开。列车在预定公差范围内与站台对齐后,CC 会根据线路数据库和车辆运行方向决定哪侧门可开。停站结束后,所有车门关闭并锁闭列车开始移动,门控可开撤销。

图 3.8 是一个典型的门开启顺序图。

② 站台屏蔽门开启授权。

MicroLok Ⅱ可安全地提供正确一侧的站台屏蔽门的门使能和取消,也能向它们发送开门

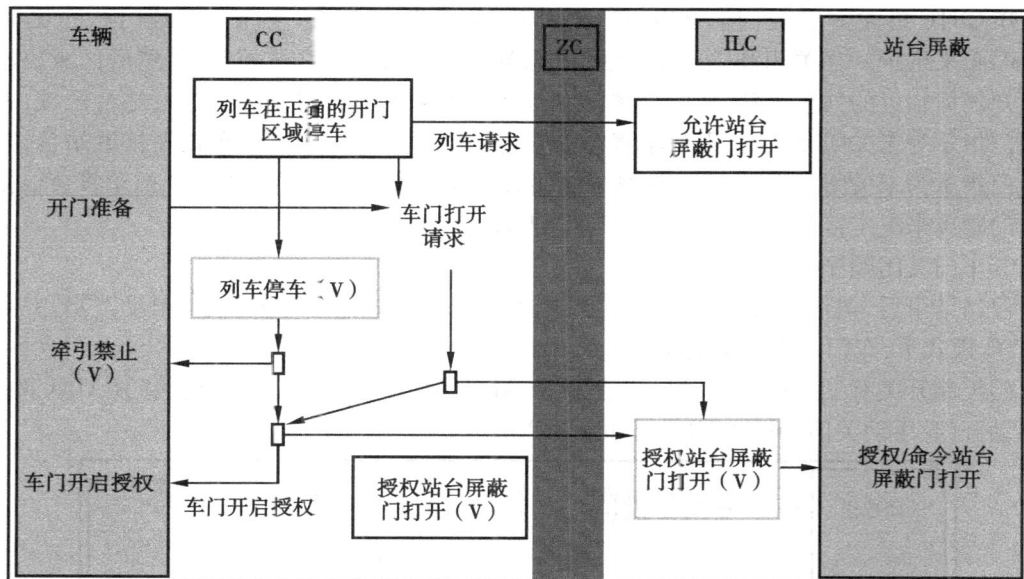

图 3.8　典型门开启顺序图

和关门指令。

列车在预定误差范围内停止后,CC 通过 ZC 请求 MicroLok Ⅱ 打开相应站台一侧的安全门。同时,MicroLok Ⅱ 会请求安全门控制器打开安全门。

停站时间一结束,CC 就向车辆和安全门控制器发出请求,关闭安全门和车门。然后,司机须按下发车按钮,向下一车站行。车门和安全门的开关可以同时进行。在设计联络阶段协调确定车门、安全门的开关顺序。

③车门状态监控。

CC ATP 从车辆车门电路(或控制器)处获得"所有门关闭"的安全输入信息。如果在列车移动时 CC ATP 未检测到"所有门关闭"的信息,就将实施完全常用制动。

列车运行过程中车门状态丢失时,FSB 会实施。如果车门状态恢复正常,FSB 将取消,恢复到正常运行。如果列车停止时,司机检查到所有的条件为安全时,门旁路开关用来旁路车门关闭信号,然后列车可以以正常驾驶模式启动。

如果在列车停止时"所有门关闭"状态丢失,CC ATP 会防止列车移动。

④站台屏蔽门状态监控。

站台屏蔽门的状态信息由 MicroLok Ⅱ(ASTS-USA 生产的联锁系统)进行接收。如果列车尚未与站台对齐并且车门尚未允许打开时,安全门打开,那么 ZC 将检测到此情况并且防止车辆接近车站站台。

A. 点式 ATP 模式下的屏蔽门防护方案及停车窗防护方案。对于非 CBTC 列车,为对站台屏蔽门关闭且锁闭信息丢失进行防护,唯一的方法是通过最近的防护信号机的色灯显示来实现。当关闭且锁闭信号丢失时,前一个站的出站信号机及/或最近的道岔防护信号机要为任何接近的非 CBTC 列车显示停车信号。如果非 CBTC 列车已经通过了最后的防护信号机,那么中心调度员必须通知列车驾驶员屏蔽门已经开启或者故障,并由驾驶员负责在站台前进行停车。

53

B. CBTC 模式下屏蔽门防护区域及具体方案。对于 CBTC 列车,屏蔽门状态由车站 MicroLok 来维护。当关闭和锁闭指示丢失时,MicroLok 会通知区域控制器,然后区域控制器 会通知任何临近的列车,该屏蔽门未关闭和锁闭。如果 CBTC 列车已经进入站台区域,并且 屏蔽门指示为未关闭和锁闭,则列车将会被紧急制动并停车。如果列车正在接近站台,并且 屏蔽门指示为未关闭和锁闭状态,区域控制器会授权列车移动至站台边缘。列车将会根据与 站台的距离来决定接受完全常用制动或紧急制动。

⑤车门关闭顺序。

停站结束后,司机可以人工关闭车门。如果关车门模式选择开关位于"自动"位置并且处 于 ATO 模式下,车门则会自动关闭。

门控制开关有三档:自动开门/自动关门(ADO/ADC),自动开门/手动关门(ADO/MDC) 和手动开门/手动关门(MDO/MDC),如图 3.9 所示。

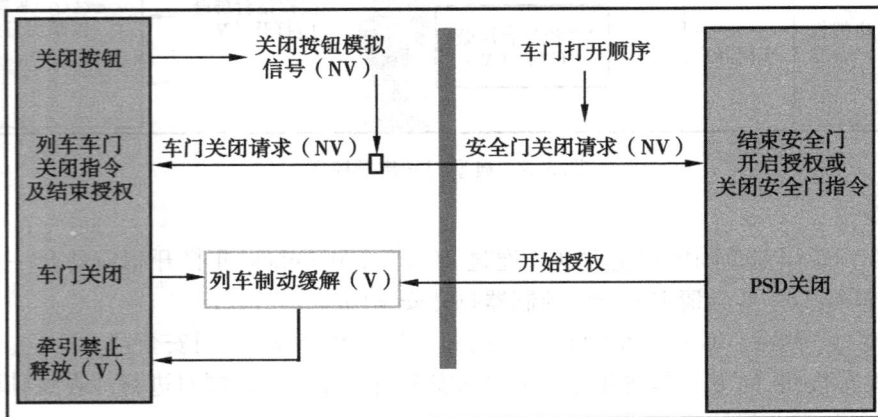

图 3.9　典型的关门顺序

紧急制动使能(实施),以下情况会导致紧急制动(EB)实施:
- 超速;
- MAL 丢失;
- 列车完整性丢失;
- 列车停止后移动;
- 后溜;
- 与 ZC 的通信丢失;
- CC 致命错误;
- 当列车接近或在站台内时站台屏蔽门关闭和指示丢失;
- 列车接近联锁时道岔失表;
- 运行中的列车靠近另一列车过近;

如果列车停止并且没有触发 EB 的原因,CC 缓解 EB。

列车紧急制动系统能使列车在安全制动模式所确定的停车距离内停车。紧急制动一经 激活,在列车完全停车前就不会缓解。即使 ATP 所测定的列车运行状况错误,紧急制动仍将 继续,任何复位信号和干预行为均为无效,唯一例外的是当 CBTC 系统(在严格的操作顺序 下;在这一情况下,不管 CBTC 系统是否取消紧急制动命令,车辆应保证紧急制动命令的执行直到列车完全停止)被旁路时,所有 ATP 功能将失效。如果紧急制动复位且 ATP 正常,列车将可以开动或继续行驶,但如果列车实际速度再次超过 ATF 曲线速度,或继而发生功能故障,紧急制动则会像上一次那样再次实施。

20)列车完整性监督功能

列车完整性是一个作为 CC 安全输入的列车显示,当 CC 检测到列车完整性丢失时,将实施 EB。一旦列车完整性丢失,CC 还将禁止所有 CBTC 运行模式。

列车是由两节或更多的单独车厢连挂在一起组成。信号系统能够根据车辆提供的输入对列车分解进行检测和防护。无论车厢是否永久连挂在一起,还是由于维护或运行原因需要定期解勾,列车都要求具备分解防护功能。

21)站台/车站控制盘紧急关闭按钮功能

在正常的 CBTC(AM,ATE 和 ATPM)模式下,ZC 会把站台区域作为一个限制的 MAZ(移动授权区域)。列车防护不允许任何列车进入这个区域内,或者不允许任何列车在该区域内移动。在其他模式下,信号将被建立。

所有车站的站台和控制室都设有紧急关闭按钮。这些按钮一经按下,本站和这个区域内的上下行轨道的信号将立刻被关闭,并且这些区域内的移动授权也应该被取消。

当紧急停车按钮按下时,如果一 CBTC 列车已经进入站台区域,则列车将立即紧急制动并停车;如果 CBTC 列车正在接近站台,ZC 会将 MAL 更新到站台的前沿为了防止列车接近站台区域。列车将会根据与站台的距离来决定施加全常用制动或紧急制动。

22)发车联锁功能

列车处于 ATO 运行模式时,CC 会向司机发出报警提示,关闭车门。一旦 CC 检测到车门关闭并锁闭后,列车就可以向下一车站发车。在 ATO 运行模式下,列车停站结束后,TOD 上的发车指示灯就会点亮,司机按下发车按钮,向下一车站发车。

只有满足下列条件,CC 才会允许列车发车:

①车门已关闭并锁闭;

②MAL 足够允许列车发车;

③ATS 的扣车指令未生效;

④站台屏蔽门关闭并锁闭。

23)受限进路的防护功能

系统可防止列车驶入非安全进路。这些非安全因素是由列车或进路的机械、土建、电力,以及其他预设的临时或永久状况造成的。系统还可与影响进路安全的危险检测设备接口。

24)列车投入/退出正线功能

为了达到完成 CBTC 列车常规的投入和退出商业运营作业,在 CBTC 正线和车辆段之间设置一段为 150~200 m 长的"转换轨"进行联系。

①列车投入正线。

图 3.10 示意转换轨的部分轨旁设备配置情况。列车正在离开车辆段进入 CBTC 区域。

A.CBTC 控制级列车投入。列车从车辆段出发准备投入运营,ATS 调度员和车辆段调度员会建立对话。按运营时刻表的要求,对于即将投入运营的列车,司机将会对其车载 ATC 设备进行发车静态测试。如果通过该测试,列车准备好可以进入运营。列车在存车线时,CC 会从 ATS 下载当前的"静态数字地图"。

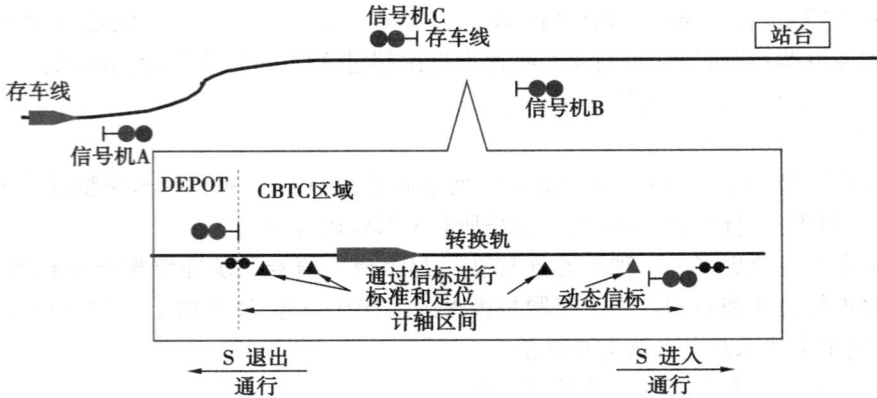

图 3.10　转换轨部分轨旁设备布置示意图

车辆段的调度员将会排列一条从存车线(信号机 A)到轨换轨(信号机 B,位于车辆段和正线之间)的进路。司机会以 RM 模式来驾驶装备有 CBTC 设备的列车离开存车线。当列车到达转换轨时,向中央 ATS 报告其位置。如果 VR 或 ATS 用户没有给该列车分配 TID,那么在 ATS 工作站以 PVID(车辆固定标识)来显示该列车位置。因此,在通常情况下,列车将会带着 TID(追踪标识)和 PVID 的情况下进入到正线,并以 TID 来标识列车。ATS 用户也会给一段轨道赋予 TID 标识符来说明是否列车报告的位置与轨道的 TID 标识符一致。

随着列车通过转换轨,列车将会进行"定位"作业(确定自身的位置)。该定位允许 CC 与正确的区域控制器通信。另外,CC 通过间隔距离已知的信标组来进行轮径校正。

ATS 调度员(或 VR)将会请求一条从转换轨至正线车站的进路。当列车以 RM 的运行模式(不高于 25 km/h 的速度)通过轨换轨时,CC 会建立与区域控制器的通信。同时 CC 和区域控制器进行对话,校验列车是否具有正确版本号的静态数字地图和含有 TSR(临时速度限制)、轨道区段等信息的动态数据库。

区域控制器为列车建立了从转换轨至正线终点站的一系列的 MAL。CC 从 ZC 接收到 MAL 后,CC 会在 TOD 上显示相关信息,并且自动从 RM 模式切换至 ATPM 模式。此时司机可将 ATPM 模式切换至 AM 模式,列车以完全的 ATO 模式运行。

B. 点式 ATP 控制级列车投入。列车从车辆段进入运营需要与 ATS 调度员和车辆段调度员通话。按运营时刻表要求,对于即将投入运营的列车,司机将会对其车载 ATC 设备进行发车静态测试。

车辆段的调度员将会排列一条从存车线(信号机 A)到轨换轨(信号机 B,位于车辆段和正线之间)的进路。司机会以 RM 模式来驾驶装备有 CBTC 设备的列车离开存车线。在这时由于 CC 与 ATS 间没有通信,因此对于 ATS,跟踪列车 ID 信息不可用(为了跟踪目的,人工输入信息)。

随着列车通过转换轨,列车将会进行"定位"作业(确定自身的位置)。该定位允许 CC 试图与正确的区域控制器通信。另外,CC 通过间隔已知距离的信标组来计算轮径尺寸。

ATS 调度员请求一条从转换轨至正线车站的进路。列车以 RM 模式通过转换轨(低于 25 km/h),行进至信号机 B 处停车。然后从 RM 模式转换至 IATPM 模式。如果信号机 B 开放(通过 MicroLok),司机按下释放 IATPM 运行曲线的按钮并允许列车以速度 Y(待定)移动 X m(待定),直到通过信号机 B 前的动态信标。

在这时,列车得到速度-距离曲线并向前运行。

当列车占用了转换轨的计轴区段时,向区域控制器表明了列车正请求进入正线。当区域控制器与 CC 间没有通信,区域控制器认为列车是非 CBTC 列车或是故障 CBTC 列车。

轨换轨硬件:转换轨的硬件包括可应用的轨旁信号机,计轴设备,多个定位信标以及为 IATP 模式运行所需要的动态信标。同时通过附近的 AP 使无线网络能够覆盖该区域。

②列车退出正线。

A. CBTC 控制级列车退出正线,图 3.11 所示为列车退出运营并进入车辆段。

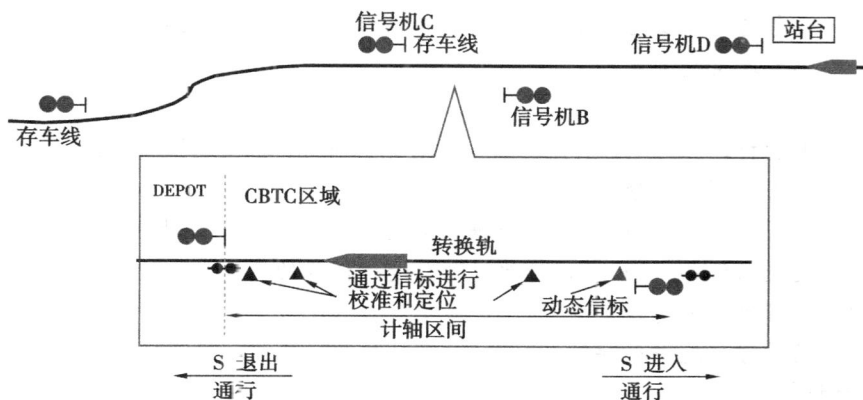

图 3.11 转换轨部分轨旁设备布置示意图

ATS 调度员排列一条从终点站到转换轨的进路(信号机 C)。区域控制器会生成一系列的 MAL,使得列车从正线运行到转换轨一端的信号机 C。装备有 CBTC 设备的列车将会以 AM 或 ATPM 模式离开终点站。推荐以 ATPM 模式离开终点站。

当列车以 ATPM 的模式通过转换轨,列车的速度低于 25 km/h 时,司机将切换运行模式从 ATPM 模式至 RM 模式。

车辆段调度员排列一条从转换轨(信号机 C)到车辆段存车线的进路。当轨旁信号机开放时,列车司机按照轨旁信号机的指示驾驶列车以 25 km/h 的限速进入车辆段存车线。

B. 点式 ATP 列车退出正线。ATS 调度员排列一条从终点站出站信号机至转换轨(信号机 C)的进路。如果终点站的出站信号机开放(通过 MicroLok),司机按下释放 iATPM 曲线的按钮并允许列车以 Y 速度(待定)行进 X m(待定),直到 CC 在终点站的出站信号机前读到动态的信标。

列车以 IATPM 模式按运行曲线行至转换轨的出口信号机。一旦列车在转换轨出口信号机停车,那么,司机转换 CC 运行模式从 IATPM 模式至 RM 模式。

车辆段调度员排列一条从转换轨信号机 C 至车辆段存车线的进路。当轨旁信号机开放,司机将会在轨旁信号机的控制下以 25 km/h 的限速驾驶列车进入车辆段存车线。

25)ATS 扣车和站台扣车

对于 CBTC 模式下,当中央调度员通过 ATS 工作站设置了扣车,车站发车计时器将停止倒计时,显示扣车状态,MLK 不关闭出站信号机。当 CC 收到该信息后,停车后 CC 将不会授权列车离开站台,但 ZC 不回撤其安全 MAL。

对于 CBTC 模式下,车站值班人员通过 IBP 盘设置了站台扣车,MLK 将首先关闭相应的信号显示,当 CC 收到该信息后,停车后 CC 将不会授权列车离开站台。

MAL 不会随着扣车或站台扣车而改变,而会随着进路的改变而改变。

26)ATPM 下的车站运营停车点

当 ATO 正常工作时,TOD 上的显示将指示司机在下一个运营停车点停车,显示的信息还包括推荐的驾驶速度。

以上 26 个功能全部是由车载信号设备完成的。

【任务实施】

任务提出

车载信号设备与行车安全密不可分,是城轨信号系统重要的组成部分,认识车载信号系统的功能和简单原理至关重要。

实施过程

1.准备相关资料,例如车载信号系统工作视频、地面相关设备视频资料。

2.组织学生去实训场地分组进行任务实施。

3.把学生分成多个小组(小组人数根据实际定),分组讨论学习计划。

4.各组通过现场设备、视频及各种学习资料进行任务的实施。

5.各组将学习的成果进行交流汇报。

6.对学生的学习情况进行评价。

【任务考评】

任务实施过程考核评价表(以上步骤)

考评项目		配分(分)	要 求	学生自评	小组互评	教师评定
知识准备	现场参观安全教育	10	安全教育考试合格			
	教学资料准备	5	认真程度			
任务完成	车载信号系统概述	20	熟悉程度			
	车载信号系统功能	20	熟悉程度			
	车载信号系统简单原理	20	熟悉程度			
	任务实施过程记录	5	详细性			
	所遇问题与解决记录	5	成功性			
现场学习表现(积极性、主观能动性、态度等)		10	违章不得分			
协调合作,成果展示成绩		5	小组成员的参与积极性、成果展示的效果			
成 绩						
总成绩 (根据需要按照自评、互评和教师评价作百分比计算,以学生为主、教师为辅)						

任务 2　车载 ATP 子系统原理

【场景设计】

1. 多媒体教室,地铁车辆段车载设备旁或校内模拟实验室,人数根据场地大小和需要确定。

2. 教学用的 PPT、视频及相关教学引导资料。

3. 考评所需记录、评价表。

【知识准备】

(1)不同制式的 ATP 系统原理

列车自动保护子系统的主要功能是监督及控制列车在安全状态下运行,应满足故障—安全原则。为了确保线路列车安全、高速、高效地运行,必须装备 ATP 子系统。按闭塞制式分类,目前用于城市轨道交通系统的闭塞方式有三种:固定闭塞、准移动闭塞和移动闭塞。

1)基于传统的音频轨道电路的固定闭塞 ATP 系统原理

固定闭塞又称分级速度控制方式或台阶式速度控制模式。其特点是采用固定划分区段的轨道电路,提供分级速度信息,实施台阶式的速度监督,使列车由最高速度逐步降至零。列车超速时由设备自动实施最大常用制动或紧急制动,使列车安全停车。这种控制模式只需获得轨道电路提供的速度信息即可完成列车超速防护,其制动安全性由合理安排自动闭塞分区长度来保证。这种方式所需传输的信息量少,对应每个闭塞分区只能传送一个信息代码,即该区段所规定的最大速度码或入口/出口速度命令码,系统构成简单,设备也不复杂,因此成本低,列车速度监控采用的是闭塞分区入口/出口检查方式。

①出口检查方式的 ATP。

出口检查方式的 ATP,在闭塞分区入口给出列车限制速度值,监控列车在本闭塞分区不超过限制速度,采取人控优先方法,控制列车在出口的速度不超过下一闭塞分区的限制速度。如超速,即强迫制动,如图 3.12 所示。

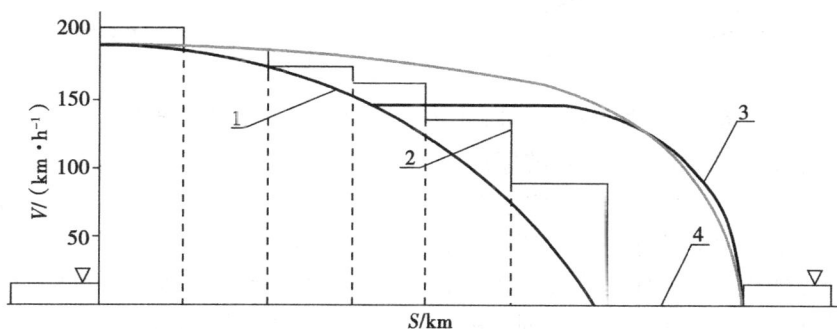

图 3.12　ATP 台阶式分级速度控制方式图

1—司机操作常用制动曲线;2—基于常用制动的台阶式限制速度曲线;

3—超速后设备动作的最大常用制动曲线;4—保护区段

采用这种控制方式,列车速度的调整主要依赖于司机,只是在司机操作失误时,设备才起作用。

②入口检查方式的 ATP。

入口检查方式的 ATP,在自动闭塞分区入口处给出列车限制速度限制值,控制列车到出口时不超过限制速度,如图 3.13 所示。

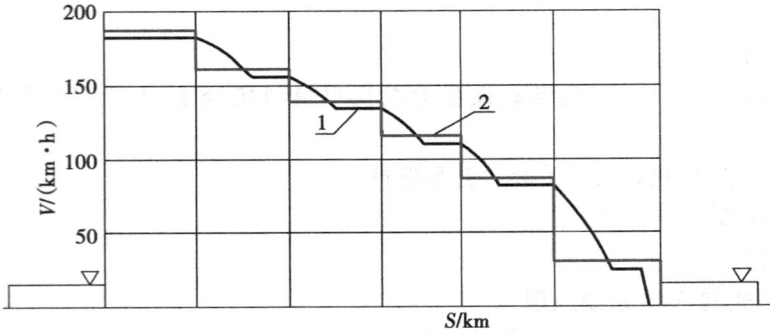

图 3.13　ATP 台阶式分级速度控制方式图
1—设备自动制动速度曲线图;2—台阶式入口检查速度曲线

2)基于报文式轨道电路的准移动闭塞 ATP 系统原理

一般采用数字式音频无绝缘轨道电路、音频无绝缘轨道电路+感应电缆环线或计轴+感应电缆环线方式作为列车占用监测和 ATP 信息传输媒介,具有较大的信息传输量和较强的抗干扰能力。通过音频轨道电路的发送设备向车载设备提供目标速度、目标距离、线路状态(曲线半径、坡道等)信息,ATP 车载设备结合固定的车辆性能信息计算出适合本列车运行的速度/距离曲线,保证列车在速度/距离曲线下有序运行,提高了线路的利用率。准移动闭塞 ATP 系统采用速度/距离曲线的列控方式,提高了列车运行的平稳性,列车追踪运行的最小安全间隔较固定闭塞短,对提高区间通过能力有利。

如图 3.14 所示,为保证列车正常运行,前后列车之间至少隔开一个轨道区段加一个制动距离和保护区段。

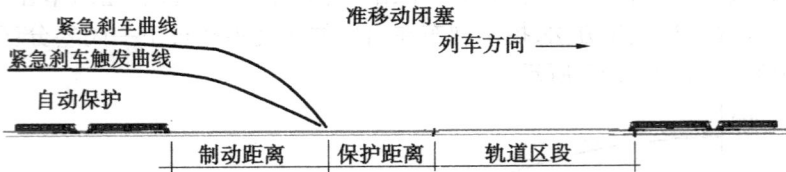

图 3.14　基于报文式轨道电路的准移动闭塞 ATP 系统原理图

3)基于通信的移动闭塞 ATP 系统原理

前两种闭塞制式均属于基于轨道电路的 ATP 系统。基于通信的移动闭塞 ATP 系统不依靠轨道电路,而是采用交叉感应电缆环线、漏缆、裂缝波导管以及无线电台等方式实现车地、地车间双向数据传输,监测列车位置使地面信号设备可以得到每一列车连续的位置信息和列车运行其他信息,并据此计算出每一列车的运行权限,并动态更新,发送给列车,列车根据接收到的运行权限和自身的运行状态计算出列车运行的速度曲线,车载设备保证列车在该速度曲线下运行,ATO 子系统在 ATP 保护下,控制列车的牵引、巡航及惰行、制动。追踪列车之间应保持一个"安全的距离"。这个最小安全距离是指后续列车的指令停车点和前车尾部的确认位置间的动态距离。这个安全距离允许在一系列最不利情况存在时,仍能保证安全间隔。列车安全间隔距离信息是根据最大允许车速、当前停车点位置、线路等信息计算出的。信息被循环更新,以保证列车不断收到实时信息。因此,在保证安全的前提下,能最大限度地提高区间通过能力。

与基于轨道电路的闭塞制式相比,移动闭塞制式具有以下主要特点:

①实现车地双向、实时、高速度、大容量的信息传输;

②列车定位精度高;

③列车运行权限更新快;

④不受牵引回流的干扰;

⑤轨旁设备简单,可靠性高;

⑥缩短列车追踪间隔,提高通过能力;

⑦能适应不同性能列车的运行。

为保证列车正常运行,前后列车之间至少隔开一个制动距离和保护区段,如图 3.15 所示。

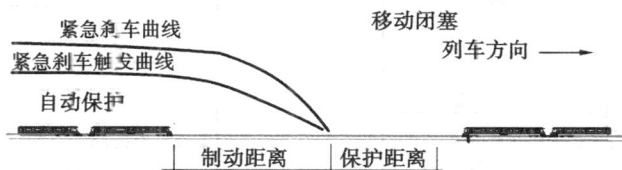

图 3.15

将固定闭塞、准移动闭塞和移动闭塞的速度控制方式进行比较可得到如图 3.16 所示的效果分析图,其性能差异一目了然。

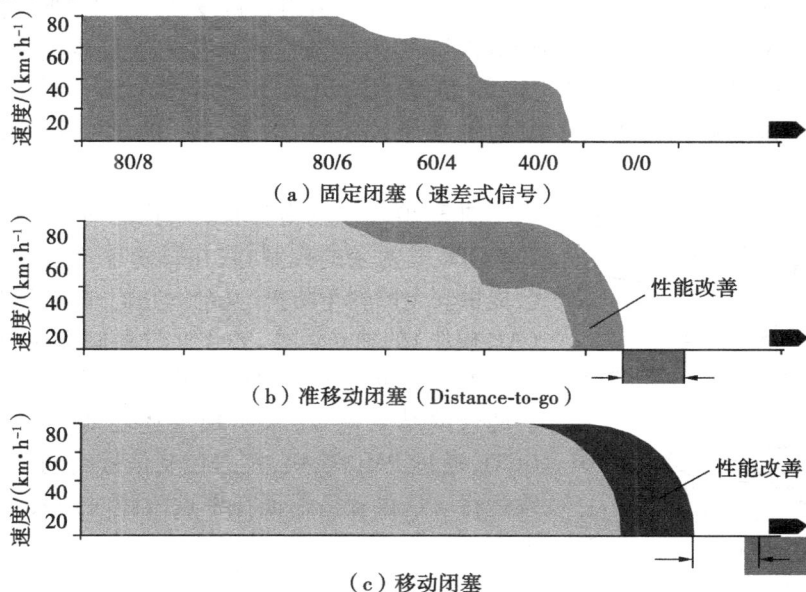

图 3.16　固定闭塞、准移动闭塞与移动闭塞信号系统的效果分析图

(2)浙大网新车载 ATP 系统

1)系统结构组成

浙大网新 ATC 系统列车两端的车载 ATP 设备均采用三取二结构,车头车尾冗余配置,可实现车载头尾两端的自动换向功能,换向切换时间不影响系统的正常运营,保证系统安全。

61

但浙大网新列车头尾冗余功能只能实现两端的通信功能。目前列车两端均需装备车载设备，每列车的一端包括：CC 机架、查询应答器(TI)天线、速度传感器、加速度计、车载通信网络和 TOD(列车司机显示器)等，如图 3.17 所示。显示了车载控制器的功能模块图。

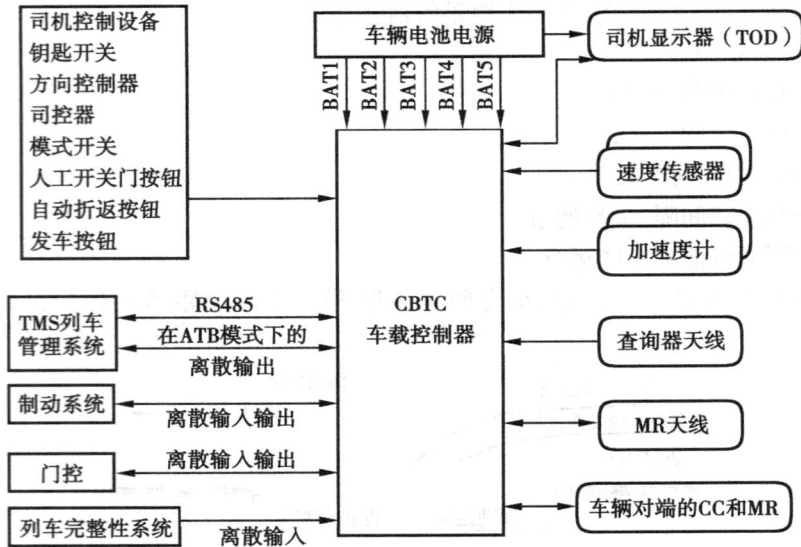

图 3.17　车载控制器功能模块图

①CC 机架。

每个 CC 机架安装在带锁的柜子中。该单元安装在开放的支架里，与框架相配。CC 机架包括一个 ATP/ATO 机箱，两个外围设备机箱，一个与安全继电器和连接器接口的面板，具体设备有移动无线电机组①、应答器主机②、机笼 A③、风扇④、机笼 B⑤、安全继电器⑥、模拟加速度计⑦、电池调节器 PCB⑧、串行加速计⑨等，如图 3.18 所示。浙大网新车载设备结构如图 3.19 所示。

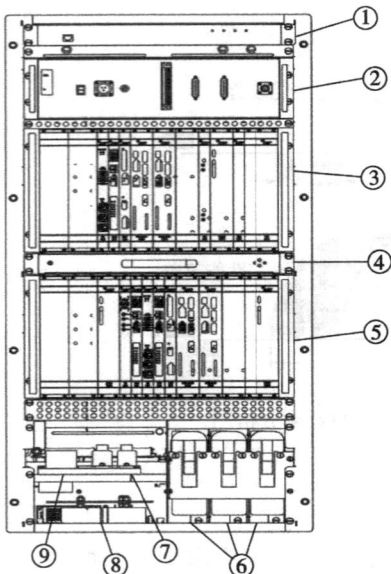

图 3.18　车载控制器设备机架

图 3.20 所示的为三取二结构的高级别的部件图。这些 CCTE 是冗余的控制器，在每个单个故障发生时，它都会提供安全的列车防护/安全。它们通过各自的应用模块(AP 模块)的独立运算，相互通过存储交换模块交换结果(ME 模块)，再通过表决(VO 模块)，保证三台计算机至少有两台的结果一致，来实现上述功能。如果表决同意，CCTE 通过 PMC 模块，发送控制信号给列车，允许列车继续运行。这也就是保证在单点故障时的安全运行的冗余的方式。

②应答器读取器。

应答器读取器天线安装在转向架上。应答器读取器提供信息给车载控制器，车载控制器将会关联来自读取器的诊断信息，磁场强度信号和关于应答器正在读取的信息来判断是否应答器读取器故障。

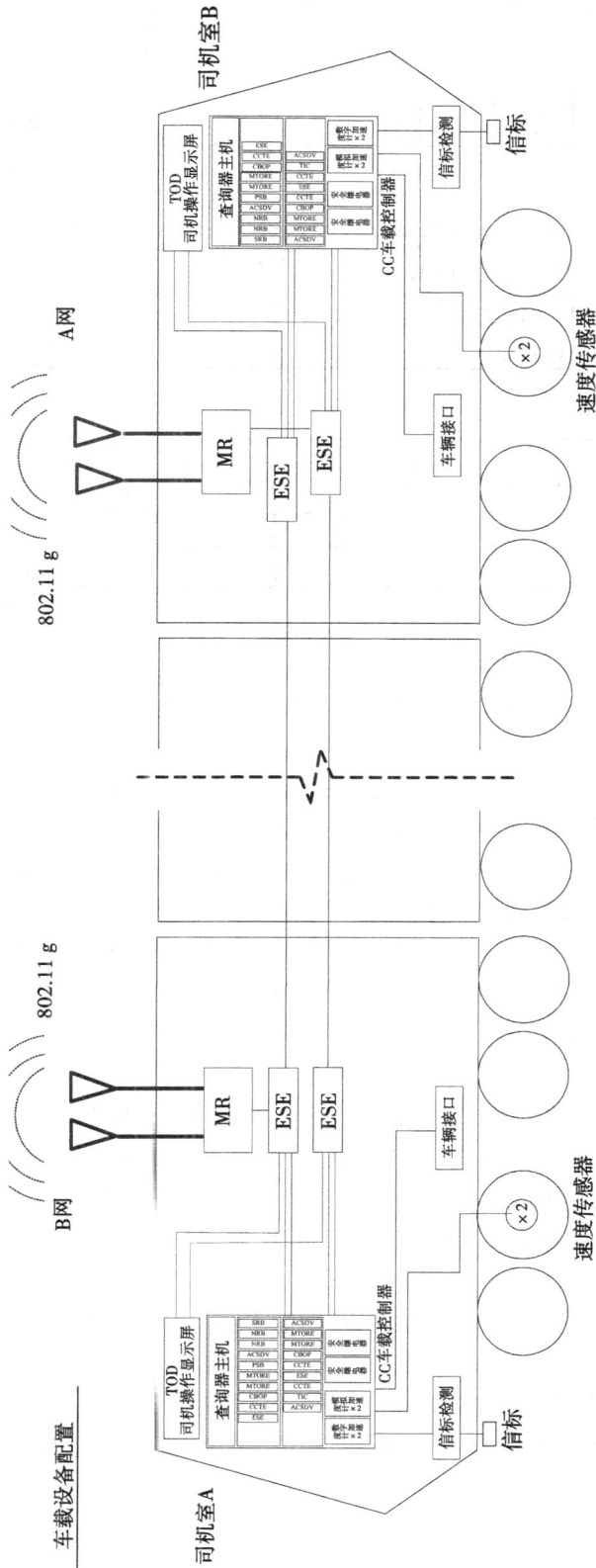

图3.19 浙大网新车载设备

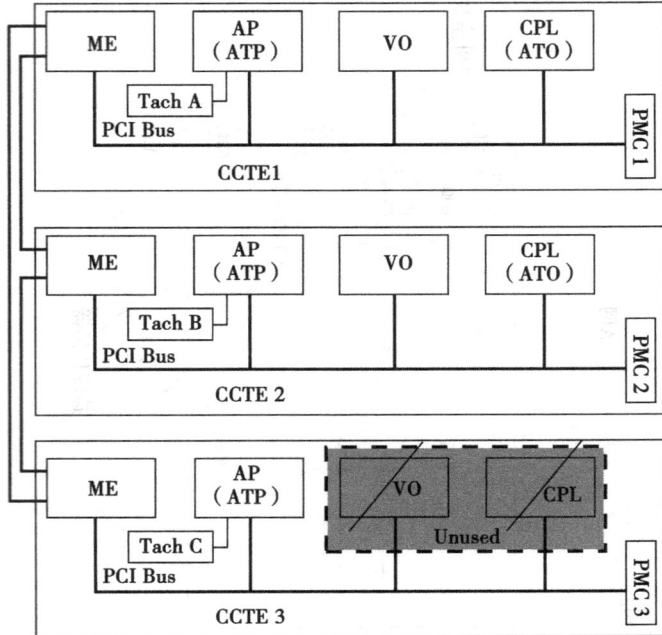

图 3.20　三取二 CCTE 设计高级别部件图

ME—存储互换模块;AP—应用模块;VO—表决器模块;CPL—耦合器模块

③速度传感器。

A.安装位置。列车每端,安装两个速度传感器,分别安装在列车不同侧的不同的非动力制动轴上。同一项目中所有列车的速度传感器的安装方式应该保持一致。

随着车轮轮齿的转动,当传感器经过轮齿时会输出数字脉冲。这些脉冲由硬件计数器来计数,从而可以在给定周期内测试速度。速度传感器经过多次现场使用并且被证明是非常可靠的。设备的配置和传感器的数量针对不同应用可能不同,并且车轮每转一圈的能够输出脉冲数量也与速度传感器的通道数量有关,与输出通道之间的相移(如何把各个通道的输出整合在一起来提高分辨率)也是相关的。

B.速度传感器的结构和容错。图 3.21 说明了速度传感器输入在 CC 内部的作用过程。ACSDV 为 CCTE 板和速度传感器提供电源。这种结构除了给 CC 系统增加多样性外,还提供了高可用性和高可靠性。对于测距子系统,只要列车位置的不确定性超出了预定给出的极限值,CC 将通过 EB 停车。这种结构中任何一个单独的信号丢失,都不会停止 CC 的正常运行。

CC 采用三取二的结构,如果供电板 1 失效(ACSDV 2 和 ACSDV 3 的情形也类似),在 Tach 1,Acc 1A,Acc 1B 和 ATP 1 的一对通道将失去它们的电源,然后 CC 变成二取二的结构,但是图中的 ATP 2 和 ATP 3 仍然能收到测距数据,CC 功能不会受到失去数据来源的危害。

每一个速度传感器包含 6 条独立通道,分为三组,每组中的两条通道存在 $90°$ 的相移,三组彼此独立(分别的电源、独立的机械结构)。两个速度传感器将安装在两个不同的轴上,两者采用独立的方法测量列车的位移和速度。即使其中一个速度传感器部分失效但其他车载零部件工作正常时,CC 将继续正常工作。

④车载通信网络。

车载数据通信系统(DCS)由移动通信系统(MR)和 MR 天线构成。在列车每端,安装有

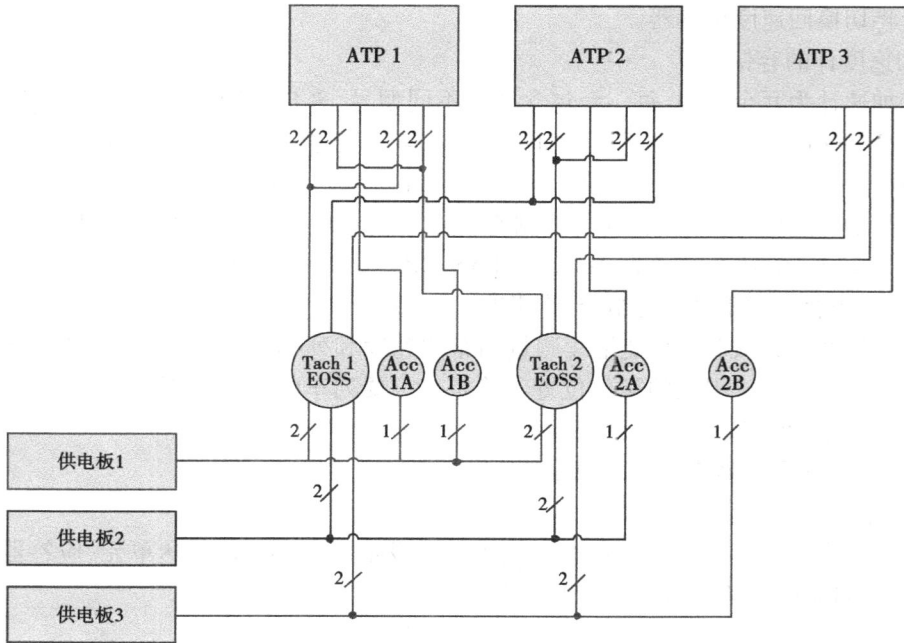

图 3.21　速度传感器输入在 CC 内部的作用过程

一个 MR 和两个 MR 天线。MR 是车载无线设备,用来在车载设备(如 ATP 和 ATO)和轨旁设备间传输数据。车载 ATP 和 ATO 子系统通过两个独立的以太网连接到 MR。CC 的以太网扩展设备(集成在以太网延长器板上)利用双绞线彼此连接,实现车厢之间的网络通信。

⑤TOD 司机操作设备。

列车司机显示器的报警器在超速时发出持续的声音,显示器实际布局可按需求设置。

列车司机显示器配有几个开关和按钮,包括但不限于司机确认按钮。

列车司机显示器显示信息包括但不限于:

a. 停站时间结束;

b. 车载设备状态;

c. 当前驾驶模式;

d. 超速;

e. 速度表;

f. 目标距离(至限速点或停车点)。

⑥加速度计。

A. 安装位置。

加速度计用于检测列车运行中的打滑和空转情况。每个 CC 设置 4 个加速度计,包括两个数字型,两个模拟型,安装在 CC 机柜底部。这两套设备互为冗余,用于提高系统的有效性和可靠性。模拟和数字设备的产家不同,这样做是为了消除共模错误。通过这两套设备交叉检查测量来保证系统的安全。

加速度计分为两套,每套有两个不同的加速度计。两套设备提供高可用性。必须对每套加速度计作一个比较,以确认输出的有效性。空转/滑行开始时,列车使用空转/滑行开始前的速度,利用加速度计进行补偿,来计算当前的速度和位置。一旦空转/滑行结束,速度和位

65

移的测量将切换回速度传感器。

B.加速度计的容错。

两套加速计为冗余结构,每一套包含两个不同型号、来自不同厂家的加速度计,所以 CC 允许某一个加速度计失效。当任一个加速度计故障后,不影响列车正常运行。

当两个同型号的加速度计同时故障时,CC 将无法为列车防护功能提供加速度测量;当两个不同型号的加速度计同时故障时,根据它们在系统中的位置,CC 仍然可以提供加速度测量。如图 3.21 所示,组合方式为 Acc 1A 和 Acc 2B、Acc 2A 和 Acc 1B、Acc 2A 和 Acc 2B。所以,如果故障组合方式不是上述组合,将影响 CC 的运行。

当加速度测量无效时,CC 能继续测量列车的速度和列车的位移,在滑行情况下,不能以加速的方式进行补偿。引入的额外位置不确定。只要列车的位置的不确定距离低于最大极限值(30 m),列车保持定位并继续正常运行。

(3)**西门子信号系统车载 ATP 系统**

1)车载设备基本组成

主要包括车载计算机单元(TBCU)、机车信号设备、测速电机、雷达单元、应答器天线、连续式车-地双向通信设备等,如图 3.22 所示。

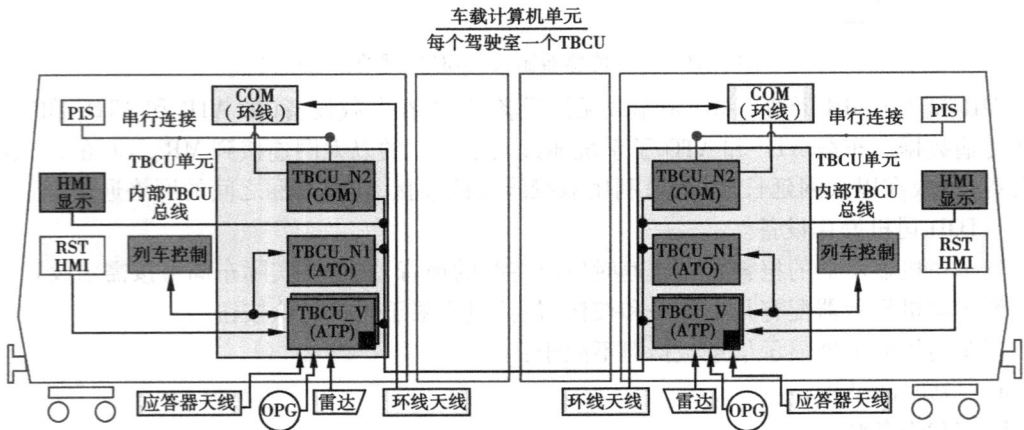

图 3.22　带环线通信的车载设备

2)车载计算机单元

①工作状态。

车载计算机单元(TBCU)安装在列车内。TBCU 包括一个根据移动授权原理,位置报告和移动闭塞原理执行 ATP 功能的处理器板,并由二取二的故障—安全结构支持。

便携式计算机(诊断 PC)可以直接连接到 TBCU,以便读取存储在车载计算机中的故障数据。实时记录车载设备的故障及状态,并将其主要内容实时传送到中央 ATS。

系统实时记录并存储司机操作、运行数据(产生紧急制动过程信息、速度信息、故障信息、与车辆的接口信息等)、报文信息等内容,信息保存时间不少于 8 h,这些信息既可通过车地传输通道实时传送给中央 ATS 系统,也可通过车载设备的 PC 口采用带专用软件的 PC 机进行读取和对列车运行过程进行实时记录。

②车载冗余。

正常运行下,前端的车载计算机单元(TBCU)控制(ATO)和监督(ATP)列车运行。后端的车载计算机单元(TBCU)处于备用模式。通过驾驶室的转换,后端的(TBCU)取得控制权,而前端的(TBCU)将切换为备用模式。

使用前/后端冗余,每端的 TBCU 都得到诸如来自两个驾驶室的按钮、开关和接点的输入。无故障的情况下,后端的 ATP 跟随前端 ATP 的输出。每个二取二的 SIMIS ATP 单独的安全输出建立在一个安全的方式。如果 ATP 检测到一个内部故障,就会切断它的安全输出,保证 ATP 维持在一个安全的状态。为了提供一个热备冗余的 ATP,两路 ATP 的输出必须连接在一起。

因此,两个 ATP 的安全输出必须由车辆(RST)以一种能提高可用性的方式结合。举例来说,如果后端的 ATP 缓解紧急制动,而前端的 ATP 在故障情况下实施紧急制动,则车辆(RST)结合的结果应为无紧急制动。

每个 TBCU 使用自己的测速电机传感器、雷达和应答器天线。如果正在使用的传感器故障,尾部 TBCU 就会取得控制权并且监督列车。

综上所述,ATP 车载计算机单元是热备冗余的,这样就不会导致切换过程中影响到列车的运行。提供以下方式的冗余:

在头部二取二车载计算机单元故障的情况下,后端的车载计算机单元取得控制权。司机的 HMI、与前端驾驶室的 ATO 和 ATP 相关的信息保持不变(如按钮和开关),将会和以前一样的方式使用。这样所有的信息链接到后端的车载计算机。

在前端测速电机、测速雷达、通信系统故障的情况下,ATP 切换至后端车载计算机。此时,后端的车载计算机取得控制权,并使用链接到后端车载计算机单元的来自系统的信息。司机的 HMI、与前端驾驶室的 ATO 和 ATP 相关的信息保持不变(如按钮和开关),将会和以前一样的方式使用。这样所有的信息链接到后端的车载计算机。

所有这些冗余都以这样的方式工作。不会干扰列车的运行,后端的车载计算机单元取得控制,司机 HMI 的输入输出将会链接到另一个车载计算机单元。

3)雷达传感器工作原理

雷达传感器和测速电机一起用于速度的测量。通过使用雷达传感器,可以提高速度测量的精度。

24.125 GHz 微波辐射到轨道,然后经过反射后被雷达传感器检测到。根据多音勒效应,将会发生随列车速度变化的频率漂移,由此检测实际列车速度和行驶距离,并且几乎不受车轮空转/打滑的影响。

不同的位置传感器可以和相应的基本 TBCU 系统连接,来测量旅行的距离。每个 TBCU 单元使用一个测速电机和一个雷达传感器。

4)服务和诊断接口

服务和诊断接口提供 TBCU 设备运行期间的信息读出,并允许给 TBCU 输入数据(例如,车轮直径)。该数据可以利用诊断计算机从诊断接口传送或输入。

5)车载设备结构(见图 3.22)。

①TBCU_V。

TRAINGUARD MT 的车载安全计算机单元执行车载的 ATP 功能。该计算机与 TBCU_N、驾驶室的司机 HMI、雷达速度检测系统、测速电机(OPG)定位系统、应答器天线以及所有的安全车辆接口相连接。

②TBCU_N。

TRAINGUARD MT 的车载非安全计算机单元执行车载的 ATO 功能。同时,该计算机也对通信设备提供特定的驱动(取决于不同的通信系统,比如环线)。该计算机与车载通信设备、TBCU_V、驾驶室的司机 HMI 以及所有的非安全车辆接口相连接。

③车载通信设备。

车载通信设备提供非安全的硬件给不同的通信系统(比如环线通信)。使用互联互通协议连接到 TBCU_N。

④车载信号显示设备。

显示设备是司机 HMI 的主要部分,给司机提供最新的信息,它是司机驾驶室里的非安全硬件。

⑤雷达。

雷达设备和测速电机一起提供定位和停稳检测系统,它安装在车体的下面。

⑥OPG 测速电机。

测速电机(OPG)提供速度、距离和方向计算所需的信息。测速电机和雷达设备一起提供列车的定位和停稳检测系统。它安装在车轴上,根据车辆车轮旋转产生的脉冲信号计算速度和旅行距离,并提供给 TBCU_V。

⑦应答器天线。

车载应答器天线从轨旁应答器(固定数据或可变数据应答器)接收数据。

(4)浙大网新轨旁 ATP 系统

轨旁子系统主要由位于设备集中站的 DSU、分布式 ZC 和轨旁应答器等组成,如图 3.23 所示。

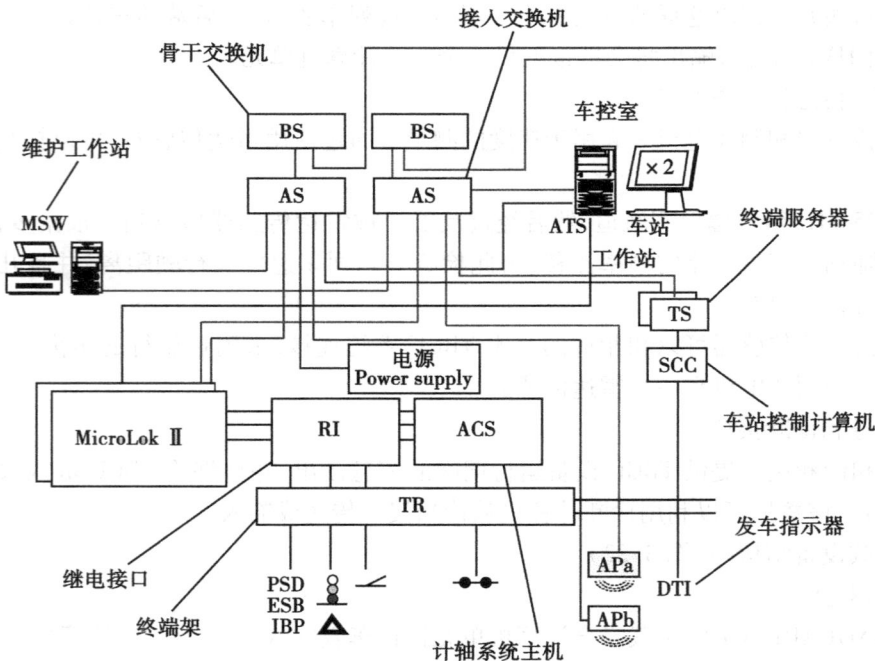

图 3.23　浙大网新轨旁 ATP 系统

ZC—区域控制器;RI—继电接口;BS—骨干交换机;AS—接入交换机;ACS—计轴系统

正常情况下,ATP 子系统提供全线移动闭塞 ATP 防护功能;当车地无线通信或 ZC 或 DSU 等设备故障导致连续式 ATP 防护功能丧失后,采用计轴设备作为列车占用检测装置, ATP 子系统与联锁设备柜结合提供点式 ATP 防护和联锁进路防护功能。

1)区域控制器硬件(ZC)

ZC 接收由其控制区内列车发出的位置信号,并根据所有已知障碍物的位置和运行权限来确定其区域内所有列车的运行权限。障碍物包括其他列车、封闭区段、失去状态的道岔以及任何外部因素。ZC 也回应相邻 ZC 的授权申请。

在系统配置中,ZC 与联锁控制器接口,联锁控制器还执行联锁功能。ZC 通过 DCS 子系统与联锁、CC 子系统、其他的 ZC 和 ATS 子系统接口。所有 ZC 的外部计算机接口都有冗余。

①ZC 结构。

ZC 的结构是一套三取二的表决系统,如图 3.24 中虚线所示,其分类如下:

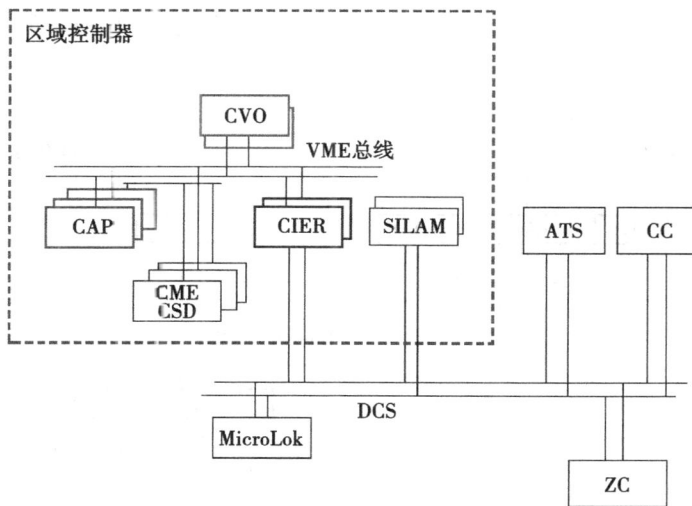

图 3.24　轨旁 ZC 硬件结构示意图

a. 一个 CSD 应用程序处理器单元(可用安全计算机——高可用性安全计算机);

b. 3 个应用处理器板(CAF);

c. 分配给专用模块的冗余功能处理;

d. 数据交换的安全;

e. 两个表决处理器板(CVC);

f. 将 CAP 板的输出进行"三取二"处理;

g. 3 个交换存储器板(CME-CSD);

h. 记录 CAP 板输出;

i. 一个输入/输出处理单元;

j. 两个以太网连接处理器(CIER),确保对于数据传输系统进行冗余的物理输入/输出处理;

k. 两个带本地磁盘的处理单元(SILAM);

l. 记录 ZC 的内部状态;

m. 处理 ZC 的维修诊断信息；

n. CSD 及输入/输出安装在 3 个机笼中：PAP1，PAP2 和 PAP3，PAP1 和 PAP2 机笼，每个均包括下列电路板：

- 1 块 CME CSD 板；
- 1 块 CAP 板；
- 1 块 CVO 板；
- 1 块 CIER 板；
- 1 块 CALS 电源板。

PAP3 机笼包括下列电路板：

- 1 块 CME CSD 板；
- 1 块 CAP 板；
- 1 块 CALS 电源板。

ZC 结构包括很强的扩展能力，新设备的添加或线路延伸简单且成本低。

②ZC 的简单框图。

ZC 的简单框图如图 3.25 所示。

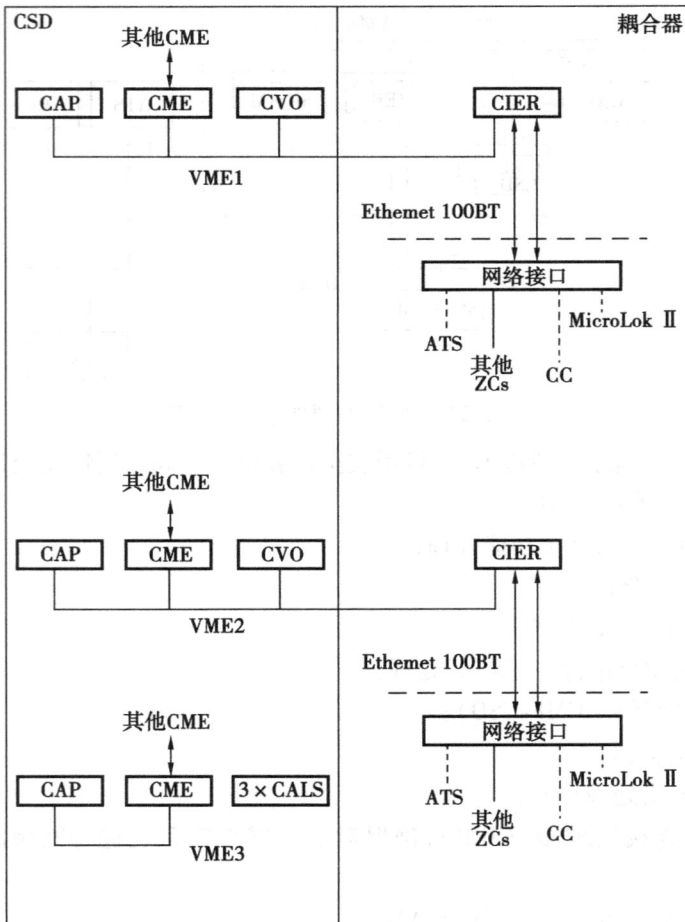

图 3.25　区域控制器框图

③CSD 安全计算机。

图 3.26 为 CSD 方框图,CSD 包括:

3 块处理板——CAP1,CAP2,CAP3,在 CSD 基础软件的控制下运行应用软件。两块表决器板——CVOA 和 CVOB,比较 3 块 CAP 板的结果,只要至少有两个同样的结果时才允许输出。表决功能利用编码单处理器技术;表决器软件是 CSD 的一个固定元素,独立于应用软件,算子/传感器的数目和 CSD 循环的长度。两个由 CVOA 和 CVOB 表决板运行的输入/输出连接器。

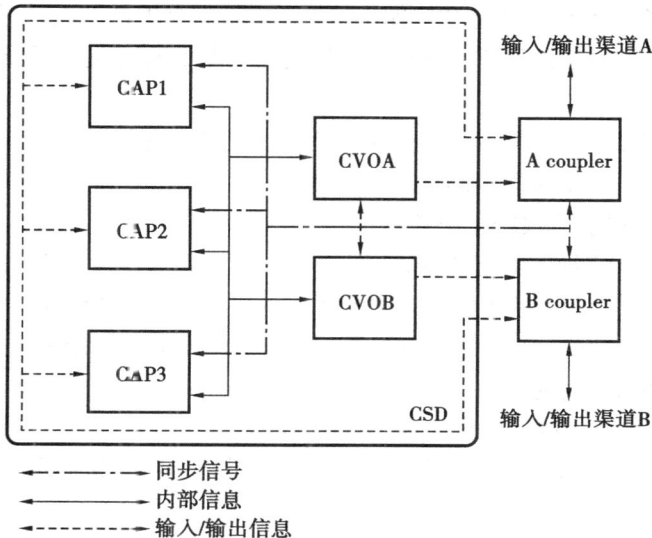

图 3.26　CSD 方框图

CSD 运行原则是基于编码表决电路(两个表决电路:CVO)所控制的 3 个处理器技术(3 个处理链)。

每个处理链包括一个应用板和一个 CSD 交换存储板(CME-CSD)。这个结构使得应用处理和安全机制之间相互独立。

④两个 ZC 间的交接过程。

列车从一个区段到另一区段的交接,是建立在区段重叠的原则来进行的。区段重叠指的是两个 ZC 间的交接区域,在这个区域中,两个 ZC 追踪和计算移动授权限制,CC 以最大的允许运行区域控制列车运行。

如果与接管 ZC 的通信未建立,CC 将继续与交接 ZC 通信,直到完全离开交接 ZC 的区域。如果在该点列车未与新 ZC 建立通信,列车被认为是无装备列车。

列车通过区段边界的常规程序如下:

a. 该功能由 ZC 和 CC 完成。

b. 当列车自一个 ZC 控制下的区段移动到另一个 ZC 控制下的区段时,交接就通过"交接区域"或"区域重叠"功能完成。

c. 两个相邻的 ZC 共同管理一部分被称为"交接区域"或"区域重叠"的轨道。

d. 在该区段,两个 ZC 接受来自列车的信息,包括定位信息和确保列车追踪。

e. 两个 ZC 为该重叠区域内的列车计算 ZC_MAL。重叠区域内的 CC 接受来自两个 ZC 的 ZC_MAL。CC 选择 ZC_MAL(ZC_V_MAL+ZC_NV_MAL),因为 ZC_V_MAL 是最大允许的指

71

令。在从仅仅一个 ZC 接受 ZC_MAL 的情况下,这一个就是最大允许的指令。

　　f. 重叠区域要足够长,以避免列车在重叠区域内减速。当列车到达前一个 ZC 的交接点时,总能被后一个 ZC 考虑进去。

　　g. 在重叠区域,常规数据(ZC_GD 或 TSR)和数据库仅由一个 ZC 传送。

　　2)轨旁数据库及车载软件

　　①轨道数据库。

　　车载和轨旁子系统都使用轨道数据库。每个 CC 的内存中都有轨道数据库。在维护(更改数据库内容)或安排列车行驶到一条它很少使用的线路上时,都必须更新车载数据库,完善或更新 CC 的内容。

　　轨道数据库存放在 FRONTAM 中,如果 CC 发出请求,该数据库能够被下载到列车上。FRONTAM 定期发出当前正在使用的数据库的版本号。如果一个 CC 认为自身需要更新,会发出一个新版本下载请求给数据库服务器。

　　如果一个 CC 请求详细的轨道数据,数据库服务器将通过发送一系列包含所需轨道数据的报文,来回应该请求。网络的不同元素表现固定的特征(轨道的专用属性,如永久的速度限制(PSR)等)和可变的特征(如轨旁的信号显示,等等)。CBTC 系统的子系统使用这些对象来完成 ATP,ATO 和监控功能。

　　在下列章节中,模式的固定特征请参考系统数据库,它们建立在下文给出的段和线路区的概念上。参照物是线路中心线(注意:段的长度,或目标与段的起点距离,或列车位置,是通过比较测量线路中心线而得到的)。

　　A. 轨道网络使用的线路区和偏移量的描述。

　　ATS 使用位置点模型来定位轨道上不同的固定物体(如道岔、车站、信号等),移动物体(列车)和其他信号系统设备(如应答器等)。每段轨道的模型通过正常列车运行的起点和方向来定义。物体的位置是由它与模型起点的距离(以千米为单位)定义的。例如,ATS 使用该模型来定位列车或确定临时速度限制。

　　B. 段。

　　网络可被描述为连接在一起的段。一个段是轨道的一个线性部分,可用数字、起点、常规方向(运行方向)和长度来定义。每个段有一个单一的序号(也就是说,两个段不会有相同的序号)。列车的每个点和每个轨道特征都由轨道段的序号和段的偏移量来定位(轨道段起点与点的位置间的距离)。

　　C. 方向—相对运行方向。

　　为体现轨道无极性的限制,段可被定向为不同方向(也就是说,两个相邻的段可以有两个不同的常规运行方向)。固定的数据配置显示了相邻段的相对运行方向。

　　D. 线路区段。

　　线路区概念用于嵌入式数据库。把给 CC 描述的轨道(和附属元件)固定数据,组织成数据组。每个数据组称为一个"线路区",包含的信息有:轨道段、应答器、斜坡及信号位置的描述。因此,线路区是包含数据库中描述网络配置数据的基本数据组:

　　a. 线路区指示站间的情况(通常是在正线上,自一个站台到另一个站台)。注意:地理上说,一个线路区对应于一批轨道段。

　　b. 嵌入式数据库的配置管理也应用于线路区的层面上,即:每个线路区有自己的识别版本。

E. 段/区/线的分类。

段的分类原则如下:段的识别号 ID 由线路区的识别号 ID 和线路区上该段的相关数据组成。线路区的识别号 ID 由线路的识别号 ID 和线路上该线路区的相关数据组成。

②软件。

A. 架构,如图 3.27 所示。

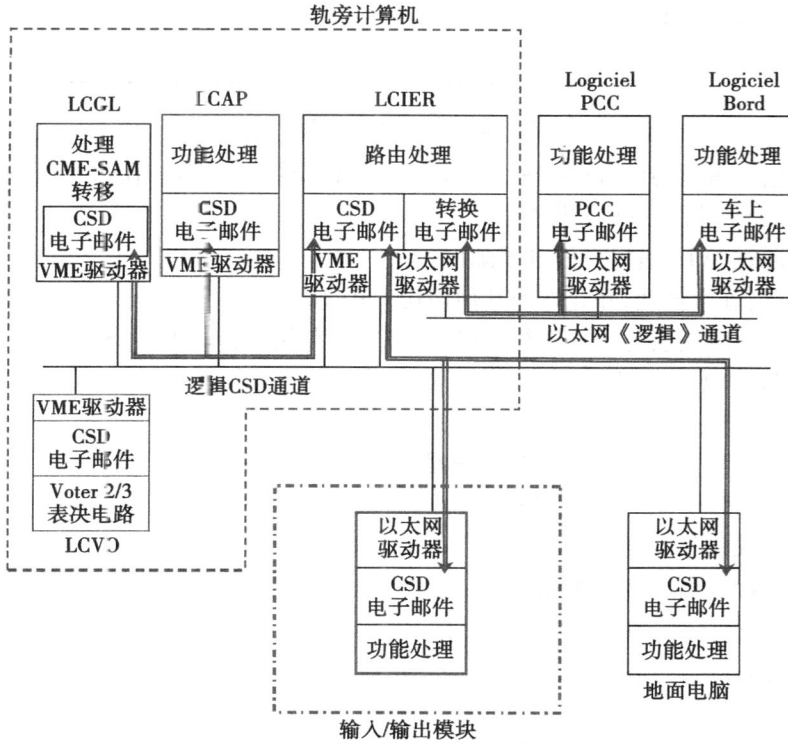

图 3.27　软件系统架构

LCAP 和 LCIER 软件模块基于 CSD 结构,并通过 CSD 电子邮件进行通信。

LCAP 软件与 CSD 外部软件之间的通信需要通过 LCIER 软件。

最后一个软件为通过以太网与其他设备进行信息交换选定路径。LCIER 软件保证对通信协议进行控制。

B. 主要功能模块。

该软件模块包含在轨旁计算机内。

对于在以上结构中所定义的每个处理器板,都存在一个相应的软件模块。每种板型的软件模块是唯一的。

轨旁计算机软件模块如下:

a. CVO 板用的 LCOV;

b. CAP 板用的 LCAP;

c. CIER 板用的 LCIER。

3 个 LCAP 软件模块在功能上完全相同,只是在生成多元化模块时有所不同,以满足"三取二"的安全要求。

LCV 软件模块分为两个主要层次,详细架构如图 3.28 所示。

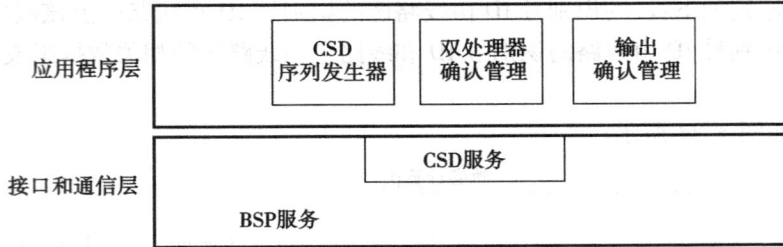

图 3.28　LCVO 模块结构图

接口和通信层负责与硬件(物理输入/输出)进行交换和通信。在这层所提供的服务中,可分为 CSD 和 BSP(板支持包)服务。

CSD 服务通过"VL"提供通信电子邮件。

VL 由应用层进行管理,并允许与其他使用 CSD 邮件的软件进行通信。

BSP 服务可使应用层与硬件进行连接,访问交换存储器板(CME-CSD)。

C. 应用层进行以下处理:

a. CSD 运行时序;

b. 确认由三对可能组合构成的双处理器 V;

c. 确认并传输 CSD 之外的信息;

d. 使用中断使连接器同步;

e. 通过阅读配置表识别逻辑通道。

D. CC ATP 主要应用单元的功能如下:

a. 系统状态管理,这项功能受限于所给出的硬件结构,包括:CBTC 车载设备的初始化/去初始化和激活/释放的管理;

b. 车载 CBTC 设备内部维护协助功能;

c. 驾驶模式管理,这项功能保证了对驾驶模式(ATPM,ATO,RM,…)的控制和模式间的转换;

d. 速度连续性控制,这项功能保证了列车定位和位置确认(点控制):通过来自点式传输定位系统(应答器)的信息;速度传感器信息;以及来自不可变元素(线路描述)和设备位置(点控制)的轨道描述;

e. 速度连续性控制:根据列车位置;固定设备的轨道描述(永久性限速、梯度、车站位置),列车目标(运行授权限制);来自轨道的状态信息;临时性限速和保护区;列车特性;

f. 司机操作控制:冒进和减速控制;

g. 向司机显示信号信息;

h. 制动控制:如果实际速度超过限速,则该项功能控制紧急停车(通过接通断路器来进行紧急制动并切断牵引);

i. 指挥和控制列车,这项功能准许列车发车,并根据以下各条保证牵引和列车制动命令:连续速度控制;

j. 来自轨道的速度指令;

k.向司机显示 ATO 操作信息(指示灯和显示);

l.保障人身安全,这项功能保证:车站乘客换乘:列车车门控制命令(车门开放侧、开门和关门控制);

m.系统维护,这项功能保证:对由车载 CBTC 设备记录的固定设备进行管理;

n.记录信息。轨道维护信息的储存和发送;

o.列车接口和轨旁接口,这项功能保证了与轨旁 CBTC 设备的连接:通过地到车的无线网络,包括捕获信息、控制代码及日期、传输信息、寻址;

p.与列车的连接:通过网络或通过每条信息特有的输入/输出通道。

接口模块不包括功能软仵。里程计模块包括应用软件(计算距离—速度向量)和用于提取传感器信息的接口模块。为了精确起见,测距法仅仅给出里程值;车载应用软件根据信标和固定设备来确定位置。

q.编程语言。使用 C(SCADE 生产的)和 ADA 进行车载 ATP 的软件开发。

E. CCATP 软件安全措施。

CC ATP 软件开发程序符合 CENELEC EN 50128 标准。包含以下安全措施:

a.需求追踪;

b.模块化设计方法;

c.代码标准化;

d.静态分析,例如边界值分析;

e.动态分析和测试,例如边界值分析;

f.验证;

g.确认,例如功能测试,黑盒子测试;

h.C 和经验证的编译器;

i.独立的验证和确认;

j.独立的安全评估。

【任务实施】

任务提出

车载 ATP 系统是城市轨道交通信号系统的重要组成部分,从业前学习这部分内容是必不可少的。

实施过程

1.准备相关资料,例如车载 ATP 系统工作视频、地面相关设备视频资料。

2.组织学生去实训场地分组进行任务实施。

3.学生分组讨论学习计划。

4.组织学习 ATP 系统的不同制式。

5.学习浙大网新的车载 ATP 信号系统结构、功能、工作原理等。

6.学习西门子的车载 ATP 信号系统结构、功能、工作原理等。

7.各组通过现场设备、视频及各种学习资料进行任务的实施。

8.各组将学习的成果进行汇报。

9.教师对学生的学习情况进行评价。

【任务考评】

以学生自评互评为主,教师综合评定。

任务实施过程考核评价表(以上步骤)

考评项目		配分(分)	要 求	学生自评	小组互评	教师评定
知识准备	现场参观安全教育	10	安全教育考试合格			
	教学引导资料准备	5	充分性			
任务完成	车载 ATP 结构	20	熟悉程度			
	车载 ATP 功能	20	熟悉程度			
	车载 ATP 原理	20	熟悉程度			
	任务实施过程记录	5	详细性			
	所遇问题与解决记录	5	成功性			
现场学习表现		5	违章不得分			
协调合作,成果展示成绩		15	小组成员的参与积极性、成果展示的效果			
成 绩						
总成绩 (根据需要按照自评、互评和教师评价作百分比计算,以学生为主、教师为辅)						

任务3 车载 ATO 子系统

【场景设计】

1.多媒体教室,地铁车辆段车载现场或 ATO 模拟实验室或模拟工作区,人数按照需要确定。

2.教学用的 PPT、视频及相关教学引导资料。

3.考评所需记录、评价表。

【知识准备】

ATO 子系统是轨道交通列车自动运行的系统,该系统在 ATP 的保护下,根据 ATS 的指令实现列车的自动驾驶,负责控制列车的运行,例如列车的自动离站,列车的速度调节,列车的目标制动以及车门、屏蔽门和安全门的开/关的启动控制。ATO 设备没有安全相关的功能,因为 ATO 总是运行于 ATP 的安全监督之下。

列车自动运行 ATO 子系统,能使整个列车自动控制系统的优越性充分发挥出来,使轨道交通的管理水平上一个档次。特别是在高密度、高速度运行的轨道交通系统中,满足高水平的列车运行自动调整,节约能源,规范对列车运行的操作控制,减轻司机的劳动强度,提高列车正点率,保证运营指针的实现,实现无人驾驶折返、车站站台精确停车控制,提高旅客乘坐的舒适度都起着非常重要的作用。

（1）车载 ATO 的功能及性能

ATO 控制列车自动地从一个车站运行到另一车站。列车的出发可以由司机启动,或由停站时间到时启动,且在所有的列车车门关闭后(直到列车车门完全关闭以后)列车才会移动。ATP 防止在任何一个车门仍打开的情况下列车移动(需要一个专用的程序用于车门不能关闭的情况下启动列车)。

然后 ATO 自动驾驶列车出发,运行中进行列车速度调节,在下一个车站执行目标制动,直到车门打开。ATP 系统保证在自动运行中任何时刻的列车安全。系统支持不同运营模式下的多种速度曲线,以满足车站通过的需要(比如,通过列车或者特快列车)。

向车载乘客信息系统提供信息,以显示下一站、目的地站和时间,并触发语音报站。

列车速度曲线基于节能和下一站间运行时间。ATO 完成在车站的精确定位停车和自动开/关车门,ATO 可以单独处理每一列车在每一个站台的停车点。

在 ATO 自检成功以及 ATP 设备允许自动操作的前提下可以使用 ATO 驾驶。

1）列车定位和速度控制

车载 ATO 采用速度传感器总输出作为其速度源来估算车辆的运作参数。这些参数包括实际速度、空转-打滑、行驶距离、反转/缓行以及零速度(停车),如图 3.29 所示。

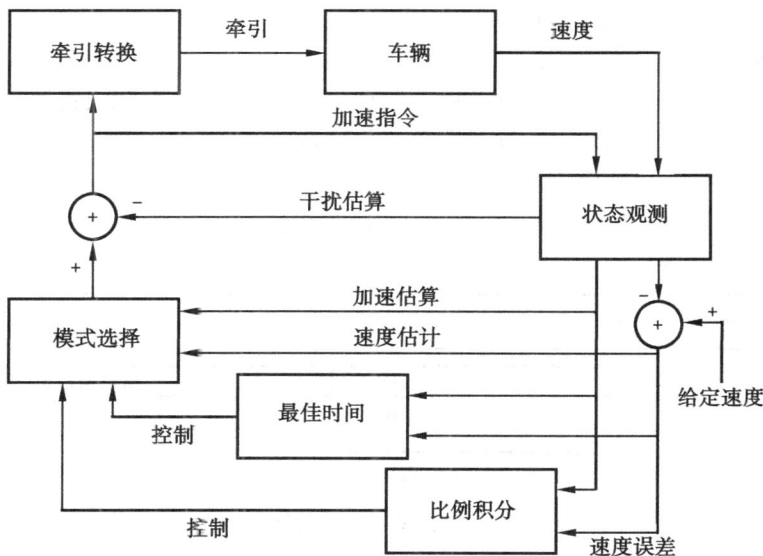

图 3.29

脉冲是速度传感器的输出数据。规定时间内计算出的脉冲数量与车轮的旋转距离成正比。车载将这些脉冲信号转换成直线距离,并利用目前已知的车轮直径数值计算出车轮旋转时的走行距离。通过计算单位时间内累积的脉冲数量,可测定出列车的速度。

ATO 设备通过 ATP 连接到雷达和速度传感器。ATO 列车定位功能在列车经过任一固定安装的应答器时接收同步信息,以提高位置测量精度。前提是在列车通过该应答器时 ATO 能够得到一个硬件信号。

因此,停车精度指标可达到 ±0.3 m 或更好,以满足屏蔽门的要求。精确停车将依靠车站区域安装的应答器实现。

根据列车在轨道上的位置,ATO 允许速度功能给 ATO 速度控制器提供一个合适的速度。ATO 的巡航/惰行功能根据节能要求对允许的列车速度进行调整。

一旦确定了绝对位置,定位系统的输出将更新列车的当前位置信息。

列车在坡道的启动需与车辆协调,完成列车的正常启动,确保列车不产生后溜现象。

2)列车目标制动

ATO 制动来保证列车在停车点达到±0.3 m 的停车精度。如前所述,为使列车停在预期的停车窗内,必须借助列车定位功能。

ATO 根据从 ATP 接收到的信息并根据下一停车点(如车站)、实际位置、速度、列车特性和 ATP 停车点(防护点)计算常用制动曲线,ATO 控制列车沿着常用制动曲线行驶直到列车停止。车站 ATO 停车点由 ATO 根据线路数据库来控制。

3)开/关车门

ATP 和 ATO 均涉及该项功能。车门释放由 ATP 授权,接着 ATO 选择合适一侧的车门并提供开门命令。打开哪侧车门的信息包含在线路数据库里。车门关闭由司机或者停站时间的到时来触发。

对于一些特殊列车(例如空车、通过列车或者特快列车),禁止打开车门,也就是说,如果某列车被标识为特殊列车,则其车门不能在某些车站或所有的车站打开。ATS 使用一个特殊的车次号(目的地码)指定该类型的列车。

4)站台屏蔽门和站台安全门的开/关就对准

ATP 轨旁和联锁涉及该功能。列车停稳后授权门释放,ATO 车载设备通过通信通道发送一个报文去打开站台门。ATP 轨旁通过联锁释放站台门,因为与站台门控制单元的技术接口是连接到联锁元件控制计算机的。

图 3.30 阐明了所引入的设备能够测定车门是否与站台安全门对准,同时列车必须在要求的站停精度内停靠。

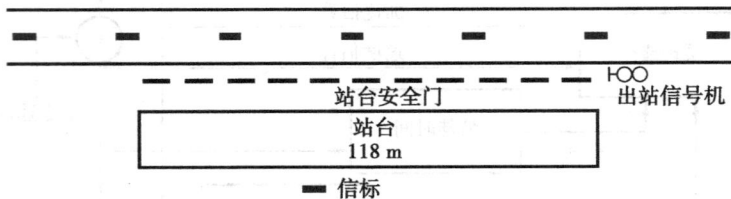

图 3.30　用于 ATO 站停的轨旁设备

应答器用于检测列车确切的位置信息。列车 ATO 会应用此信息来计算站台内到停车位置的行驶距离。接近停车位置的应答器数量和位置决定站停位置的准确度。

整个系统的位置信息所采用的应答器为同一种应答器。它们位于特定位置并安装在两条钢轨中间。

5)根据时刻表产生巡航和惰行的速度曲线

ATC 系统的一个主要目标是根据时刻表并结合 ATS 的列车自动调整功能 ATR 来控制列车,并确保获得最大的能源效率,这就是 ATO 巡航/惰行功能的任务。该功能只能在连续式通信的前提下实现。

时刻表的调整是基于轨旁列车调整和车载 ATO 之间对到发车时间的交换。在自动驾驶模式下,可根据 ATS 的指令无级(以秒计)调整区间走行时间,区间实际走行时间与规定值的误差不大于±5%。

ATO 基于这些时间计算最节能的速度曲线。ATO 节能曲线的计算要考虑坡度和曲线等对速度曲线的影响。因此,ATO 需要线路纵断面的信息,整个系统的线路纵断面信息保存在线路数据库中。应用最大加速度和结合巡航/惰行,ATO 使用上述信息计算到下一个停车点的速度距离曲线。

6)ATO 系统基本性能

ATO 系统的基本性能见表3.1。

表 3.1　ATO 系统基本性能

ATO 模式下按 ATS 调整指令执行的区间走行时间误差	≤±2%
程序站台停车的列车位置精度-相对于站台边缘车门通道	±30 cm
列车速度命令分辨率(即临时限速)	<5 km/h
车到地通信延迟	0.5 s
地到车通信延迟	0.5 s
车辆 ATO 设备反应时间	0.5 s

（2）车载 ATO 主要部件

ATO 车载设备提供一个用于控车的接口,以下以浙大网新 CBTC 信号系统车载 ATO 为例进行介绍。

ATO 的主要部件在列车上,用以实现 TRAINGUAND MT 的自动驾驶模式。ATO 的功能是非安全型的,ATO 车载单元是单通道的计算机。轨旁 ATO 的功能通过 ATS,轨旁 ATP 和 SICAS 实现。因此,ATO 轨旁功能不需额外的物理设备。ATO 子系统由车载设备和轨旁设备组成。ATO 子系统与 ATP 子系统共用车载硬件设备,并没有独立的设备。ATO 子系统的软件安装在与车载 ATP 子系统共用的车载计算机中,但使用独立的 CPU。

ATP 软件和 ATO 软件被安装在相同的印刷电路板上,即 CCTE。每一 CCTE 有 4 个处理器:包括 1 个 AP 模块,1 个 VO 模块,1 个 ME 模块和 1 个 CPL 模块。ATO 软件被安装在 CCTE1 和 CCTE2 的 CPL 模块上。

每列车上有两套车载设备,一套在头车;另一套在尾车。每一套车载设备包括两个独立的 ATO 模块(主用/备用);运行车载控制器的主 ATO 控制动力和制动系统,经由 RS 485 串行接口与 TMS 相连接。

车载 ATO 设备为主备冗余,当主 ATO 单元发生故障时,自动从主 ATO 单元切换到备用 ATO。主用/备用 ATO 的切换是自动的,并且在 1 s 内完成,一般情况下,司机不会觉察到。主用 ATO 和备用 ATO 单元运行同样的软件,得到相同类型的传感器输入和独立计算,但是在一个时间里,只有一个 ATO 单元是主 ATO,与其他子系统接口,如 ATP、车辆、TOD 和 ATS 等。而备用 ATO 不提供任何输出。一旦 TOD 出现故障,TOD 就不能显示或者显示无效。假如列车在 ATO 模式下,CC 会驾驶列车到下一站,如果在 ATP 或 IATP 模式下,CC 会采取 FSB 使列车停止。如果列车在无人自动折返模式(ATB)下,当列车完成当前动作后,车载控制器会使列车停下,并且取消接下来的折返程序。当列车停止后,只有 RM 和 NRM 模式才对列车动作有效。

如果主 ATO 单元被它自己或被 ATP 发现故障,可以自动转到备用 ATO 单元上。如果故障是被 ATO 经由其自诊断而发现的,在最坏的情况下,转到备用将要经过 3 个 ATO 周期(为 150 ms)。对于只能被 ATP 探测到的故障在最不利的情况下,切换时间为 2 个 ATP 周期和 1 个 ATO 周期(约为:550 ms)。

ATO 在切换期间,要求其他子系统如 ATS,TMS 和 TOD 要保持最后接收到的有效信息至少为 550 ms,以减小对牵引/制动和 TOD 显示的干扰。但是,在上述 ATO 故障切换时,在驾驶过程中会出现一些对于停站精度的干扰。

总之,ATO 子系统被设计为"主备冗余",在当前主 ATO 单元中任何故障一旦被检测到,便进行自动故障切换。ATO 子系统的故障切换不是无缝的,取决于故障切换的时机,对列车的运行有一些干扰。

(3)ATO **轨旁附属设备**

轨旁 ATO 基本没有其本身的物理设备,通过连续式通信,其功能由 ATS,ATP 和 SICAS 共同完成(如控制站台屏蔽门)。

1)ATO 轨旁附属设备的功能

通过连续式通信通道接收列车数据(比如驾驶模式、车次号、目的地号或司机号),并在车载设备和 ATS 之间传送文本消息。

2)列车和轨旁之间的信息交换

ATO 和 ATP 采用相同的轨旁和车载设备之间的连续式通信系统。

①采用连续式通信方式,下列信息从轨旁设备传输到车载设备:

a. 来自 ATP 轨旁设备的授权移动通过 ATP 车载设备到 ATO 车载设备,计算自动驾驶曲线。此信息在点式通信级也提供。

b. 从 ATS 到车载 ATO 的旅行时间和停站时间。点式通信级的运行,使用存储于 ATO 的线路数据库默认值。

②采用连续式通信方式,下列信息从 ATO 车载设备传输到轨旁设备:

a. 到 ATS 的列车数据(如驾驶模式、车次号目的地码)。

b. 到 ATP 轨旁的站台屏蔽门/安全门的开/关信息。

(4)ATO **子系统基本原理**

1)列车运行控制原理

①自动运行。

ATO 的主要功能是进行列车定位和速度控制,以实现精确停车、追踪间隔最小。为适用不同的坡道,ATO 使用三种传感器,分别是位置、速度和加速度传感器。列车定位和速度控制均有自己的算法。除了采用传统的比例积分微分处理器,ATO 的定位和速度控制算法为提高旅客的乘坐舒适度考虑了对急加速冲击的控制。加速度计的信息用于检查和修正空转和打滑。

列车的空转和打滑时,ATO 与 ATS 间的处理程序如下:

a. CC 通过读取速度传感器反常的变化来检测到打滑情况,并立即向 ATS 报告。ATS 将会通过设置适当的制动率来选择通知其他列车关于适当的制动率。

b. 由于速度传感器是安装在拖车轴处,因此空转不能通过 CC 来检测。

②牵引/制动控制。

ATO 与 TMS 的接口经由冗余 RS 485 连接。ATO 使用该接口将牵引/制动命令发送给车辆。

发送给 TMS 的信息包括:

a. 牵引指令;

b. 制动指令;

c. 牵引制动效力制令(通常有 1 024 等级);

d. 保持制动请求;

e. CC 状态;

f. CC 故障信息;

g. PIDS 信息;

h. 时间和日期。

③土建节能坡控制。

在目前的系统设计中,有几级运行等级来控制最大速度供列车运行调整。结合这些运行等级,惰性可由 ATS 指定并由 CC 执行。ATO 速度曲线的计算是基于根据 ATS 发送的性能参数决定的,每级运行等级对应一条速度距离曲线。ATO 速度曲线是独立的。但是,ATO 发出的前进/制动请求会根据土建的实时数据来计算和调整,如利用土建节能坡来实现最优速度调整和站停。

常用的列车速度调整运行等级定义为其最大速度几个阶段的百分比。CC ATO 存储这些阶段数据并把它们应用以计算当前最高 ATO 速度。CC 产生冲击限制加速或减速命令来实现列车运行调整最优化。

ATO 曲线包含加速阶段、速度保持阶段、停止阶段和其他曲线来衔接这些阶段。不同的运行等级所对应的速度曲线具有不同的最高速度,而这些速度曲线交汇于站停阶段。

牵引/制动所施加的力度与轨道的土建条件相关。CC ATO 通过轨道数据库来查询当前和下段的等级信息。P/B 施加的值需要根据坡度来弥补以实现指定的加速和减速率。

2)站停控制

根据 ATS 对车辆的进路分配要求,在 AM 模式下,CC ATO 将会使车停靠在站台上。CC ATO 会按照站停程序在每个车站停靠,除非 ATS 命令跳过这个车站或指定仅有的几个车站为停靠点。只有在正方向上才能提供自动停车。站停功能采用闭环控制算法,典型的制动率作为调整实际制动率的一个参考依据。

使用传感器和站台信标的位置输入数据,列车可实现站台精确停车。位置数据输入通常用来确定停车曲线的起始点。站台信标可提供距离分界,以满足位置精度要求。信标布置应考虑列车运行和保护,精确停站基于列车位置的准确测量。

当车辆进入位于离开车站一段距离的预设位置时,就会初始化程序站停。在初始化停车曲线后,CC ATO 会根据列车速度、预定制动速率、距离与停车点高度的变更,来计算出制动曲线。CC ATO 会通过改变所需的牵引力与制动作用力来遵循此曲线。

标称制动速率曲线是车辆最大常用制动速率百分比。制动速率会通过 DCS 从用 ATS 处接收。这一功能可实现在异常轨道条件下作动态调节。表 3. 2 列出了主要制动速率值。站停制动率是由 ATS 提供给 ATO 的一个参考量,用来设置 ATO 应用下的实际制动率。这个制动率作用是根据时刻表和轨道状态(如轨道低粘着等级)调整列车动作的,见表 3.2。

表 3.2　典型的站台停车制动率

制动率系数	M/S2	大　约	备　注
0			无变化
1	0.8	2.9	完全制动
2	0.76	2.7	
3	0.72	2.6	
4	0.68	2.5	距离
5	0.64	2.3	
6	0.60	2.1	
7	0.56	2.0	
8	0.52	1.9	
9	0.48	1.7	最小变化

车站的目标位置指的是在正常运作条件下,列车停靠的中心位置距离站台的中心位置的偏差距离在为-30 ~ +30 cm。一旦列车停止,CC 会发出制动力要求(通常为 70% 的全常用制动)来禁止列车移动。如果没有超出站台,但是无法核实正确的站台对准情况,CC ATO 则不会打开车门,并要求驾驶员采取措施。

3)跳停

CC 中的 ATO 通过 DCS 子系统从 ATS 处接收到跳停下一站的指令,并在前一个站处理该指令。然后,车辆继续行进并通过下一站而不作停留。

如果在站停期间收到跳停本站指令,CC 中的 ATO 将点亮 TOD 上的跳停指示来通知操作员列车不停留于本站台。在这种情况下,列车在 ATP 控制下继续调整速度。如果列车在站停曲线以外,跳停本站指令可以被取消。

4)扣车

扣车是指列车停车后保持零速的状态。扣车会禁止 TOD 上的停站结束指示灯闪亮,适用于 AM 和 ATPM 模式。无论在什么模式下,ATS 都将发送扣车指令到 DTI。

①设置扣车。

当列车停站或者马上进站时,ATS 会发出一个扣车指令。

如果在运行中实施扣车指令,CC 将继续驾车到下一站然后在停站位置扣车。

当扣车指令激活时,列车将停留在站台,并且保持车门打开。

②释放扣车。

ATS 可对扣车进行释放。

5)未达站台和越过站台

①未达站台。

在正常条件下,车站停车曲线会使列车在站台停车位停车。若情况异常,列车可能会停在不到停车位置的地方,此时 CC 以最低调节速度向前移动,直至与站台对齐为止。发生未达站台现象时,若列车尚未进入车站站台区域,CC 就会重复进行牵引控制。CC 完成移动后,如果列车还未与站台对齐,并且没有正确的停靠位指示,司机应采取措施激活开门允许以打开车门。

②越过站台。

由于各种原因,会发生越过停车位置的情况。通常,越过站台现象是由于车辆制动子系统失灵导致车辆动力发生改变。例如,制动功能的部分损失会导致列车越出站台。如果列车越出了站停的指定位置一定距离,CC ATP 发出并保持警报状态。同时,CC ATP 不会允许打开车门,并要求驾驶员采取措施。CC 仅允许列车在 ATP 模式下以小于 5 km/h 的速度向后移动来调整列车位置,且最大移动距离为 5 m。如果超过停车范围 5 m,建议将列车驶到下一车站。

（5）车载 ATO 软件

ATO 软件是闭环实时处理软件,如图 3.31 所示。每个指令周期由 CPU 硬件时钟控制。

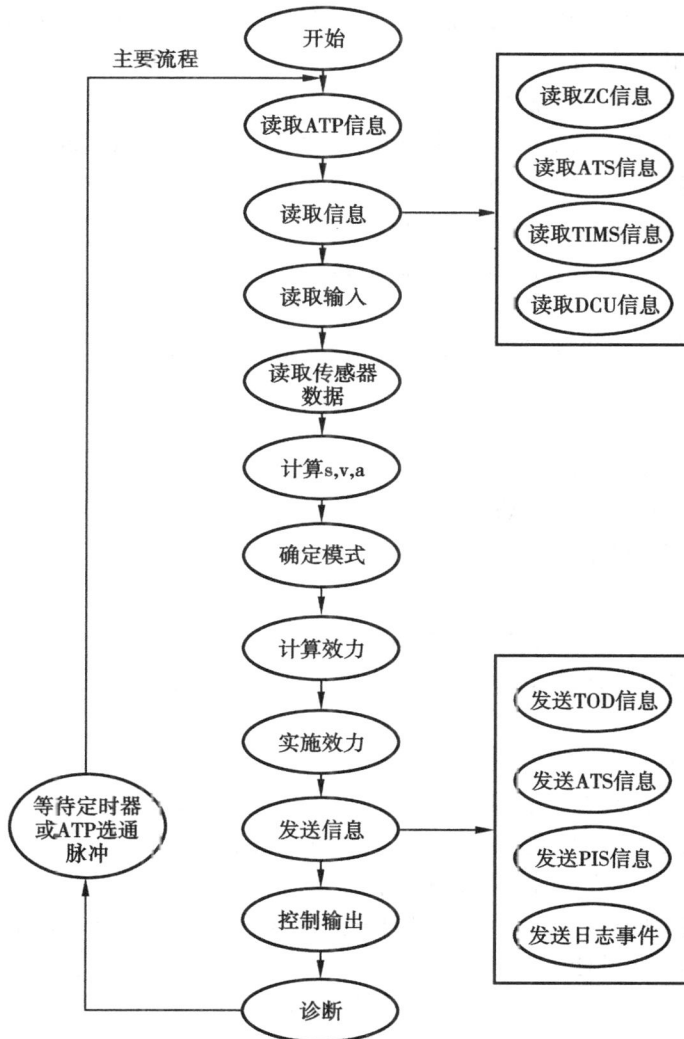

图 3.31　主要流程图

在每个指令周期,首先完成驾驶列车的基本功能,然后在每个周期的剩余时间内完成其他功能。所有进出的信息均有缓存并由 PMC 接口控制板处理。再加上 CPU 的浮点处理单元,使系统具有足够的控制环路处理能力。

（6）ATO 驾驶模式

ATO 驾驶模式如下:

①AM 模式:ATO 自动驾驶;

②SM 模式:ATP 监督人工驾驶;

③RM 模式:ATP 固定限速下人工驾驶;

④切除模式:无 ATP 监督非限速人工驾驶;

⑤AR 模式:自动折返。

1）AM 模式自动驾驶原理

在该控制模式下,列车由 ATO 控制自动地在站间运行。在车站,开门、关门和列车的出发自动完成,或由司机人工关门、人工启动。在连续通信级,列车在站外停车后的启动是自动的。折返不需要司机的参与。

AM 模式是有装备列车的常用驾驶模式。

车载 ATO 自动控制列车的牵引和制动单元,因此,ATO 需要从车载 ATP 获得以下数据:

①从 ATP 轨旁单元来的 ATP 运行命令(移动授权);

②测速电机和雷达数据(以决定实际速度);

③位置识别和定位系统的信息(应答器信息);

④列车长度。

ATS/ATR(列车自动调整)根据时刻表和下列到轨旁单元的运行命令对列车自动运行进行干涉:

①发车命令;

②下一车站的计划到达时间;

③在 ATO 自检成功通过并 ATP 设备释放自动驾驶后,就可以采用 ATO 驾驶。

AM 模式在下列条件下激活:

①ATP 在 SM 模式;

②停站时间已过(运行停车点已被释放);

③从轨旁接收到移动授权;

④门已关闭;

⑤驾驶手柄在 0 位置,方向手柄在前进位置。

自动启动 AM 模式或由司机通过启动按钮启动 ATO 模式,或 ATO 自动启动。如果任何一个前提条件不满足,启动将被取消。ATP 将 ATO 控制信号传输到牵引系统。在 ATO 由启动按钮激活后,列车加速直到计算出的速度曲线。

当列车达到期望的速度后,系统控制列车按速度曲线运行。当达到制动触发点时,ATO 设备将自动控制常用制动使列车跟随制动曲线。当列车停在车站预定的停车区域后,ATO 自动打开车门。类似的过程也应用于驾驶通过限速区,在列车通过限速区后,列车自动加速到计算出的速度曲线。

2）SM ATP 监督下的人工驾驶

这种模式提供全部 ATP 功能，但无 ATO 功能。TRAINGUARD MT 提供连续式速度监督和全部安全功能，是在 ATP 监督下的人工驾驶。

3）RM

ATP 固定限速下人工驾驶，按照 ATP 限速要求人工驾驶。

4）折返

①ATPM 模式下的人工折返。

列车到达折返站，在规定的停站时间结束后，人工关闭车门和站台屏蔽门。列车在 ATPM 模式下驾驶列车运行到折返轨停车。司机取出钥匙并且走到另外一边驾驶室插入钥匙，也可以由位于另外一个驾驶室的司机插入钥匙，来启动驾驶台。司机在 ATPM 模式下驾驶列车运行到发车站台，人工打开车门和站台屏蔽门。

车载信号设备连续监控列车速度并在超过最大允许速度时实施紧急制动。

②有人自动折返。

当列车到达折返站，过了规定的停站时间后，关闭车门及安全门。在 ATO 模式下，当司机按下"发车"按钮，列车驶入折返线并停车。一旦列车已经到达折返线，司机拔出当前司机室的钥匙，走到另一头的司机室，插入钥匙。一旦 CC 完全启动，司机就将驾驶模式切换到 ATO 模式并再次按下发车按钮，在 ATO 模式下将列车驶到首车站。

在这种模式下，列车的启动、加速、巡航、惰行、制动、精确停车、车门开/关、折返等都是受车载控制器控制。

车载信号设备连续地监视列车速度，当其速度超过预先规定速度时将执行常用制动，当其速度超过最大允许速度时执行紧急制动。

③无人自动折返。

换端在无人驾驶情况下进行，在正常运行时，两端的 CC 是工作的；它们进行定位和通信，两端的状态进行周期性的交换。当一端 CC 完成自动折返时，它会发送一个安全信息到另一端 CC 以实现换端功能。当另一端 CC 被激活时，之前的 CC 切断与轨旁的通信。一旦所有条件都满足 CBTC 允许运行时，CBTC 驾驶模式将被授权允许新的 CC 控车，其切换时间少于 1 s。

以下例子是站后无人自动折返步骤的描述。自动折返过程允许列车在无人驾驶的模式下从站台 A（见图3.32）到站台 B 的运行，在进路设置后，反方向运行到站台 C。在到达站台 C 后，此次无人自动折返运行结束。自动或人工换端在折返操作后进行。

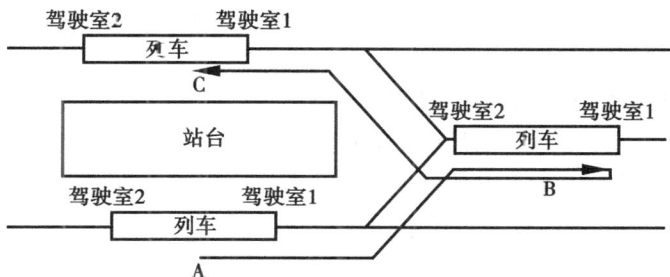

图 3.32　无人自动折返说明

驾驶室 1 中的 CC(CC1)将监督系统整个折返过程。步骤概要如下：

A. 初始条件：

a. 列车停在车站；

b. 没有乘客在车上；

c. 列车车门全关闭；

d. ATS 已请求折返进路；

e. MLK 根据 ATS 请求设置进路；

f. 自动驾驶模式可用：ATO 模式和 ATB 模式。

B. 为了实现从 CC1 到 CC2 的自动换端,需要检查以下在驾驶室 2 中的 CC(CC2)条件。

a. CC2 正常工作；

b. CC2 成功定位；

c. 模式开关 1 在 ATB 位；

d. 模式开关 2 在 NORMODE 位；

e. 门旁路开关在 NOR 位；

f. 列车完整性"正常"。

C. 折返步骤：

a. 司机从模式开关 1 选择 ATB 模式；

b. 司机设置方向控制器在"NEUT"位和司控器在"COAST"位；

c. 司机按下司机控制台上的折返按钮；

d. CC1 输出安全的"ATB"信号；TOD 显示自动折返被激活；

e. 司机转动驾驶室钥匙开关到 OFF 位并取出钥匙；

f. 司机通过驾驶室门离开列车；

g. 司机按下站台上自动折返按钮；

h. MLK 通过 ZC 通知 CC 司机已按下站台上 ATB 按钮(MLK 输入→ZC →CC)；

i. CC1 从 ZC 获得 MAL(移动授权),以释放列车从 A 运行至 B 的运行限制；

j. CC1 输出"FWD 向前"给 TMS(从 ATO 发出的非安全输出信号)；

k. CC1 启动列车出发到折返位置(A→B)；

l. CC1 在折返位置完成停车并请求保持制动；

m. CC1 通知 ZC 和 ATS 列车已停在位置 B；

n. ATS 发送进路请求至 MLK,为列车办理从折返位置 B 移动到站台 C 的进路请求；

o. MLK 设置进路并将运行方向由折返位置 B 转换到向站台 C 方向；

p. MLK 将联锁的设置状态通知 ZC；

q. CC1 从 ZC 获得 MAL,允许列车从 B 运行至 C；

r. CC1 输出"REV 反向"运行信号(从 ATO 发出的非安全输出信号)；

s. CC1 启动列车到达站台(B→C)；

t. CC1 将车停在发车站台 C 并且请求保持制动；

u. CC1 向 ZC 和 ATS 报告列车的位置(列车停在站台)。

D. 后期条件：

a. 保持制动实施；

b.列车门和屏蔽门关闭;

c.CC1 触发自动换端。

为了能打开列车门,CC2 可以通过自动换端或司机人工激活来获得对列车的控制。CC1 和 CC2 连续地检查自动换端的条件。两端 CC 互相通信以报告其状态。

E.如果不是所有自动换端的条件都满足,CC1 将释放对列车的控制,CC2 由人工强制激活。当没有驾驶室有效控制列车时,列车将实施 EB。以下列出了这个过程:

a.司机在列车完全停稳后进入驾驶室 2;

b.司机插入钥匙激活驾驶室 2;

c.司机通过 CC2 选择合适的驾驶模式;

d.通过驾驶室 2 打开列车门和屏蔽门;

e.以下部分是自动换端的过程描述。

F.两端 CC 间的自动换端步骤。

在正常运行中,两端 CC 均处于激活状态:它们能成功定位并接收来自轨旁的信息。两端 CC 周期性地进行数据交换。当一端 CC 完成自动折返时,它会传输一个安全的信息到另一端触发换端。当另一端 CC 被激活时,之前的 CC 切断与轨旁的通信。一旦所有条件都满足 CBTC 允许运行时,CBTC 驾驶模式可用,允许换端后的 CC 控制列车。

a.CC 自动换端在自动折返完成后发生。此时激活的驾驶室是驾驶室 1(CC1 输出 ATB_KEY);

b.CC1→CC2:信息去请求换端;

c.驾驶室 1 的 CC1 去除 ATB_KEY 信号。由于两端驾驶室都不激活,列车实施 EB;

d.驾驶室 2 的 CC2 输出 ATB_KEY 信号;

e.CC2 请求切除牵引力并且等待一段时间以保证已无牵引力;CC2 请求保持制动;

f.CC2 检查自身逻辑检查条件来决定是否使能列车门和屏蔽门;

g.CC2 输出门使能信号;

h.CC2 开列车门和屏蔽门。

G.当 CC2 已控制列车,AT3 为当前驾驶模式。司机应该遵守以下顺序操作列车:

a.司机进入驾驶室 2 并且插入钥匙激活驾驶室;

b.司机将司控器推到 FB 位去确认 EB 已实施,EB 环路闭合从而缓解 EB;

c.CC2 通过司机随后的输入使新的模式生效;

d.CC2 关闭列车门和屏蔽门;

e.司机驾驶列车离开站台。

【任务实施】

任务提出

车载 ATO 系统是城轨信号系统的重要组成部分,从业前应对 ATO 的功能、原理、设备、驾驶模式有所认识。

实施过程

1.准备相关资料,例如车载 ATO 系统工作视频、地面相关设备视频资料。

2.组织学生去实训场地分组进行任务实施。

3.学生分组讨论学习计划。

4.各组通过现场设备、视频及各种学习资料进行任务的实施。

5.分组学习ATO子系统的功能、轨旁及车载ATO设备、工作原理及驾驶模式等内容。

6.各组将学习的成果进行汇报。

7.对学生的学习情况进行评价。

【任务考评】

以学生自评互评为主,教师综合评定。

任务实施过程考核评价表(以上步骤)

考评项目		配分(分)	要 求	学生自评	小组互评	教师评定
知识准备	现场参观安全教育	10	安全教育考试合格			
	制订教学计划、引导资料准备	10	充分性、合理性			
任务完成	车载ATO结构	20	熟悉程度			
	车载ATO功能	20	熟悉程度			
	车载ATO原理	20	熟悉程度			
	任务实施过程记录	5	详细性			
	所遇问题与解决记录	5	成功性			
现场学习表现		5	违章不得分			
协调合作,成果展示成绩		5	小组成员的参与积极性、成果展示的效果			
成 绩						
总成绩(根据需要按照自评、互评和教师评价作百分比计算,以学生为主、教师为辅)						

思考题

1.车载信号系统主要功能有哪些?

2.车载列车定位功能是如何实现的?

3.简述静态信标布置原则。

4.车载列车追踪功能是如何实现的?

5.在不同模式下列车安全间隔有何不同?

6.什么是停车保证的功能?

7.车载的门控功能包括哪些内容?

8.紧急制动在什么情况下实施?

9. 分别说明列车投入和退出正线的过程。

10. 解释概念:固定闭塞、准移动闭塞和移动闭塞。

11. 简述浙大网新车载 ATP 系统的结构组成。

12. 简述浙大网新车载 CC 的结构及布局。

13. 简述浙大网新车载速度传感器和加速度计的安装及功能。

14. 简述西门子信号系统车载 ATP 设备基本组成及各部分的功能。

15. 简述浙大网新轨旁 ATP 系统的组成及各部分功能。

16. 车载 ATO 的功能有哪些?

17. 简述浙大网新 CBTC 信号系统车载 ATO 的组成。

18. 简述列车运行控制的基本原理。

19. ATO 驾驶模式有哪些? 并说明每一种驾驶模式的特点。

项目 **4**

ATS 信号子系统

【项目描述】

1. ATS 系统设备组成。

2. ATS 系统功能与原理。

3. 人机接口原理认知。

4. ATS 系统运行方式认知。

【项目目标】

1. 掌握 ATS 系统结构、基本原理及主要功能。

2. 掌握人机接口原理、功能分类。

3. 掌握 ATS 系统运行方式。

【能力目标】

1. 能正确说明 ATS 系统结构。

2. 能正确分析 ATS 系统基本原理。

3. 能正确分类说明 ATS 系统主要功能。

4. 能熟悉 ATS 系统的性能。

5. 能正确合理应用人机接口主菜单。

6. 能正确说明人机接口功能分类。

7. 能熟悉人机接口特点。

8. 能正确分析 ATS 系统运行方式。

9. 培养学员学习的主观能动性和参与交流的热情。

10. 培养学员的自我学习能力和发现问题与解决问题的能力。

任务 1 ATS 子系统设备原理

【场景设计】

1. 城轨现场控制中心或 ATS 模拟实验室教学,根据实际状况确定学员人数。

2. 城轨现场、学校实训设备、多媒体及教学引导资料等。

3. 考评所需的记录、评价表。

【知识准备】

（1）概述

信号系统的 ATS 子系统（列车自动监控）作为 ATC 系统的一个重要子系统，是一套集现代数据通信、计算机、网络和信号技术为一体的、分布式的实时监督、控制系统。ATS 子系统通过与 ATC 系统中的其他子系统的协调配合，共同完成对地铁运营列车和信号设备的管理和控制。其核心设备位于信号系统的中央层，用于实现对高密度、大流量的城市轨道交通运输进行自动化管理和调度，是一个综合的行车指挥调度控制系统。

ATS 子系统（以下称为 ATS 系统）主要实现对列车运行的监督和控制，包括：列车运行情况的集中监视、自动排列进路、自动列车运行调整、自动生成时刻表、自动记录列车运行实迹、自动进行运行数据统计及自动生成报表和自动监测设备运行状态等，辅助调度人员对全线列车进行管理。

ATS 系统主要是实现对列车运行及所控制的道岔、信号等设备运行状态的监督和控制，给行车调度人员显示出全线列车的运行状态，监督和记录运行图的执行情况，在列车因故偏离运行图时应及时作出调整，辅助行车调度人员完成对全线列车运行的管理。

ATS 在 ATP 和 ATO 系统的支持下，根据运行时刻表完成对全线列车运行的自动监控，可自动或由人工监督和控制正线（车辆段、停车场、试车线除外）列车进路，并向行车调度员和外部系统提供信息。时刻表编辑、列车运行监视、列车自动调整、自动排列进路等 ATS 功能由位于控制中心内的设备实现，负责监控列车的运行，是非安全系统。

ATS 工作方式为集中管理、分散控制。

ATS 系统与 ATP 系统、计算机联锁设备或继电联锁设备配套使用，并有与时钟系统、旅客向导系统和综合监控系统的接口。

（2）ATS 子系统硬件结构

ATS 系统由控制中心设备、车站设备、车辆段设备、列车识别系统及列车发车计时器等组成。因用户要求不同，ATS 的硬件、软件配置差别较大，西门子公司的 ATS 系统设备组成如图 4.1 所示。

一般运营控制中心（OCC）设备都是高性能、模块化的控制系统，它是基于灵活的工作站结构。工作站的硬件设计是相同的，所不同的仅仅是扩展的内存和接口板，要根据功能而定。

OCC 计算机系统具有下列特点：分布式计算机系统使系统复杂性降低；平行处理的结果使通过量提高，处理器和总线的冗余度均可供选择。

1）控制中心设备

控制中心 ATS 设备主要包括：中心计算机系统、综合显示屏、调度员及调度长工作站、运行图工作站、培训/模拟工作站、绘图仪和打印机、维修工作站、UPS 及蓄电池。用于状态表示、运行控制、运行调整、车次追踪、时刻表编制及运行图绘制、运行报告、调度员培训与其他系统的接口。其中，综合显示屏、调度员及调度长工作站位于主控制室；控制主机、通信处理器、数据库服务器、维修工作站设于设备室；运行图工作站位于运行图室；绘图仪和打印机位于打印室；培训/模拟工作站位于培训室；UPS 设于电源室；蓄电池位于蓄电池室。其设备组成如图 4.2 所示。

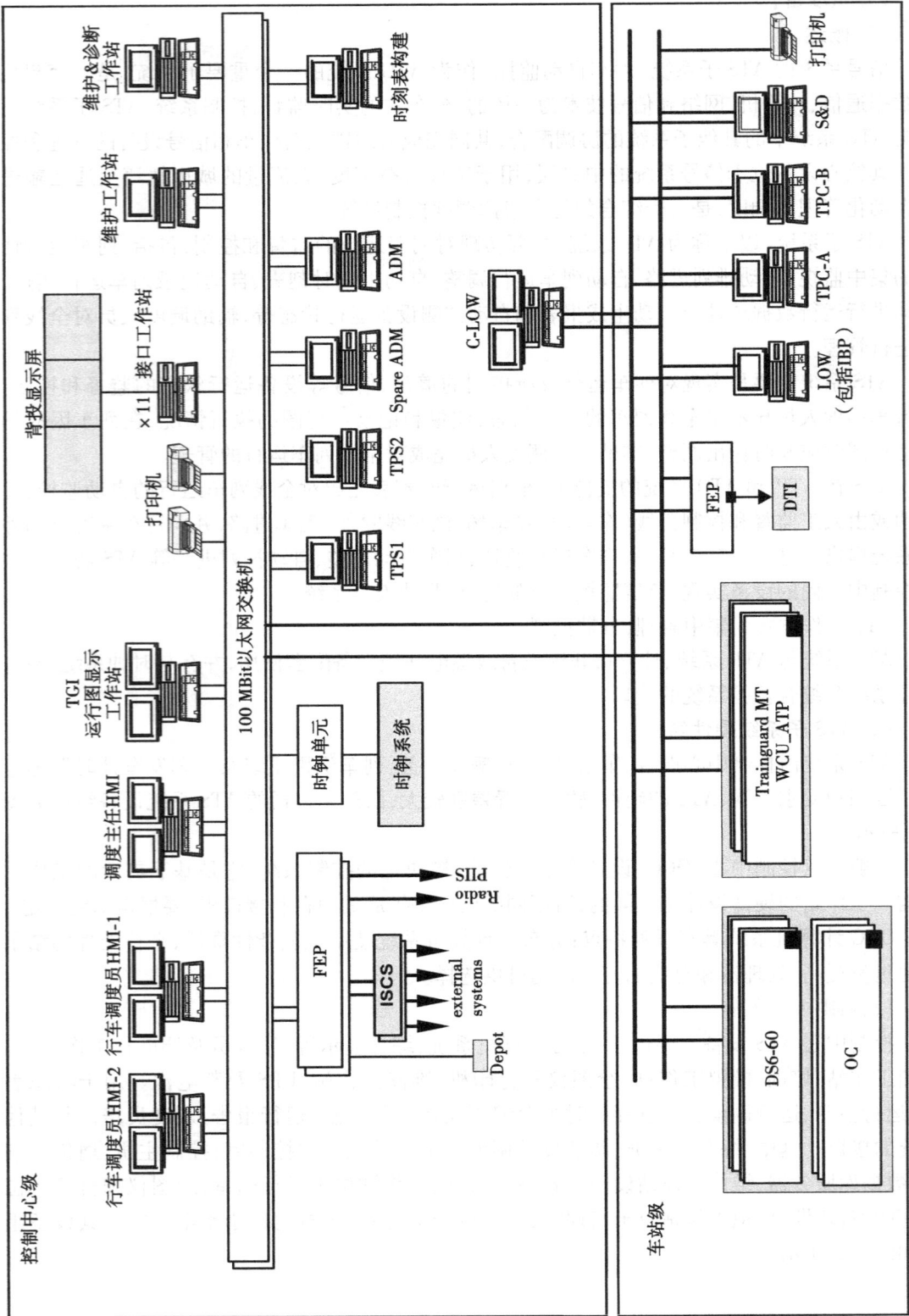

图4.1 西门子ATS系统设备组成

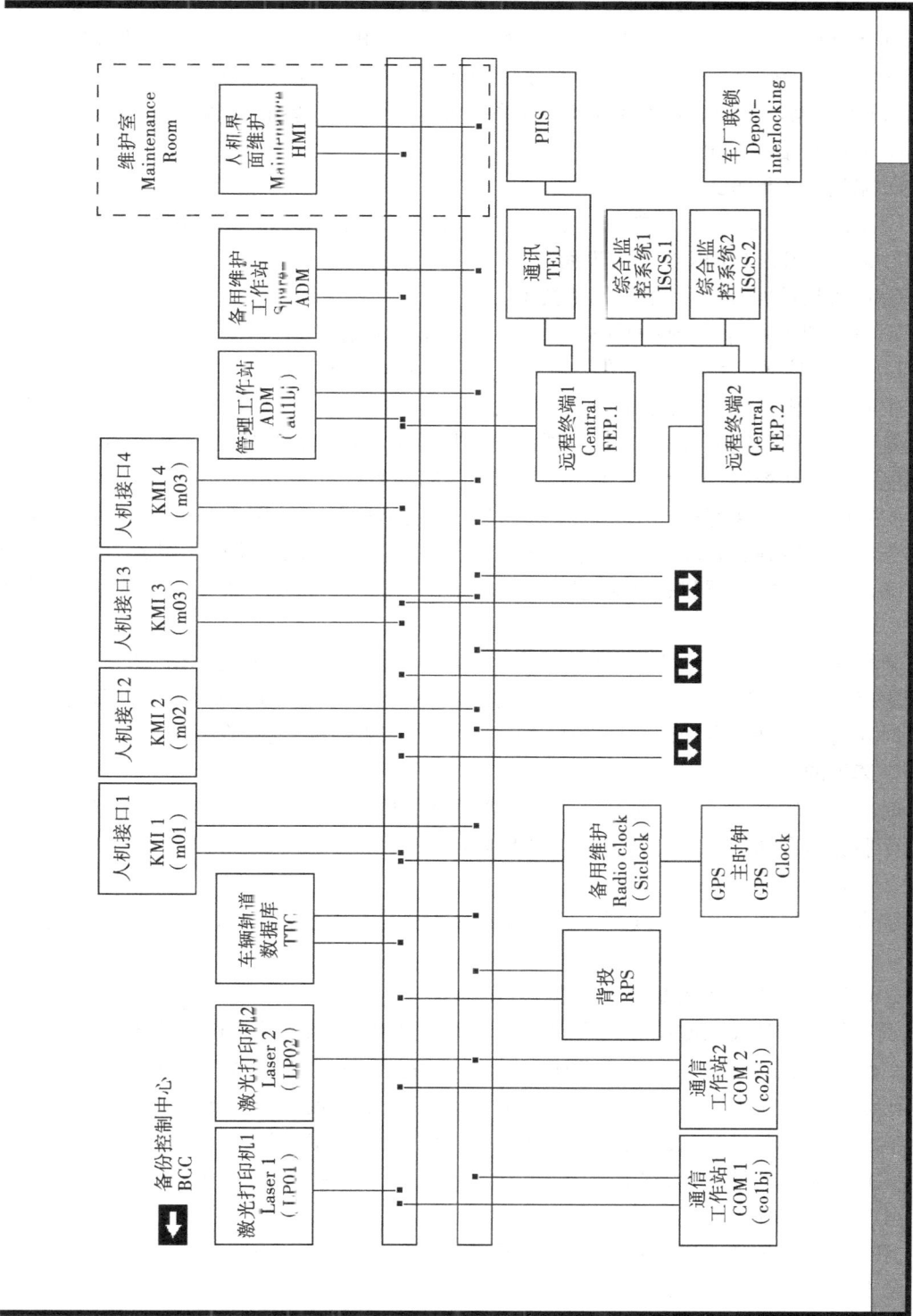

图4.2 控制中心设备组成

①中心计算机系统。

A. 分布式计算机系统。用分布式处理使系统复杂性降低,平行处理的结果使通过量提高,处理器和总线的冗余度都可选择,分阶段投入使用和扩展,简化维护和故障诊断,各部分容易综合,工作站的性能价格比好。由于使用开放式系统具有长期的投资安全保障。

B. UNIX 操作系统。采用标准的操作系统可以减少对制造商的依赖性。

C. 采用 C 语言和 Pascal 语言。

D. 采用全图形方式。

E. 采用 X-Windows 窗口能够显示若干窗口,操作员可以通过网络控制整个系统。

F. 采用 OPEN LOOK 操作员界面。

G. 以太局域网开放、标准的网络技术。

H. 计算机通信符合 ISO/OSI 协议 1~4 层标准的通信层。

I. 软件通信通过 SOFTBUS 在逻辑层上提供内部程序通信的标准方法。

中心计算机系统包括:控制主机、通信服务器、数据库服务器、工作站、局域网及各自的外部设备。为保证系统的可靠性,主要硬件设备均为主/备双套热备方式,可自动或人工切换。系统能满足自动控制、调度员人工控制及车站控制的要求。

实际的进程映像都存储在主机服务器上。所有从联锁和外围设备发送来的数据都由主机服务器最先得到和处理。一些应用功能也由主机服务器激活,并在此服务器上运行,如列车自动调整、自动列车跟踪、自动进路设置等功能。因此,主机服务器是自动调整功能的核心部分。

数据库服务器用于系统数据存储,处理所有不受运行事件影响的数据,如系统配置、计划时刻表、计划运行图等。通常在系统启动时或收到一个询问指令时或对某一设备的参数进行设置时才需要。列车自动调整功能所需要的计划时刻表数据,就是在系统启动时从数据库服务器中读得的。

时刻表编辑器建立离线时刻表的操作者平台。时刻表的编译也是时刻表编辑器的任务。数据库服务器存储的计划时刻表由时刻表编辑器提供。

②综合显示屏。

综合显示屏用来监视正线列车运行情况及系统设备状态,由显示设备和相应的驱动设备组成。

③调度员工作站及调度长工作站。

调度员工作站及调度长工作站,用于行车调度指挥与 ATC 计算机系统接口,是实际操作平台,使调度员能在控制中心监视和控制联锁设备及列车的运行,如需要可显示计划运行图和实迹运行图。调度员能将系统投入列车自动调整,必要时可人工干预。典型的配置是 32 位台式机、显示器、键盘(带功能键)、鼠标。设两个调度员工作站,它们与正线运转有关。调度长工作站是备用控制台,它能替代或扩大其他两个工作站中任一个的工作。

④运行图工作站。

用于运行计划的编制和修改,通过人机对话可以实现对运行时刻表的编辑、修改及管理。

⑤培训/模拟工作站。

培训/模拟工作站配有各种系统的编辑、装配、连接和系统构成工具以及列车运行仿真的软件。它可与调度员工作站显示相同的内容,有相同的控制功能,能仿真列车在线运行及各种异常情况,而不参与实际的列车控制。实习调度员可通过它模拟实际操作,培养系统控制和各种情况下的处理能力。

⑥打印机服务器、绘图仪和打印机。

打印机服务器缓冲和协调所有操作员和实时事件激活的打印任务。彩色绘图仪和彩色激光打印机,用于输出运行图及各种报表。

⑦维修工作站。

主要用于 ATS 系统的维护、ATC 系统故障报警处理和车站信号设备的监测。

⑧局域网。

把本地和远程工作站、服务器的 PLC 连接在一起。以太网允许各成员间进行高速数据交换(10 Mbit/s)。

⑨UPS 及蓄电池。

控制中心配备在线式 UPS 及可提供 30 min 后备电源的蓄电池。

运行控制中心一般设在城市轨道交通线路的较大车站,它配套现代化、高性能、模块化的控制系统,是基于灵活的工作站结构。工作站的硬件设置相同,所不同的是扩展的内存和接口板,具有与分散的联锁设备、综合自动化系统、旅客向导系统等通信的界面。控制中心与各站联锁设备间由遥控系统联系,如过程连接单元完成所有分散接口与联锁装置及 ATO 系统的通信控制,车辆段服务器把车辆段的两台远程 MMI 与控制中心连接起来。

2)车站 ATS 设备

车站分集中联锁站和非集中联锁站,其设备有所不同。

①集中联锁站设备。

集中联锁站设有一台 ATS 分机,是 ATS 与 ATP 地面设备和 ATO 地面设备接口,用于连接联锁设备和其他外围系统,采集车站设备的信息,传送控制命令,使车站联锁设备能接收 ATS 系统的控制,以实现车站进路的自动控制。为从联锁设备取得所需数据,配备了采用可编程控制器的远程终端单元。采用模块化设计,扩展十分容易。它还控制站台上 PIIS(旅客信息显示系统)的列车目的显示器、列车到发时间显示器和发车计时器 DTI,如图 4.3 所示。

PTI 设备是 ATS 车次识别及车辆管理的辅助设备,由地面查询器环路和车载应答器组成。地面查询器环路设于各站。PTI 设备用于校核列车车次号。当列车经过地面查询器时,地面查询器可采集到车载应答器中设定的列车车次号,并经车站 ATS 设备送至控制中心,校核是否与中心计算机列车计划中的车次号一致,若不相同则报警并进行修正。

集中联锁车站 ATS 设备的功能有:

a.接收、存储其管辖范围内当日的列车计划时刻表;

b.根据计划时刻表及列车运行情况,自动控制及办理管辖范围内的列车进路,包括进、出正线,终端站折返进路等;

c.特殊情况下,可以按控制中心设定的运行间隔控制列车运行;

d.根据计划时刻表自动控制列车到站及出发时刻;

e.采集管辖范围内的所有各车站的列车运行信息、设备工作状态,并将这些信息送至控制中心 ATS;

f.实现本管辖范围内的列车车次追踪;

g.控制无道岔车站的 RTU 设备,并向相邻的 ATS 设备传送有关信息;

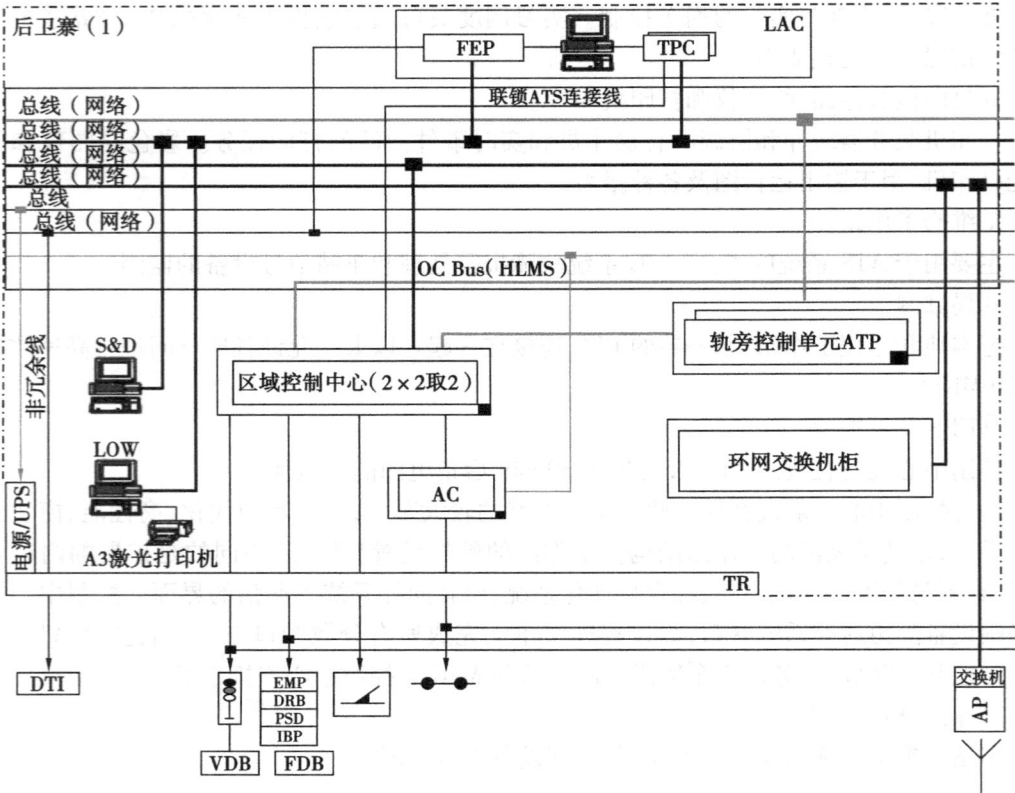

图 4.3　集中联锁站设备

h. 控制 ATO 地面设备,向列车传送运行控制信息。

②非集中联锁站设备(见图 4.4)。

非集中联锁站不设 ATS 分机,设备简单得多。非集中联锁站的 PTI,PIIS 和 DTI 均通过集中联锁站的 ATS 分机与 ATS 系统联系。有岔非集中联锁站的道岔和信号机由集中联锁站的计算机控制,通过集中联锁站的 ATS 分机接收 ATS 系统的控制命令。

3)车辆段 ATS 设备

①ATS 分机。

车辆段设一台 ATS 分机,用于采集车辆段内存车库线的列车占用及进/出车辆段的列车信号机的状态,在控制中心显示屏上给出以上信息的显示,以便控制中心及车辆段值班员及车辆管理人员了解段内停车库线列车的车次及车组运用情况,正确控制列车出段。

②车辆段终端。

车辆段派班室和信号楼控制台室各设一台终端,与车辆段 ATS 分机相连,根据来自控制中心的实际时刻表建立车辆段作业计划。

车辆段联锁设备,通过 ATS 分机与控制中心交换信息,实现段内运行列车的追踪监视,车辆段与控制中心间提供有效的传输通道,距离较长时用 MODEM。

③维修终端。

设备室内设维修用彩色显示器、键盘及鼠标,显示与控制室相同的内容及维修、监测有关信息,并能对信号设备进行自动或手动测试,但不能控制进路。

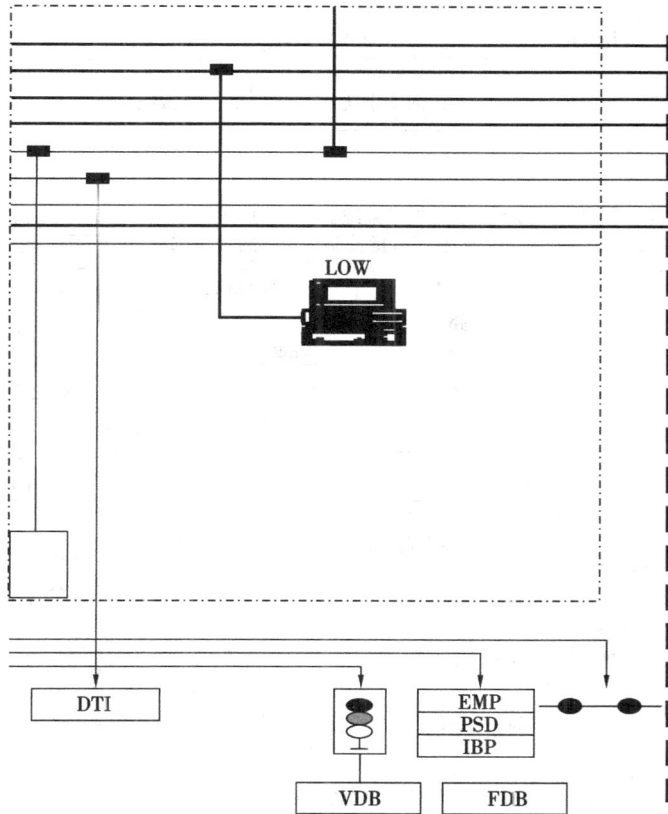

图 4.4　非集中设备

车辆段除了这些与 ATS 有关的设备外,还有联锁设备(信号机、转辙机、轨道电路)、电源设备等,因为这些设备不属于 ATS 设备,因此,此处不再赘述。

④列车发车计时器。

列车发车计时器设备设于各站,为列车运行提供车站发车时机、列车到站晚点情况的时间指示,提示列车按计划时刻表运行。正常情况下,在列车整列进入站台后,按系统给定站停时间倒计时显示距计划时刻表的发车时间,为零时指示列车发车;若列车晚点发车,则列车发车计时器增加停站时间的计时。在特殊情况下,若实施了站台扣车控制,列车发车计时器给出"扣车"显示;如有提前发车命令,列车发车计时器立即显示零;列车通过车站时列车发车计时器显示"跳停"。

(3)ATS 子系统软件描述

ATS 软件的各个部分的原则和标准如下小节所述。功能模块和数据流请参考图 4.5。

1)基本类型

ATS 的软件分为系统软件和应用软件两个部分。

• 系统软件。

系统软件可在实时模式下运行,以便控制功能能够实时执行。包括一个实时操作系统和相关 I/O 软件,还包括处理程序的调度和时间控制。

所使用的操作系统采用 Linux 操作系统。系统软件通常是在购买硬件时附带的。这套软

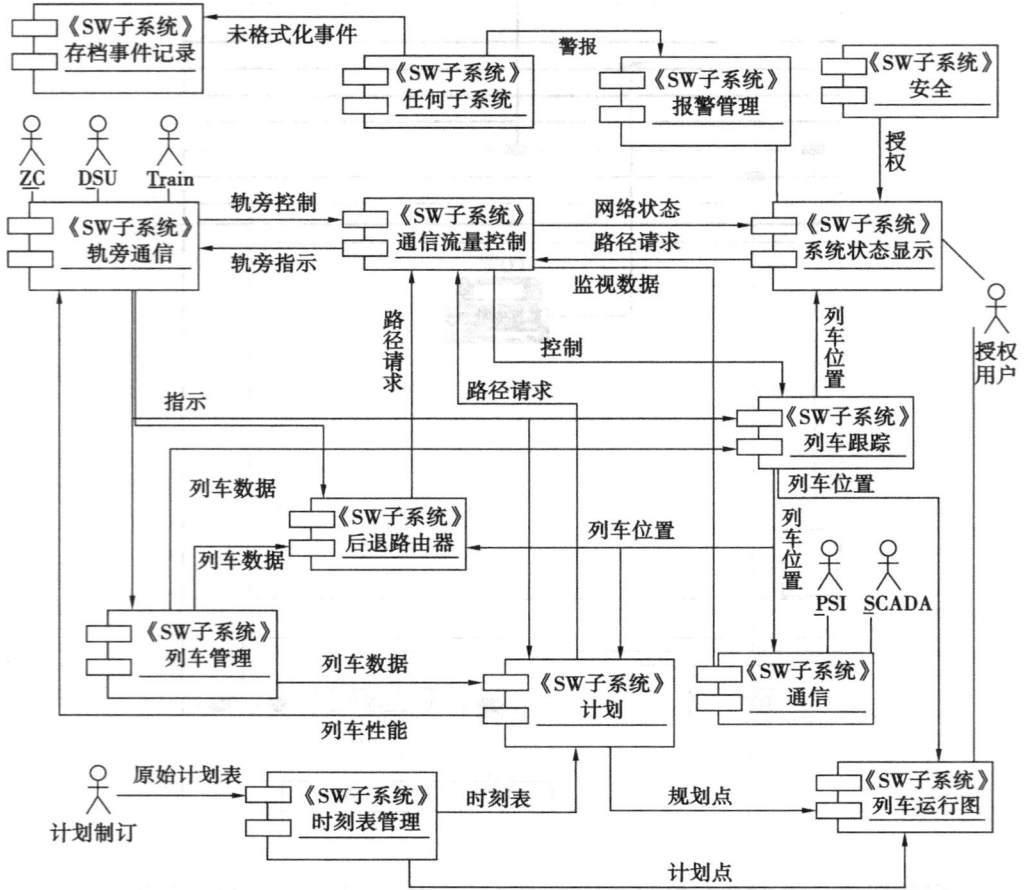

图4.5 ATS功能模块和数据流

件将用高级语言编写,并有完整的系统软件操作和维护手册。

系统软件包括:

①操作系统,中文版;

②语言编译器;

③输入/输出处理程序;

④系统性能监视软件;

⑤软件应用程序。

●应用软件。

用来对信号系统进行控制、监视、报警和显示。这套应用软件使用带有模块结构的高级程序语言和表格式技术进行设计和编写,以实现软件的模块性能。其操作系统将是 Linux 操作系统。源代码用 C++编程语言进行开发。系统将配有友好的、使用单击操作的现代图形用户界面(GUI)。

应用软件包括但不限于以下模块:

①列车控制和显示软件;

②列车调整软件;

③列车跟踪软件;

④报告生成软件；

⑤输入/输出(I/O)应用软件；

⑥通信软件；

⑦仿真和测试软件。

2)设计特点

所有软件将合成,以保证产品的高质量,满足信号系统目前需要和将来需要。

该软件包括以下特点:使用高级结构化程序语言、模块化、可扩展性和可维护性。

3)处理器配置软件

这套软件的设计将满足硬件配置的需要,并保证冗余性、可用性和可靠性的设计目标得以保持。冗余装置使得控制系统在经历硬件故障、重新启动及故障切换时,仍然维持在线并运行。将系统设计为具备故障切换功能以满足故障安全功能要求。

4)诊断软件

诊断软件包括在线和离线诊断两种。

在线诊断验证备用计算机系统以及连接到在线计算机系统的周边设备的可用性。这些诊断将会在信号系统处于运行状态时作为优先级较低的进程来处理。

离线诊断用于硬件。诊断会在初始化后自动运行,并提供一份对用户而言相当全面的硬拷贝。用户也可以人为启动诊断,规定诊断次数和项目。

5)编程、培训和仿真终端软件

仿真和测试系统软件来验证整个系统软件的运行和效率。这套软件会配以文件,并正式提交,以便地铁公司可使用仿真软件,在 ATC 中心计算机控制培训系统上对其员工进行培训。

(4)ATS 子系统功能与基本原理

ATS 监视并显示实际运营的列车位置,其位置由每列车通过无线通信网络系统(DCS)报告。ATS 子系统通常自动执行其功能,而无须操作人员的干预。它可自动调节列车的区间走行时间和停站时间,以维持时刻表和运行间隔,也可根据调度增加列车,不间断的监督每列车的运行,并移出预期结束运营的列车;ATS 子系统还能进行人工操作控制,即通过DCS 通道对所有或其中一列到站列车进行扣车/解除扣车,办理/取消速度限制,使用区域控制器临时关闭/开放某一区域,ATS 子系统的人工控制请求优先于自动控制请求。ATS 系统具有若干控制等级,可将异常情况或设备故障所产生的不良影响降至最低。通常情况下,运营中心 ATS 控制全线,当运营中心 ATS 故障发生(如通信中断),系统无扰切换至某站设置的ATS 主机服务器和通信服务器控制全线,若站级 ATS 主机服务器和通信服务器也故障,联锁可以自动设置列车进路及自动折返进路;也可通过联锁的本地控制进行人工进路控制和信号机控制。

1)列车跟踪(见图 4.6)

列车追踪系统是监视受控区域内列车的移动的。不论是自动还是人工方式,每列列车与一个列车车次号相关连。当列车由车辆段进入正线运行时,ATS 系统根据计划时刻表自动给该列车加入车次识别号。根据对来自联锁设备的信息的推断,随着列车的前进,列车车次号在列车追踪系统中从一个轨道区段向下一个轨道区段移动。列车移动在调度员工作站上的车次号窗内以列车识别号显示出来。车次号按先到先服务的原则显示。

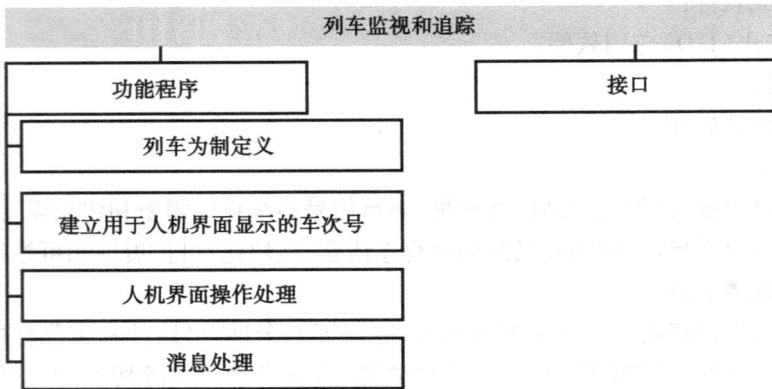

图 4.6　列车监视和追踪系统

①列车识别号报告。

每次列车准备进入运营时,它将自动地被分配一个列车标识,根据预先存储的列车时刻表来命名进入系统的列车。根据列车跟踪,显示列车标识并能在显示器上移动列车标识。

列车识别号包括目的地号、序列号和服务号。目的地号规定列车行程终到地点。序列号按每次行程自动累增、乘务组号和车组号将显示在特定的对话框中。

如果某一列车出现在列车追踪系统所监视区域,该列车识别号必须报告给列车追踪系统。列车识别号报告给列车追踪系统的方法有:手动输入、从列车时刻表中导出、移动现有的列车识别号。

当无法自动导出列车识别号时必须手动输入。调度员在其监视区的第一个区段(转换轨)输入列车识别号。

列车运营是由时刻表决定的,时刻表系统建议的列车识别号。将识别号输入到相应进入的区段,按它们的出现顺序调用。

移动是将列车识别号从一个显示区段移动到一个与列车移动相应的显示区段。当轨道区段发生从空闲到占用的状态变化,或轨道区段发生从占用到空闲的状态变化。

②列车识别号跟踪。

自动列车跟踪要完成:列车识别号定位、列车识别号删除、识别号处理。

A.列年识别号定位。列车识别号向轨道区段的分配由下列任一情况所启动。

在列车离开车辆段的地点,一个向正线方向的列车移动被识别,列车识别号从时刻表中得到。

人工输入列车号的插入或修改,或在没有列车号能被移动到一个列车的位置识别时,依照时刻表产生一个列车号,现场显示如图4.7所示。

B.列车识别号删除。当列车识别号超出自动列车跟踪功能的监控范围,或从 OCC MMI 功能输入一个人工删除命令时,列车识别号被删除,现场显示如图4.8所示。

C.识别号处理。识别号处理包括:从 ATS 用户输入列车识别号、更改列车识别号、删除列车识别号和人工移动列车识别号。

③列车监视。

列车监视是用计算机来再现列车的运行。列车运行由轨道空闲和占用信号来驱动。列车由车次号来识别。ATS 给 MMI、旅客信息显示系统、模拟线路表示盘提供列车位置和车

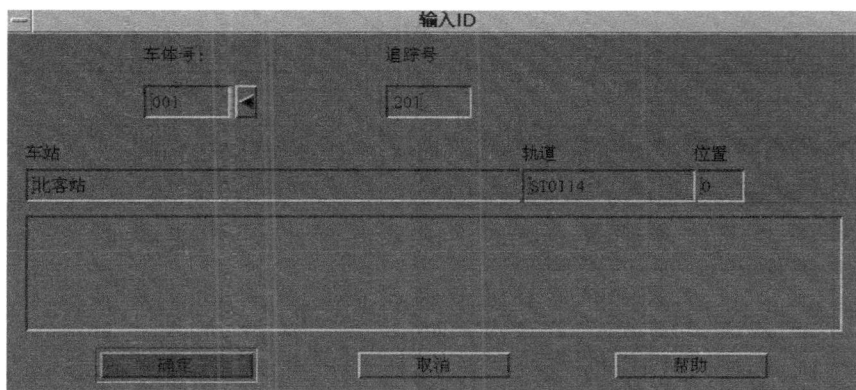

图 4.7

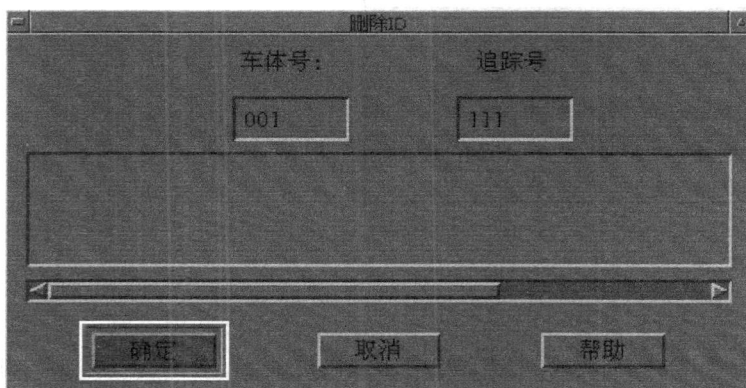

图 4.8

次号。

2）自动排列进路

控制中心能对列车进路、信号机、道岔实现集中控制，可根据当日列车运行计划时刻表自动控制列车运行，包括：自动办理正线各种进路并控制办理的时机，自动控制列车驶入、离开正线的时机，自动控制车站列车停车时间及发车时机。必要时，通过办理控制权转移手续，可将控制权转移至车站。

调度员必要时可以人工控制，包括人工建立及取消正线各种进路等。调度员的人工控制命令在执行前均由中心计算机检查其合理性，并给出提示。

自动建立进路的功能是形成控制道岔位置的命令和在适当时间向信号系统发送这些命令。将列车车次号和位置信息、道岔位置和已选信号系统的信息提供给自动建立进路系统，命令的输出由接近列车的监测和进路计划来控制。

通过列车进路系统，实现了进路的自动排列，如图 4.9 所示。从而节约调度员大量的操作工作量。其功能就是将进路排列指令及时地输出到联锁设备中去。

ATS 系统提供自动列车进路，用列车时刻表中的列车车次号来自动列车进路。这是列车进路的常用模式，如果需要，ATS 用户也可以人工请求进路。

列车根据车次号自动沿着线路运行。车次号决定了列车运行的目的地、为到达指定目的地而要开放的进路，在到达目的地之前要停靠哪些车站以及列车在停靠站（包括终点站）时是

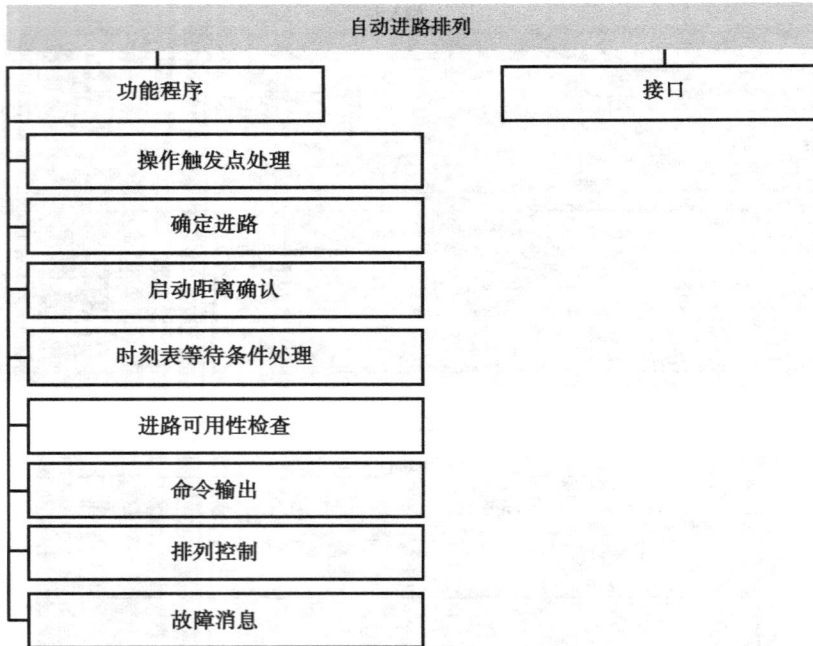

图 4.9　列车自动进路排列

否要开/关门。

调度员可在任何时候都绕过列车进路系统,用手动方式办理进路。列车进路系统则在可用性检查中检测这一行动。列车进路系统可由调度员关闭,这一点是必要的,因此,当调度员人工办理进路时,要避免列车进路系统发出命令的危险。

只有正方向才考虑自动选路,反方向要受到人工干预。

①运行触发点。

列车进路系统只是在列车到达某一特定地点时才被启动。该特定地点称为"运行触发点"。运行触发点的位置必须进行配置。运行触发点的选择应能使列车以最高线路允许速度运行。但运行触发点又不能发得太早,否则其他列车可能会遇到不必要的妨碍。因此,可以确定一个输出列车进路指令的时间。

在驶近列车进路始端时,可以确定多个运行触发点。这样就可以保证列车进路系统的可靠工作,即使在出现问题而未发送出列车位置的情况也能保证其可靠性。对每个运行触发点,要对启动列车进路系统的目的地码予以配置。列车进路由列车初始位置和列车的终到(目的)编码来确定。终到编码必须包含在列车识别号中,列车位置、列车号是通过列车追踪系统报告给列车进路系统的,它决定了所要求的目的地。

②确定进路。

当到达触发点的列车请求进路时,已配置的数据就确定进路。因此,为每个带有效目的地码的触发点配置一条进路。

对于一条进路,还可配置出替代进路。替代进路是必要的,如果该进路已被其他列车占用,那么就可以把替代进路按优先顺序存储到运行触发点处。进路可由两种方法予以确定。第一种,进路由时刻表来确定前提条件是必须有一个时刻表系统,能提供当天适应于每一列列车的时刻表。列车进路系统利用这些信息确定列车的进路命令,相关的替代进路也被确定。第二种,从地点相关的控制数据中来确定进路。因此,有必要在车次号中包含目的地码,然后相应的进路就可以通过目的地码的方式指派到每一个运行触发点。

③进路的可行性检查。

在进路设定指令输出到联锁设备之前,需进行若干可行性检查,该检查将决定执行或拒绝命令。首先要进行"进路始端检查",以检查没有排列敌对进路。然后进行"触发区段检查",检查没有其他列车处于该列车和进路入口之间,确认该列车是否到达进路的始端。接着要进行"进路可用性检查",目的是防止将不能执行的命令发送到联锁设备。如果检查成功完成,则给联锁设备输出一个进路命令。

3)列车运行时刻表调整

ATS 子系统给运营管理者提供时刻表的编辑管理工具来创建管理时刻表。

在时刻表编辑工作站上制作 ATS 时刻表。时刻表编辑工作站上将安装时刻表设计工具。开始时,编辑器的用户输入一个基本模型(模板)用于构建时刻表。例如,此模型包括类似车站、折返、停站时间、站间运行时间及交路类型/终点。用户然后开始构建列车时刻间表。对于特定的列车,用户输入的信息后将生成此列车的时刻表。时刻表可以在工作站上以最大 10 倍速进行仿真。用户创建列车时刻表时输入的典型的信息包括起始时间与位置、交路类型以及正线上行程的次数。ATS 设备包括时刻表数据库,该时刻表数据库里存储有 ATS 功能要求的所有时刻表信息。时刻表数据库里的信息是由时刻表计算机提供的。

①时刻表编辑。

时刻表的编制和修改在离线模式下用给定的数据在时刻表编辑器中编辑。基本数据代表一列列车在某段线路上的运行。基本数据包括:站间旅行时间、车站与折返线之间的旅行时间、在折返线上的停留时间、到站和离站时间。为了编制时刻表,调度员必须通过时刻表编辑界面输入以下数据:运行始发时间、运行始发地点、运行终到站、运行间隔。

调度员通过时刻表编辑界面输入必要的信息后,时刻表编译器/模拟器从该信息中综合出所需时刻表。如果新的时刻表存在冲突就会被显示。调度员可以调整时刻表的结果。如果调度员存储时刻表,时刻表就被确定。为不同类型的运行阶段存储不同的时刻表。

系统时刻表中列车运行图或列车运行档案通过列车运行图表示器显示出来。

②时刻表系统处理程序。

对当前加载的运营时刻表的任何修改只对当前的运营阶段有效,不会被应用到将来同个时刻表的使用中。

时刻表查询功能通过向时刻表系统查询,得到列车的计划到达或出发时间及到达下一站的时间。列车自动调整从时刻表系统得到用于列车调整的时刻表数据。

如果列车识别号在列车自动追踪时丢失,则向时刻表系统询问列车识别号,时刻表系统能给一个列车识别号建议。因此,确定的列车识别号是(按当天时刻表)预定的地点和时间最适当的车次。

③时刻表比较。

时刻表比较器比较时刻表上预定的到达或出发时间和当前列车的到达和出发时间,为列车运行图表示器和自动列车跟踪提供列车与当前时刻表的偏差,启动列车自动调整。若时刻表偏差超过一规定值,时刻表偏差通过 MMI 给以显示,时刻表比较器进而给列车自动调整指令以调整列车的运行,其目标是补偿列车的实际偏差。此时,更新在乘客信息显示盘上的列车到达时间。

4）列车自动调整

由于许多随机因素的干扰，列车运行难免偏离基本运行图，尤其是在列车运行密度高的城市。一列列车晚点往往会波及许多其他列车。当出现车辆故障或其他情况时，列车运行紊乱程度更加严重。就需要从整体上大范围地调整已紊乱的运行秩序，尽快恢复运行。

采用自动调整方法，可以充分发挥计算机的优势，ATS 系统以 1 s 级的精度实现列车区间走行时间的连续调整功能，能比较及时并全面地选出优化的调整方案，使列车运行调整措施更智能化，避免人工调整的随意性。同时，调度员也可以积极发挥主观能动性，尽一切可能主动干预列车运行调整，如图 4.10 所示。

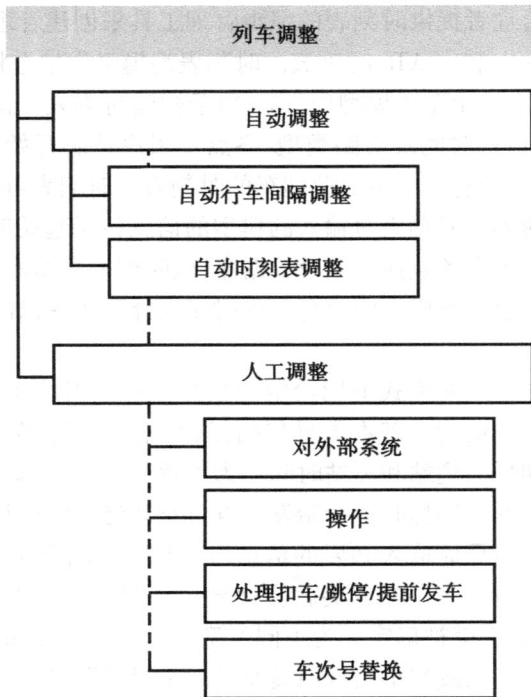

图 4.10　列车自动调整

A.列车运行调整所需采集的数据。

调整列车运行，首先必须实现对列车运行情况以及轨道、道岔、信号等设备状况的集中监督。

基本数据包括：车站的顺序和种类、站间旅行时间、各站的停站时间、车站与折返线之间的旅行时间、在折返线上的停留时间和计划时刻表数据等。

实时数据包括调度员下达的控制指令、在线运行列车的实时位置和速度、在线运行列车的限制速度和安全距离。

B.列车运行调整的目标。

a.减少列车实际运行图与计划运行图的偏差；

b.所有列车的总延迟最短；

c.减少旅客平均等待时间；

d. 列车运行调整的时间尽量短;

e. 实施运行调整的范围尽量小;

f. 使整个系统尽快恢复正常运营。

C. 列车运行调整的系统模式。

列车运行调整的系统模式是指系统调整列车运行的自动化程度,可分为人工调整和自动调整两种类型。

人工调整方式下,除具有自动排列进路、自动的时刻表和车次号管理功能外,还具有自动调度功能,即能根据时刻表和周度模式,按时自动调度列车从端站出发,但运行调整仍需要人工进行。

自动调整除具有人工调整模式的全部功能外,还具有自动调整功能,能根据计划时刻表自动调整列车停站时间和运行等级,使列车尽量恢复正点运行。

调度员应具有通过策略选择程序引用正确策略的能力。对于计算机显示的可应用方案和实施选择方案,什么样的修正动作是最适宜的,调度员能作出最佳判断,选择最适宜的方案。

D. 列车运行调整的基本方法。

对列车运行进行调整,实质上是对列车运行图的重新规划,它是在 ATS 对列车运行和道岔、信号设备能实时控制的基础上实现的。当列车偏离计划运行图的程度不大时,可以利用运行图自身的冗余时间,对个列车进行调整即可恢复按图运行;当列车运行紊乱程度较严重时,则需要大幅度调整列车运行。

a. 改变车站停车时间。通过车站 ATS 适时发送命令,控制站内列车的停站时间。若列车晚点,可使列车提前出发(但也必须受车站最小停站时间的约束);若列车早点,则可延长列车停站时间。这种方法可以在一定范围内调整列车正点运行。

b. 改变站间运行时间。根据列车的速度和位置,可以预测列车到达下一站的到站时间。如果预测的到站时间晚于计划到站时间,可以向列车的 ATO 设备发送命令,提高 ATO 运行等级,缩短站间运行时间,从而及时消除可能出现的晚点。

c. 越站行驶。如果列车晚点太多,需要快速赶点,可要求列车直接通过下一个车站或多个车站,以尽快恢复到计划时刻表上。

d. 改变进路设置。在有道岔的车站,可通过改变进路的设置来改变列车运行的先后顺序,从而达到调整的目的。

e. 修改计划时刻表。当列车晚点时间比较多,或者涉及晚点的列车比较多时,可以考虑直接修改计划时刻表,尽可能地减小对整个系统的影响,保证系统的有序运行。修改计划时刻表通常包括加车、减车和时刻表整体偏移等。

E. 列车运行调整的算法。

a. 线路算法。一旦列车进入运营,线路算法将监视和控制列车的运行性能。线路算法的主要功能是快速和自动地管理由于较小的线路干扰造成的延误。线路干扰是指列车与其时刻表相比提早或滞后的状态,这将影响列车停站时间和在正线上列车的运行。线路算法通过调整列车的停站时间和运行等级,动态和自动地调整列车运行性能和列车运行时刻,使延误的影响减小或消失,以使本站的出发计划误差和下一站的到达计划误差最小。还调整受影响列车的前行列车和后续列车的空间间隔,以平稳地脱离线路干扰。当线路算法确定一列车或一组列车不能保持与时刻表一致(在时刻表误差内),它将产生一个报警。

调度员能从时刻表控制中撤销一列车或一组车或者修正时刻表误差并取消报警,还能中止线路算法的自动运行。线路算法还应用于列车到达车站之前启动车站广播设备和旅客向导系统的控制。

b. 进路控制算法。进路控制算法将监督所有运营中列车的进路。列车上所存储的进路应能被控制中心改变。控制中心能自动地或由控制台发出命令,要求改变目的地,并且能验证列车已收到的新目的地。

5)控制与显示

控制与显示包括旅客信息显示系统(就是用来通知等待的乘客下一列车的目的地和到达时间)、列车控制和显示等信息。

当调度员通过键盘等输入命令时,列车控制和显示功能将驱动显示和报警监视器,提供运行状态和历史信息,还检查从现场返回的所有状态数据并按要求动态地更新显示和报警消息;允许调度员在授权的情况下,人工向系统输入命令,调用各种显示;处理所有调度员的输入以及协调这些输入的执行。控制和显示功能不允许不能执行的自动控制请求。

ATS 主机服务器将处理所有送到调度员工作站的输入和来自该工作站的输出。接收从工作站来的命令,包括:登记、退出、显示、硬拷贝、跟踪、列车控制、自动运行调整、数据输入、一般用户信息、报警、报警处理、进入/退出处理、列车和轨旁 ATC 状态请求、诊断信息请求等。

对于重要的命令采用命令释放程序,例如:调度员的命令和确认,进路、保护区段、轨道区段、道岔和信号机的状态,列车位置,时刻表数据库中的每日时刻表,时刻表偏差,所有 ATS 功能的错误信息,以及记录功能中的运营信息和错误信息。

调度员可通过控制中心 ATS 控制联锁设备。借助于设备显示器上的对话框和鼠标来输入联锁指令,然后送到联锁设备中。可实现如下操作:打开/关闭列车进路模式、打开/关闭联锁区域、指定联锁区域、对单一道岔操纵。

车辆段内信号机由车辆段信号楼控制,出段信号机由 ATS 系统自动控制。段内调车作业应能自动追踪,并能与 ATS 控制中心交换信息。

操作授权决定调度员可以使用哪些命令和可以访问哪些信息。调度员操作授权由系统管理员决定,并且通过登录过程完成。

线路的现状通过 MMI 以图形方式实时地向调度员显示。全线概况显示由 ATS 系统控制,显示的信息包括列车的位置和进路状况、车站名和站台结构、保护区段、轨道区段、道岔和信号机的状态,以及所有 ATC 系统状态和工作的动态表示、ATC 报警信息。信息的类型与显示的详细程度可以由调度员的显示控制命令而控制。缩放功能允许从全景显示缩放到单个要素的显示。

MMI 可显示调度员对话框和基本视窗。所有的功能、线路的总体情况和详细情况都可以在基本视窗上进行选择。

以下功能可通过基本视窗进行选择:设备和系统的总体概况;对话,例如用于系统登录/退出,或者调度员控制;信息功能,例如操作日志或者用户的登记。

系统概况显示出各种硬件设备以及它们的状况。通过这种办法能很快查找出损坏的设备。

列车识别号总体显示每一列车的列车识别号。

详细情况显示是详细地表示出一些较小的区域,用于控制决策以及用于监督特定列车或功能,如线路地形、列车识别号以及道岔编号、信号机编号和详细报警。

6)记录功能

按顺序和类别存档从其他 ATS 功能得到的信息,例如操作信息和错误信息。能够通过 MMI 功能检查记录。记录序列存放在 MMI 工作站上,必要时能够回放。

收到的操作和错误信息时按事件和起因(联锁功能、ATS 功能、操作系统或联锁命令)分类。每个信息的文本和类别按时间顺序储存在操作记录上。

ATS 系统的记录和回放功能允许 MMI 工作站记录显示在监视器上的事件。记录和回放功能只在控制中心的 3 个调度员工作站上有效,并将在这些工作站记录 MMI 监视器显示的画面。

7)列车运行图

ATS 列车运行图是一种图形工具,可以用图解的方式说明地铁网上(当前和未来)所有列车的实际和计划运行情况。列车每到达一个站点,运行图自动更新。

列车运行图窗口一打开,ATS 用户即可使用背景弹出菜单或设置编辑菜单,重新设置列车运行图窗口目录,打印或关闭列车运行图窗口。

ATS 用户可以检视所有列车,或者过滤出能够满足特定标准的列车。列车运行还可演示已生效的及计划中的闭塞区段和速度限制,并说明这些因素对列车运行的影响。

①基本运行图。

基本运行图是调度员进行行车指挥的原始数据,它包括列车车次、区间运行时分、车站到发时分、站停时分、列车运行路径、区间和车站数据信息。用户可以在基本图编辑工作站上输入基本图的相关信息,系统可以自动编制列车基本运行图,用户也可以编制局部的运行图(如大小交路作业),与原有运行图合并生成全线运行图数据,系统还可以通过冲突检查,列出用户在编制运行图的过程中存在的问题,并给出提示。编制完成后用户可以模拟运行检测运行图的可行性和合理性。根据用户需要可以制作不同时段、不同种类的运行图(如平日、节假日、不同季节),储存在数据库中,至少可存储 256 种不同类别的运行图供调度员选择。存入数据库中基本运行图需有专门的维护人员按照相关命令进行修改。

②计划运行图。

系统可以根据具体情况自动选择或者调度员手动选择一份合适的基本图作为当日计划运行图的基础,经过调度员修改确认后即成为当日的计划运行图,在运营期间调度员可以根据列车的实际运行情况进行修改,但修改内容需要经过工程师的审批。

③实际运行图。

实际运行图为列车运行的实际情况的记录。计划运行图和实际运行图可通过线条的颜色加以区分,同时在运行图界面中显示,并以当前时刻分界,随着列车的运行计划可将运行图转换为实际运行图,如图 4.11 所示。

列车运行图在线路一时间坐标上显示。横坐标是时间轴,纵坐标是线路轴。线路上的车站按次序描绘在线路轴上。

在计划运行图中,显示预定的到站和离站时间。

在实际运行图中显示当天计划运行图,以及当天的相应计划运行图及与时刻表的偏差。实际运行图与相应计划运行图用不同的颜色对比显示。

各种运行图的每一运行线上,都标示了线路标志和列车行程号。时刻表偏差显示在相应

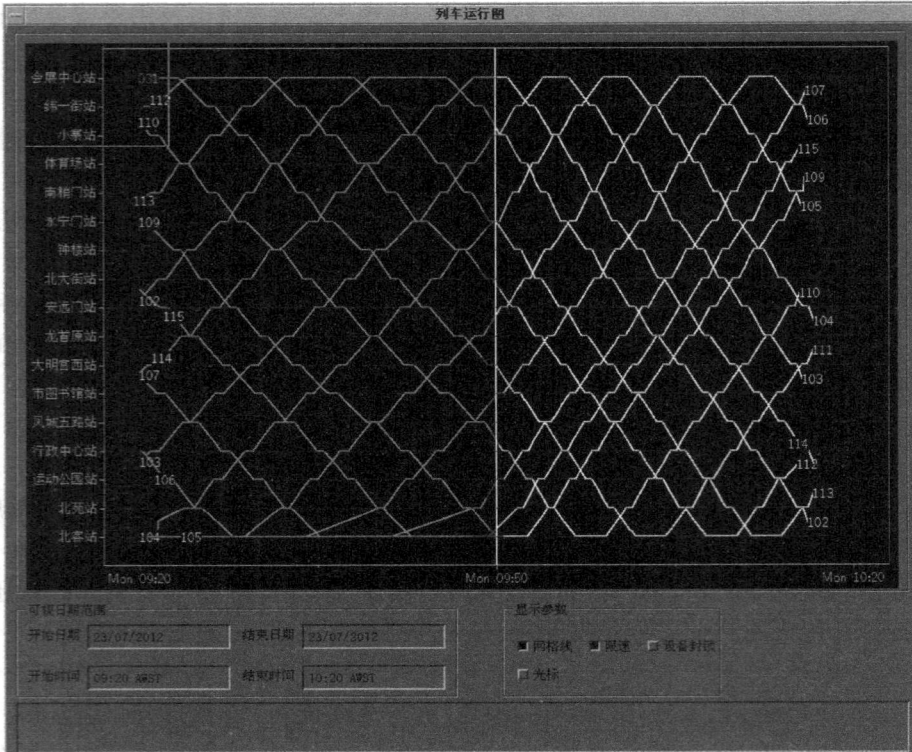

图 4.11 列车实际运行图

该列车的运行线边,该偏差表示相应列车通过该车站的发车时间偏差。

通过列车运行图显示功能可执行下列操作:设置运行图颜色;放大部分运行图;调出时刻表;调出当前运行图。

8)培训仿真及演示

系统仿真是通过仿真手段,离线模拟列车的在线运行,主要用于系统的调试、演示以及人员培训,是一种必不可少的运行模式。它与在线控制模式基本相同,唯一的差别是列车定位信息不是实际获取,而是随车次号的设置而出现。仿真模拟运行能够模拟在线控制中的所有功能,但它与现场之间没有任何表示信息和控制命令的信息交换。

培训/演示系统具有模拟时刻表,模拟列车运行的调度等,可记录、演示,据此对学员进行实际操作的培训。

培训/演示系统能完整测试 ATC 系统全线的列车运行调整和列车跟踪功能的有效性。此外,模拟应能验证特定时刻表的有效性。模拟功能是交互式的,允许调度员输入。培训/演示系统具有两种供学员选择的模式:一是列车运行模式,在该模式下学员可以通过选择某一联锁管辖区,由显示器上观察该区的工作情况,作为系统的初步培训;另一模式为指令模式,在该模式下,学员可进行各种命令输入,并能通过显示器动态地给出命令响应,如果命令错误,自动给出提示报警。由此可对学员进行实际操作的培训。

9)遥控联锁

联锁设备由远程控制系统操作,它提供了与运营控制系统的接口界面。

10）运行报告

ATS 能记录大量与运行有关的数据,如列车运行里程数、实际列车运行图、列车运行与计划时间的偏差、重大运行事件、操作命令及其执行结果、设备的状态信息、设备的故障信息等。ATS 系统所记录的事件都应该有备份。通过选择,可回放已被记录的事件;提供数据备份和恢复功能,并可回放和查询;提供运行分析报告。

ATS 中心提供多种报告,辅助调度员了解列车运行情况,以及系统工作情况。调度员还可调用列车运用计划并进行修改,并可登记、记录、统计数据、离线打印。

ATS 系统可按用户的要求提供各种统计功能,以完成各种统计报表(如日报表、周报表、月报表等)。

11）监测与报警

能及时记录被监测对象的状态,有预警、诊断和故障定位能力;监测列车是否处于 ATP 保护状态;监测信号设备和其他设备结合部的有关状态;具有在线监测与报警能力;监测过程应不影响被监测设备的正常工作。

在相应工作站上,报告所有故障报警的状况并予以视觉提示,直到恢复正常状态为止。重要的故障以音响报警提示,直到确认报警状况为止。

要报警的不正常状况包括:轨旁 ATC 系统内的故障;轨道电路和轨旁设备内的故障;车载 ATC 系统和车辆设备内的故障;通过 TWC 传送的车载 ATC 状态信息和在 DTS(光纤通信系统)设备内检测出并由 DTS 报告的故障。

（5）ATS **子系统的性能**

1）服务器和工作站的处理器特征

用于 ATS 服务器及工作站设备的处理器应具有如下特征:

①硬件算数浮点处理器;

②用于磁盘输入、输出传输的直接内存存取访问通道;

③多级优先中断结构;

④检测处理器及 I/O 指令错误和检测试图执行非法或不可执行指令的能力。

2）处理器负载和扩展

正常运行情况下,磁盘至少需要保持 50% 空闲空间。内存使用的高峰根据需要决定,但一般需要稳定在 50% 的使用率之内。主内存容量应该可以扩展 50%,可以通过在主板的扩展槽里增加内存条或者用更大的内存替换现有内存条来实现这种扩展。

3）设备访问

为提供最大的系统可用性,ATS 系统关键硬件配备了双份冗余、可自动切换设备。系统同时包括在 LAN 中手工或自动分配设备以保证最大系统可用时间的能力。

4）设备备用

系统根据可用性原则配置。系统现有功能中必备的设备定义为关键设备。系统现有功能中非必备的设备定义为非关键设备。

系统设计考虑关键、冗余设备的故障不会导致系统功能的丧失。非关键、冗余设备本身总线故障时,会切换到备用的处理器而不会导致功能的丧失。

5）磁盘存储器

系统磁盘空间利用率低于 50%,每个磁盘子系统的容量至少可以扩展成交付时的两倍,数据库服务器有能力存储 180 d 事件记录数据,每天的实际运行图至少保留 180 d。以上数据可以按需要进行回放,当数据量较大时,应能备份存入 SAN 或其他媒介中长期保留。

6)可用性

每台 ATS 计算机都提供启动自检以校验系统是否正常。ATS 系统提供掉电时顺序关闭以及电力恢复后自动引导和启动系统软件的功能。不需要人工干涉,所有设备被配置为自动启动,所以当电力恢复时系统恢复正常。

ATS 应具有高故障容错性,并能 7×24 h 全天候工作。单个的软/硬件故障点,不会影响 ATS 的继续工作。但是,某些故障在修复之前会降低系统性能。

当 ATS 组件中的软/硬件出现故障时,可在不中断系统服务的状态下进行组件的维修、替换和恢复操作。从故障切换恢复后,故障出现前成功存入永久存储的数据不会丢失。

ATS 组件故障被设计成可记录到日志并生成报表。系统会考虑常见故障,在故障恢复后会轮询现场设备的最新状态。

单个 ATS 组件故障不会发出不是用户启动的设备控制命令,不会不执行用户启动的设备控制命令。

ATS 故障不会影响现场的安全和非安全逻辑,也不会影响通过现场控制盘进行轨道控制。

设计要考虑现场与设备间通信的偶然故障。设备可能不响应,或不按格式预期响应。通信线路可能衰减,也有可能部分或全部中断。ATS 设备或其接口设备可能出现故障或衰减。尤其是 ATS 应检测并记录通信故障、列车跟踪异常及无响应设备。

系统实现容错故障的机制如下:

主/备硬件——使用冗余的设备,因此,冗余设备可以立即替换故障设备。

单个软件进程故障切换——使用冗余的软件作业,因此,冗余的作业可以立即替换失效的作业。

分布式软件进程——软件进程分布于整个系统,因此,冗余(后备)的作业在不同的设备上运行。

软件进程自动重启——一个软件作业用来重启失效的作业。

关系数据库故障切换——在故障状态下,关系数据库 COTS 软件用来处理后备的切换。

7)ATS 服务器冗余

关键硬件组件采用冗余配置,因此,即使单个组件故障也不会影响系统的运行。简述如下:

①控制系统服务器(主机服务器);

②通信服务器;

③数据库服务器;

④数据库磁盘;

⑤局域网(双环);

⑥ATS 软件可在任何组合的主/备硬件部件上运行。

ATS 控制系统、通信服务器和数据库服务器故障切换由相应的软件进程处理。服务器故障切换可以通过终止机器上的进程实现,或者直接关闭服务器。

8）以太网冗余

ATS 自动检测双不网络进行故障切换。ATS 在故障切换后能自动使用有效的网络链路。手动故障切换可通过断开网线夹实现。主网络到副网络的故障切换之后会立即生成一条日志消息。

9）ATS 软件冗余

常用系统和备用系统应实行物理隔离以消除将会导致系统不正常运营的故障。当故障出现时,系统会切换到备用系统,保证不中断运营。

ATS 在主/备系统和通信服务器上提供软件进程冗余。当 ATS 检测到运行在服务器上的进程失效时,会自动切换到其他服务器上。用户可以直接终止活动进程来进行手工故障切换。

当系统服务器出现硬件故障,所有在该服务器运行的软件进程会自动切换到其他服务器上。

当单台服务器进程出现软件故障时,ATS 应自动故障切换到其他服务器上。因此,主/备服务器的服务器进程会同时运行。

每次软件进程出现故障切换时,都会生成日志消息。

故障切换对 ATS 用户是相对透明的,但是在某些特定的情况下,ATS 用户会看到如下现象:

图像屏幕不会更新各种设备的状态,但是会持续显示故障转换之前的状态。在一个简短时间后,图像屏幕会更新为故障转换执行后的当前设备状态。

在这个短暂时间内,车站名称的位置也会显示故障的代码提示或者未初始化的状态。

如果 ATS 用户正好在进行控制转换,或正在进行故障切换的时间段内,进行临时的控制操作,那么这些临时控制的指令都不会被保留。用户可以收到一个错误消息或报警,提示与系统服务器的会话不成功。

报警队列可能刷新,会生成故障切换报警。

10）基本要求

ATS 系统中所有计算机都有自检测试功能,在其启动时能够检测系统是否正常。在供电故障时 ATS 系统能够命令关闭,在电源恢复时,系统可以自动重新启动和运行系统软件。主、备设备热备冗余,且相互隔离从而保障防护非正常操作对系统造成的影响。当发生故障时,主用设备会自动无扰切换到备用设备工作,并产生告警信号。ATS 系统内的用户工作站是可以互换的。

①同一 ATS 系统可监控一条或多条运营线路,多条运营线路共用,可实现相关线路的统一指挥,并且也有利于实现资源的共享。监控多条运营线路时,应保证各条线路具有独立运营或混合运营的能力。

②ATS 的计算机及网络系统应采用冗余技术,应设调度员工作站、调度长工作站、时刻表编辑工作站、工程师工作站,以及其他必要的设备。调度员工作站的数量,根据在线列车对数、线路长度和车站数量等因素合理配置。

③运营线路上的车站应纳入 ATS 系统监控范围,涉及行车安全的应急直接控制应由车站办理。车辆段、停车场可不全部列入系统监控范围。

④ATS 系统应满足列车运行交路的需要,凡有道岔的车站均应按具有折返作业处理。

⑤出入车辆段、停车场的列车不应影响正线列车的运行。

⑥系统故障或车站作业需要时,经控制中心调度员与车站值班员办理必要的手续后,可

实现站控与遥控转换,车站值班员也可强行办理站控作业。在站控与遥控转换过程中,不应影响列车运行。

⑦列车进路控制应以联锁表为依据,根据运行时刻表和列车识别号等条件实现控制。

⑧ATS 系统应具有良好的实时控制性能。系统处理能力、设备空间等应留有余量。信息采集周期宜小于 2.0 s。

⑨ATS 系统可与计算机联锁或继电联锁设备接口;ATS 系统的进路控制方式应与联锁设备的进路控制方式相适应;ATS 系统控制命令的输出持续时间应保证继电联锁设备的可靠动作,其与安全相关的接口应有可靠的隔离措施。

⑩ATS 系统从时钟系统获取标准时钟信号。

(6)ATS 子系统的接口

1)与大屏幕的接口

2)与 ISCS 的接口

3)与系统主时钟接口

ATS 系统与主时钟相连接。ATS 系统会将此作为标准时间源采用网络时间协议(NTP)来同步连接着信号系统电脑的网络。所有事件的输入、警报、报告以及日期与时间的显示都将遵照主时钟的时间源信息。如果主时钟不可用时,将采用信号系统的内部时钟作为主时钟源,直到主时钟可用为止。

4)与无线通信系统接口

5)与车辆段/停车场接口

ATS 通过串行链接与车辆段/停车场联锁控制系统接口,用于由车辆段/停车场向 ATS 发送线路和进路的状态。参见 ATS 与车辆段联锁接口定义文件。

6)与试车线的接口

一台 ATS 工作站与试车线相连。由于此台工作站连接到试车线网络。试车线网络可以单独组网,如果需要还可以连接到信号系统的骨干网。在 ATS 软件中,培训环境逻辑上独立于在线监控环境。这种独立是使用不同登录账户实现的,该账户使用独立的消息软件、独立的连接端口以及独立的软件进程,因此,即使试车线网络连入骨干网,培训系统和实际的信号系统也不会相互影响。

7)与区域控制器接口

①ATS 到区域控制器。其内容包括:

a.临时限速请求[建立/修改/删除];

b.工作区请求[建立/修改/删除];

c.区域封闭[建立/修改/删除区域];

d.区域中不允许的列车模式。

②从区域控制器到 ATS。其内容包括:

a.临时限速回应;

b.工作区域回应;

c.区域关闭回应;

d.列车运行模式回应。

8）与车载控制器接口

9）与正线联锁的接口

①ATS 至正线联锁。其内容包括：

a. 进路请求/信号关闭请求；

b. 信号机封锁请求/封锁解除请求；

c. 信号引导请求；

d. 道岔定位/反位/单锁；

e. MicroLok 故障恢复/恢复请求；

f. 信号通过开启/关闭请求。

②正线联锁至 ATS。其内容包括：

a. 计轴区间占用状态（占用/非占用/重置）；

b. 信号机状态（开放/关闭/灭灯/引导/激活/封锁/接近/快速自动/闪烁/熔丝）；

c. 道岔位置（定位/反位/锁闭/单锁）；

d. 进路锁闭（方向）状态；

e. 车站屏蔽门状态（关闭/紧急车门状态）；

f. ATS/LCW 控制状态；

g. 激活车站紧急停车按钮；

h. IBP 盘站台扣车状态；

i. 正线联锁状态（离线/通信故障/故障恢复状态）；

j. 电源故障状态（接地检测故障/保险丝熔断）。

10）与延伸线接口预留

系统考虑将来增加延长线的工程，在设计中充分考虑到将来服务器及 ATS 软件数据量的处理，预留出延长线车站的数据量。

【任务实施】

任务提出

ATS 系统设备原理的认知

信号系统的 ATS 子系统作为 ATC 系统的一个重要子系统，是一套集现代数据通信、计算机、网络和信号技术为一体的、分布式的实时监督、控制系统。通过现场参观、操作模拟设备或多媒体演示介绍 ATS 系统结构组成、基本原理及主要功能。

任务实施

1. 准备相关资料，ATS 系统设备结构、原理、功能视频资料等；

2. 组织学生去实训场地分组进行任务实施；

3. 学生进行分组讨论学习计划；

4. 各组通过现场设备、视频及各种学习资料学习 ATS 系统的设备结构、功能与原理，并了解设备性能；

5. 各组将学习的成果进行汇报；

6. 对学生的学习情况进行评价。

【任务考评】

任务实施过程考核评价表

考评项目		配分(分)	要　求	学生自评	小组互评	教师评定
知识准备	现场参观安全教育	5	安全教育考试合格			
	基本知识掌握	5	熟悉的程度			
任务完成	ATS 系统结构	20	熟悉的程度			
	ATS 系统功能与基本原理	20	熟悉的程度			
	ATS 系统主要性能	20	熟悉的程度			
	任务实施过程记录	5	详细性			
	所遇问题与解决记录	5	成功性			
现场参观表现		5	违章不得分			
协调合作,成果展示成绩		15	小组成员的参与积极性、成果展示的效果			
成　绩						
总成绩 (根据需要按照自评、互评和教师评价作百分比计算,以学生为主、教师为辅)						

任务2　ATS 子系统人机接口原理

【场景设计】

1.多媒体教室、城轨现场控制中心或 ATS 模拟实验室教学,根据实际状况确定学员人数。

2.城轨现场、学校实训设备、多媒体及教学引导资料等。

3.考评所需的记录、评价表。

【知识准备】

(1)ATS 子系统人机界面特点及界面描述

1)ATS 子系统人机界面特点

ATS 系统支持所有操作(如跟踪显示、报警、日志)中的中文显示方式。能在任一工作站上输入按职权分类的系统操作人员登录口令,进行功能及控制范围的职责授权,实现操作人员登记进入确认和登记退出。

ATS 控制操作工作站采取安全、严密的授权管理措施,保证控制命令的输出的正确性和唯一性,不允许多个控制工作站在同一时间内对同一目标实施控制。

ATS 系统支持多种用户类型。系统根据用户的类型来发放不同的系统功能访问权限。

用户类型和相关访问权限的创建和管理是由系统管理员的功能来实现。用户登录时需要选择一个用户类型并输入密码交由系统验证。ATS 用户类型如:调度主任、行车调度员、车站值班员、车辆段值班员、系统管理员、维护者、计划员、教员、学员、游客等。

操作工作站支持多屏(物理显示器)显示方式,这些屏幕都连接到同一个工作站的主机上。在多屏显示器上,ATS 用户只需将鼠标指针从一台显示器移动到与其相邻的显示器,就好像他们就是同一台显示器上显示一样。

每台 ATS 工作站由多台显示器组成。例如,第一台显示器可显示正线轨道平面图;第二台显示车辆段转换区;第三台可显示警报队列和命令请求栈。每台显示器上都显示一个时钟。显示器上显示的信息可在设计阶段配置,而某些信息可在使用阶段配置。如果工作站中的一台显示器故障,它所显示的内容和功能可以重新部署到其余可以工作的显示器上显示。这使得 ATS 工作站仍然可以继续全功能运行,直到故障显示器被更换。

菜单是可以通过输入设备来选择命令和功能列表。不可用的菜单选项会被显示为不可用,用户是不能选择不可用的菜单项。

操作员界面功能主菜单提供了一个 ATS 用户可启动大量功能的用户界面。这些功能包括存取控制功能、列车相关功能、显示功能、系统信息功能和报表功能。主菜单提供一个下拉菜单。该菜单包括 ATS 用户可以启动的功能项。这些窗体有的可以用主菜单控制,其他的可通过各种用户界面功能控制。

利用多窗口技术,清晰简单的图形化信息表达手段。

所有报警信息将立即显示,这些指示可以用声光的手段来表现。报警显示会自动更新并要求用户进行确认。故障元件将受到限制直到故障排除。

操作员的每个动作(操作/命令)都会有结果响应(显示)。这些响应可以是听觉或/和视觉的表示,系统以此通知操作员操作正确与否。操作员将对工作站的控制行为负责。

一个操作将分为几个步骤。对于包括几个单独操作的操作序列,将提供复位操作。一个复位操作可以使得已启动的操作过程中止或部分撤销。有直接的提示信息辅助操作员进行操作。

操作员在其授权范围内进行操作。访问权限由操作员登录后,由获取的有效控制区域来决定。

系统的大部分操作都可以通过鼠标来完成,只有少数情形下需要用键盘操作,如车次号输入。所有 HMI 上的键盘输入将进行句法正确性检查,其他进程将检查其逻辑正确性。如果输入错误,相应的错误和提示文本会出现在指定的提示行上。对错误信息也可以加以声音报警。

2)人机界面描述

当操作员成功登录系统后,系统时钟窗口、站场图窗口、操作员请求处理窗口、警告队列将会显示在工作站显示器上。操作员不能关闭这些窗口,因为它们都是基本系统操作窗口。必要时,除了报警队列外的其他窗口都可以被最小化为一个图标。操作员可以调整每个窗口的大小,同样也可以将窗口移动至不同位置。系统时钟窗口和报警队列窗口被设计成不可隐藏。但是如果操作员将系统时钟窗口放在报警队列窗口上,就不能保证这个"不可隐藏"的特性。

站场图窗口显示整个地铁系统区域内的所有被控和非被控的设备。被控设备是操作员有权限进行控制的道岔、轨道、信号灯等设备。非被控设备是操作员没有权限在控制台控制的道岔、轨道、信号灯等设备，以及诸如隧道入口、轨道编号、道岔编号、信号灯编号等静态设备。除了提供时间，时钟窗口还给用户提供系统正常运行的标识。时钟显示系统时间，并每秒钟更新一次。只要时钟在增加，就说明工作站和显示器正常。时钟显示在每个用户的显示器上。

（2）主菜单概况

主菜单是几个始终保持显示在操作员屏幕的窗口之一。它提供了大多数系统功能的访问。

为了打开主菜单，将鼠标指针移至所需位置，然后按住鼠标键，就可显示下拉菜单。将鼠标指针沿下拉菜单移动到所需的子菜单项，然后单击鼠标任意键即可完成。

1）访问控制

访问控制功能向用户提供至系统的访问。这些功能依赖于用户类型和用户管理系统访问的名称，如图 4.12 所示。

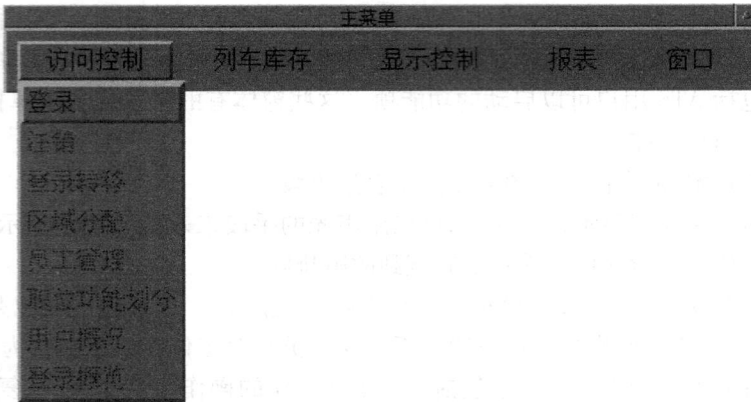

图 4.12

用户类型用来标识用户特定的身份。功能访问便是其中一例，功能访问定义了当登录系统后用户允许执行的功能。用户类型允许用户分级的定义。

访问控制选项允许操作员执行各种系统安全功能，比如系统登录和注销、分配控制区域、定义和修改用户账号和给不同的用户类型授予不同的访问权限。

2）列车库存（所有列车包括库存）

列车库存的下拉菜单只包含显示列车的功能。此功能调用列车库存列表，此列表显示当前位于存车线（包括正线存车线和车辆段存车线）列车的列表。列车库存列出了存车区域内的所有列车，不考虑操作人员控制的区域。列车的列表按照 PVID 的升序显示，该列表是静态的，因此，在显示时不会动态更新。

3）显示控制

选中主菜单中的显示控制选项允许操作员管理全景显示，将全景显示分配到本地终端，或者显示服务器或者工作站的状态。

4）报告

选中主菜单中的报告选项，允许操作员访问所存储的系统信息。此功能允许操作员选择下列的报告：日志报告、操作员报告、车辆维护报告、ATS 设备维护报告。

116

（3）人机界面总图

1）线路总图

ATS 系统应该支持在全景显示屏上进行图像显示。标准全景显示可描绘整个线路的情况，如图 4.13 所示。全景显示不断动态更新，以反映系统的当前状态。在全景显示屏上显示的图像是只读的。全景显示屏不可用来控制现场设备。

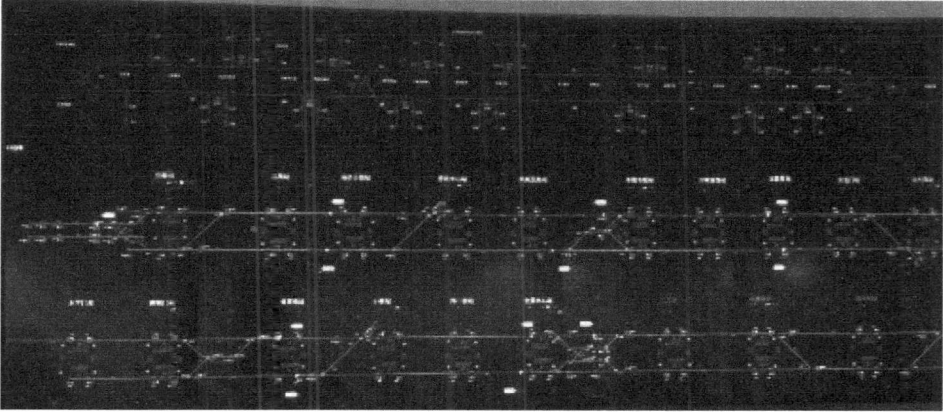

图 4.13　人机界面总图

启动后，线路总图会自动出现在指定的全景显示器上。线路总图反映了在营运首日起配置的所有线路情况。

2）详细线路图

站场图窗口显示整个地铁系统区域内的所有被控和非被控的设备。被控设备是操作员有权限进行控制的道岔、轨道、信号灯等设备。非被控设备是操作员没有权限在控制台控制的道岔、轨道、信号灯等设备的静态属性，例如轨道编号、道岔编号、信号灯编号。

3）ATS 系统状态显示

授权人员可通过节点状态显示程序，来监视与维护软件应用进程。节点状态显示器显示所有运行应用程序的 ATS 计算机的名称。如果一个节点可正常运行所有指定应用进程，那么节点就用绿色显示。如果节点不能完全正常运行，那么节点就用红色显示。系统管理员可配置节点显示颜色。

（4）ATS 子系统功能分类

ATS 用户的控制功能根据 3 种不同类型的操作交互方式进行分类。这些类型根据用户所请求的功能的严重性和关键性的不同来区分。这些控制请求交互方式是为了降低控制请求导致的潜在危害而进行的危害分析得出的结果。这些方式将根据需要在未来的危害分析中确认。

1）一级控制功能

一级控制功能需要对远端设备进行两次成功传输。本类功能的设计可使系统处在一种更为宽松的状态中，如重新设定临时限速。

通过预先预览轨旁功能，第一类功能与区域控制器之间的界面接口设计可防止出现用户误选择，防止出现可降低限制状态的随机通信错误。因此，该功能的实施具有优化的人机界面设计。

第一,ATS 用户启动第一类功能时,其请求在操作请求处理窗口显示。一旦该功能在请求处理窗口显示,该请求必须在 90 s 内发出,否则就会被取消。

第二,第一类功能请求发出后,远端设备必须在 15 s 内作出确认反应。该反应会在屏幕上显示出"启动"图标(一般用字母 E 表示),第一类功能在该图标附近显示。"启动"图标变成黄色并闪动时,表示已经收到远端区域的确认信息。如果远端区域没有及时作出回应,系统就会报警,请求取消,相关设备恢复到其先前的状态,屏幕上的启动图标消失。

第三,ATS 用户须选定"启动"图标,并在菜单选项中选择"启动第一类功能",即可将请求放入"操作请求处理窗口"。请求发出后,"启动"图标停止闪亮。静态的黄色"启动"图标表示该功能指令的请求、确认和启动过程已经完成。在远端的该类功能时间结束时,如果该过程尚未完成,远端设备即会取消确认表示信息,屏幕上的"启动"图标消失,相关设备恢复到其先前的状态。

如果远端设备在该类功能时间结束前收到"启动"控制信息,该功能即会生效,远端设备即会取消确认表示(并中断"启动"控制信息,取消屏幕上的"启动"图标),最后作出适当的信息反馈(如信号输出禁止)。

如果请求确认时间或确认启动时间超过该功能的时间值,系统就会报警,该功能就会取消,相关设备就会恢复到先前状态,显示屏上的"启动"图标消失。

总的来说,任何可导致更为宽松的系统状态的 ATS 用户请求,只有在经过请求、反应和确认之后,才能完成所要求的操作。

第一类的典型功能有临时速度限制设置/撤销、出站信号封锁解除以及道岔封锁解除。

2)二级控制功能

第二类控制功能要求远端区域就 ATS 用户请求作出成功或失败的回馈反应。如收到成功的信息,所请求的图标就会显示一致。反之,则所请求的图标就会显示不一致。如在限定时间内未收到任何信息表示,图标就会作出不一致显示,并发出报警信息。

第二类的典型功能有发车测试。

3)三级控制功能

第三类控制功能是最简单的。ATS 用户发出控制请求后,等待接收指示。如果收到这个指示(表示运行成功),所请求的设备显示相符信息。如果没有收到指示(表示运行失败),所请求的设备显示不符。

第三类的典型功能有设置扣车、解除扣车、进路请求、信号关闭、列车自动追踪启用/关闭、道岔定位/反位以及道岔封锁。

【任务实施】

任务提出

<h3 style="text-align:center">人机接口的认知</h3>

ATS 子系统采用中文人机界面,能在任一工作站上输入按职权分类的系统操作人员登录口令,进行功能及控制范围的职责授权,实现操作人员登记进入确认和登记退出。通过现场参观、操作模拟设备或多媒体演示介绍人机接口原理及功能。

任务实施

1.准备相关资料,ATS 子系统人机界面窗口、功能视频资料等;

2.组织学生去实训场地分组进行任务实施;

3. 让学生分组讨论学习计划；

4. 教师组织学习 ATS 子系统的人机界面的特点、显示状态、控制分类等内容；

5. 各组通过现场设备、视频及各种学习资料进行任务的实施；

6. 各组将学习的成果进行汇报；

7. 对学生的学习情况进行评价。

【任务考评】

任务实施过程考核评价表

考评项目		配分（分）	要　求	学生自评	小组互评	教师评定
知识准备	现场参观安全教育	5	安全教育考试合格			
	基本知识	5	熟悉的程度			
任务完成	人机界面基本知识	20	熟悉的程度			
	人机界面的窗口	20	熟悉的程度			
	人机界面的操作	20	认知的程度			
	任务实施过程记录	5	详细性			
	所遇问题与解决记录	5	成功性			
现场参观表现		5	违章不得分			
协调合作,成果展示成绩		15	小组成员的参与积极性、成果展示的效果			
成　绩						
总成绩 （根据需要按照自评、互评和教师评价作百分比计算,以学生为主、教师为辅）						

任务3　ATS 子系统运行方式

【场景设计】

1. 多媒体教室、城轨现场控制中心或 ATS 模拟实验室教学,根据实际状况确定学员人数。

2. 城轨现场、学校实训设备、多媒体及教学引导资料等。

3. 考评所需的记录、评价表。

【知识准备】

（1）ATS 子系统运行方式概述

地铁运营具有行车间隔小、客流量大、速度高的特征。为了满足运营的需要,运营部门必须坚持安全生产的方针,贯彻高度集中,统一指挥,逐级负责的原则。行车工作由控制中心行车调度员(以下简称行调)统一指挥。考虑到信号系统的可靠性及可用性,ATC 信号系统一般提供两级控制运行模式,即中央级控制运行模式与车站级控制运行模式,如图4.14 所示。

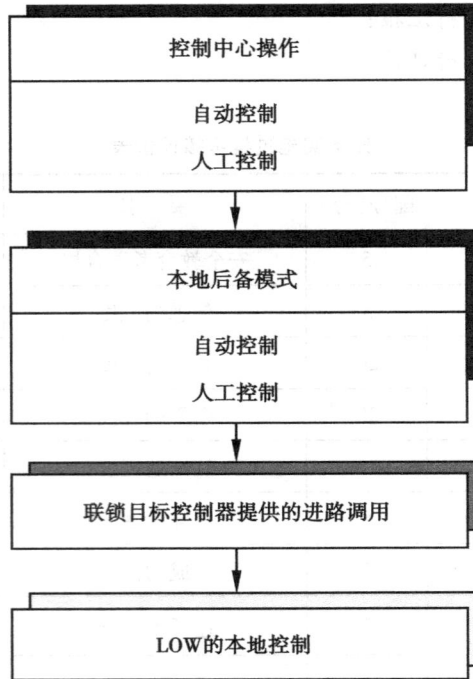

图 4.14　ATS 子系统运行方式

(2)中央级控制模式

正常情况下,列车的运行处于中央自动监控状态。联锁系统根据 ATS 指令自动设置进路,列车在 ATP 的安全保护下,按照 ATS 指令由 ATO 实现列车的自动驾驶(ATO)模式,满足规定的行车、折返间隔及列车出入车辆段等作业要求,并实现列车运行的自动调整,调度员和司机仅监督列车及设备的运转,当运行秩序被打乱而不能自动处理或遇其他特殊情况时,可进行人工介入。

1)中央自动模式

中央自动模式是正常的运行模式。中心的列车调整(VR)系统提供自动列车进路并遵循列车时刻表。VR 使用列车时刻表中的目的 ID 进行自动列车进路。VR 同时控制车站的停车和列车运行等级等参数以维持遵循列车时刻表。

ATS 系统的正常运行,在大部分情况下,是自动进行的,无须调度员干预。由于车站 ATS 分机可存储管辖范围内的当日运行时刻表,中心一般仅为监视,而由 ATS 分机进行列车运行的自动控制。

车站的 ATS 处理器通过从信号系统收到的轨道电路占用信息,监视列车运行情况,据此为列车办理进路。办理进路及何时办理进路的依据是时刻表,或者根据调度员为该列车提前指派的目的地信息。

ATS 分机对列车驾驶曲线作细微的调整,以遵守时间表规定的出发时间。停站时间可以调整,ATO 滑行开关控制参数可以修改。

调度员工作站对时刻表所作的其他修改内容也将传达给 ATS 分机,并用来确定新的出发时间。

当列车接近某个 ATS 分机的控制区边界时,该 ATS 分机就将列车资料传给同一条线上的下一个 ATS 分机,收取这些资料的下一个 ATS 分机就可以为列车办理所需的进路。

ATS 分机将有关其控制区内的列车和信号设备(轨道、道岔、信号机等)的信息传给 OCC 中的 ATS 设备,这些信息在工作站的屏幕上显示,供调度员监控,并在显示盘上显示整个线路的情况。

如果正常的自动运行发生问题(例如要求的进路无法设定)时,ATS 分机向 OCC 发出报警信号,要求调度员人为干预。

调度员也可以根据需要,脱离系统的自动运行,而 ATS 能提供对列车分配、进路办理和道岔转换的全面人工控制。

2)中心人工模式

中心人工模式用于当中心调度员觉得有必要或希望使用人工方式时。在此模式下,调度员人工出清进路并取消停站。

ATS 系统用列车时刻表自动地和人工地调度列车。在培训/演示计算机上生成时刻表并下载到 ATC 主机服务器上。当系统维护 5 类时刻表:日常、周六、周日、假日和特殊时刻表。在同一时间只能使用一种时刻表。在每晚预定时间,系统将设定次日的时刻表。在设定之前,调度员有权选择为次日建立的时刻表类型。如果没有选择,系统将自动地选择相应的符合本周本日的时刻表类型。

时刻表由每列列车的调度数据构成。列车调度数据包括:列车标识号、转换区和终端区的出发时间、车站到达和出发时间、每列列车的起始站和终点站。

系统提供应用程序以在培训/演示工作站上生成和更新时刻表。该应用程序是菜单驱动的,并且不要求繁杂的原始数据编辑。一旦生成时刻表,它可以方便地直接下载到在线系统或被存储。

系统按"待用的""现役的"或"停用的"来标识计划列车。待用列车是正等待自动或人工将其插入系统中去的列车。现役列车是指一列正在被系统跟踪和生成历史信息的列车。当一列车到达其目的地或从系统中将其人工撤销时,则该列车被认为是停。可用两种方法将一列停用的列车再次插入系统。第一种,可以修改列车的进入时间,使列车标识号再次插入某车站的序列窗中,该列车再次成为待用的。第二种,指定车站直接将列车插入系统,使列车成为现役的。

调度员接口包括用鼠标/键盘插入、移动、交换、撤除列车跟踪标识号的功能。"插入列车"的功能将引入一列计划或非计划列车进入系统并在指定的轨道区段上方显示列车的标识号。"移动列车"功能是将一列计划或非计划列车的标识号从一个显示位。"交换列车"功能是用于交换两个列车标识号的位置。还包括由调度员编辑列车出发数据、到达时间和目的地标识号的功能。"撤除列车"功能是从系统中撤销早先进入的列车标识号,并取消显示。

ATS 系统从转换区和终端区以及车站之间的正线上调度和跟踪列车。基于当前的预存时刻表,给被检出的列车配上一个标识号。

在计划出发后的规定时间内,若列车没有出清联锁区,则向调度员发出报警。在每个车站转换线,随后的 3 列计划列车将在值班员的 CRT 上显示,系统调度和跟踪进出车辆段的列车。ATS 系统将实际的标识号与时刻表中的列车标识号相比较。如果它们相同,系统将为列车设定一条进路进入下一车站。如果这些标识号不同,系统将产生一条报警。

在列车计划出发前的一个指定时间内,列车没有到达转换区或终端区,将引发值班。

列车要出发时,ATS 系统通过列车出发指示器发送一个指示给司机。

3)列车控制

ATS 系统以自动控制模式或人工控制模式来控制和调整列车。系统将根据从本地接收到的轨道表示信息连续地跟踪列车,并在工作站显示器的轨道图上显示每列列车的位置。在与每条轨道相关的地方显示列车标识号。列车标识号将自动跟随轨道表示而变化。利用这种方式,在整个范围内可监督列车的运行。在运营中系统维持每一列车的跟踪记录:记录包括列车在每个车站的到达和出发,记录实际走行时间、计划走行时间和实际与计划走行时间的差值。通过列车进入跟踪时所派给它的列车识别号可以找出列车记录。

系统提供一组控制功能,用这些功能调度员能人工指挥通过其控制区域的列车。这些功能包括启动道岔、设置进路、取消进路和关闭信号。"进路设定"功能将发送控制命令给车站,来排列和开通一条进站或出站进路。如果在联锁区有一条以上的进路可以使用时,将从优先表中选择进路。如果优先进路不能使用,则选择顺序中的下一条进路。"启动道岔"功能发送控制命令给车站以转动道岔。"关闭信号"功能发送控制命令给车站,取消已开放的信号。

4)运行图/时刻表调整

在每个车站,集中站 ATS 与控制中心 ATS 相连,将运行图和时刻表的调整信息传给列车。

运行图调整是由控制中心确定的,控制中心计算保证列车正点到达下一个车站所需要的运行图。有 6 个运行等级加上滑行模式可供选择。典型的调整是改变运行等级,包括设置最大速度和加速度。启动滑行模式也会影响运行时间。控制中心将运行图调整信息传到轨旁 ATS 再传到列车。

时刻表储存在集中站 ATS 中,必要时也可从控制中心获得。只能选择一个时刻表。

发生控制中心离线时,指定的集中站如终点站使用缺省的调度时刻表来进行列车调度。缺省的调度时刻表是建立在每天、每周的运行上,可由本地编程或由控制中心控制。

5)目的地/进路控制

列车进路在正常情况是通过车地通信系统的进路申请建立的,该申请受控制中心的监督。如果控制中心同意进路申请,进路就可执行。控制中心的操作员只有在异常条件下才会干涉。控制中心能拒绝任何进路申请。在异常情况下或者存在不同的进路要求时,控制中心将进行干涉。如果申请的进路不满足控制中心的要求,控制中心将发出报警并将进路置为手动。

6)自动排列进路

在中央自动模式(CA)中,系统根据当前时刻表自动地请求排列进路。通过使用时刻表和由系统采集的实际列车数据(实际到达/出发时间和实际到达/出发进路),计算机将检测冲突,提议解决的方法,以有效和及时的方式自动设置进路。

7)历史数据记录

系统采集所有列车、车站信息和出现的报警,这样做是为了编辑一份完整的系统运行历史。数据写入磁盘供以后分析用,并可将其归档供长期储存。所记录的列车数据包括:计划和实际到达时间、计划和实际出发时间、计算的计划偏差。

可以联机检查数据,或在网络打印机中的一台打印出来。显示的格式是易读的并且按列车或车站组织。根据接收到的轨道表示,确定联锁区之间的列车实际走行时间,计算列车计划走行时间与实际走行时间的偏差并记录下来。通过使用"列车的计划时间"或"车站的计划时间"功能,来检查所记录的运行图偏差。"列车的计划时间"功能将显示列车通过全部车站的计划的、实际的和偏差的时间。"车站的计划时间"功能将显示所有的列车通过指定车站的计划的、实际的和偏差的时间。如果列车超出了晚点阀值,则认为列车晚点到达车站。由调度员或系统管理员来调整晚点的阀值。

系统记录所有动作,诸如轨道电路占用、信号机和道岔的状态、进路设定和解锁数据以及列车运行等。所有采集到的信息都可以用文字或图形的格式在线查看。

如果指定了文字格式,则数据可送到打印机打印出来或在屏幕上显示出来。这类格式化的数据展示了所记录的控制和表示的顺序,以详细检查在特定的车站内所发生的事件。一个调度员或所有调度员都可以请求数据并可按指定的时间或时间范围请求数据。

如果指定图形格式,必须由指定的调度员和时间来请求数据。在工作站上显示的信息与事件发生时的一样,用连续更新时间显示来描述每个事件实际出现的时间。系统还能加速、慢速或暂停重放图形显示。

由系统采集来的全部数据被储存在磁盘上最少72 h(这个缺省值可由调度员或系统管理员联机调整)。还可以使数据入系统删除之前,自动进入 WORM 磁盘备用。系统不能自动地从 WORM 磁盘中再次调用数据。由于系统只能使用驻留在磁盘上的文件,因而为了分析72 h 以前的数据,系统管理员需要先恢复已存入 WORM 磁盘的备用数据文件。这类处理过程能通过使用系统文本和可能提供的命令程序来简化。

8)其他支持功能

①模拟。

能模拟响应调度员控制和系统发生事件时中央 ATC 系统的表示。列车运行、轨旁表示都被精确地模拟,以便能对列车时刻表和算法进行测试。所有模拟的对控制中心控制命令的轨旁回应时间都通过一个文本数据库来进行配置,对于每一轨道运行时间也通过一个文本数据库来进行配置。

由于表示的来源对系统的其他功能是不透明的,模拟器可用来测试系统工作并向学员提供一个逼真的列车控制环境。当启动模拟系统时,模拟器被激活并可在培训/演示工作站上使用。

②调试。

调试功能给用户提供软件系统内部作业的接口,允许输入和扫描内部信息。调试功能是一个软件开发和故障查找的诊断实用程序,并且供熟悉控制中心 ATC 系统软件的维修人员使用。调试功能可用于诊断由中央启动控制所遇到的问题。通过参照一张编码和一张功能分配表,维修人员即可扫描输出控制和进入现场点,以便确定问题的来源。如果看到预期的控制,而未看到预期的表示,则问题来源可以缩小,排除了控制中心 ATC 系统的软件问题。

调试功能还可以与培训的模拟器一起使用。因为模拟器功能生成响应调度员控制的所有预期现场表示,调试功能可以用来促成一个非预期的表示或生成一个模拟报警条件。以此方式,调度员可在系统运营之前熟悉处理过程。

③重放。

重放功能提供启动重放和执行交互重放功能的用户接口。重放功能允许请求、检查和控制一段重放时间。在输入有效的重放请求时,重放功能恢复存储的数据并处理数据文件。然后用户能检查所要求数据的重放。

重放一段时间给用户提供了图形化的系统状态再现和影响系统状态的作业,这些是基于存储数据基础上的。重放应用 x ~ Windows 屏幕,允许用户交互使用。

重放功能启动和初始化图形并执行重放允许用户控制时间段。当用户输入有效的时间时,重放尝试从硬盘驱动器或依附于控制中心 ATC 主机服务器处理器的 WORM 磁盘上恢复已经存储的配置文件。如果文件没有找到,重放将发送一条信息给用户。

④构成常备时刻表。

该功能给用户提供了生成新时刻表、编辑已有时刻表和修改日历数据的接口,控制中心 ATC 系统用日历数据自动选择时刻表。在生成新时刻表时,系统提供了减少由用户输入所需数据量的特性。该功能是一个独立可执行的功能,培训/演示工作站的约定管理器窗口内的应用程序菜单启动。它为用户提供输入和修改列车时刻表以及日历信息的能力。该功能只能由某一个用户在培训/演示工作站上使用。由于构成常备时刻表功能在培训/演示工作站上使用,并且被设计成单用户操作,所以不用文件锁闭机制来阻止多用户修改同一时刻表。

该功能只与脱机时刻表数据一起应用,时刻表数据库的访问是受限制的,并由用户来控制。直到新时刻表和日历信息被编入控制中心 ATC 主机服务器。任何脱机的时刻表和日历的变化均不会影响联机系统。不存在对这些时刻表和日历文件的自动版本管理。用户在对文件作修改前,可以复制一个时刻表或日历文件到不同文件名中去,这样修改之前的时刻表或日历文件就能再次恢复。

(3)车站级控制模式

1)车站自动模式

轨旁设备可从控制中心、车站 ATS、接近轨道电路接收进路申请。

当无论哪种原因引起的中心 ATS 不可用的情况下使用时,车站时间表可从运营中心下载到备用主机服务器上并在降级后备模式下可用,这就是说在该模式下,可以在本地工作站操作整条线。这个运行模式除了在本地执行外,本质上跟中心自动运行模式是相同的,同样遵循时刻表允许自动列车进路。

在有车地通信环线的任何集中站,车站 ATS 都能通过轨旁车地通信模块询问列车的目的地编号。车站 ATS 在时刻表中查找列车车次号,向联锁设备发送进路申请,由联锁设备选择需要的道岔和信号机以建立进路。车站 ATS 也向控制中心传送进路信息。如果控制中心同意进路申请,列车就可以在完成停站时间后离开车站。如果控制中心离线并且车地通信申请的进路有效,则进路不需批准即可执行。如果控制中心离线而车地通信申请的进路无效,则进路不会执行。如果车站 ATS 失效,则通过自动的接近出清来排路。

只有当列车和车站的控制模式都设在 CA 模式时,才能自动为列车排列进站进路。系统提供修改列车和车站控制级别的功能。"设定车站控制级别"功能请求设定本地、人工或自动控制等级。"设定列车控制级别"功能将一单独的计划列车的控制等级设为自动或人工。在 CA 模式时,系统基于自动排列进路规则,设置列车前方的最佳进路号码。如果所要求的进路因故没有开通,或一列列车在预定的时间因故未离开车站,则向调度员发出一条报警信息。

如果调度员人工排列一条不同于计划进路的列车进路进站,则自动排列进路功能将不为该列车排列出站进路;它认为调度员有其改变到达进路的原因。当列车到达站台时,系统试图在列车出发前 1 min 设置出站进路。若列车晚点,系统将在停站时间结束前 1 min 设置出站进路。用设定最小停站时间的功能可以人工调整停站时间。

"自动提议"功能能确定列车冲突,然后提出可能解决的办法。当停站列车离站时,"自动提议"功能可被人工或自动触发,所提议的解决办法提供调度员确认。应说明的是所有解决办法均需调度员确认,也就是说调度员确认列车不可以偏离其时刻表。

2)车站人工模式

在正常情况下,中心 ATS 调度员能将人工控制权从一个车站转移到该站的 ATS 车站工作站。在紧急情况下,车站 ATS 调度员也可以在不经中心 ATS 调度员的许可下接管一个车站。

当车站在本地人工运行模式下运行时,中心 ATS 系统不能对其初始化以进行控制。但是,中心 ATS 系统可以持续接收指示,更新显示并收集数据。

(4)故障模式运行

1)控制中心工作服务器故障

工作服务器若发生故障,自动开关就会探测到,然后把控制权转交给备用服务器,备用服务器即成为工作服务器。

该服务器探测到自己已成为工作服务器后,向所有车站索取信息,并停止处理来自工作站的控制指令。

为了响应控制中心发出的信息要求,每个车站 ATS 将其控制区内的信号设备和列车的完整信息送给控制中心。控制中心索要的车站 ATS 信息的发送速度受到控制,以避免让通信网络或中央服务器超载。当所有信息收集齐全后,恢复全部的控制设施,供调度员使用。

从工作服务器失灵,到自动开关测出失灵状态、转交控制权,再到信息传送完毕。整个过程用时不到 1 min。除了向控制中心传送信息外,车站 ATS 还继续执行所有正常的列车跟踪和路线设定功能,线路继续运营,但路线设定功能降级。

2)控制中心信号电源设备故障

如果控制中心设备全面失灵,系统在车站 ATS 指挥下继续运行,基本上就是这种能力的延伸。车站 ATS 在硬盘上存储有 7 d 的时刻表信息,每个车站 ATS 将继续按照当前的时刻表,自动设定路线。

车辆段控制器可以独立于控制中心,将出站列车信息传给相邻的车站 ATS,因此,可以指定一列列车投入运行,由车站 ATS 指挥它在正线上行驶,直到它返回车辆段。

当控制中心系统恢复后,每个车站 ATS 将把其当前状态的信息送给控制中心,恢复监视、控制整个系统的能力,调度员能够上载存储在本车站 ATS 和车辆段控制器中的记录信息。

3)车站 ATS 服务器故障

车站的 ATS 工作服务器失灵后,被自动开关探测到,就会把控制权转交给备用服务器。

由于 ATS 服务器是热备式,备用服务器掌握有关控制区内联锁和列车当前状态的全部信息,因此能够立即投入,为列车安排进路,并向控制中心汇报状态信息。

一个车站 ATS 中的两个服务器都有一个专用的联锁接口连通本地信号系统。

当失效的服务器重新启动后,它可以获得该区所有的信号信息,包括已占用轨道电路。

【任务实施】

任务提出

ATS 系统运行方式的认知

考虑到信号系统的可靠性及可用性,ATC 信号系统一般提供两级控制运行模式,即中央级控制运行模式与车站级控制运行模式。通过多媒体演示介绍两级控制运行模式的 ATS 系统运行。

任务的实施步骤及工作要点

1. 准备相关资料,如中央级控制模式的 ATS 系统运行、车站级控制模式的 ATS 系统运行、故障模式的 ATS 系统运行等视频资料。

2. 组织学生去实训场地分组进行任务实施。

3. 学生分组讨论学习计划。

4. 组织讨论学习中央级控制模式的 ATS 系统运行、车站级控制模式的 ATS 系统运行等内容。

5. 各组通过现场设备、视频及各种学习资料进行任务的实施。

6. 各组将学习的成果进行交流汇报。

7. 学生的学习情况评价。

【任务考评】

任务实施过程考核评价表

考评项目		配分(分)	要 求	学生自评	小组互评	教师评定
知识准备	基本知识	5	熟悉的程度			
任务完成	学习计划	5	合理性			
	中央级控制模式的 ATS 系统运行	20	熟悉的程度			
	车站级控制模式的 ATS 系统运行	20	熟悉的程度			
	故障模式 ATS 系统运行基础知识	20	熟悉的程度			
	任务实施过程记录	5	详细性			
	所遇问题与解决记录	5	成功性			
课堂表现		5	遵守上课纪律、态度			
协调合作,成果展示成绩		15	小组成员的参与积极性、成果展示的效果			
成 绩						
总成绩 (根据需要按照自评、互评和教师评价作百分比计算,以学生为主、教师为辅)						

思考题

1. 简述 ATS 子系统硬件结构组成。
2. 控制中心 ATS 设备有哪些？
3. 车站 ATS 设备有哪些？
4. ATS 子系统功能有哪些？并简单说明各个功能原理。
5. ATS 子系统人机界面的特点。
6. ATS 子系统功能分类有哪些？
7. ATC 信号系统一般提供哪些控制运行模式？
8. 中央级控制模式有哪些控制可能,分别在什么情况下使用？
9. 车站级控制模式在什么情况下使用？
10. 故障模式运行有哪几种可能？

项目 **5**

正线信号部分

【项目描述】

1. 正线计算机联锁系统认识。

2. 正线室外设备认识。

3. 正线计轴设备认识。

4. 正线电源设备认识。

【知识目标】

1. 掌握正线联锁系统基本结构。

2. 掌握正线联锁系统基本原理。

3. 掌握正线计轴系统基本结构。

4. 掌握正线计轴系统基本原理。

5. 掌握正线电源设备基本原理。

【能力目标】

1. 能正确说明正线联锁系统结构。

2. 能熟悉正线联锁系统原理。

3. 能正确说明正线计轴系统结构。

4. 能熟悉正线计轴系统工作原理。

5. 能熟悉电源设备工作原理。

6. 能熟悉 UPS 设备工作原理。

7. 培养学员学习的主观能动性和参与学习交流的能力。

8. 具备团结协作吃苦耐劳的工作素养。

任务 1   正线联锁子系统原理

【场景设计】

1. 多媒体教室,现场联锁车站或校内联锁模拟实验室,人数根据实际情况确定。

2. 教学用的 PPT、视频及相关教学引导资料。

3. 考评所需记录、评价表。

【知识准备】

(1)联锁概述

城市轨道交通联锁包括两部分:一种是正线计算机联锁,另一种是车辆段计算机联锁。

我国城轨车辆段主要任务为列车的运用、段内编组、调车、停放、清扫洗刷、临修及日检、月修、定修、架修、厂修等,接发车和调车作业较多,使车辆段的信号设备比较集中,联锁关系相对正线复杂,类似于铁路的区段站,而城轨正线因为运营状态简单没有借道运营的现象,除折返站设有道岔、信号机、转辙机外,其他车站信号设备极少,联锁关系相对简单,所以正线联锁设备不是每一个车站都有,一般在联锁集中站才设有相关设备。计算机联锁系统与 ATP 系统、ATS 系统结合,系统配置可根据不同的运营要求实现集中控制、区域控制或车站控制方式。

计算机联锁系统必须保证工作可靠,并符合"故障—安全"原则。实现联锁的基本功能,完成列车进路建立、锁闭、解锁、道岔控制、信号机控制,完成轨道电路和信号设备状态的监督,实现城市轨道交通系统特殊的联锁功能,确保列车进路正确和列车运行的安全。

由于提供技术的厂家不同,所设计的联锁系统也有所不同,本任务主要以西门子的 SICAS 正线计算机联锁和 ASTS-USA 公司的 MicroLok Ⅱ 为例进行简单描述。

1)联锁的相关概念及内容

无论是铁路交通还是城市轨道交通,联锁的含义都是相同的,都是一种保证行车安全的技术手段,联锁泛指各种信号设备所存在的相互制约的关系。

联锁的基本内容是指要建立一条进路并开放防护该进路信号所必须满足的信号设备之间的制约条件,具体内容包括:

①进路空闲。进路上各区段空闲时才能开放信号,这是联锁最基本的技术条件之一。

②道岔位置正确。进路上有关道岔在规定位置才能开放信号,这是联锁最基本的条件之二。

③敌对信号锁在未开放状态。敌对信号未关闭时,防护该进路的信号机不能开放,这是联锁最基本的技术条件之三。

当三个条件完全满足时,才有正常开放信号的可能。

2)进路及相关的概念

①进路描述

在城轨正线中,进路根据防护的安全等级可分为安全进路和非安全进路,安全进路是指路径上有道岔并且要运行旅客列车的进路;非安全进路则指其他一切进路。

进路一般由三部分组成,分别为主进路、保护区段和侧面防护。其中侧面防护又可分为主进路的侧面防护和保护区段的侧面防护两种。

主进路是指进路上从始端信号机至终端信号机通过的路径,包括道岔、信号机、区段等要素。在铁路中我们知道信号机开放要检查全部区段的空闲,但在装备有准移动闭塞的城市轨道交通信号系统中联锁设备不检查全部区段,只检查一部分区段,这些被检查的区段叫做监控区段(一般为信号机内方的两个区段,若监控区段内有道岔,则在最后一个道岔区段后加一区段作为监督区段,监督区段的长度,应满足驾驶模式转换的需要),保证列车通过这些区段后能自动将运行模式转为 ATP 监督人工驾驶模式(以下简称 SM 模式)或 ATO 自动驾驶模式(以下简称 ATO 模式)。列车之间的追踪保护就由自动列车保护系统(以下简称 ATP)来防护,由 ATP 保证列车前后之间的距离,防止出现列车追尾现象。

②保护区段

保护区段是指终端信号机后方的一至两个区段,这是为了避免列车由于某种原因不能在信号机前方停车而冲出信号机导致危及列车安全的事故的发生,类似于铁路的延续进路。

根据保护区段设置的时机,分为不延时保护区段和延时保护区段。当一条进路中可以运行一列以上的列车时(多列车进路),才具有延时保护区段的概念。进路可以带保护区段和不带保护区段排出,进路如果是带有延时保护区段的进路时,该保护区段不与进路同时排出,只有当列车接近终端信号机、占用某个特定的区段(称为保护区段的接近区段)时,才排列保护区段;如果进路短,排列进路时带保护区段;多列车进路无保护区段时,进路防护信号机可以正常开放。

根据保护区段经常使用的方向可以分成普通保护区段和分支保护区段。如果不考虑列车出入车厂,在正常的地铁行车中,一般是进行双线单向循环运行,信号机总是排列固定方向的进路。如果涉及列车出入车厂、存车线存车出车作业时,则某些信号机需要排列各种方向的进路。与此相对应,保护区段也可开通正常循环运行的方向或出入车厂、存车出车作业,将开通正常循环运行方向的保护区段称为普通保护区段,而将开通其他方向的保护区段称为分支保护区段。设置分支保护区段可以加快运营、提高效率和避免增加道岔操作。

③侧面防护

侧面防护是指为了避免其他列车从侧面进入进路,与列车发生侧向冲突,类似铁路上的双动道岔和带动道岔的处理。防护主进路的侧面防护称为主进路的侧面防护,防护保护区段的侧面防护称为保护区段的侧面防护。

3)监控区段的选择原则

对于无岔进路,通常在始端信号机后方选择一定数量的轨道区段,这个数量的轨道区段长度,足够使列车驶入该进路时,其驾驶模式能从 ATP 限速模式(以下简称 RM 模式)转换到 SM 模式或 ATO 模式(通常选择两段轨道电路)。

对于有岔进路,通常在始端信号机后方轨道区段开始一直到最后一个道岔区段再加一个轨道区段,并且如果该轨道区段不能停放一列车,则需要增加其后的一个轨道区段作为监控区段。

4)保护区段选择原则及相关概念

通常,用终端信号机后方的第一个轨道区段作为该条进路的保护区段。但也有以下两种情况例外:

①如果 ATP 的保护区段定义于终端信号机的前方时,能提高终端信号机后方区段的灵活性且又不阻碍终端信号机前方区段的运营,则此终端信号机只有 ATP 保护区段而无联锁保护区段,即不设置保护区段。

②如果终端信号机后方的轨道区段长度短于计算的 ATP 保护区段,则选择多个轨道电路作为保护区段,直至长度得到满足。

5)侧面防护的选择原则及相关概念

安全进路的第一级侧面防护由道岔提供,保护区段的侧面防护通常由信号机提供,在某些情况下也可以用道岔侧防。

①当安全进路、非安全进路同时办理,且两条进路的侧面防护道岔会发生冲突时,非安全进路的侧面防护要放弃用该道岔作侧面防护的要求,同时用信号机和侵限区段来替代。

②对应第一级的侧面防护道岔,在第二级侧面防护中有相应的侧面防护信号机作对应,以提供系统的灵活性。

③当办理两条要求同一个道岔提供不同防护位置的进路时,则先办的进路将得到道岔作为侧面防护,后办的进路将只得到信号机作为侧面防护。

④侵限区段的检查。

如果道岔不在防护进路的位置时,则侧面防护必须检查该侵限区段的空闲状态。反之,则不必检查该侵限区段的空闲状态。

当侵限区段作为一条进路的保护区段时,则该区段不能作为其他进路的侧防条件,或者说其他进路的侧防条件不具备。

(2)西门子 SICAS 计算机联锁系统概述

SICAS(西门子计算机辅助信号系统)型计算机联锁是德国西门子公司研制的,基于故障—安全的 SIMIMT 原则,即一种应用在安全系统的设计原则,硬件故障或者软件故障的结果能导致系统进入一种已知的安全状态,是经过广泛验证、成熟的联锁系统。完成城轨正线信号设备之间的联锁关系,该系统的现代化设计和安全数字总线通信的使用,使得联锁系统的总量最小化成为可能。全面模拟室外设备的工厂测试手段,使 SICAS 系统现场测试工作量显著减少。

有关的计算机都采用符合故障—安全原理的"三取二"或"二取二"配置。所有与安全相关的系统都得到了第三方德国权威机构"地铁公共运行安全"的认证,该认证也得到了中国铁路权威机构的承认,同时也得到了世界各地(巴黎、斯德哥尔摩、印度和曼谷以及中国香港和大陆地区地铁等)客户的认同。在中国,西门子现代信号技术已成功应用于广州地铁 1,2,4,5,8 号线、深圳地铁 1,4 号线、南京地铁 1,2 号线、上海辛闵轻轨线、北京地铁 10 号线(含奥运支线)等项目。在我国城轨正线信号设备联锁中有举足轻重的地位。

1)联锁系统的层次结构

普遍将设备分成 5 层,分别为表示层、逻辑层、执行表示层、设备驱动层以及现场设备层。SIEMENS 的联锁设备对应分为:LOW(现场操作工作站)、SICAS(联锁计算机)、STEKOP(现场接口计算机)、DSTT(接口控制模块)以及现场的道岔和信号机。在有的系统中可能将执行表示层和设备驱动层结合在一起,统称为执行表示层,如图 5.1 所示。

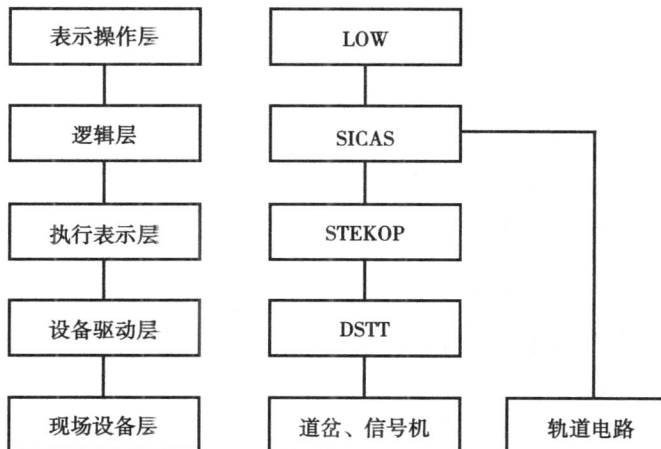

图 5.1　联锁系统层次结构

2)联锁主机的冗余结构

SICAS 系统的联锁主机冗余结构主要有二取二和三取二两种。二取二为热备方式,三取二为系统表决方式,用于保证设备安全和提高设备可用性。下面就 SIEMENS 的二取二和三取二故障安全系统的基本原理作简单描述。

①二取二故障安全系统原理(见图 5.2)。

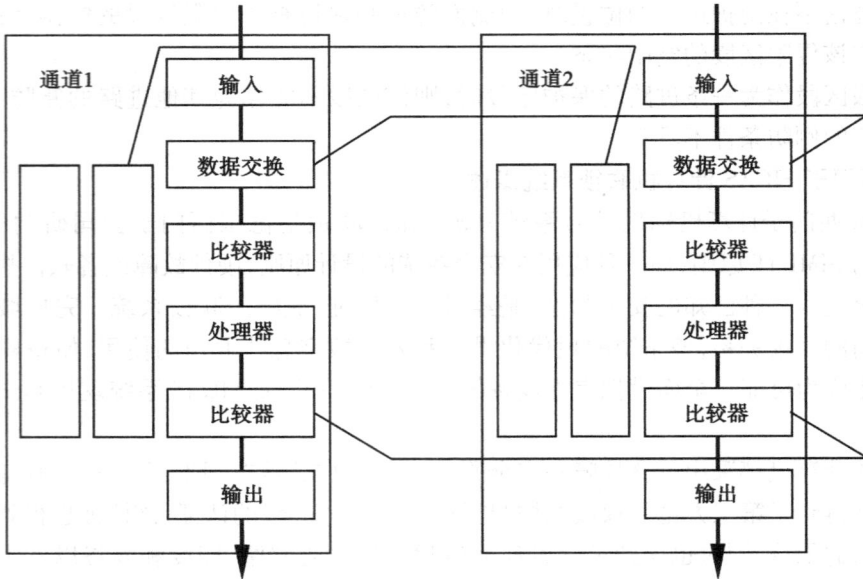

图 5.2　二取二冗余系统工作原理图

系统至少由两个各自独立的、相同的、对命令同步工作的计算机通道 1 和通道 2 组成。过程数据由两个通道输入、比较和同时进行处理。只有当两个通道的处理结果相同时,其结果才能输出。独立于数据流的在线计算机功能检测可确保偶然故障的及时检出。这一检查在一定的周期内完成一次,一旦检出了第一个故障,此系统将停止工作,从而避免了连续出现的故障所引起的危害。

二取二故障安全系统的主要功能有:

a.通道同步;

b.两个通道的程序和工作现场数据的连续比较;

c.输入和输出数据的比较;

d.计算机硬件的周期测试。

②三取二故障安全系统原理(见图 5.3)。

系统至少由三个各自独立的、相同的、对命令同步工作的计算机(通道 1、通道 2 和通道 3)组成。过程数据由三个通道输入、比较和同时进行处理。只有当两个或三个通道的处理结果相同时,其结果才能输出。如果其中一个通道故障,另外两个通道会继续工作。独立于数据流的在线计算机功能检测可确保偶然故障的及时检出。这一检查在一定的周期内完成一次,一旦检出了第一个故障,相关的通道会被切除。电子联锁计算机将按二取二系统方式继续工作。只有当又一个通道故障时,系统才停止工作。

三取二故障安全系统的主要功能有:

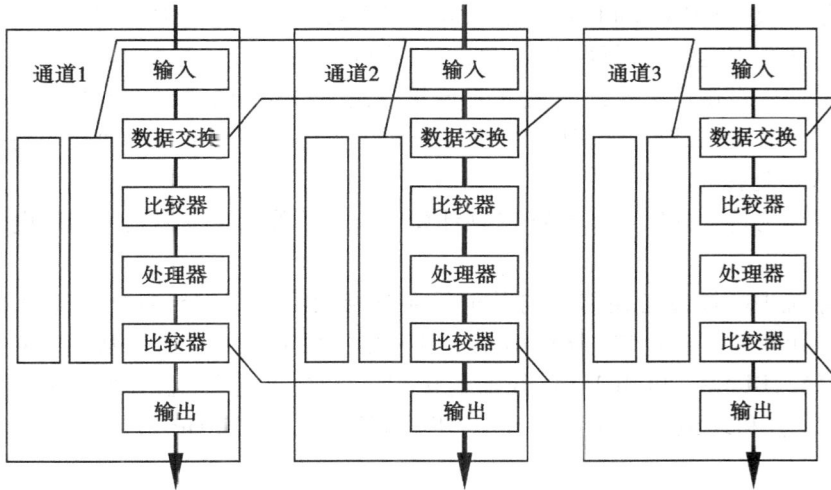

图5.3　三取二冗余系统工作原理图

a. 通道同步;

b. 两个通道的程序和工作现场数据的连续比较;

c. 输入和输出数据的比较;

d. 计算机硬件的周期测试。

在实际使用中,可根据系统设计以及安全性和可靠性要求,选取二取二或三取二系统结构。

3) SICAS 联锁系统设备结构

①SICAS 联锁机柜的构成。

联锁机柜用作安装 SMC-86 计算机,该计算机构成了冗余的联锁主机,完成系统的联锁运算和控制功能。设备安装在集中站,并且通过 PROFIBUS 总线系统与管辖各站(可以是联锁集中站也可以是非集中站)的 STEKOP 机柜连接。具体包含以下部分:

a. 3 台 SMC-86 计算机单元组成的计算机通道,每台对应一个通道;

b. 通风装置,每个机柜有两个风扇;

c. 电源设备;

d. 滤波器;

e. 联锁机柜输入端接线;

f. 电缆夹;

g. 全部内部接线。

以上设备分层放置,并且不同的设备间通过机柜内的通信总线相互连接。

A. 通道部件的组成。

每一个通道均安装在各自的一个子架中,二取二计算机则由两个子架组成,三取二计算机则由三个子架组成,各计算机通道上下叠放,每一个子架由若干插板组成,各个插板间通过母板上的 MES 80-16 的并行总线连接:

所有插板均不能带电插拔,必须要将相应通道的 5 V 电源模块关闭,切断电源。

SICAS 每一个通道的插板主要有以下几种:VESUV3 同步比较板、VENUS2 处理器板、

VESIN 中断请求板、BUMA profibus 传输板、MELDE2 数字输入板、KOMDA2 命令输出板。

同时为了实现安全任务,每两个(二取二计算机中)或三个(三取二计算机中)BUMA 模块构成一个故障安全微机系统,也就是说在微机联锁中的 BUMA 系统本身构成一个独立的故障安全计算机,可以是二取二计算机或三取二计算机,通过 BUMA 板前面板的两个电接口与相邻的 BUMA 板连接。

利用光缆作为传输的媒介,SICAS 联锁计算机和电子单元接口模块之间的电气隔离得以保证。

在信号系统中联锁设备还需要与其他设备连接,因此,SICAS 系统中还设有 5 块用于 SICAS 与其他计算机系统通信的 BUMA 板(根据控制数量可以增加),从左到右为 BUMA0、BUMA1、BUMA2、BUMA3 和 BUMA4,分别连接到 ATP 轨旁计算机、诊断计算机、操作设备(ATS 的车站设备和现地工作站 LOW)、用于控制道岔的 STEKOP 板和用于控制信号机的 STEKOP 板。

B. 通风装置。

在 3 个计算机通道的上下方各有一风扇插件,风扇插件内各含有 3 个轴流式风扇。

C. 电源设备。

在机柜中有两排电源设备,上面一排有 3 个 SVK 2101 电源模块,输出 5 V 电压分别给对应的计算机通道,从左到右分别对应通道 A(最上面的计算机通道)、通道 B(中间计算机通道)、通道 C(最下面的计算机通道)。下面一排由 4 个 SVK 2102-电源模块,输出 24 V 电源。

SVK 2101 的输入电压为 60 V,输出电压为 5 V,5 V 电压是用于短路的检查以及通道工作电源。

SVK 2102 的输入电压为 60 V,输出电压为 24 V,用于采集状态输入,主要是轨道区段状态采集输入。

D. 滤波器层。

滤波器层主要有滤波器、电源输入端子排和电源保险。特别是有一些自动保险(Heinemanenn FUSE),万一计算机柜电源故障,必须先检查过这些保险。

②STEKOP 机柜。

STEKOP 为现场接口计算机,主要负责 SICAS 主机与现场设备控制模块间的通信管理和接口。设备单独设置机柜并安装在集中站或非集中站。

STEKOP 机柜由 STEKOP 机架、电源以及滤波器组成,在机柜的最上方为 4 个电源模块,中间为 5 个 STEKOP 机架,在机柜最下方为滤波器。

A. STEKOP 板。

在 STEKOP 机架中,第一排、第三排和第五排机架中插有 STEKOP 板,SETKOP 板的前面板如图 5.4 所示,分别用于信号机控制、道岔控制和接口控制。具体电路板数量根据现场设备数量和冗余要求确定。

SETKOP 板由 SETKOP 基板和用于计算机连接的 FEMES 附板组成,FEMES 具有以下两个功能:

a. 处理并执行串行总线数据传输;

b. 控制并监督与之相连的接口模块。

每个 STEKOP 可以控制两个同类现场设备(即两个道岔转辙机或信号机)。

B. 电源模块。

在机柜最上方有 4 个 SV 2602 电源模块,把 60 V 电压变为 8 V 电压,输出给 STEKOP 计算机通道,每两个电源模块的输出并联为 STEKOP 的一个通道供电(每个 STEKOP 板有两个通道),保证了电源的冗余,提高了系统的可靠性。

C. 滤波器层。

滤波器层主要有滤波器、电源输入端子排和电源保险。

③DSTT 机柜。

DSTT 机柜安装在集中站或非集中站,机柜内主要放置现场控制模块,实现对现场设备的驱动控制和状态采集。不同的现场设备采用的 DSTT 模块也不同。

A. DESIMO-ACE。

交流信号机接口模块,如图 5.5 所示。

每个信号机模块 DESIMO-ACE 包括了两个灯位电路的控制继电器电路和检测灯光电流的监控电路,在不同的项目中具体使用可能不同。

模块上下各有一个 WAGO 插座,连接室外的信号机,每个 WAGO 插座对应室外信号机的一个灯位。面板上有两个 9 针插头,连接到 STEKOP 板。

信号机模块的工作电压为 DC 24 V,是通过面板上的两个 9 针插头由 STEKOP 提供的,信号机的点灯电压为 AC 220 V。

STEKOP 在启动时或者自检时将对信号机模块进行检查,检查模块内是否有继电器接点粘连、室外线路混线等故障,一旦发现故障将导向安全侧,立即切断 STEKOP 的输出,DSTT 的信号机模块点亮室外信号机的红灯。

B. DEWEMO-G 道岔模块。

道岔模块实现道岔的驱动和道岔位置状态的采集,根据 STEKOP 板的输出,转换道岔位置,当道岔转换到位后,给出道岔的位置信息,并将这些信息传给 STEKOP 板。

C. 滤波器。

在 DSTT 柜的架框后,在接线端子排 X30 下面,有一个 400 V 的滤波器,把三相交流电输出到 SITOP。

④数据传输总线(PROFILE BUS)。

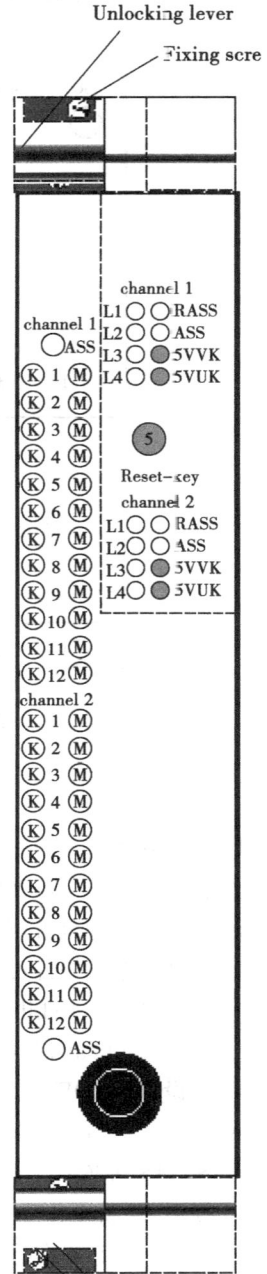

图 5.4　STEKOP 板的前面板

在整个系统中,所有安全通信的通道全部采用了双通道热备冗余的 PROFILE BUS 总线,包括相邻联锁计算机 SICAS 之间、联锁计算机 SICAS 与 STEKOP 之间和联锁计算机 SICAS 与 ATP 之间地通信,而且联锁计算机 SICAS 与 LOW、RTU 之间的非安全通信也采用了 PROFILE BUS 总线。主要的连接图如下,其中 ATP 和 SICAS 计算机内是通过 BUMA 板实现传输的,STEKOP 板本身内含 PROFILE BUS 处理组件,他们之间的联系同时也可通过光连接模块 OLM 来连接,如图 5.6 所示。

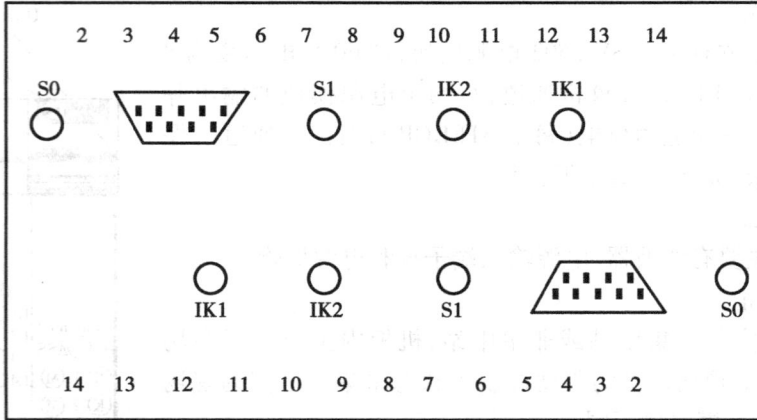

图 5.5　DESIMO-ACE 模块

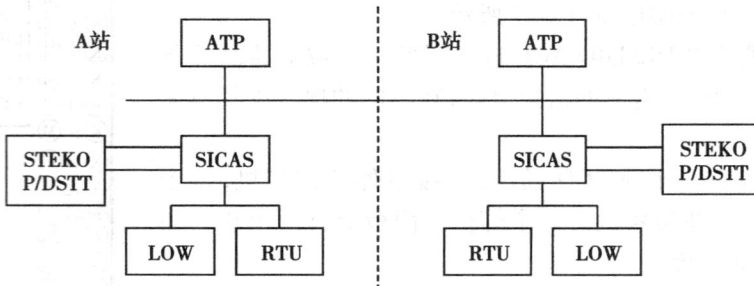

图 5.6　两站之间的 PROFILE BUS 的连接

PROFI BUS 总线系统必须能够传输安全相关数据。因为传输系统并不是用于信号技术安全方法组成,那么集成在安全计算机中的处理过程必须保证所有影响安全的故障和干扰能被发现出来。其基本的安全技术包括:安全报文;安全报文判断;报文数据字段;报文中加入接收器地址;报文中加入发送器地址;32 位顺序码(24 位隐含、8 位显示);32 位安全码;时间监视;连接建立处理;Life-check 报文;无故障更正。

⑤OLM(Optical Link Module)光纤连接模块(见图 5.7)。

在外设与 PROFIBUS 总线之间,BUMA 板的耦合是利用光纤连接模块(OLM)来实现的。BUMA 板通过光纤与 OLM 连接,OLM 通过电缆或光纤与 STEKOP、LOW、服务 PC、ATP、相邻联锁站 SICAS 等连接。

⑥LOW 现场操作工作站。

SICAS 联锁系统的本地操作和表示是通过 LOW 现场操作工作站来实现的。LOW 现场操作工作站由一台主机,一台彩色显示器,一台记录打印机,一个键盘,一只鼠标和一对音箱组成。设备和行车状况(轨道占用道岔位置和信号显示、锁闭,等等)在彩色显示器上显示,通过操作鼠标器和键盘,通过命令对话窗口可实现常规和安全相关的联锁命令操作。所有安全相关命令操作、操作员登录/退出操作、设备故障报警将被记录存档。

LOW 工作平台具有以下主要特点:

a. 运用图形显示,清楚地表明了设备的当前运行情况。

b. 对每一报警信息都立即直接给出视觉和听觉的报警信号提示,该报警信号是自动发出的,并要求操作员立即采取行动,确认报警。

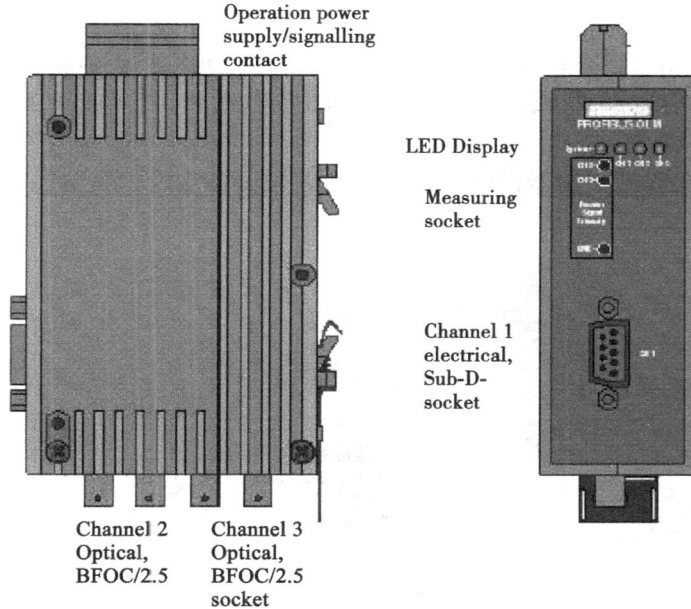

图 5.7　光纤连接模块 OLM/P4 OLM/S3(带通道 LED 显示)

c. 操作员的每个动作都由视觉或听觉的响应来确认,并提示是否为误操作。LOW 设备不会自动执行任何操作,所有的操作均由操作员完成。

d. 对不同元件(道岔、轨道区段等)的控制、操作及显示被限制在一个明确的范围内。一个操作分为几个步骤,并可以中途取消。

e. 进行分级控制,不同访问级别的操作员可以执行的操作是不一样的。

⑦与相关设备的接口。

A. 与车辆段联锁的接口。该接口类似于干线铁路的场间联系,通过继电接口实现的,主要实现以下联锁关系:

不能同时向对方联锁区排列进路。并将本方排列进路的信息传送给对方。

如果本方轨道电路作为另一方联锁区的进路的一部分,则必须传给另一区,以进行进路检查。

如果本方的进路包含另一方联锁区的轨道电路,则必须将本方进路的排列信息传送给另一区并要求另一区排列出另一部分。

为了减少对咽喉区的影响,列车在入段时,必须先排列车辆段接车进路,然后才能排列入段进路。

B. 与防淹门接口。与防淹门实现信息的传递或控制。

C. 与相邻联锁的接口。相邻联锁是通过 PROFILE BUS 总线连接在一起的,相邻联锁之间可以通过总线进行相关的数据交换。

(3)ASTS-USA 公司的 MicroLok Ⅱ 计算机联锁系统概述

美国 ASTS 公司的 MicroLok Ⅱ 主要用于城市轨道交通正线信号设备联锁,目前国内已有西安、上海、广州等多个城市的某些地铁线路使用了这种技术,随着其实用性的认可,将会有更好的推广。

1) 系统配置

根据线路上车站的功能和信号设备的数量,划分出联锁区域,可以是一个站为一个联锁区,也可以是多个站为一个联锁区,每个联锁区包括有岔站和无岔站,由位于设备集中站的联锁控制器控制。

根据系统要求,联锁控制器设于设备集中站信号设备室内。典型的联锁设备配置如图 5.8 所示。

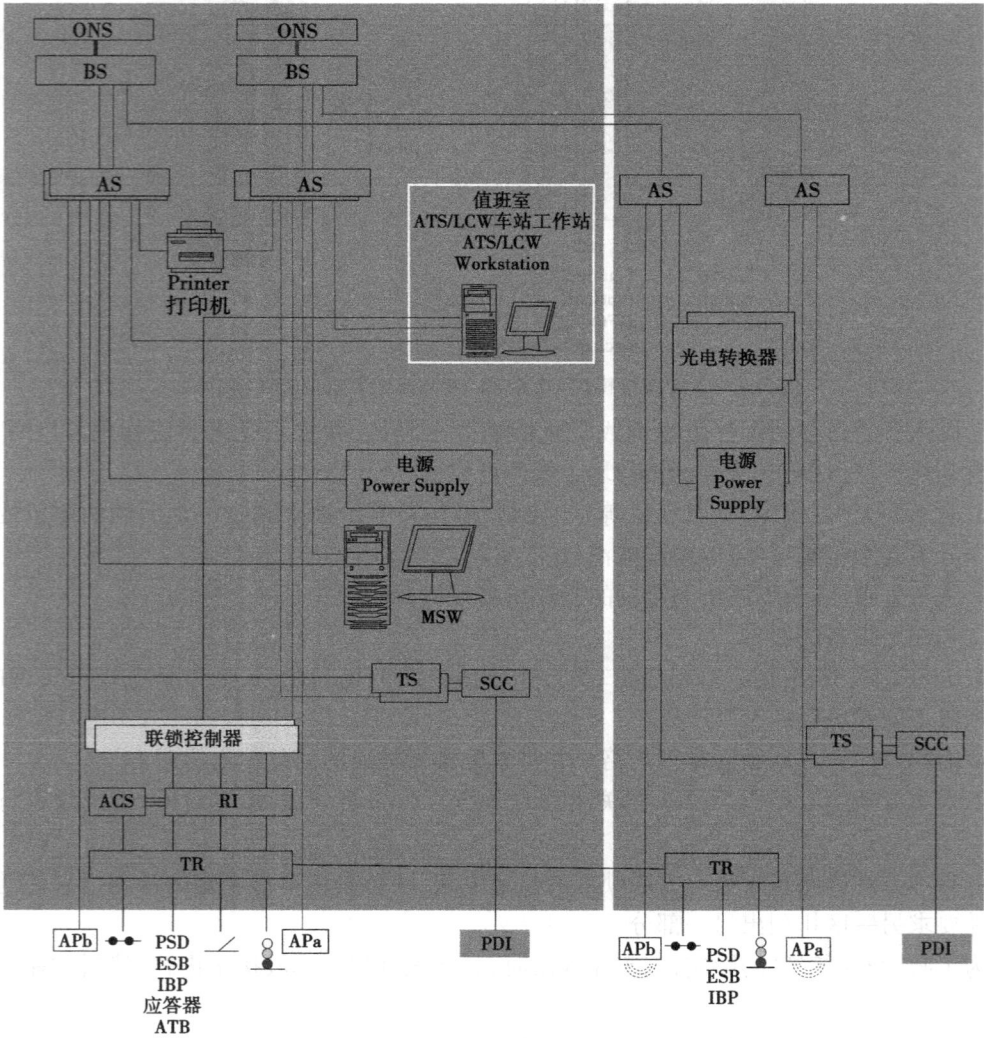

图 5.8　典型的联锁设备配置示意图

MicroLok Ⅱ联锁控制器采用双机热备。

模块化系统利于将来线路延伸和功能扩展。

设计的每一个层面都充分考虑维护方便的因素。

每一个联锁系统由一个标准配置的联锁控制器构成。每个联锁系统的联锁控制器配置区别为输入/输出(I/O)PCB 板数量上的差异。

相邻非设备集中站的信号机、转辙机等都将由设备集中站控制。设备集中站与非设备集中站之间利用线缆进行连接。

联锁子系统是保证列车运行安全,实现轨道区段、道岔、信号机之间正确联锁关系的系统,满足故障—安全原则。

正线联锁子系统由联锁计算机、车站控制工作站、驱动及表示接口等设备组成。ATS/LCW 工作站采用工业级产品,通过操作鼠标或键盘进行控制。

2）MicroLok Ⅱ子系统功能

联锁控制器 MicroLok Ⅱ专用于执行轨旁联锁逻辑的安全性功能。它通过安全型接口电路与轨旁设备接口,采集并控制其状态。

与 MicroLok Ⅱ接口的轨旁设备包括本站及其联锁区内其他车站的信号机、转辙机、计轴主机、综合后备盘、紧急停车按钮、自动折返按钮、站台屏蔽门等。

以站台屏蔽门为例,联锁控制器以安全方式控制站台屏蔽门能否开启。同时,联锁控制器输出屏蔽门打开和关闭命令。

当列车停在预先指定的位置时,CC 通过 ZC 请求联锁控制器打开站台屏蔽门。站停时分结束前,CC 请求联锁控制器关闭站台屏蔽门。列车在收到站台屏蔽门已关闭的信号前,不能驶离站台。

与运行模式无关,联锁控制器提供基本功能。这些功能可确保进路道岔安全可靠锁闭并进行安全进路防护。

①联锁功能。

MicroLok 中执行的安全软件功能如下所示,功能描述说明了在设计 MicroLok 应用程序时需遵循的基本联锁规则。

系统在 CBTC、点式 ATP 和联锁 3 种控制模式下联锁的技术条件(包括进路建立、锁闭、解锁检查的基本条件)相同。

A. 道岔逻辑功能。

道岔逻辑功能的目的是为转辙机的操作提供一个安全方法。根据列车请求的进路,此逻辑可允许岔尖被推到定位或反位。道岔锁闭是当为接近列车设置好进路(Approach Locking,接近锁闭),或者被取消后对接近列车来说没有足够的时间停车(Time Locking,延时锁闭),或者有列车处于锁闭道岔的轨道上(Detector Locking,检测锁闭)时,锁闭进路上所有道岔,以防止道岔动作。

在轨旁操作模式下,道岔的操作可以由 ATS 或 LCW 启动。在允许动作之前,道岔必须处于解锁状态。当道岔被请求转至定位时,一个道岔请求将被发送至 MicroLok。然后,MicroLok 将计算联锁的状态,只要道岔是解锁的(即无轨道占用、无进路锁闭建立、无道岔封锁),就命令道岔转至定位。一旦道岔转至定位,就会发送一个表示给 ATS 和 LCW。道岔的反位操作也以相同的方式来实现。

道岔请求和位置的一致性会被不断的检查,并显示任何不一致的情况。在任何时候,如有道岔请求和表示不一致,权限撤销并且系统返回到一个更具限制性的状态(在这种状态下,该联锁区内所有的列车被限制移动,并且通知所有接近的列车停车)。道岔锁闭被用在联锁轨道检测(Detector Locking,检测锁闭)和进路设置(Route Locking,进路锁闭)中。

道岔逻辑电路中的简要步骤如下:

a. 从 ATS 或 LCW 接受请求。这个请求可以是一个道岔请求(NPB 或 RPB),也可以是一个进路请求（RQ）。当选择开关在 ATS 位置时与 ATS 没有通信或者当选择开关在 LCW 位置时与 LCW 没有通信的情况下，可以产生内部请求（ARQ）。

b. MicroLok（MLK）将产生一个内部复示器（NLP 或 RLP）。内部复示器将所有可能的请求（道岔请求和进路请求）组合起来形成道岔动作的共同请求。

c. MLK 基于复示器的状态将产生相应的内部安全道岔请求（NWZ 或 RWZ）。通常，这个内部的道岔请求包括一条自闭电路来保持道岔请求直到相反的道岔请求产生。同样，内部道岔请求也用来解锁相应的复示器。

d. MLK 内部道岔请求用来驱动物理 MLK 并行输出继电器（NWZR 或 RWZR）。这些继电器用来使实际的道岔尖轨转到希望的位置。

e. 一旦道岔转辙机将尖轨转到希望的位置，MLK 将收到一个物理的道岔位置的并行输入（NWP 或 RWP）。MLK 不断地监视道岔位置。

f. MLK 运用道岔位置（NWP 或 RWP）和内部道岔请求（NWZ 或 RWZ）在内部产生道岔选排一致（NWC 或 RWC）。道岔选排一致是一个重要逻辑道岔功能，用于整个的 MicroLok（MLK）应用程序的所有必需安全逻辑语句中。

B. 信号逻辑功能。

信号逻辑功能和方向逻辑功能的目的是为列车在系统中的运行提供安全的方法。这些功能允许列车在条件允许的情况下前行并通过道岔；为列车的站间运行提供方法；允许列车在条件允许的情况下改变方向。特定的方向功能防止任何反方向或冲突的列车在系统中运行。信号功能是为请求列车在系统中运行提供一个方法，也提供一个在允许任何特定列车运行之前验证系统是否安全的方法。

信号逻辑功能包括存在于 MicroLok 应用软件中的最广泛和最全面的逻辑电路。这些信号逻辑功能包括信号请求、进路检查、接近锁闭、信号控制、自动进路（Fleeting）、引导进路，以及自动信号。这些功能和基本的执行联锁规则与以下的说明相关：

a. 信号请求。

进路请求（RQ）由 ATS 或 LCW 产生并发给 MLK。MLK 利用 RQ 或一个内部产生的自动进路请求（A-RQ 与 ATS 或 LCW 通信中断时的默认进路）来内部产生一个安全信号请求（GZ）。一旦产生，这个安全信号请求的移除将只能通过列车进入相应的联锁或通过逐步接收 ATS 或 LCW 产生的取消请求（CANZ）来完成。

b. 进路检查。

进路检查（RC）功能逻辑电路检查相应内部的给 MicroLok 的安全信号请求，检查道岔相符，检查确定反向进路锁闭没有被建立（与请求的进路方向相反的方向没有锁闭），并检查确保在相应的进路出口没有出口限制。

c. 接近锁闭电路。

基本的接近电路（A）简单的包括所有接近于相应的入口点的联锁边界的轨道区段。接近锁闭（AS）电路功能会在进路检查开始后有效，并在发生任何一种下述的情况之前保持有效：

● 接近区段完全出清，轨道区段空闲且进路被取消。

● 在一个有效的接近锁闭定时到期之后。此定时是由于在列车占用任何一个相应接近轨道区段情况下对进路的取消而产生的。

• 联锁内联锁边界处的前两个轨道区段列车占用,并且第一接近轨道区段空闲。

接近锁闭定时开始于有任何接近轨道区段被占用时的进路取消,此定时会使接近锁闭(AS)保持落下,在定时完成后接近锁闭(AS)吸起。为接近锁闭计时器设定时间的计算依据是指:当列车允许信息移除后,运行的列车在最大允许的速度下,在安全制动距离内停车需要的时间总数(用最坏情况下的制动率)。接近锁闭时间的计算是根据最坏情况和最长安全制动距离计算的。这就是为什么采用 CBTC 列车,如果 CC 确保列车可以在信号机前停车,一旦接收到确定命令接近锁闭时间可以被取消并且 AS 吸起。

d. 引导请求电路。

当且仅当以下条件成立时可使用引导:进路已经被请求和锁闭,安全信号请求被建立,但是因为在 AHR 和 BHR 落下的进路中有一个或多个轨道区段被错误占用。另外,列车必须在防护信号机(home signal)前的接近轨道上,并且不应是红灯灭灯显示。然后联锁 MicroLok(MLK)将产生一个信号引导表示位给 ATS 和 LCW。轨旁信号机显示稳定的红、黄,说明引导进路已建立。引导进路只能在先前的方向上重新建立。这是因为,在轨道区段被固定之前,落下的轨道区段会保持进路锁闭落下。

引导请求被执行后,它的移除可以通过列车出清接近轨道,或者是从 ATS 或 LCW 发送信号取消请求。

系统仅允许列车以 RM 或 NRM 模式通过引导信号机。信号机显示引导时(红+黄),其所属动态信标不发送信息。

对于引导进路,如果计轴区段故障恢复,引导信号不会自动显示为绿灯或黄灯。当取消引导进路并重新办理正常进路后,信号机才能点亮绿或黄显示。

如果引导进路中第一个区段正常,则列车占用该区段后即关闭引导信号;如果引导进路中第一个区段是故障区段,则在列车占用该区段且出清接近区段后关闭引导信号机。

对于具有防护区段(OVERLAP)的进路,其引导进路也具有相同的防护区段。列车通过引导进路,防护区段可正常解锁,但是进路中故障区段及其之后的区段不能被自动解锁。

若进路及其防护区段的范围内有道岔失去表示,则该进路不能设置为引导。

e. 自动进路电路。

正线正方向上所有信号机(除尽头信号机外)具有自动进路的功能。

自动进路控制是允许进路以自动进路方式运行。当自动进路功能有效时,在每辆列车成功通过进路的基础上,进路会重新建立并开放信号。这样在正常列车运营的情况下,此功能会减轻操作员需要一次又一次的重复重新建立同一条进路的负担。进路的自动进路用在列车正常运行的默认方向进路上。

从 ATS 或 LCW 接收到相应的进路取消。

自动进路功能由 ATS 或 LCW 执行,并由 MicroLok 接收。当且仅当进路已经请求且安全信号请求已建立时,可以使用自动进路功能。另外,所有的相关道岔位置必须相符。一旦自动进路请求被执行,以下两种情况会移除自动进路:

• 从 ATS 或 LCW 接收到自动进路取消请求。

• 从 ATS 或 LCW 接收到相应的进路取消。

f. 自动信号电路。

如果在 ATS 控制下,ATS 故障;或者在 LCW 控制下,LCW 故障,自动信号(ARQ)将自动产生。自动信号只会在相应的接近区段被占用且无反向进路时产生。产生此请求后,与所有的来自 ATS 或 LCW 的正常进路请求一样,进路在所有安全检查完成后才能被建立。

g. 方向控制逻辑功能。

进路锁闭是方向功能或电路使用的基本原则。

进路锁闭电路功能是相应的接近锁闭(AS)落下的直接结果。一旦进路锁闭有效后,有两种方法可使进路锁闭解锁。一种方法是列车依次通过进路锁闭区域;另一种方法是用进路的取消和接近锁闭继电器(AS)吸起。

其顺序如下:

● 接近锁闭落下(AS↓)。

● 联锁进路锁闭落下。

● 方向锁闭会阻止任何在两个联锁之间的敌对进路建立。

方向请求在进路从 ATS 或 LCW 发起时开始。在执行多个逻辑检查后,方向就会在 MicroLok 内部产生,并发送给相应的相邻联锁控制电路。相邻联锁控制电路将确定相应的方向,并阻止敌对方向请求。

h. 保护区段锁闭电路。

对于带保护区段的进路,当进路锁闭(进路中最后一个锁闭继电器落下)并且在保护区段区域内的道岔位置正确,保护区段内请求继电器(OLZ)吸起,道岔及方向锁闭。当列车进入进路中最后一个区段,经过预先设计的一段确保列车在信号机前停稳的延时后,保护区段将会解锁。当由于列车通过或者接收到 ATS 或者 LCW 的进路取消,进路中最后一个进路锁闭继电器解锁后,保护区段也将解锁。

当保护区段请求继电器吸起后,在检查过保护区段未被占用以及反方向进路不存在后,保护区段继电器(OLP)将会吸起并允许信号开放。

i. 信号控制电路。

信号控制电路是在给出有效的列车允许信号之前被执行的最后一个信号功能。信号控制电路由进路检查、接近锁闭、进路锁闭、出口限制、轨道区段状态、道岔相符,以及各种报警等功能组成。

"H"网络线功能用以下条件核查:

● 相应的进路检查被确立("吸起")。

● 相应的接近锁闭(AS)落下,反向的 AS 吸起。

● 无禁止进路建立的出口限制(Exit Inhibits)。

● 当相应的进路锁闭是有效的,而反向的进路锁闭是无效的。也就是说,所有方向都被正确地设置。

● 进路中的道岔都已锁闭,且表示在相符的位置。

● 联锁内相应的轨道区段是空闲的。

一旦信号控制功能"H"被建立,在正常列车运行情况下,"H"功能会保持直到列车压入信号机内方的第一个联锁轨道区段。

总结以上内容,信号逻辑电路中简要步骤如下:

● 从 ATS 或 LCW 接受到进路请求(RQ)或生成自动进路请求(ARQ)。

● MicroLok(MLK)于是将产生相应的内部安全信号请求(GZ)。

- MLK 运用信号请求来生成相关的进路检查（RC），确保没有建立敌对进路并且道岔在相应的位置。
- MLK 信号请求和进路检查使相应的接近锁闭（AS）掉下以防止敌对进路的建立。AS 一个主要的功能是用来建立和锁闭方向。
- 最终，Home（H）网络的建立使用了适当的进路检查和接近锁闭。正如先前所说，Home 网络是信号开放之前起决定性作用。

进路建立后，能够被通过进路的列车或者来自 ATS 或 LCW 的进路取消命令进行取消。如果是进路取消命令，就会有两种不同的情况：一是没有列车接近信号机，这种情况下进路可以立即被取消；另一种是当有列车接近信号机时。这种情况下进路必须在预定的延时结束后被取消。这个时间允许列车在联锁信号机前停下，或者列车无法停车，进入联锁区，所有锁闭生效。

C. 道岔封锁逻辑功能。

道岔封锁功能是为道岔提供自动锁闭，并不允许再有任何的道岔请求或动作。这些道岔封锁可从 ATS 或 LCW 启动，并发送至 MicroLok。当执行了道岔封锁后，道岔将保持锁闭在当前位置，直到道岔封锁被移除。道岔封锁的启动是一个 2 级操作，即 MicroLok 从 ATS 或 LCW 接收后立即产生请求。MicroLok 会回发一个表示。道岔封锁的重置被认为是一个 1 级操作，即在真正移除一个存在的道岔封锁之前，MicroLok 必须先接收一个复位请求（＊＊＊RSZ）。接收此复位请求后，MicroLok 将回发一个请求表示（＊＊＊RSZK）。最后，ATS 或 LCW 将发送复位使能（＊＊＊RSEN）给 MicroLok，只要最初的复位请求被移除，MicroLok 将移除相应的道岔封锁。当进路请求的道岔位置与道岔封锁的位置一致时可以排列该进路。

D. 出口限制逻辑功能。

出口限制可以从 ATS 或 LCW 启动，并发送至 MicroLok。出口限制的目的是防止列车进入一段特殊轨道上的两个联锁之间的特殊区段。在适当位置有出口限制，退出到相关出口的进路将不能被建立。出口限制的启动是一个 2 级操作，即 MicroLok 从 ATS/LCW 接收后立即产生此请求。联锁 MicroLok 将回发一个指示给 ATS 或 LCW。出口限制的复位被认为是一个 1 级操作，即在真正移除一个存在的出口限制之前，MicroLok 必须先接收一个复位请求（＊＊＊RSZ）。接收此复位请求后，MicroLok 将回发一个请求表示（＊＊＊RSZK）。最后，ATS 或 LCW 将发送复位使能（＊＊＊RSEN）给 MicroLok，只要最初的复位请求被移除，MicroLok 将移除相应的出口限制。

E. 紧急停车逻辑功能。

紧急停车逻辑功能可以在 IBP 上通过按压紧急停车按钮来启动。此命令通过并行接口送给 MicroLok。紧急停车的目的是使某些预先设定的范围或区域内的所有列车停止。当执行功能时，紧急停车将关闭所有发车信号机和进入站台的最后一架接近信号机。紧急停车的复位只能通过按压紧急停车复位按钮来完成。MicroLok 会发送一个指示给 ZC，ATS 和 LCW。

F. 扣车逻辑功能。

扣车逻辑功能，可以通过按压 IBP 上的扣车按钮来启动。此命令通过并行接口送给 MicroLok。扣车的目的是使停在站台上的列车延迟发车。当执行该功能时，扣车将取消站台的发车信号。扣车的复位只能通过按压扣车复位按钮来完成。MicroLok 会发送一个指示给 ZC，ATS 和 LCW。

G.屏蔽门逻辑功能。

PSD 信息被用在 MLK 信号逻辑中。为了获得信号机允许显示,所有屏蔽门应该被关闭或者从屏蔽门面板旁路。如果发车进路已建立后,PSD 关闭且锁紧信号或 PSD 旁路信号丢失,进路始端信号机将处于关闭状态;如果联锁未接收到 PSD 关闭且锁紧信号或 PSD 旁路信号,此时排列进路,如果其他条件具备,进路将被锁闭,但信号不开放。

综合以上所有功能,总结功能实现的一般思路如下:

这些功能通过列车位置数据来实现,该数据来自相应的区域控制器。在以列车为中心的 CBTC 系统中,每辆列车的位置都被传送给区域控制器。区域控制器追踪所有在其控制区域内列车的位置,即区域控制器与联锁控制器 MicroLok 共同完成接近、进路、方向和转辙机锁闭功能。

在某些地铁线路系统的设计中,可以允许 CBTC 列车和非 CBTC 列车安全地在同一系统中运行。这种情况下,该功能通过使用计轴设备的信息和轨旁信号机来实现。

通常情况下,CBTC 系统从区域控制器接收列车位置信息,然而,对于非 CBTC 列车,CBTC 系统不能通过区域控制器提供这些列车的位置信息。这时,就必须要采用计轴设备的信息来确定非 CBTC 列车在系统内的运行位置。

②本地工作站。

以下说明了本地工作站的类型和用途。本地工作站有两种基本类型,即 ATS/LCW 现地控制工作站和维护工作站(MSW)。

A.ATS/LCW 现地控制工作站。

第二种情况是用于 CBTC 系统降级模式时对于联锁的控制。例如,在 ATS 不可用的情况下,联锁将需要检测这个情况,并且自动运行在轨旁自动模式下。在降级运行时,MicroLok 将自动排列正线直接通过进路,并自动在终点站提供先进先出的进路安排。如果需要使用联锁本地人工控制替代轨旁自动模式,将按键开关放置在本地控制位置,联锁由 LCW 人工控制。在联锁的本地人工控制时,LCW 将提供计轴区段轨道占用和进路在本联锁区域的显示,并提供人工请求进路功能。

现地控制工作站位于设备集中站的车站控制室。该工作站通过接入交换机(AS)接入 DCS 网络,并通过串口直接接入到联锁设备。

本地人工控制仅限于本 SER 联锁控制区域。邻近的联锁将继续以先前配置的模式运行。

有两种情况需要使用联锁的本地控制。

发送到 ATS 和 LCW。联锁之间的通信不受该按键开关的影响。

联锁本地人工控制由被联锁监控的一个按键开关启用。按键开关的位置被发送到 ATS 用于显示和关闭的状态指示。当按键开关处于 ATS 位置时,ATS 系统控制联锁,联锁将忽略 LCW 的控制请求。当按键开关处于本地时,LCW 控制联锁,任何由 ATS 发出的控制请求都被忽略。无论按键开关在何位置,当前状态信息都会被同时发出控制请求信息。

一种情况是在测试阶段支持联锁的自我检测。对于这种情况,按键开关将会放置在本地控制位置,联锁会由 LCW 人工控制。在联锁的本地人工控制时,LCW 将提供计轴区段占用和进路在本联锁区域的显示,并提供人工请求进路功能。

在联锁区域内,设备集中站的 ATS 车站工作站与联锁设备的操作工作站合用,称为现地控制工作站。每个工作站设置两台彩色液晶显示器,每个联锁控制器配备一套现地控制工作站(ATS/LCW)。

B. 维护工作站(MSW)。

维护支持工作站(MSW)是一台配有彩色 LCD 监视器的用于维护目的的工作站。设备集中站的 MSW 能够管理和显示仅在其所管辖区域内的设备工作状态和警报信息。MSW 可用于本联锁区域的故障查找任务。

每个设备集中站有一台 MSW,显示相关的维修信息,这些信息存储于中央维护服务器(CMS)。

3)MicroLok Ⅱ子系统原理

①联锁原理。

联锁控制器是一个安全逻辑处理器,除处理联锁逻辑之外,还提供故障安全二进制输入/输出管理。一般地铁信号系统采用 MicroLok Ⅱ轨旁控制系统作为联锁控制系统。

MicroLok Ⅱ系统由单 68322 安全微处理器板控制,基于一个具有软件多样性和自诊断功能的特殊安全结构。与联锁设备的接口是由指定的 I/O 板(继电器、信号机等)处理的。

每个 MicroLok Ⅱ系统包括一个主单元和一个备用单元,一个用于正常运行;另一个备用。如果在线的系统出现故障,备用系统将自动转为在线系统。在线单元监控备用单元的状态,如果备用单元不可用,在线单元将向本站的 MSW、控制中心及维修中心的维修工作站报警并显示。双线圈的输出继电器由来自两个不同机笼的输出信号驱动。

MicroLok Ⅱ安全处理器是一个专为铁路安全应用而设计的基于微处理器的逻辑控制器,其基本功能是根据一个标准的执行程序和一个专为安全功能而设计的应用程序,来处理输入量并生成相应输出,达到控制安全联锁的功能。

MicroLok Ⅱ机笼外观如图 5.9 所示。

图 5.9　MicroLok Ⅱ机笼外观

A. 差异与自检技术。

MicroLok Ⅱ平台结合了差异与自检以及内部故障安全技术。差异与自检是公认的安全原则,用于 USSI 开发的所有主系统中。差异是指以不同的方式执行操作,自检是指执行健康状态自我诊断以检验处理器乃至整个系统持续的健康状况。

差异:旨在通过使用不同的数据库和不同的算法进行两次运算,从而保证给定运算结果的正确性。在执行第一次运算过程中,运算数据将取自第一个数据库,并采用第一种算法计算结果。第二次运算将采用第二个数据库中的数据并采用第二种算法来计算结果。然后对两次运算的结果进行比较,如果发现结果不一致,则宣布存在系统错误,否则,继续执行正常处理。差异的概念又称为"双路径"。同样,两个独立数据库的用法被称为"双存储",如图 5.10 所示。

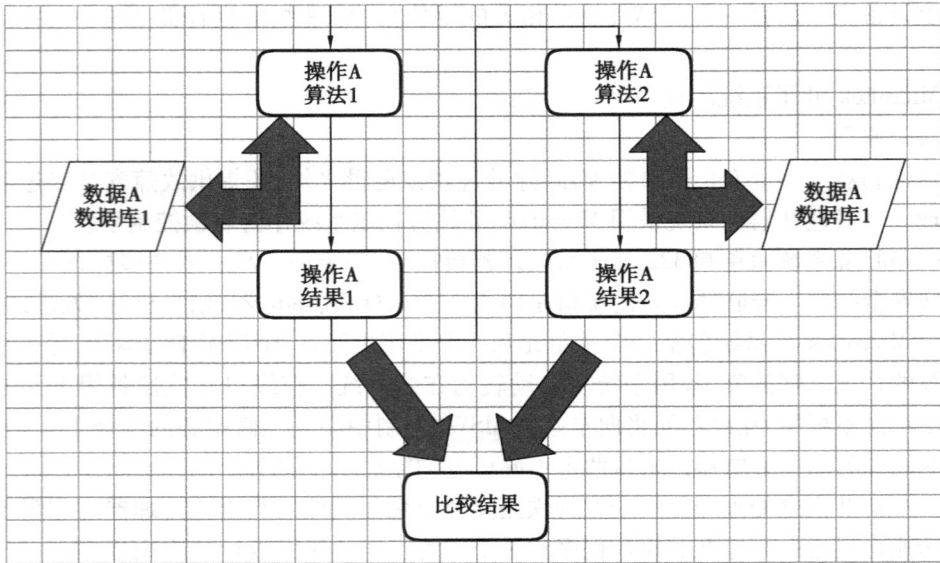

图 5.10 双路径/双存储的分集概念

自检:是通过一系列"分层"诊断实现的。处理器完整性将依靠一套由系统软件/应用软件正常运行时,所用全部处理器运算所组成的指令集测试、主寄存器测试以及数据/地址总线等进行验证。系统的主要硬件部件通过频繁监控和控制算法,以确保硬件完整性。

由于任何一种特定的诊断方法不能确保检测出所有可能的故障模式,所以将采用分层诊断法。通过分层设置不同诊断方法,而每一种诊断方法具有不同的覆盖率,则可降低漏检共模故障的几率。

B. 微处理器。

图 5.11 所示为美国联合道岔信号国际有限公司(ASTS)基于微处理器的一个典型系统的框图。该系统采用了"差异"和"自检"的概念,也就是其主要运算都以不同方法和不同的软件运算来完成,主要的系统硬件通过自检运算进行检测。仅当不同逻辑运算结果一致且自检未发现任何故障时才允许输出。该系统结合了安全硬件和非安全硬件以及系统软件,这些软件在硬件内置的各种诊断器进行连续监控的过程中,采用双路径处理和双存储技术(分集),基于特定应用程序逻辑表进行主要运算。设备关键部分存在的任何故障都将导致受控系统返回至安全状态。

所有 ASTS 的安全的基于微处理器的产品都采用了基于单个处理器的"差异"和"自检"原理,以确保系统安全。在正常情况下,要求处理器不断切换"续电"信号(250 Hz 或 500 Hz)以驱动称为 CPS(Conditional Power Supply,条件电源供给)的安全电路,CPS 为安全输出提供电源。如果任何一个"差异"和"自检"程序检测出重大错误,CPS 将收到断电信号,从而导致输出端缺电和系统关闭。此外,一旦处理器存在重大故障,它将不能维持"续电"信号,并再次

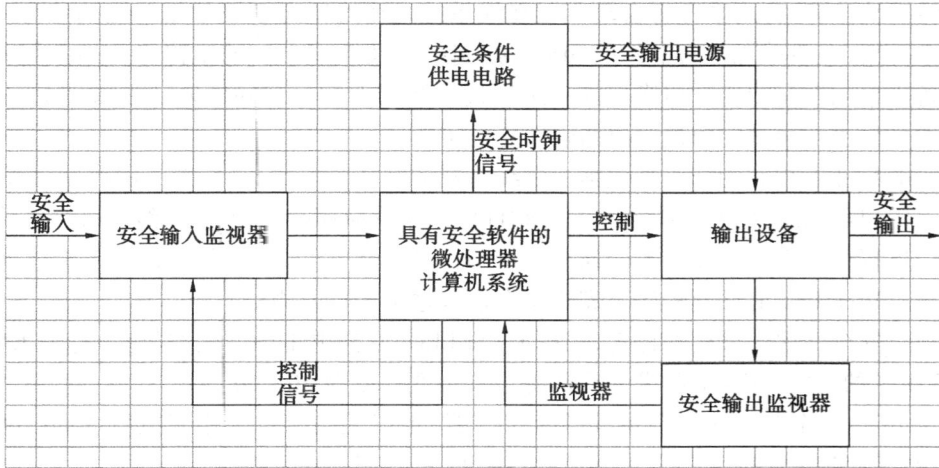

图 5.11　ASTS 公司微处理器系统典型框图

导致系统关闭。CPS 在设计上采用"故障—安全"技术,并且不存在会因处理器未能发出续电信号而产生输出的任何故障模式。

因此,在 ASTS 公司的所有安全产品中还使用了另外了一个基本概念,即采取主动行动维持系统运行而规避任何关闭系统的行动(该概念被称为"行动规避原则")。由于要求一系列主动行动(如向 CPS 发送精确频率的切换信号),所以能保证系统正确运行。

C. 输出控制。

每一输出设备都由处理器控制,并受一个向处理器提供反馈的电路所监控,从而确保所有输出都是处理器实际所要求的。并且,为检验反馈回路的完整性,输出将以一定周期循环执行。如果某一输出已启动,处理器将关闭该输出一瞬间,然后通过接收监控器的响应来验证该请求的正确性。当某一输出被关闭,处理器将启动该输出一瞬间,然后通过接收监控器的响应来验证该请求的正确性。一旦验证失败,将导致系统关闭并复位。

条件电源安全电路的作用在于当且仅当内部诊断程序正确执行后产生安全时钟信号后向输出装置提供电源。诊断检测或系统校验失败将导致时钟信号终止,继而导致输出端供电终止。

D. 输入控制。

输入接口电路采用了控制原则与输出电路的控制原则相似。任何输入端去电之后将导致更为受限的情况(比如:轨道占用、红点或灭灯等)。特定电路板上每一输入接口均通过闭路安全输入监控器的作用强制进入强受限状态。然后,输入端被读取并验证是否真正允许强制进入强受限状态,以此确保不发生输入接口电路故障从而导致弱受限状态的输入。

E. 处理器运行控制。

安全保障是通过多层的诊断软件连续的监控处理器以及非安全硬件的"健康"。当一个故障被监测出来,电源就从输出状态转移,处理器就会被置于自循环状态。

②通信原理。

所有 MicroLok 设备通过以太骨干网互相通信。每一套 MicroLok 设备都有自己唯一的 IP 地址,通信协议允许安全数据在 MicroLok 设备之间交换。

4)子系统性能

每一个 MicroLok Ⅱ系统包含一个正常工作单元和一个备用单元,一个工作另一个备用。

如果在线系统故障,备用系统将自动变成在线系统。在线单元监控备用单元的状态,如果备用单元不可用,在线单元将向本站的 MSW、控制中心及维修中心的维修工作站报警并显示。在线和备用单元之间的故障切换也能人工通过控制器上的一个硬件复位设备完成。一个特别单元的复位也能通过应用程序内的软件复位实现。

MicroLok Ⅱ编程和诊断工具包括一个编译器和一个模拟器,非易失应用存储编程软件和模拟口。用户可用编译器、模拟器和编程软件修改系统应用软件,并在离线时进行确认。

模拟口程序用于监测和模拟任何一个串口。这些程序可用于带有相应串口的笔记本电脑上使用。MicroLok Ⅱ诊断程序可完成每个输入输出比特的测试。

经独立安全性评估机构的评定,根据 CENELEC(欧洲电工标准化委员会)标准 EN 50128 和 EN 50129 的规定,MicroLok Ⅱ平台的综合安全性等级为 SIL4 级。

图 5.12 是一个典型的联锁系统的机房布置,柜门关闭的机柜用来放置 MicroLok 设备。图中"开放式"的机架是电源,安全继电器(接口)和 AAR 分线盘架。

图 5.12 联锁系统的机房布置

5)软件

MicroLok Ⅱ系统软件有执行软件和应用软件两种。

①执行软件。

执行软件——包括适用于所有 MicroLok Ⅱ系统的永久的安全计算结果和 I/O 处理软件。该软件包括所设计的确认安全输入和输出状态的例行程序;保证所有的安全输出是完全可控的并在系统出现故障的情况下,切断安全输出的电源。保证输入和输出以及串行通信的安全。

标准的 MicroLok Ⅱ软件还执行在用户程序中定义的输入、内部和输出逻辑的工作,以及不同操作层的诊断例行程序。该软件按照标准修改控制协议进行管理,在工厂阶段,进行测试,并装到安全的 CPU 板上。

②应用软件。

应用软件——为用户开发的专门应用程序,该程序是在一台计算机上用布尔代数书写和编译的,以应用工程师易于理解的方式生成系统逻辑。完成的程序被切换成一种特定格式并能烧入 MicroLok Ⅱ系统中所使用的 FLASH PROM 芯片中。

对于每个用户,MicroLok Ⅱ应用软件在工厂里配置,遵循现场选用的校准。校准的数据单独存在一个 EEPROM 上,每次不需要重新编写这些校准数据。

6)接口

①与基础信号设备接口。

A. 联锁控制器与转辙机的接口。

联锁控制器通过安全继电器与转辙机相连接,支持与任何类型转辙机的接口,确保安全、可靠地控制道岔转辙机,正确、可靠地采集道岔位置表示信息及挤岔信息。继电器通过硬线与联锁控制器的并行输出相连。

只有当道岔实际位置与操作要求一致,并经检查自动开闭器的两组接点排的相应接点位置正确,才能构成道岔位置的正确表示。

只有当多点牵引道岔的各点均在规定位置时,才能构成位置表示。

B. 联锁控制器与信号机的接口。

联锁控制器通过安全继电器与信号机相连接,确保正确、可靠地控制信号机以及采集信号机的显示状态和报警信息。继电器通过硬线与联锁控制器的并行输出相连。

对于不同显示的信号机联锁控制器有不同的输出控制命令,即输出不同的点灯继电器。

对应于每架信号机,联锁控制器采集输出继电器的状态,确认信号机是否在正确显示状态下。

另外,对应于每架信号机,联锁控制器通过采集灯丝继电器来获知信号机开放信号的完好状态,一旦故障立即显示红灯。

C. 联锁控制器与计轴的接口。

联锁控制器通过安全继电器与计轴主机接口,确保正确、可靠地采集计轴的空闲/占用状态。计轴主机通过串行口给出故障信息。

D. 联锁控制器与紧急停车按钮的接口。

联锁控制器通过继电电路与紧急停车按钮接口,紧急停车按钮继电器平时常态为吸起状态。

E. 联锁控制器与自动折返按钮的接口。

联锁控制器通过继电电路与自动折返按钮接口。

在折返站的站台上,分别设置无人自动折返按钮,在执行列车无人自动折返时,由列车驾驶员下车操作。通过继电方式将该信息送至联锁系统。

②与其他子系统接口。

A. 联锁控制器与 ATS 子系统的接口。

联锁控制器与 ATS 子系统的通道基于 10/100 M 以太网连接和光纤骨干网,使用 UDP/IP 协议。联锁控制器和 ATS 之间交换的信息包括但不限于:

a. 联锁控制器至 ATS。

- 计轴区段状态;
- 信号状态(包括进路状态和信号闭塞状态);
- 道岔位置及状态(包括锁闭);
- 进路请求表示;
- 进路锁闭表示;
- 站台屏蔽门状态;
- 屏蔽门打开/关闭;
- 激活站台紧急停车按钮状态;
- 自动折返请求;
- 自动折返取消。

b. ATS 至联锁控制器。

- 自动请求(进站和出站);

- 受限的人工进路请求(进站和出站);
- 信号引导请求(进站);
- 信号锁闭(用于区段封锁);
- 道岔定位/反位/锁闭请求。

B. 联锁控制器与 ZC 的接口。

通道基于 100/1 000 M 以太网连接和光纤骨干网,使用 UDP/IP 协议。

C. 联锁控制器与综合后备盘(IBP)的接口。

联锁控制器通过继电电路与综合后备盘(IBP)接口。

对应综合后备盘(IBP)的每个按钮,设置相应的继电器,由联锁子系统采集该继电器的状态信息,实现联锁控制。接口分界点在 IBP 接线端子外侧。

D. 联锁控制器与站台屏蔽门的接口。

联锁控制器通过继电电路与站台屏蔽门接口。接口分界点在各站的站台屏蔽门设备室的屏蔽门 PSC 的接口端子盘上。

E. 联锁控制器与车辆段、停车场的接口。

正线联锁与车辆段、停车场联锁的接口原则上按照在转换轨处的敌对照查关系处理,此接口也通过继电电路方式实现。正线联锁与车辆段、停车场联锁的接口确保列车出、入段运行的安全和作业效率。

(4)正线联锁室内外设备

1)转辙机和计轴器

正线联锁除了有室内外的计算机联锁系统设备外,还包括室外的联锁信号设备和室内的控制部分。

正线室外信号设备主要有转辙机、轨道电路、信标和计轴器,通常城轨正线多使用 ZD(J)9 型电动转辙机,而计轴器有多种型号可供选择,室外设备部分具体内容参见本系列教材《城市轨道交通信号基础设备》项目 2 中的任务 2 和任务 4 的相关内容,这里不再赘述。在这里主要介绍计轴器的室内设备计轴主机、组合柜和分线盘。

①计轴室内设备。

计轴用来检测列车对轨道线路的占用与出清情况,判别列车在区间的大体运行位置,计轴室内设备是计轴系统的逻辑运算与控制单元,通过计轴系统与联锁系统在设备集中站接口,如图 5.13 所示。

每个计轴检测区段设有一个轨道继电器,当区段占用或设备故障时,轨道继电器均落下;当区段空闲时,轨道继电器均吸起。轨道继电器采用安全型继电器来安全、可靠地实现辅助列车位置检测,提供非 CBTC 列车及 CBTC 故障列车的位置条件。

CBTC 系统正常工作时,计轴系统不干扰 CBTC 系统的工作。计轴系统失效时,CBTC 系统将继续对具有 CBTC 功能的列车提供 CBTC 的操作。但在这种情况下,非 CBTC 列车将不能在计轴失效的区域运行,直到计轴系统修复为止。联锁区域间计轴设备连接示意图如图 5.14 所示,计轴室内主机柜如图 5.15 所示,不同型号的计轴主机如图 5.16 所示。

计轴设备作为 CBTC 信号系统功能降级模式下检测列车对轨道线路的占用与出清情况判别列车在区间的大体运行位置的重要技术装备,一旦计轴设备故障,会导致对故障区段内列车位置的监控丢失,严重影响行车安全与行车效率。

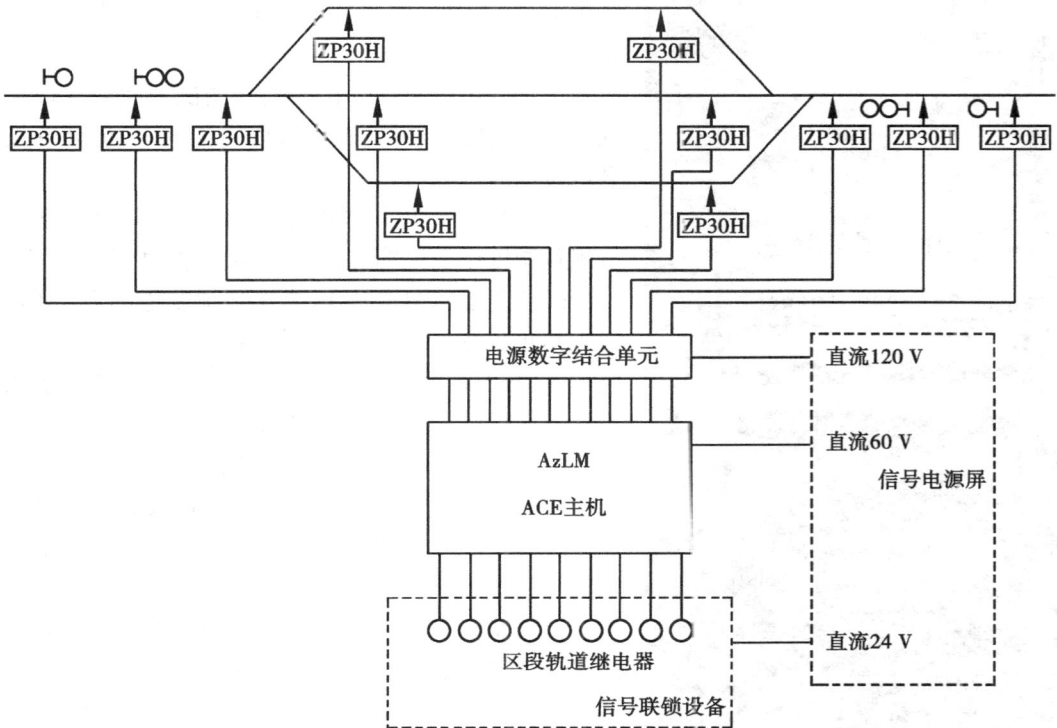

图 5.13　计轴系统连接示意图

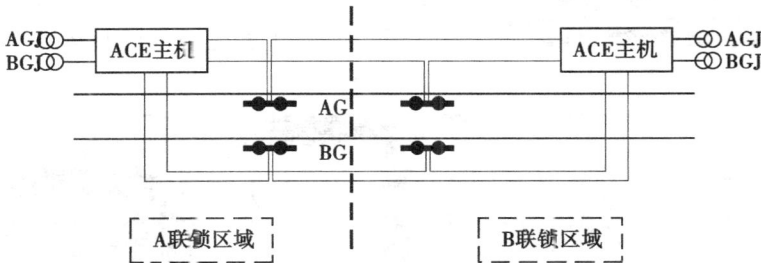

图 5.14　联锁区域间计轴设备连接示意图

计轴设备是一种通过检测和比较进入和离开轨道区段的列车车轮轮轴数来判断相应轨道区段的空闲/占用状态,并将判断的结果经继电器输出的轨道空闲检测装置。

计轴头由装在一体的两个电子传感器组成的双置传感器组成,发射器装在钢轨外侧,接收器装在钢轨内侧。列车从所检测区间的一端出发,驶入区段,经过计轴点的双置传感器时运算单元对传感器产生的轴信号进行处理、判别并计数,同时将"计轴数"及"驶入状态"等存储起来,当列车驶出区间,经过下一计轴点时运算单元对"计轴数"和"驶出状态"与驶入时的"计轴数"和"驶入状态"进行比较,等待校核无误后给出所检测区间的空闲信号。

计轴系统的主要设备包括磁头、电子盒、安装盒(黄帽子)和计轴评估器(ACE)。

轨道磁头两个物理偏移的线圈装置 Sk1 和 Sk2 组成,它们安装在同一根轨道上。轨道外侧是两个 Tx 线圈,轨道内侧为两个 Rx 线圈,产生约为 30 kHz 的不同频率的两种信号,在轨道附近形成电磁场。这些装置提供了两个时间偏移的感应电压,利用这些装置就可以在电子单元中确定是否通过轮轴以及轮轴的行驶方向。基于可靠性原因磁头中除线圈外不存在其他

图 5.15 计轴室内主机柜

电子部件,参见《城市轨道交通信号设备基础》相关任务。

关于复零。复零的目的是在调试期间或在设备出现干扰时清除计轴区段,即区段内无列车,但计轴设备显示占用时。

复零是一个安全作业程序,必须在调度和维护人员规章制度中加以明确定义,一般有两种复零方式:

a.预复零。ACE 一旦接收到预复零命令,ACE 检查无禁止复零的技术条件(如持续故障等),随后列车通过区段,ACE 检查计轴点的正确运行,只有当进入和离开该区段的轴数相同时,ACE 才会使该区段出清。

b.直接复零(强制复零)。执行直接复零前,调度员必须确保区段内无车。ACE 一旦接收到直接复零命令,在 ACE 检查无禁止复零的技术条件时(如持续故障等),将使该区段立即出清。

计轴系统一般都具备在线诊断功能,可以同时诊断多台 ACE,实时显示计轴设备的工作状态,如图 5.17和图 5.18 并将相关信息主动报给维修子系统或微机监测,还可以将计轴设备的状态存储在数据库中用于故障分析,对数据库中存储的数据可以进行各种组合查询,极大地方便了现场调试及运营维护人员的故障分析和处理。

图 5.16 不同型号的计轴主机

2)组合柜与分线盘

①组合柜。

组合柜也称为组合架,如图 5.19 所示,主要用来安装与室内外设备相关的各类继电器,如转辙机动作继电器、表示继电器、信号机继电器、轨道继电器、灯丝报警装置(图 5.20)等,实现室内外设备的联动、控制信息的传输、执行结果的表示等功能,组合柜一旦故障将影响室内外设备的联动与控制信息的传输、执行结果的表示等功能,导致设备不动作或者控制信息

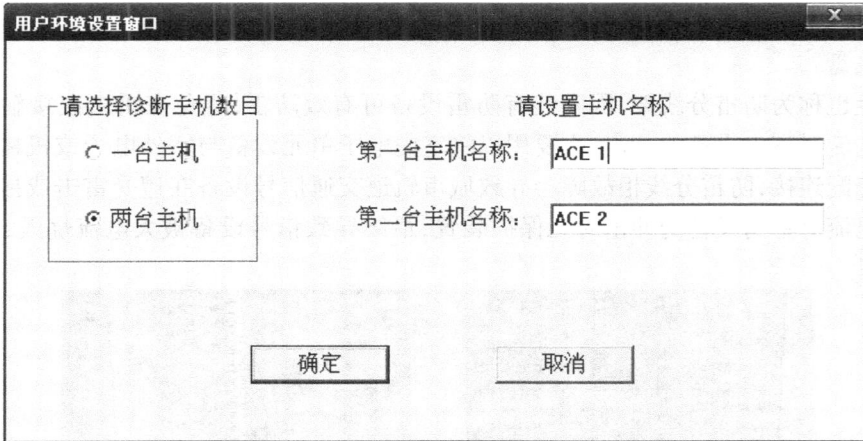

图 5.17　计轴诊断软件

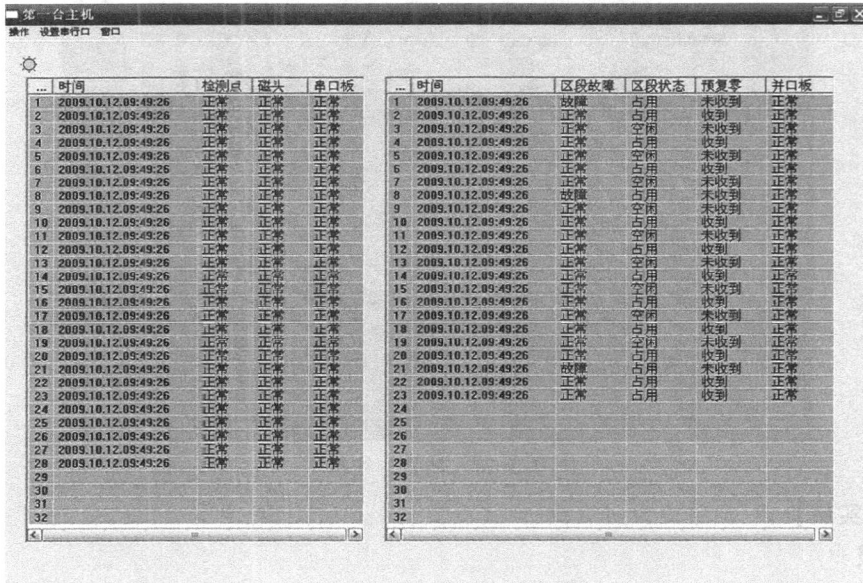

图 5.18　计轴诊断软件窗口

图 5.19　组合柜

图 5.20　继电器及灯丝报警装置

无法下达、执行信息无法回传等故障。

②分线盘。

分线盘也称为防雷分线架,因安装有防雷设备可有效防雷,避免在雷击或接触网断裂时产生的大电流对室内设备的冲击,主要用以将室内电子单元设备与室外电子或机械部分设备进行合理分配连接,防雷分线柜故障会导致城市轨道交通信号设备在遭受雷击或接触网断裂产生的大电流对室内设备的冲击时无保护装置,最终导致信号设备被大电流烧毁,如图 5.21 所示。

图 5.21　防雷分线柜

【任务实施】

任务提出

城轨正线计算机联锁系统关系到行车安全,是城轨信号系统的重要组成部分,从业前务必学习。

实施过程

1.准备相关资料,例如联锁的相关概念、不同公司的正线计算机系统的结构组成和原理等资料。

2.组织学生去实训场地分组进行任务实施。

3.学生分组讨论学习计划。

4.组织学习不同公司正线联锁系统的结构组成、功能原理等内容。

5.各组通过现场设备、视频及各种学习资料进行任务的实施。

6.各组将学习的成果进行汇报。

7.对学生的学习情况进行评价。

【任务考评】

任务实施过程考核评价表

考评项目		配分（分）	要　求	学生自评	小组互评	教师评定
知识准备	现场参观安全教育					
	教学资料准备	10	安全教育考试合格			
任务完成	联锁的相关内容	20	熟悉程度			
	联锁系统结构及原理	20	熟悉程度			
	分线盘、组合柜等	20	熟悉程度			
	任务实施过程记录	5	详细性			
	所遇问题与解决记录	5	成功性			
现场学习表现		5	违章不得分			
协调合作,成果展示成绩		15	小组成员的参与积极性、成果展示的效果			
成　绩						
总成绩 （根据需要按照自评、互评和教师评价作百分比计算,以学生为主、教师为辅）						

<h2 align="center">任务 2　正线电源系统</h2>

【场景设计】

1. 多媒体教室,现场联锁车站设备房或校内联锁模拟实验室,人数根据实际情况确定。

2. 教学用的 PPT、视频及相关教学引导资料。

3. 考评所需记录、评价表。

【知识准备】

（1）正线电源屏系统简介

　　智能信号电源屏（电源系统）,是指采用电力电子技术,具有实时监测、报警、记录和故障定位功能的供电设备,给铁路信号负载提供纯净、稳定的电源。本任务以不同系列电源屏为例进行介绍。

　　1）信号智能电源屏命名规则

　　厂家不同期命名规则也不同,例如北京鼎汉技术股份有限公司 PZG 系列电源屏为 PZ 系列的第二代产品。其命名规则为:

　　其中,类型一栏含义如下:

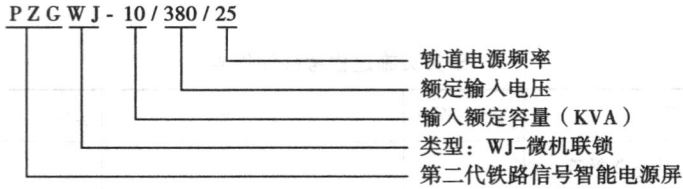

```
P Z G W J - 10 / 380 / 25
```
—————— 轨道电源频率
—————— 额定输入电压
—————— 输入额定容量（KVA）
—————— 类型：WJ–微机联锁
—————— 第二代铁路信号智能电源屏

DQ——继电联锁电源屏（电气集中电源屏）；

WJ——计算机联锁电源屏（微机联锁电源屏）；

TF——驼峰电源屏；

QJ——区间电源屏；

GD——25 Hz 电源屏（轨道电源屏）；

TS——交流电动转辙机电源屏（提速电源屏）；

外观如图 5.22 所示。参考系统图如 5.23 所示。

图 5.22　信号智能电源屏系统图

其中，I，II路交流电由信号室配电箱引入后，进入电源屏交流配电部分。交流配电部分通过交流接触器选择一路输送进各模块，经整流、逆变等环节，各模块按既定的设计输出各自类型的电流给负载供电。整个过程均受监控。在输入、输出部分均配备防雷器件，能有效避免雷击危害。此图中，两个相同类型的模块输出以实线并联在一起表示均流输出，正常情况下由所有模块均分负载，如两个 DHXD-SD1；两个相同类型的模块输出以实线和虚线并联在一起为主、备输出，正常情况下由主模块（图中实线相连的模块）输出，备用模块（图中虚线相连的模块）不输出，主模块故障时，由备用模块输出。

2）信号智能电源屏结构特征

从机柜前面板上看，北京鼎汉任何机柜的结构均由输入配电单元、模块单元及输出配电单元三部分组成。

输入部分为"Y"型切换，其原理图如图 5.25 所示。

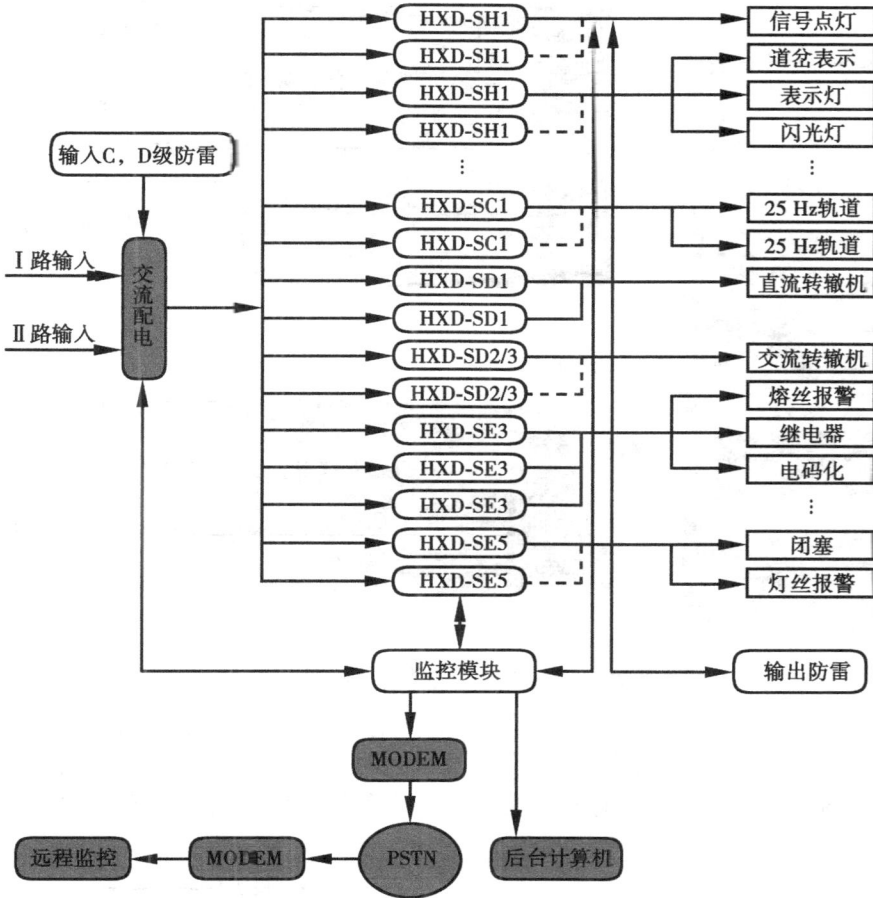

图 5.23　信号系统电源屏参考系统图

图 5.24　直流机柜(左)、
交流机柜(右)结构图

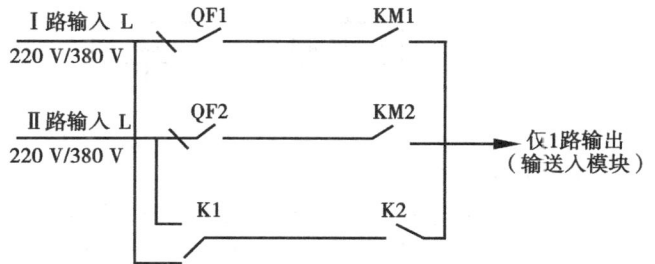

图 5.25　"Y"型切换原理图

QF1～QF2 为手动转换开关,KM1,KM2 为交流接触器,KM1,KM2 具有电气和机械互锁特性。K2 为隔离直供开关,K1 为直供时Ⅰ,Ⅱ路选择开关。

输入、输出配电单元参考实物,如图 5.26 所示(直流屏)。

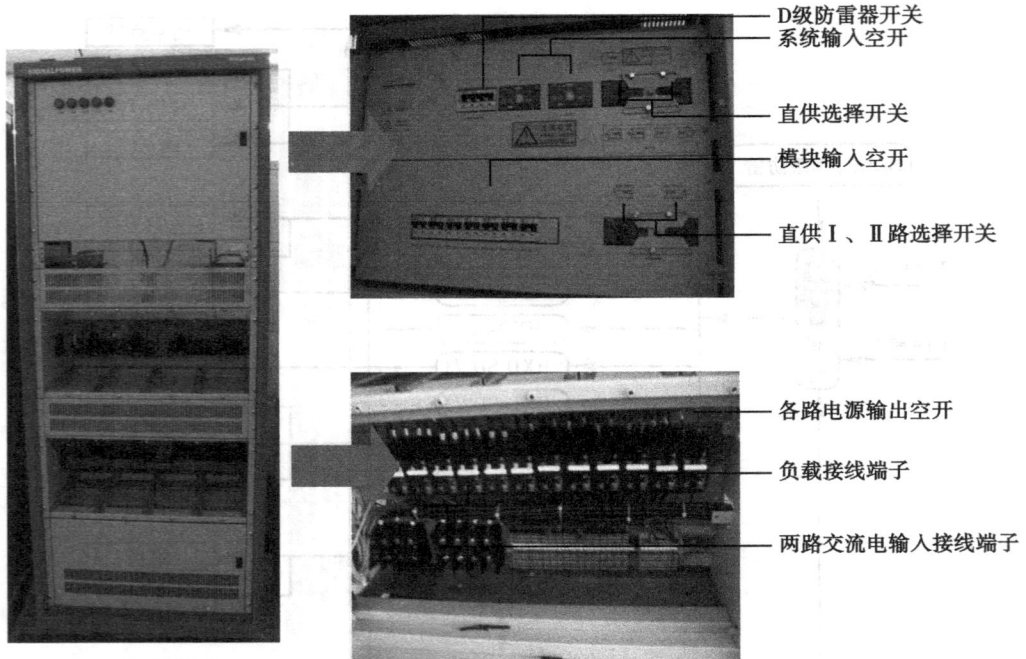

图 5.26　输入、输出配电参考实物图(直流屏)

　　从功能上划分,鼎汉信号智能电源屏可分为配电、模块、防雷及监控四部分。

　　鼎汉信号智能电源屏输入输出都采用了比较完善的防雷系统,同时考虑信号设备复杂的工作环境,系统给室外设备供电的输出也设有一级输出防雷,保证系统在恶劣的环境下可靠工作,防雷系统原理如图 5.27 所示。

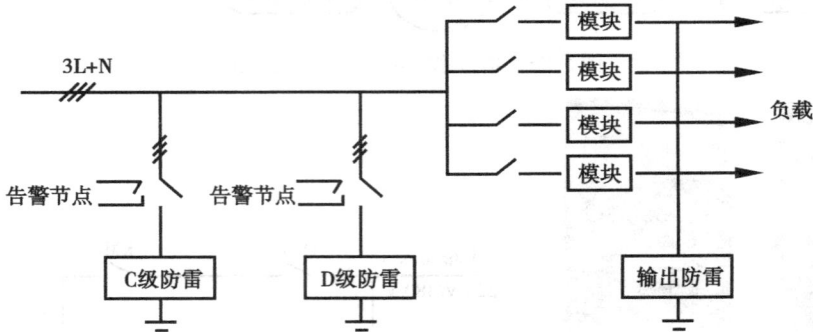

图 5.27　系统防雷原理图

　　通过 C,D 两级防雷(有些机房外面也安装了容量更大的 B 级防雷),能最大限度地防止雷电危害。输出防雷主要防止输出部分遭受雷电危害。

　　监控系统采用三级集散式监控体系。分为模块监控和配电监控、监控单元监控及远程监控。

　　(2)iTrust UL 33 系列 UPS 系统

　　1)产品组成和原理

　　①基本组成。

　　UL 33 系列 UPS 系统主要包括由整流模块(REC)和逆变模块(INV)组成的 AC-DC-AC 变换主回路、由两组反向并联的可控硅组成的旁路静态开关、维修旁路空开 Q3BP、输出隔离变压器和静态开关、蓄电池组以及输入/输出空开 Q1/Q5 等。

UL 33 系列 UPS 系统基本工作方式是主路交流电源从空气断路器 Q1 输入，经过整流模块将交流电源变成直流电源，完成 AC/DC 变换，一方面给并接在直流母线上的蓄电池组进行浮充充电；另一方面向逆变模块提供可靠的输入直流电。逆变器进行 DC/AC 变换，将整流模块和蓄电池提供的直流电源变换成交流电源，经过隔离变压器输出。UPS 系统应用实时处理和全数字控制技术，从主回路静态开关输出稳定、洁净、不间断的交流电源。输入电源也可以从包含有静态开关的旁路回路向负载供电。另外，在要求负载电源不停电而对 UPS 内部进行维修时，可使用维修旁路开关 Q3BP。

②工作原理。

UL 33 系列 UPS 单机系统主电路图，如图 5.28 所示。

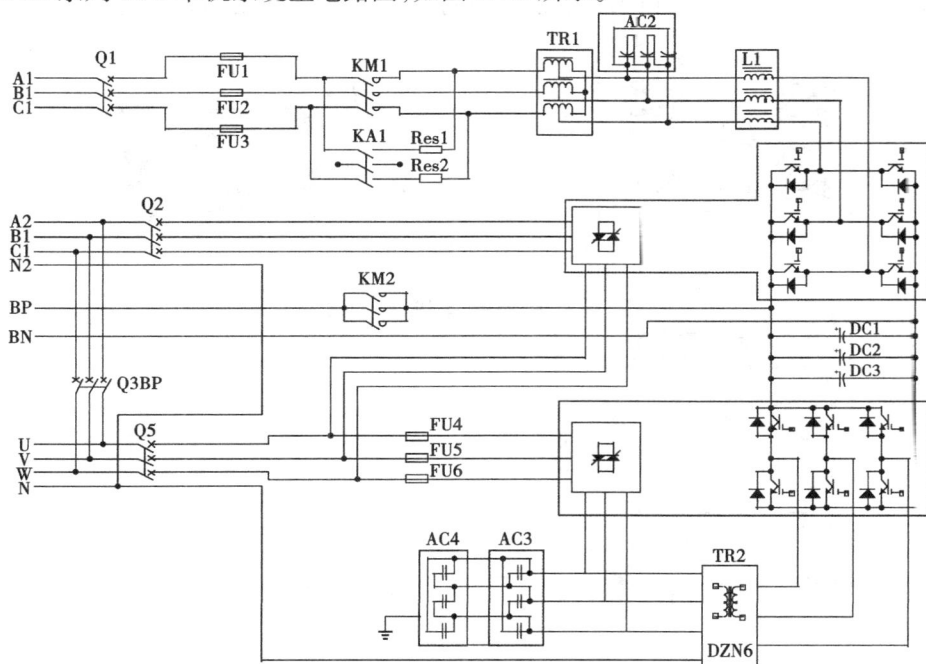

图 5.28　UL 33 系列 UPS 单机主电路原理图

主路输入电源从空气断路器 Q1 输入，通过熔断器保护系统，经自耦变压器降压，通过输入电感进入高频六管整流单元，高频整流/充电器将三相交流电变换为稳定的直流电源，同时实现功率因素校正；该部分电路采用分步式多重软启动功率回路和 DSP 实时处理的全数字控制技术，提高了系统的抗冲击能力和直流母线电压的稳定性，可减小蓄电池充电纹波，延长蓄电池的寿命。

蓄电池通过接触器接入，只有在直流母线电压达到一定阈值时接触器才能将蓄电池组与直流母线并联接通，蓄电池通过直流滤波电路向逆变器提供直流电源。

逆变器采用 DSP 实时处理的全数字矢量控制技术，通过 SVPWM 调制 6 只 IGBT 功率开关器件，把直流母线电源变换成三相交流。输出经过 △/Z0 变压器、静态开关、快速熔断器、空气断路器等功能单元，实现负载端与输入侧的隔离。

旁路输入电源从空气断路器 Q2 输入，通过旁路静态开关的控制后输出。

双 DSP 和单片 MCU 组成全数字控制系统,为本机强大的功能提供了可靠保证。通过控制旁路静态开关和逆变器输出静态开关的通断状态可实现多种工作模式的切换,先进的电池管理可延长电池寿命,多种通信接口和管理软件为管理个性化提供了可能。

UL 33 系列 UPS 并机系统采用全数字、分散式在线并联。各台 UPS 由并机板引入并机逻辑信号和环流检测信号,可实现最多 8 台同型号 UPS 的直接并联。UL33 系列 UPS 电源能够实现 N+X 冗余并联、扩容并联及串联热备份等多种工作方式。在线并机方式不需增加任何辅助设备,可缩短停电时间甚至无须断电,从而提高系统可靠性。

③结构布局。

如图 5.29 所示,UL33 系列 UPS 系统主要由整流模块、逆变模块、辅助电源、输入输出配电、监控系统、并机控制、防雷和 EMI 系统、风扇制冷系统、输入输出隔离滤波系统等组成。

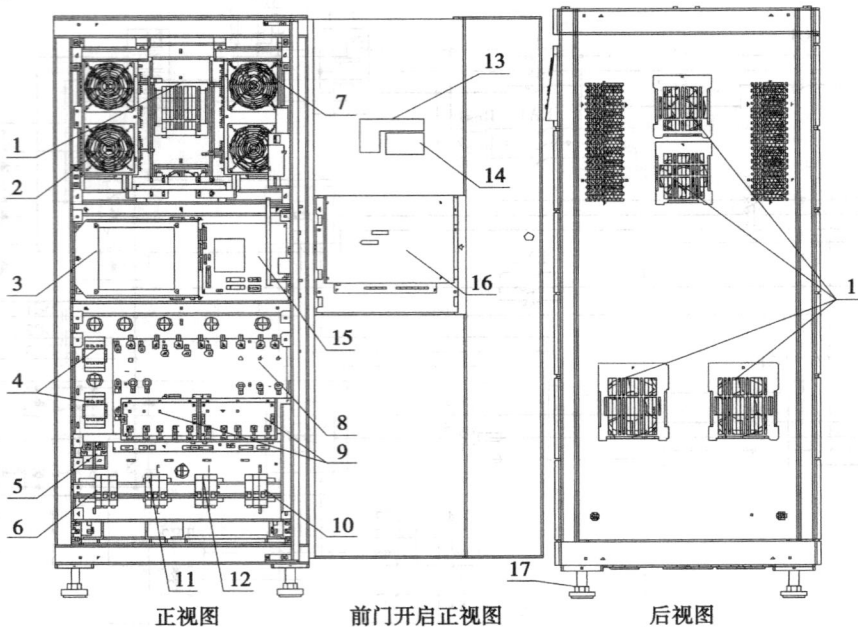

图 5.29 20k/30k UPS 元器件布局图

1—风扇;2—整流模块;3—两块辅助电源板 ULW2L61M5;4—交流接触器;5—电池输入接线端子;
6—手动维修空气断路器 Q3BP;7—逆变模块;8—配电板 ULK2L61R1;9—D 级防雷器 SPD12Z;
10—输出空气断路器 Q5;11—主路输入空气断路器 Q1;12—旁路电源输入空气断路器 Q2;
13—操作键盘板 ULW2L61K1;14—液晶显示屏;15—并机板 ULW2L61M3;
16—监控板 ULW2L61U2;17—地脚螺钉 4 个

2)基本功能

①正常工作模式。

在主路市电正常时,UPS 一方面通过整流器、逆变器给负载在线提供高品质交流电源;另一方面通过整流器为电池充电,将能量储存在电池中,其原理框图如图 5.30 所示。

交流电故障后由发电机供电且发电机容量足够大时,称为智能发电机工作模式。

②电池工作模式。

当主路市电异常时,系统自动无间断地切换到电池工作模式,由电池逆变出用户所需的三相四线交流电源向负载供电。市电恢复后系统自动无间断地恢复到正常工作模式,原理框

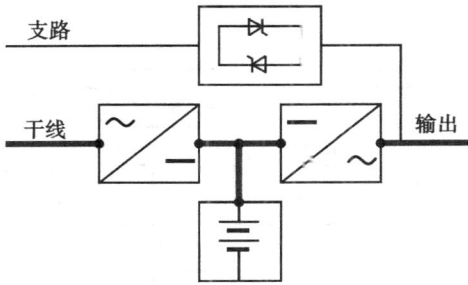

图 5.30　正常工作模式

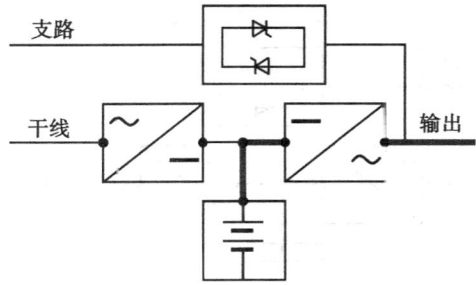

图 5.31　电池工作模式

图如图 5.31 所示。

③旁路工作模式。

旁路工作方式有两种:一种能自动恢复到正常工作模式,另一种需人工干预才能回到正常工作模式。

在逆变器过载延时时间到、逆变器受大负载冲击等情况下,系统自动无间断切换到静态旁路电源向负载供电。在 UPS 恢复正常后,系统自动恢复正常供电方式。

当用户关机或主路市电异常且电池储能耗尽,或发生严重故障等情况下,逆变器关闭,系统会停留在旁路工作模式。此后若需恢复到正常工作模式,则需用户重新开机,其原理框图如图 5.32 所示。

④ECO 工作模式。

如果负载对电源的质量要求不是很高(如用户设备允许断电达 20 ms),而对系统的效率要求较高时,可通过设置让系统工作在"ECO 工作方式"。在这种方式下,旁路电源正常时系统通过静态旁路给负载供电,主路通过整流器给电池充电;当旁路电源断电或超出允许范围时,UPS 会自动将负载切换到由主路或电池逆变器供电(间断时间<15 ms)。当旁路电源恢复正常后(在允许范围内),系统会自动地恢复到 ECO 工作模式,从而大大提高了系统的效率,其原理框图如图 5.33 所示。

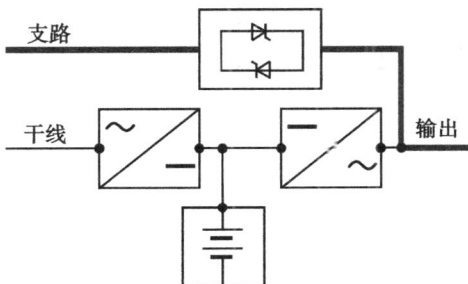

图 5.32　旁路工作模式

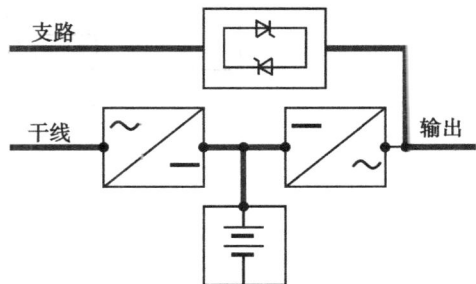

图 5.33　ECO 工作模式

⑤维修工作模式。

需要对 UPS 系统及电池等进行全面检修或设备故障需维修时,可以通过闭合维护开关 Q3BP,将负载转向维修旁路直接供电,以实现对 UPS 不停电维护。维修时需要断于 UPS 内部的主路输入、旁路输入电源和电池输入开关以及输出开关,实现 UPS 内部不带电而对负载仍然维持供电的维修工作模式,原理框图如图 5.34 所示。

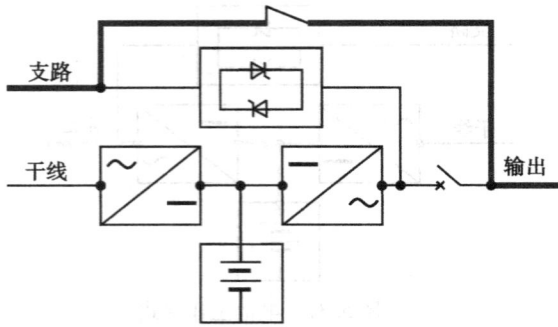

图 5.34　维修工作模式

图 5.35　联合供电工作模式

⑥联合供电工作模式。

柴油发电机组与蓄电池联合供电模式。当市电无法供电,柴油发电机组输出功率又不满足负荷需求时,蓄电池会自动辅助供电,实现联合供电模式。联合供电时间应当服从电池管理系统的设置,其原理框图如图 5.35 所示。

⑦并机工作模式。

多台 UPS(最多 8 台)在冗余并机或增容并联的工作方式时,各台 UPS 之间自动均分负载,如果其中一台 UPS 出现故障,该台 UPS 自动退出运行,剩余 UPS 均分负载;如果系统过载,则整个 UPS 系统转旁路运行。并机工作又有正常工作模式、电池工作模式、旁路供电模式、维修工作模式和联合供电模式等多种工作模式。

⑧多种电源输入方式。

UPS 系统主路输入和旁路输入可以是同一路电源也可以是两路不同的电源。输入连接方式如图 5.36 和图 5.37 所示。

图 5.36　一路电源输入方式

A. 电池管理。

UL33 系列 UPS 系统具有先进的电池管理功能,主要包括电池故障检测、电池放电后备时间预测及其他多种常规功能。

a. 常规电池管理功能。可以实现多种常规电池管理功能,主要有自动均浮充转换控制、电池预告警关机、定期自动维护、手动电池自检等功能。

b. 电池故障检测。是通过放电法来实现在线检测的,控制电池在某些确定的功率下放

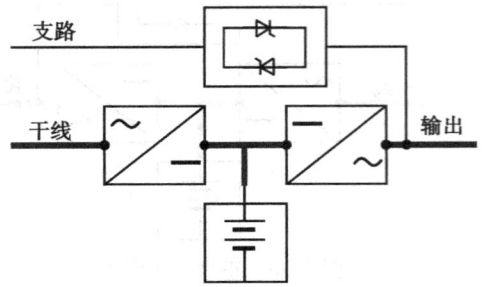

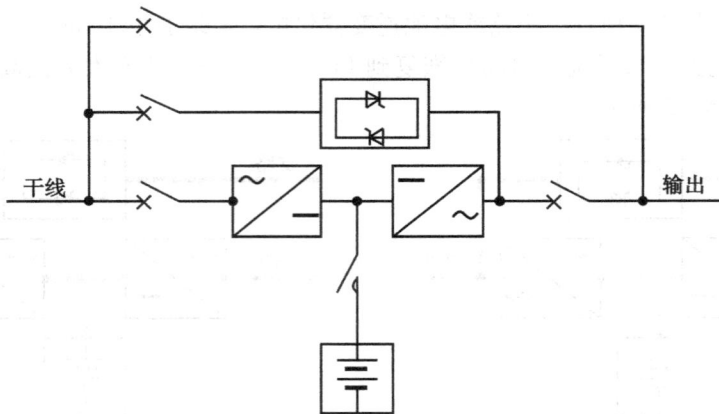

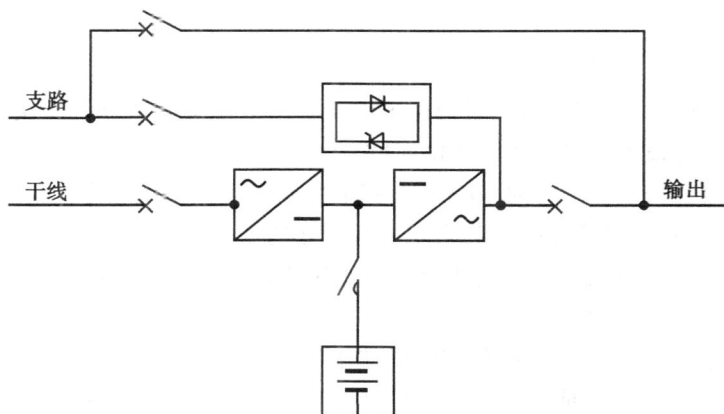

图 5.37　两路电源输入方式

电,并测试停止放电时电池端电压,用所得端电压值与该种型号新电池同样放电情况下的端电压相比较,以确定其容量衰减比率,容量衰减超过某一设定比率时提示更换电池。

c.预测电池放电后备时间。以新电池恒功率放电曲线以及电池检测所得电池容量衰减比率为依据,通过实时计算和监测电池的容量,实现电池在任何状态下对当时负载放电的后备时间预测和显示。

B. 延时软启动。

系统有完备的软启动功能,能大大减小系统启动过程中出现的冲击。当系统上电,辅助电源软启动完毕,确认市电在三常工作范围内以后,t_1 时刻,辅助接触器 KM2 闭合,通过软启动电阻和 IGBT 的并联二极管给母线电容预充电;到 t_2 时刻,主接触器闭合。t_3 时刻,辅助接触器断开,软启动电阻切除,同时启动整流器 IGBT,母线电压继续缓缓升高,t_4 时刻,电池接触器闭合,最后,母线电压稳定在充电电压目标值。

另外,对并机系统,若负荷从电池工作模式向油机供电或联合供电模式切换时,通过设置不同的“发电机延时起机时间”,可以实现 UPS 的分时启动,从而从系统上减轻对油机的冲击。

C. 告警和保护。

UL33 系列 UPS 系统具有多种告警方式,可通过声、光、LCD、干接点以及网络传输方式对当前发生的告警进行及时、准确的告警和详细提示,在提高系统可靠性的同时,帮助维护人员准确快速地定位及排除故障。

根据显示方式可以将告警信息分为提示性弹出告警和已发生告警两类,提示性弹出告警用于提示用户,防止用户因进行某种操作而导致危险,已发生告警主要是指已经发生且当前仍然存在的 UPS 告警信息。

通过设置历史记录查看范围可通过 LCD 查看最近 1~30 d 或全部的历史记录信息,监控系统在 UPS 中最多可储存 200 条事件历史记录,后台监控软件可以存储 2 万条事件历史记录。监控系统提供 UPS 电源系统参数的统计信息(如切换到电池后备供电的次数、切换到静态旁路的次数、电池后备时间、逆变器和旁路电源的运行时间),方便用户维护管理和故障判断。

UL33 系列 UPS 系统具有完备的保护功能。系统提供过压、过流、过温等常规保护措施,功率器件还进行了大幅度的降额设计,同时,系统提供了完备的散热系统。为延长电池的使用寿命,系统不仅提供完备的电池管理,而且在电池能量快用尽时,系统发出预报警并自动安全关机。这些保护措施为系统的可靠工作提供了保证,1+1 并机时的 MTBF 可达 120 万 h。

D. 冷启动。

在没有交流电源输入但蓄电池组一直挂在直流母线的情况下,可用电池启动 UPS。启动后将由电池后备供电一段时间,时间长短由电池充电水平和负载所需功率决定。但是电池的放电时间不允许超过设置的电池最大供电时间。

- 市电恢复自启动。专门针对 UPS 设备接有后备电池的应用场合设计的,可以在后备电池实施欠压保护以后,与网络监控一起实现无人值守场合的 UPS 自动启机。

- 网络监控。支持灵活的网络化监控,通过 RS232、RS485、SNMP 卡、MODEM 等多种通信方式可以充分满足不同用户的应用需求。

- 并机系统监控。采用自适应的 RS485 并机通信技术,该技术能够自动适应 UPS 在线切入或退出供电系统引起的通信变化。当作为管理主机的 UPS 退出系统后,能够自动地选取一台 UPS 作为 RS485 并机通信系统的管理主机,防止通信系统的崩溃。

该技术同时保证了不需用户添加任何设备,就能够在任意一台 UPS 上看到并联后 UPS 的关键数据。

用户可以选取 RS232,RS485,SNMP,MODEM 等多种后台通信方式,对并机系统进行监控。

- 紧急关机。在任何状态下,若发现负载、线路或 UPS 本身发生危害安全的严重故障,可通过"紧急关机"按钮关闭整流器、逆变器,封锁输出(包括旁路和逆变器),同时将断开电池连接。

若故障已排除,可操作面板上的"故障清除"按钮,让系统退出紧急关机状态。进入正常状态之后,整流器重新启动,电池接触器吸合,旁路可向负载供电。但若想逆变器工作,用户需重新操作"逆变器启机"按钮,人为启动逆变器。

3)并机系统

①简介。

iTrust UL 33 系列 UPS 系统采用了可靠的分散式智能并机技术,能实现最多 8 台同容量 UPS 的并联运行。在 UPS 并机系统中,各台 UPS 的旁路和输出分别并接在一起,主路则可采用不同的电源,负载由各台 UPS 共同分担。

两台 UPS 组成的并机系统的示意图如图 5.38 所示。

②冗余并机系统如图 5.39 所示。

在由 M 台同容量 UPS 构成的 UPS 并机系统中,将能承担用户正常的最大负载所需的最少 UPS 台数称为并机系统基本台数 N,而将剩余的 UPS 台数称为冗余台数 X。这里,$M=N+X\leqslant 8$。

在所配置的 UPS 并机系统中,若冗余台数 $X\geqslant 1$,则称为冗余并机系统。在冗余并机系统中,设每台 UPS 的额定功率为 P_0,用户负载总功率的正常最大值为 $P_{\max}$,则存在下述关系:$(N-1)\times P_0<P_{\max}<N\times P_0$。

冗余并机系统可显著提高系统的可靠性。在正常情况下,每台 UPS 均未工作到满载,即使用户负载出现意外增大,系统一般仍能维持逆变侧供电而不会转旁路;而且当 X 台 UPS 出现故障时,剩余的 N 台 UPS 仍能承担用户的全部负载,维持系统的正常工作。当冗余并机系统因负载增大而导致失去冗余时,并机系统将发出告警。

③扩容并机系统,如图 5.40 所示。

在所配置的 UPS 并机系统中,若冗余台数 $X=0$,即总台数 $M=$ 基本台数 N,则称为扩容并机系统。扩容并机系统中,设每台 UPS 的额定功率为 P_0,用户负载总功率的正常最大值为 $P_{\max}$,则存在下述关系:$(N-1)\times P_0<P_{\max}<N\times P_0$。

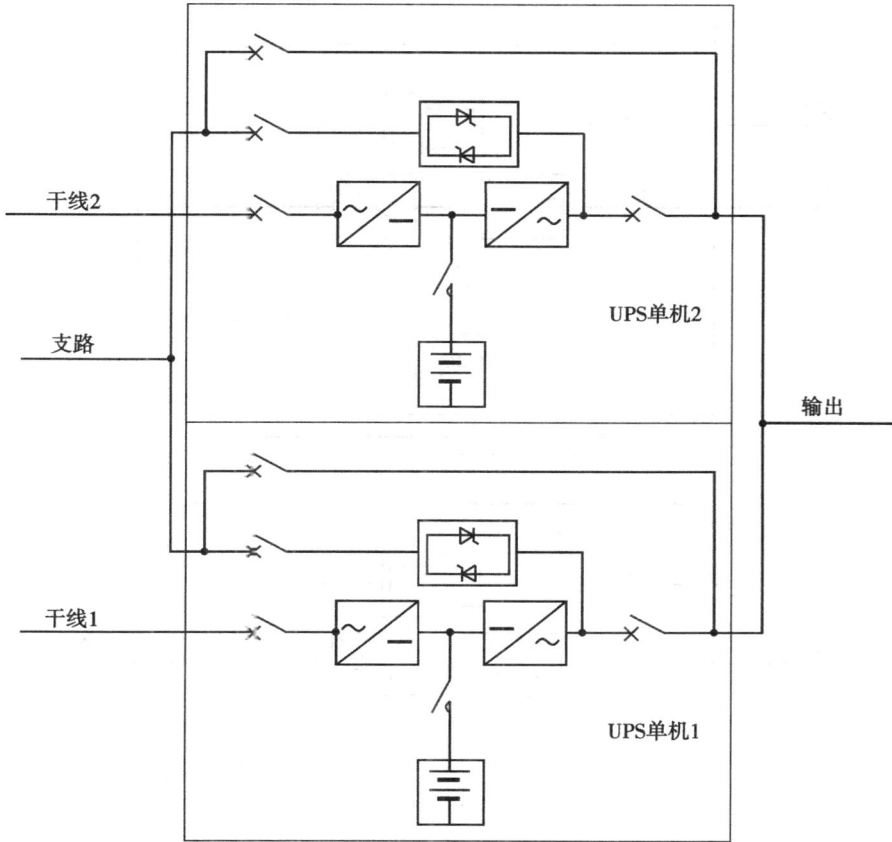

图 5.38　两台 UPS 并机方式

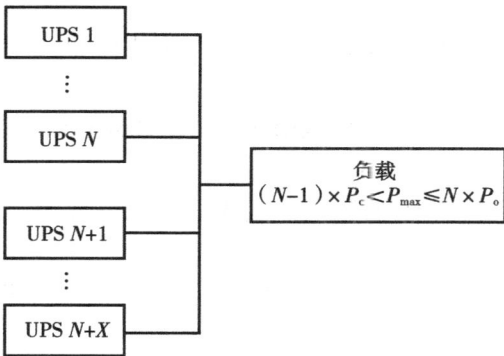

图 5.39　冗余并联方式

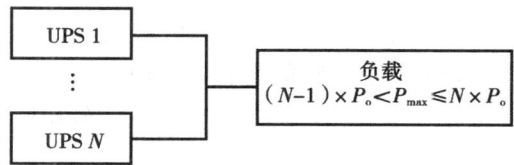

图 5.40　扩容并联方式

④串联热备份系统。

作为提高冗余度、增强可靠性的一种手段,串联热备份系统可作为 1+1 冗余并机系统的替代方案。在串联热备份系统中需设置一个主机和一个从机,从机的输出作为主机的旁路,如图 5.41 所示。

两台 UPS 一般均处于逆变供电状态,其中任何一台 UPS 出现故障时系统仍能维持负载的正常供电。为实现两台 UPS 的寿命均衡,主、从机还可按照设定的倒换时间进行交替工作。

串联热备份系统与 1+1 冗余并机系统的区别主要在于:

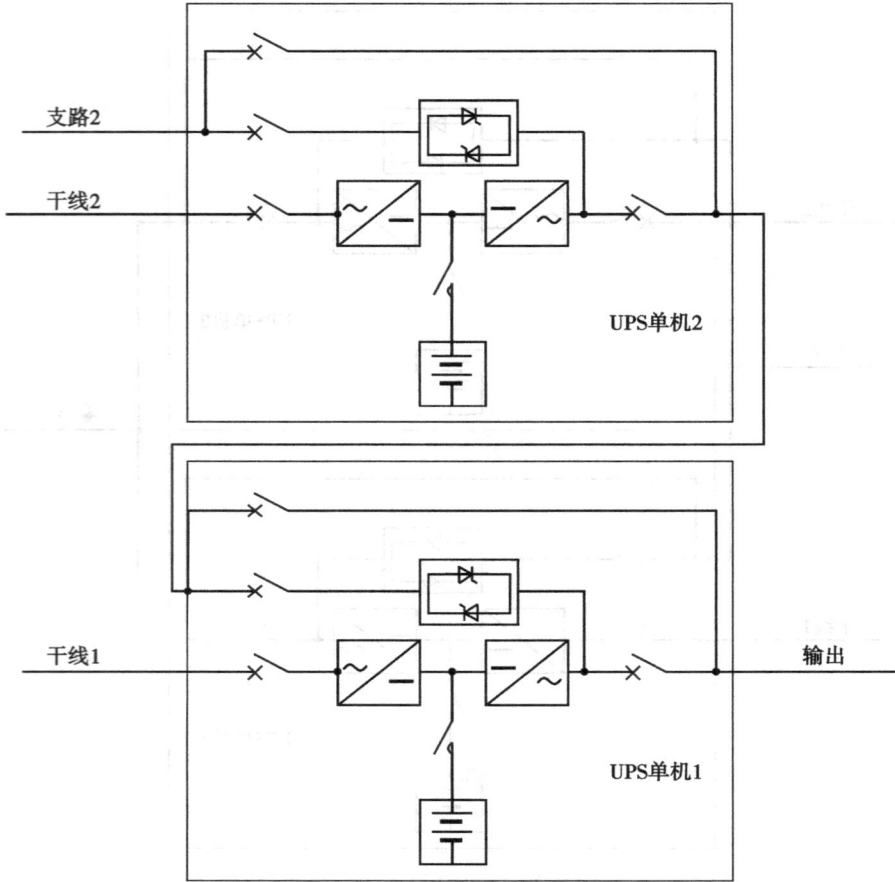

图 5.41　串联热备份冗余方式

A. 二者的冗余机制不同。串联热备份系统是通过 UPS 的串接实现冗余,而 1+1 冗余并机系统则是通过 UPS 的并联来实现冗余。

B. 串联热备份系统一般适用于两台 UPS 的场合,而 1+1 冗余并机系统只是冗余并机系统的一种特例,易扩展为其他的 N+X 冗余并机系统。

C. 正常情况下,串联热备份系统中一台 UPS 承担所有负载;另一台 UPS 则处于空载状态,而 1+1 冗余并机系统中两台 UPS 各分担一半的用户负载。

D. 1+1 冗余并机系统的带载能力较串联热备份系统大一倍,故在用户负载意外增大时仍不易转旁路供电。

⑤特性参数。

UL33 系列 UPS 系统具有优良的特性参数见表 5.1。

【任务实施】

任务提出

正线电源是给正线信号设备提供电源的系统,是城轨交通运行不可或缺的系统,从业前务必学习。

实施过程

1. 准备相关资料,例如电源设备相关视频资料。

2.组织学生去实训场地分组进行任务实施。

3.学生分组讨论学习计划。

4.组织学习了解正线电源系统的结构组成、功能原理、供电模式等内容。

5.各组通过现场设备、视频及各种学习资料进行任务的实施。

6.各组将学习的成果进行交流汇报。

7.学生的学习情况评价。

表 5.1　UL33 系列 UPS 系统电源特性参数指标

容量/kVA		20	30	40	60
型　号		UL33-0200L	UL33-0300L	UL33-0400L	UL33-0600L
主路输入	输入电压	380/400/415 V(线电压)			
	输入方式	三相三线			
	功率因数	>0.99			
	谐波电流	<3%			
	电压范围	+15%～−45%,−20%～−45% 降额使用,−45% 可带载50%			
	频率范围	50 Hz±10%			
旁路输入	输入电压	380 V(线电压)			
	输入电压范围	±10%			
	输入方式	三相四线			
	频率范围	50 Hz±10%			
整流器输出指标	额定电压	405 V			
	稳压精度	±0.5%			
	电压范围	(1.65×180～2.4×180)VDC			
输　出	稳态电压精度(平衡负载)	±1%			
	动态电压瞬变	±1%(0～100% 负载变化)			
	动态瞬变恢复时间	0			
	电压畸变(线性负载)	THD<1%(相电压)			
	电压畸变(非线性负载)	THD<3%(相电压)			
	功率因数	0.8(滞后)			
	频率跟踪范围	(50±2)Hz			
	频率精度(电池逆变)	±0.02%			
	三相相位差	120±0.5°(平衡或不平衡负载)			
	100% 不平衡负载电压时稳压精度	±1%			
	频率跟踪速率	<1 Hz/s			

续表

容量/kA		20	30	40	60
型　号		UL 33-0200L	UL 33-0300L	UL 33-0400L	UL 33-0600L
系统	逆变器过载能力	\multicolumn{4}{c}{105%P_o<负载<125%时,(10±0.1)min后转旁路输出;125%P_o<负载<150%时,1 min后转旁路输出;负载>150%时,200 ms后立即转旁路输出}			
	旁路过载能力	135%额定电流以下可长期过载 1 000%额定电流20 ms			
	输出电流峰值比	3∶1			
	切换时间	0			
	系统效率(线性负载)	90%	90%	91%	92%
	电池逆变效率(线性负载)	93%	93%	94%	95%
	显　示	LCD+LED			
	EMC/EMI 传导	EN50091-2			
	辐射	EN50091-2 CLASS-A			
	谐波电流	IEC1000-3-4			
	抗扰性	IEC61000-4-2.3.4.6.8.9.11 Level Ⅲ, IEC61000-4-5 Level Ⅳ			
	MTBF(单机系统)	50万h			
	安规要求	CCEE			
	噪音(1 m)	<55 dB			
	空载环流	<1 A			
	电流不平衡度	<1%			
	绝缘电阻	>2M(500 VDC)			
	绝缘强度	(输入、输出对地)2 820 VDC,1 min 无飞弧			
	电涌保护	达到IEC60664-1规定的Ⅳ类安装位置要求,即承受(1.2/50+8/20)μs混合波能力不低于6 kV/3 kA			
	防护等级	IP21			
	电池节数	12 V电池30节			
	质量/kg	440	528	654	811
	物理尺寸($W×H×D$)mm³	600×1 400×860	600×1 400×860	800×1 800×860	800×1 800×860

【任务考评】

任务实施过程考核评价表

考评项目		配分(分)	要　　求	学生自评	小组互评	教师评定
知识准备	现场参观安全教育	10	安全教育考试合格			
任务完成	电源系统结构	20	熟悉程度			
	电源设备原理	20	熟悉程度			
	UPS 工作原理	20	熟悉程度			
	任务实施过程记录	5	详细性			
	所遇问题与解决记录	5	成功性			
现场学习表现		5	违章不得分			
协调合作,成果展示成绩		15	小组成员的参与积极性、成果展示的效果			
戎　　绩						
总成绩 (根据需要按照自评、互评和教师评价作百分比计算,以学生为主、教师为辅)						

思 考 题

1. 什么是联锁? 简述联锁的具体内容。

2. 城市轨道交通联锁包括那几部分?

3. 什么是进路? 简述进路的组成。

4. 简述监控区段的选择原则。

5. 简述保护区段选择原则。

6. 简述侧面防护的选择原则。

7. SICAS 计算机联锁系统的系统结构?

8. 什么是 2 取 2 故障安全系统? 什么是 3 取 2 故障安全系统?

9. 简述 SICAS 计算机联锁口 LOW 现场操作工作站的作用。

10. MicroLok Ⅱ子系统功能有哪些?

11. 详细说明 MicroLok Ⅱ子系统的联锁功能。

12. 说明 MicroLok Ⅱ子系统的"差异"和"自检"的原理。

13. 说明 MicroLok Ⅱ子系统与其他信号设备间的接口有哪些?

14. 正线联锁的室内外设备有哪些?

15. 简述信号智能电源屏命名规则。

16. 信号智能电源分别给哪些室内外信号设备供电?

17. UL33 系列 UPS 系统的工作模式有哪些?

18. 简述 UL33 系列 UPS 系统组成的并机系统的特点。

项目 **6**
车辆段信号部分

【项目描述】

1. DS6-K5B 型计算机联锁系统的认识。

2. TYJL-Ⅱ型计算机联锁系统的认识。

3. 微机监测系统的采集原理。

4. 车辆段信号电源系统。

【项目目标】

1. 掌握 DS6-K5B 和 TYJL-Ⅱ型计算机联锁系统的工作原理。

2. 掌握 DS6-K5B 和 TYJL-Ⅱ型计算机联锁系统的软硬件组成。

3. 掌握 DS6-K5B 和 TYJL-Ⅱ型计算机联锁系统的操作方法。

4. 掌握 DS6-K5B 和 TYJL-Ⅱ型计算机联锁软件构成。

5. 掌握微机监测系统的采集信息类型及采集原理。

6. 掌握车辆段信号电源系统。

【能力目标】

1. 能正确地理解 DS6-K5B 和 TYJL-Ⅱ型计算机联锁系统的原理。

2. 能正确地认识 DS6-K5B 和 TYJL-Ⅱ型计算机联锁系统设备组成。

3. 能熟练地进行 DS6-K5B 和 TYJL-Ⅱ型计算机联锁系统的各种操作。

4. 能熟练认识微机监测系统的设备组成。

5. 能正确理解微机监测系统的采集原理。

6. 能正确认识信号电源系统的组成。

7. 能熟练进行电源的开关。

8. 能熟练进行故障模块的更换。

9. 培养学员学习的主观能动性和参与学习交流的能力。

10. 具备团结协作吃苦耐劳的工作素养。

任务1　车辆段信号计算机联锁子系统原理

【场景设计】

1. 多媒体教室、校内计算机联锁实验室或地铁车辆段联锁设备房,学生人数根据现场实际情况确定。

2. 配置有车辆段联锁系统、室外信号基础设备、微机监测系统及信号电源系统。

3. 考评所需的记录、评价表。

【知识准备】

(1)车辆段计算机联锁系统概述

城轨车辆段承担列车的运用、段内编组、调车、停放、清扫洗刷、临修及日检、月修、定修、架修、厂修等主要任务,因为线路多、道岔多、相应的转辙机、信号机、轨道电路就比较多,随着联锁设备的增多,联锁关系相较于正线就会复杂,因为车辆段不属于城轨运行线路,所以设有独立的计算机联锁系统。

不论是城轨正线还是车辆段,联锁的概念和内容都是相同的,具体见项目5中的任务1。

目前,我国城轨车辆段采用的计算机联锁是来自不同公司的不同类型的计算机联锁,有双机热备、二取二、二乘二取二、三取二等不同控制类型,这里以比较常用和典型的 TYJL-Ⅱ 型计算机联锁和 DS6-K5B 型计算机联锁为例进行说明。

(2)DS6-K5B 型计算机联锁系统

1)DS6-K5B 概述。

①概述

DS6-K5B 型计算机联锁,是通号公司与日本京三公司联合开发的新系统。国内有北京、上海、深圳、西安等多个城市轨道车辆段使用了这种计算机联锁系统,该信号系统所使用的联锁机和输入、输出电路采用京三公司的 K5B 型产品。该产品所有涉及安全信息处理和传输的部件均按照"故障—安全"原则设计,是典型的二乘二取二型控制方式。

②DS6-K5B 计算机联锁系统特点。

A. 安全性、可靠性

联锁机处理部件采取双 CPU 共用时钟,对数据母线信号执行同步比较,发生错误时使输出倒向安全,具备了"故障—安全"性能。联锁机 2 重系为主从式热备冗余(2×2 取 2 冗余结构),通过高速通道进行数据交换,保证了 2 重系同步运行,可实现不间断切换。

DS6-K5B 系统内各微机间的通信全部通过光缆连接,从而提高了系统抗干扰能力和防雷性能,保证系统具有较高的运行稳定性。

B. 可用性

计算机联锁系统支持按钮控制台、鼠标等多种控制操作方法,与行车作业有关的人工控制一般采用两步操作来完成。控制显示分机和监测分机运行基于 Windows 操作系统的应用,用户界面美观、操作方便,并提供文字、语音等提示信息,在误操作和操作错误时能够及时给出警告提示,提醒操作人员注意。

C. 可维护性

计算机联锁系统充分考虑了系统的可用性和可维护性,系统各主要设备,包括联锁分机、控显分机和输入输出单元均采取了冗余配置,并提供自检测和诊断功能。同时系统提供了完善的监测功能,电务维修终端设备实时地监测联锁系统各组成设备的运行状态,包括联锁双机的工作状态、控显双机的工作状态和 ET-PIO 的状态。

2)DS6-K5B 计算机联锁系统硬件

DS6-K5B 计算机联锁系统由控制台、电务维护台、联锁机、输入输出接口(在 DS6-K5B 系统中,输入输出电路称做"电子终端",用字符"ET"表示)、微机检测和电源 6 个部分组成,如图 6.1 所示。对图 6.1 作如下说明。

控制台由控显双机和车站值班员办理行车作业的操作、表示设备组成。每一台控显计算机内安装了两个采用光缆连接的串行通信接口板 INIO 卡,用于同联锁机的 2 重系通信。控显双机互为备用。

电务维护台设备包括:监测机、键盘、显示器、打印机。监测机内安装两个采用光缆连接串行通信接口板 INIO 卡,用于与联锁机 2 重系通信,从联锁双机取得联锁系统维护信息。监测机通过串行通信接口从微机检测前置机取得模拟量检测信息。电务维护人员可以通过键盘、显示器、打印机查询或打印输出各类监测信息。

联锁机由 2 重系组成,以主从方式并行运行。两系之间通过并行接口建立的高速通道交换信息,实现 2 重系的同步和切换。联锁机每一系各用一对光缆经过光分路器与控显双机相连,使联锁的每一系都能够分别与两台控显计算机通信。联锁机每一系用一对光缆分别与监测机的两个光通信接口相连,联锁机每一系的维护信息分别送到监测机。联锁机每一系最多有 5 个连接电子终端的通信接口,称 ET 回线 1~5。每个通信接口可连接一个电子终端机架。

DS6-K5B 的电源由一套 UPS 和两路直流 24 V 稳压电源组成。UPS 的输入由信号电源屏

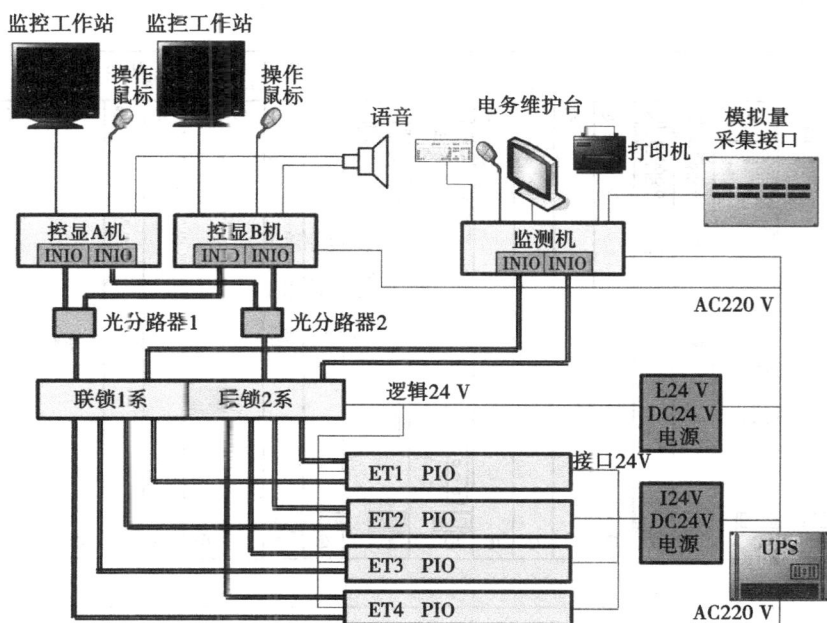

图 6.1　DS6-K5B 型计算机联锁系统配置图

单独提供的一路交流 220 V 电源供给。

两路直流 24 V 电源中的一路称为逻辑 24 V(用符号 L24 表示)。经联锁机和电子终端内部的 DC-DC 转换电路产生 5 V 电压,供逻辑电路工作。另一路直流 24 V 称做接口 24 V(用符号 I24 表示),供电子终端的输出电路驱动继电器和输入电路采集表示信息。

①控显计算机

控显计算机(控制台)采用传统结构,操作显示设备设在运转室(综控室)。控显计算机采用工业级计算机,控显计算机监视器采用两台 LCD 显示器,其分辨率不低于 1 600×1 200,并另配置一台作为备用。

控显计算机采用 PC 总线工控机。机箱内除安装连接操作显示设备的接口板外,安装两块带有光电转换的串行通信接口卡 INIO,用于同联锁机通信。控显计算机采用双机热备方式,并且两台计算机可以同时操作。

每一台控显计算机都能够与联锁机的每一系单独通信,构成交叉互备的冗余关系。控显计算机和联锁机采取了互为交叉的连接方式。控显双机每一台内安装了两块 INIO 通信卡,分别用于同联锁机 1 系和 2 系通信。联锁机的每一系只有一个与控显计算机通信的接口。

为了实现联锁的每一系都能够与控显双机同时或与其中的任意一台单独通信。在联锁机与控显计算机之间的通信线路上增设了光分路器,将一侧一根光芯输入的信号分成两路输出。同时将另外两根光芯输入的信号合并从一根光芯输出。

在 K5B 系统中用了两个光分路器:一个用于联锁 1 系同控显 A 机连接;另外一个用于联锁 2 系与控显 B 机连接。

②联锁计算机

联锁双机(1 系和 2 系)的组成完全相同。每一系由联锁 CPU 板、电子终端及上位机接口板、电子终端通信扩展接口板三块电路板组成,各板之间通过机架底板的总线互联。

联锁 1 系电源和联锁 2 系电源是两个输入直流 24 V,输出直流 5 V 的 DC/DC 电源。分

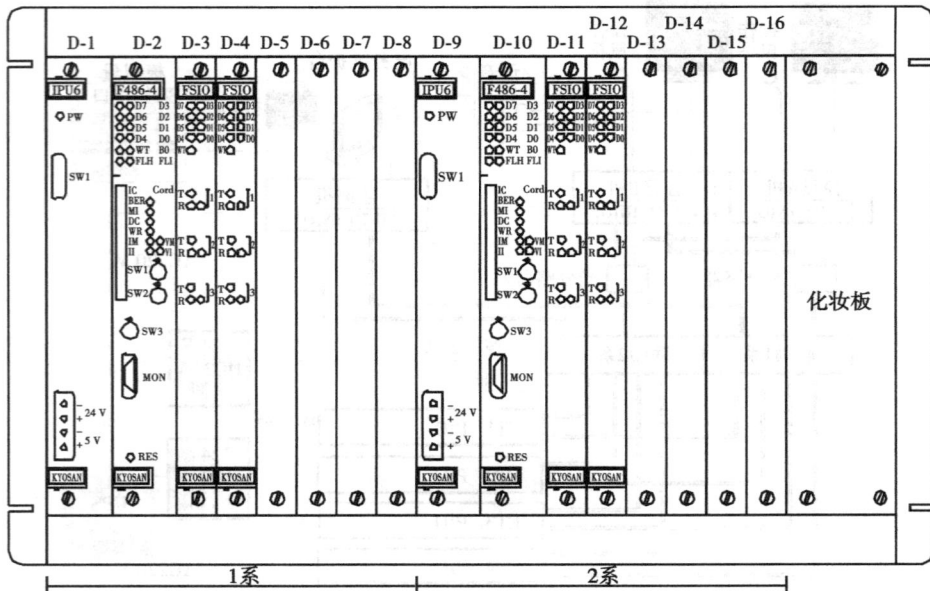

图 6.2 DS6-K5B 联锁机架正面

别向联锁 1 系和联锁 2 系的逻辑电路提供 5 V 电源。联锁机架如图 6.2 和图 6.3 所示。

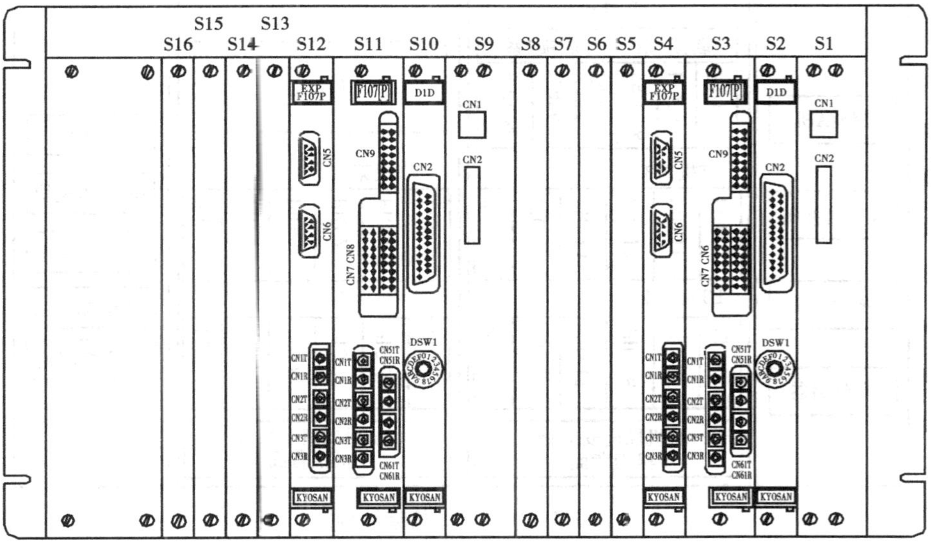

图 6.3　DS6-K5B 联锁机架反面

在联锁机架的背面，每系各有两块光电转换板，用于联锁机与电子终端之间的光缆连接。光电转换板，用于联锁机与电子终端间的光缆连接以及联锁机与控显机和监测机间的光缆连接。

③电子终端(ET-PIO)

联锁系统的表示信息输入和控制输出接口电路称为电子终端(ET-PIO)。ET 电路安装在 ET 机架内。一个 ET 机架内有 12 个插槽。机架正面左边的两个插槽用于安装两个 ET-LINE 板。其余的 10 个插槽用于安装 PIO 板。ET LINE 板上有 ET 与联锁机的通信接口和电源。ET 为两重系并列结构。ET 与联锁机的通信采用光纤连接。

④电务维护终端

电务维护终端设备可监督、记录系统工作的状态，当系统故障时提供诊断结果。

电务维护台由监测机、显示器、键盘等组成。监测机采用 PC 总线工控机。机箱内安装两块带有光电转换的串行通信接口卡 INIO。用于同联锁机 2 重系通信。

监测机接收来自联锁 2 重系的设备动作状态信息和监测报警信息。

监测机通过串行通信接口与微机检测设备的上位机通信，将开关量监测信息发送给微机监测设备。

⑤系统设备布置图

位于信号机械室联锁机柜内的设备布置图，如图 6.4 所示。

3)软件构成

计算机联锁系统软件按层次一般分为 5 部分:人机界面管理软件、联锁控制软件、系统通信软件、输入输出控制软件和辅助设计工程人机界面管理软件。

人机界面管理软件包括:控制台操作显示软件和系统维护软件。

①控制台操作显示软件

控制台操作显示软件运行在控制台分机上，它实时接收操作员命令，实时显示站场设备状态和运输作业情况，是控制行车的人机交互界面。操作界面设计操作简单，画面整洁，图形

175

监控柜	联锁柜						电子终端柜						电源柜

联锁机

	联锁1系			联锁2系			（空）						
控显A机	F486	IF486	FSD486	F486	IF486	FSD486							DC电源模块

ET机架3 / ET机架1

控显转换箱	LINE	PIO 11	PIO 12	PIO 13	PIO 14	空	LINE	PIO 1	PIO 2	PIO 3	PIO 4	PIO 5	DC电源模块

ET机架4 / ET机架2

控显B机	LINE	PIO 15	PIO 16	PIO 17	空	空	LINE	PIO 6	PIO 7	PIO 8	PIO 9	PIO 10	DC电源模块
光分路器	联机插座安装板（机柜背面）						联机插座安装板（机柜背面）						DC电源模块 / 电源控制箱

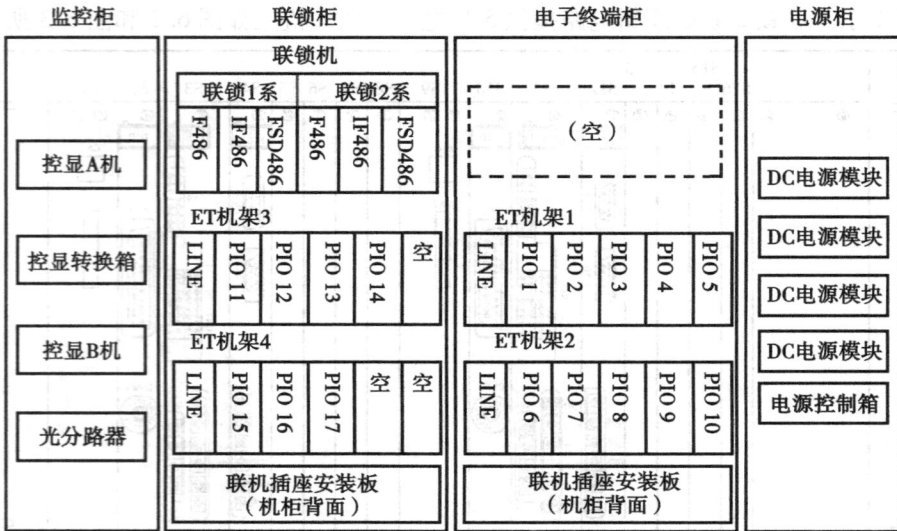

图 6.4　DS6-K5B 机架结构图

符号意义明确。该软件的主要功能如下：

　　a. 实时响应操作员的操作指令,形成控制命令,给出操作提示并显示;

　　b. 显示站场线路,实时处理和显示设备状态;

　　c. 接收联锁信息和发送控制台命令信息的通信处理;

　　d. 设备报警显示;

　　e. 铅封按钮计数储存、显示处理;

　　f. 操作员权限处理。

②系统维护软件

系统维护软件运行在电务维护终端上,它是设备维护人员监视系统运行和维护、维修系统的窗口,该软件的主要功能如下：

　　a. 实时显示信号设备动作状态并及时记录设备动作状态;

　　b. 及时记录值班员操作动作;

　　c. 实时监视系统内各部件(硬件)的运行状态并记录其故障状态;

　　d. 通信状态监视;

　　e. 再现历史记录信息处理;

　　f. 记录的所有信息的分类查询、打印;

　　g. 给远程系统提供本站必要信息,具有远程维护功能;

　　h. 与联锁系统的通信管理。

③联锁控制软件

联锁控制软件包括：系统初始化、系统周期管理、二重系冗余管理、联锁逻辑运算、输入输出控制、二重系间通信等功能,如图6.5所示。

联锁控制软件是整个系统的核心软件,它必须具有高可靠性和故障导向安全的特性。联锁控制软件严格按照模块化结构设计,如联锁控制软件的模块化结构图如图6.5所示。各模块间的数据交换,通过特定的联锁逻辑演算区进行。各模块保持相对的独立性。软件在总线同步运行的双 CPU 上执行,经过比较一致后输出。

④系统通信软件

系统通信软件包括:联锁系统与控显机通信、联锁系统与监测机通信、联锁系统与输入和输出(电子终端)模块通信。

系统通信软件不是独立的运行,而是划分为几部分分别与相应的子系统应用软件一起运行,子系统之间要遵循一样的通信规约。

⑤输入输出控制软件

输入输出控制软件包括:模块输入信息采集和模块输出命令控制。

输入输出软件运行在电子终端的故障—安全CPU上执行,遵循故障导向安全的原则。其中包括:

a.实时采集现场设备状态,按照稳定状态有效的原则作安全检查;

b.定时发送采集的设备状态;

c.定时接收联锁机二重系发来的命令,并对二重系的命令进行比较;

d.实时控制现场设备在命令规定的位置;

e.自检测输入输出模块,并将检测信息发送给联锁机;故障时作导向安全处理。

⑥辅助设计软件

辅助设计工程软件包括:联锁数据生成、图形显示数据生成、系统参数配置。

辅助设计工程软件是离线运行的软件,用于站场平面布置、联锁数据生成,图形显示数据生成,系统参数配置等功能。恒用辅助设计软件使工程数据自动生成,避免了人工输入效率低下、出错率高的问题。

⑦软件分布及特点

该系统软件根据功能和需要,分别运行在不同的宿主机上,分别如下:

a.联锁逻辑部运行《联锁控制软件》,在系统管理程序调度下运行,WC和LDC语言开发;

b.电子终端上运行《输入输出控制软件》,汇编语言;

c.控制台分机运行《控制台操作显示软件》,Windows操作系统,C++语言开发;

d.电务维护终端运行《系统维护软件》,Winnt操作系统,C++语言开发;

e.系统通信软件根据宿主环境而定;

f.辅助设计工程软件运行右离线的Winnt操作系统上,开发环境为Winnt,C++语言。

4)系统接口

①与微机监测系统接口

计算机联锁系统向微机监测设备提供采集所需的开关量,主要包括以下内容:

a.进路排列情况与相应时间的登记;

b.关键继电器动作、铅封按钮动作与相应时间的登记;

c.按钮操作信息记录;

d.系统故障信息;

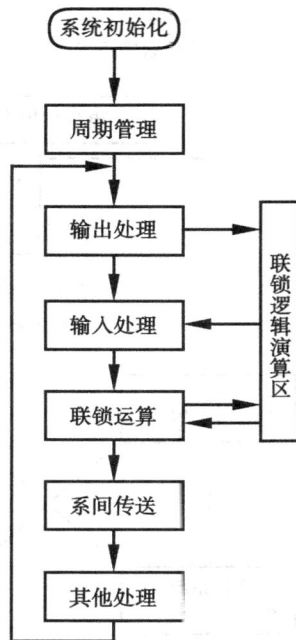

图6.5 联锁控制软件的
模块化结构图

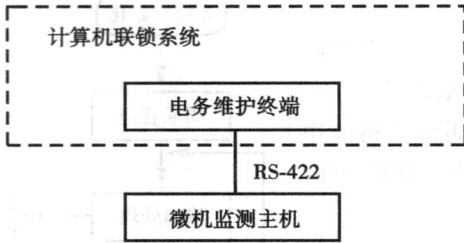

图 6.6　车辆段联锁系统与
微机监测系统接口连接图

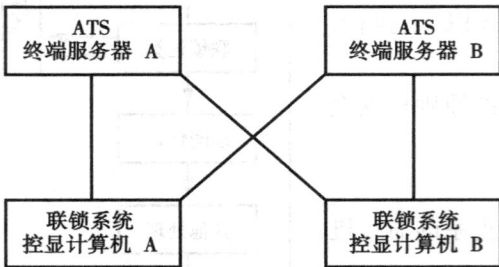

图 6.7　系统与计算机联锁系统
接口硬件连接方案图

e. 标准的时钟信号；

f. 其他需要的信息。

g. 接口连接图如图 6.6 所示。

②与正线 ATS 系统通信协议

ATS 和计算机联锁系统的通信接口由车站 ATS 终端服务器、计算机联锁系统的控显计算机以及两者之间通信设备组成，车站 ATS 终端服务器与计算机联锁系统控显计算机进行交叉互联，如图 6.7 所示。

接口功能：实现调度集中系统与计算机联锁之间的通信。完成站场实时信息、命令执行结果等向调度集中的传递；完成调度集中对计算机联锁命令下达的传递。

③与时钟系统通信协议

从时钟系统到信号系统的接口为单路单向（从时钟系统到信号系统）串行链路，如图 6.8 所示。

接口功能：通信时钟子系统为信号计算机联锁系统提供统一标准的时钟信号。计算机联

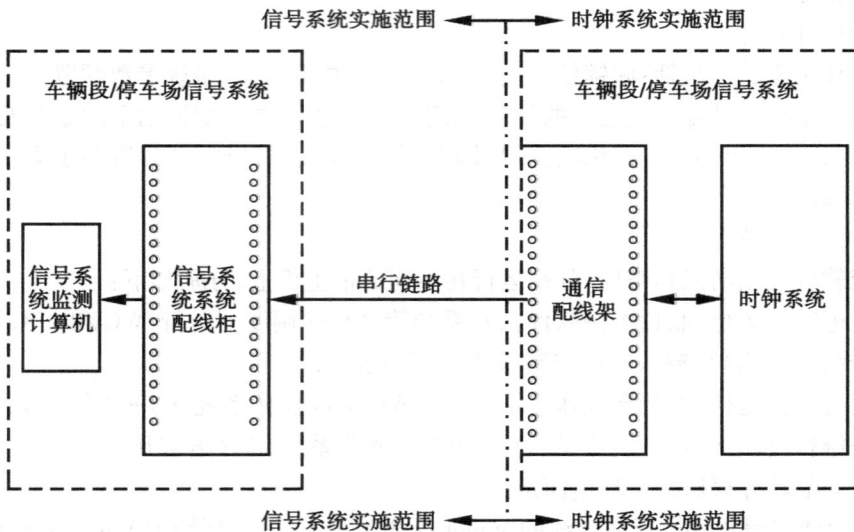

图 6.8　与时钟系统接口界面示意图

锁系统与时钟子系统的接口采用 RS 422 串行接口形式。

④与系统外部设备接口

a. 与信号机结合；

b. 与转辙机结合；

c. 与轨道电路设备结合；

d. 与正线(出入段线)接口；

e.车辆段与试车线接口。

5)系统操作

计算机联锁系统提供多种操作方式。采用鼠标操作时,移动鼠标,图形显示器上的光标随之移动。光标到达有效操作区域后,光标箭头改变为手形。将光标指在需要操作的按钮上,单击鼠标左键,听到蜂鸣器发出音响,即表示操作生效。

采用鼠标办理行车作业的操作方法与按钮式操纵盘的操作方法基本相同,既可以办理进路、解锁进路,还可以重复开放信号、故障解锁,等等,所有联锁按钮式控制台可做的操作均可以在人机界面上完成。但由于鼠标自身的特点,其操作方式不可能与按钮式操纵盘完全相同,具体的操作方法请参看同一系列教材中的《城市轨道交通信号设备终端操作与行车》有关DS6-K5B终端操作的内容。

(3)TYJL-Ⅱ型计算机联锁系统

1)概述

TYJL-Ⅱ型计算机联锁系统是我国铁路车站应用最广泛的计算机联锁系统,在北京、上海、广州等地的地铁线路有很多也用它作为车辆段联锁系统。它是典型的双机热备型计算机联锁系统。

2)TYJL-Ⅱ型计算机联锁系统的硬件构成

TYJL-Ⅱ型计算机联锁系统为分布式多微机系统,具体可分为如下几个系统:

a.监视控制系统——主要由监控机(又称上位机)和控制台组成;

b.主控系统——主要由联锁机、执表机组成;

c.接口系统——主要由采集结合电路、动态驱动设备和继电控制电路组成;

d.辅助系统——主要由电务维修机和微机监测系统组成;

e.电源系统。

系统框图如图6.9所示,其中,监控系统和主控系统的微机设备均为A、B双套,联锁机、执表机具有热备和自动切换功能,监控机是双机工作,两台监控机不分主、备机,在两台监控机上的操作都有效,不需要切换。一台监控机发生故障,另一台监控机仍然保证系统的正常操作。

系统(不包括现场设备)可划分为3个层次:监控系统和辅助系统为上层,主控系统是核心层,第三层是接口系统。系统的上层使用通用的局域网实现各子系统之间的连接;监控系统中监控机与控制台之间通过由视频线等线缆和切换装置组成的专用显示和命令通道连接。核心层的主控系统与监控系统之间、主控系统的联锁机与执表机之间通过专用的联锁总线实现安全信息的通信连接,联锁总线是实时的现场控制总线,是系统的核心总线。

①监视控制系统的构成及功能。

A.一般构成

监控系统主要由监控机(又称上位机)和控制台组成。监控机是监控系统的核心,一般放置在联锁机房内的微机桌上,通过引出的视频线、鼠标线、数字化仪线和语音线(通常不超过50 m长)与值班员控制室内的控制台相连。

监控机采用标准的通用工业控制计算机,其一般配置如下:

a.主机板:主机板:6159L,主频233 MHz,内存容量32 M;

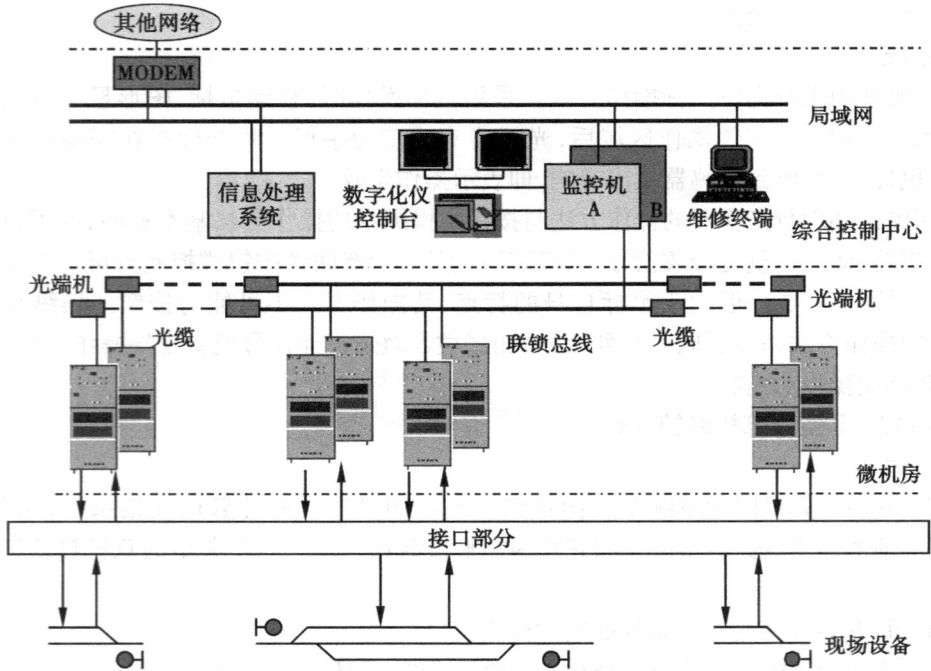

图 6.9 系统框图

b. 两个 RS 232(串行通信接口),一个并行口,17 英寸[①] CRT,全 ASCII 键和中文输入键盘;

c. 两块 ARCNET 通信网络卡,用以与联锁机通信;

d. 3 英寸软盘驱动器一个,20 G 硬盘;

e. 一块以太网卡,用以主备上位机之间以及与维修机的通信;

f. 多屏 VGA 显示图卡,提供值班员用 CRT 的图像显示;

g. 语音声卡,提供控制台的语音提示和音响。

控制台的操作方式有:数字化仪操作盘、鼠标操作、单元按钮控制台 3 种;表示有两种,即彩色监视器和单元表示盘。当前计算机联锁制作控制台,均采用多种操作并用,以防操作设备故障造成系统瘫痪。其结构有下列几种:

a. 数字化仪+数字化仪+显示器;

b. 数字化仪+鼠标+显示器;

c. 鼠标+鼠标+显示器;

d. 数字化仪+显示器+单元块表示盘;

e. 按钮+单元块表示盘+提示窗(若有必要,还可+鼠标+显示器);

f. 此外,与 6502 控制台一样仍然设置有道岔电流表。

图 6.10 给出了监控系统的结构示意图。

图中视频线、鼠标线、数字化仪线和语音线均使用专用的屏蔽电缆(通常不超过 50 m 长,这些线缆可统称为显示和命令通道)经切换装置后与值班员控制室内的控制台相连。切换装

---

① 1 英寸=2.54 厘米。

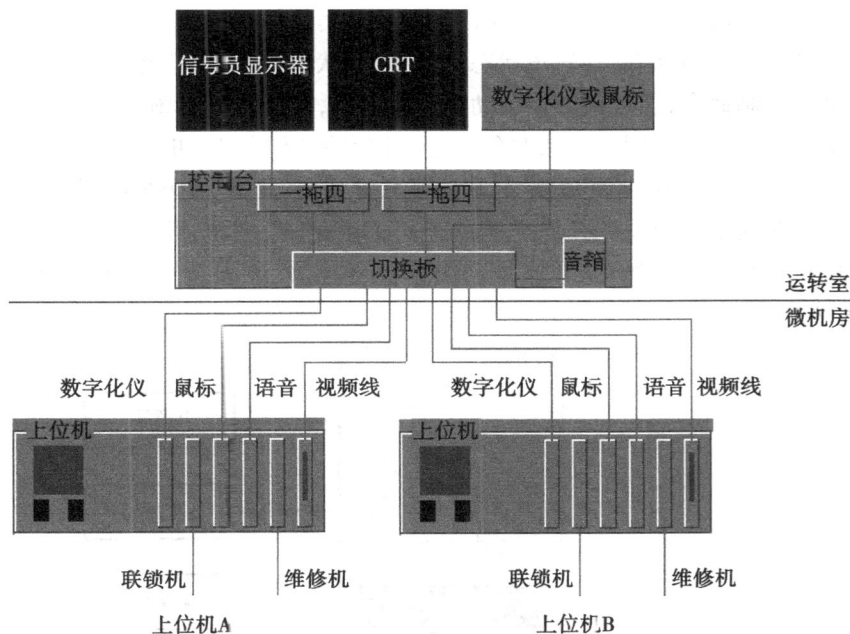

图 6.10　上位机与控制台连线图

置有两种安装方式:一种是安装于值班室控制台内;另一种是安装于计算机房内的微机桌内。

B. 主要功能

监控系统是计算机联锁系统的操作界面的人机接口,其主要功能有:

a. 对值班员的所有操作进行提示、处理并记录,接受信号值班员的有效操作命令,向主控系统发出相应的执行命令。

b. 接收主控系统提供的站场表示信息,向值班员提供站场图像的实时显示。

c. 向值班员提供整个系统的工作状态信息、报警信息和简要的故障信息。

d. 记录系统的全部操作和运行信息。

e. 向辅助系统提供记录信息,与其他必要的信息系统接口。

②主控系统的构成及其功能。

A. 联锁机(执表机)的主要功能和机柜结构

TYJL-Ⅱ型联锁系统的联锁机和执表机的硬件结构完全相同,虽然不同时期和不同厂家的产品有所不同,但其基本原理和基本结构是相同的。联锁机与执表机的区别主要在于软件实现的功能不同。

联锁机的主要功能是:

a. 实现与上位机和执表机的通信调度;

b. 实现信号设备的联锁逻辑处理功能,完成进路确选、锁闭,发出开放信号和动作道岔的控制命令;

c. 采集现场信号设备状态,如轨道状态、道岔表示状态、信号机状态等;

d. 输出动态控制命令,通过动态板驱动偏极继电器,控制动作现场设备;

e. 实现主、备机间的同步。

执表机的主要功能如下:

181

a. 接收联锁机发出的执行命令和向联锁机发送采集信息;

b. 采集现场信号设备状态,如轨道状态、道岔表示状态、信号机状态等;

c. 输出动态控制命令,通过动态板驱动偏极继电器,控制动作现场设备。

为了适应大、中、小站不同的控制对象容量,机柜的结构分Ⅰ、Ⅱ和Ⅲ型,Ⅰ型为普通型;Ⅱ型适合于小站,在一个柜内同时安装A、B两套联锁系统;Ⅲ型为增强型,其采集层增加到两层,最多可容纳28块采集板,驱动层为一层,最多可容纳14块驱动板。

普通型的机柜结构框图如6.11所示。由上到下依次大致可分为电源层、计算机层、采集层、驱动层和零层。

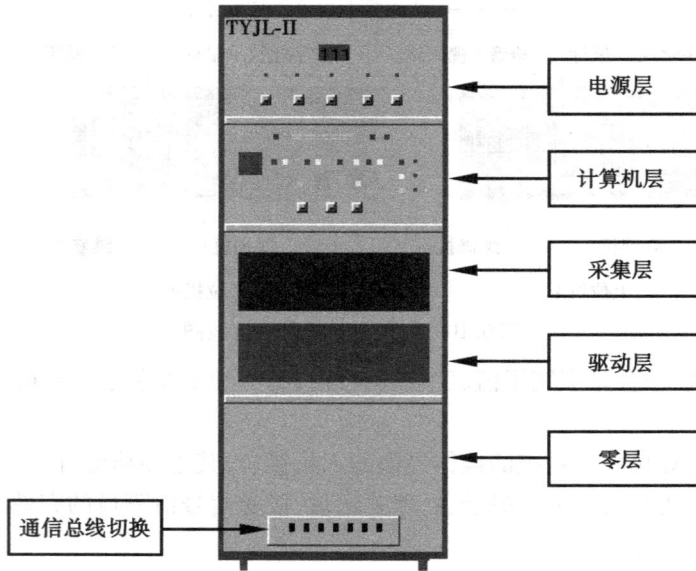

图6.11 联锁机柜示意图

B. 电源层

电源层主要由电源指示面板、采集电源、驱动电源和计算机电源组成。

电源指示面板由电源工作指示灯和电源电压测试表组成。

采集电源的工作电压:(12 ± 1)V,该电源用于采集板对继电器接点信息的采集,采集回线的电压就由该电源提供。

驱动电源的工作电压:(12 ± 1)V,该电源用于驱动板送驱动信息给动态继电器(或动态驱动组合),驱动回线的电压就由该电源提供。

计算机电源的工作电压:(5 ± 0.2)V,该电源为计算机层所有电路板和采集板、驱动板的工作电源,它的故障可能会导致机器死机。它提供的±12V电压用于调试设备使用。

各路电源之间要求有良好的隔离性能。

C. 计算机层

现在用的绝大部分系统采用的是STD总线标准的工业控制计算机,其基本组成如下:

a. TD 5093 微处理器板。

STD 5093 为386级别的工控专用CPU板,在早期的系统中采用的是STD 8088微处理器板(准16位机)(8088须同时与7308计时板、7320中断板以及7710或7709扩展存储板配套使用),最新系统则采用 APCI 5093(该板上有 ARCNET 通信口,用于主、备机通信。)。

b. AS-1 指示报警板:机柜上的指示灯和蜂鸣器的控制板。

c. APCI 5656 型 ARCNET 通信板。

用以实现联锁机与执表机之间,主、备联锁机之间,以及对监视控制机的通信。(联锁机插两块、一块用于主、备机通信;一块用于与控制监视机和执表机通信;执表机插一块)

d. STD 1604 I/O 接口板。

用以控制采集总线和驱动总线。板上共有 8 个 I/O 端口地址,每个端口地址有 8 位输入和输出,每块板均有不同的地址,根据板上的短路跳接线的位置来设定(最新系统中采用的 APCI5314,无须在板上设置地址)。每个端口的输出命令均可回读(第一重回读检查),可用来检查其输出信息的正确性,检查有误时 CPU 立即执行停机命令,禁止对总线的一切操作,切断输出电源确保系统安全。

图 6.12 显示了联锁机各电路板间联系图。其中联锁机的 CPU 板是联锁系统的核心,专用于操作系统和联锁软件固化在 CPU 板上,完成系统的调度、通信、诊断以及现场信息的采集、联锁逻辑的运算和控制命令的输出等功能。

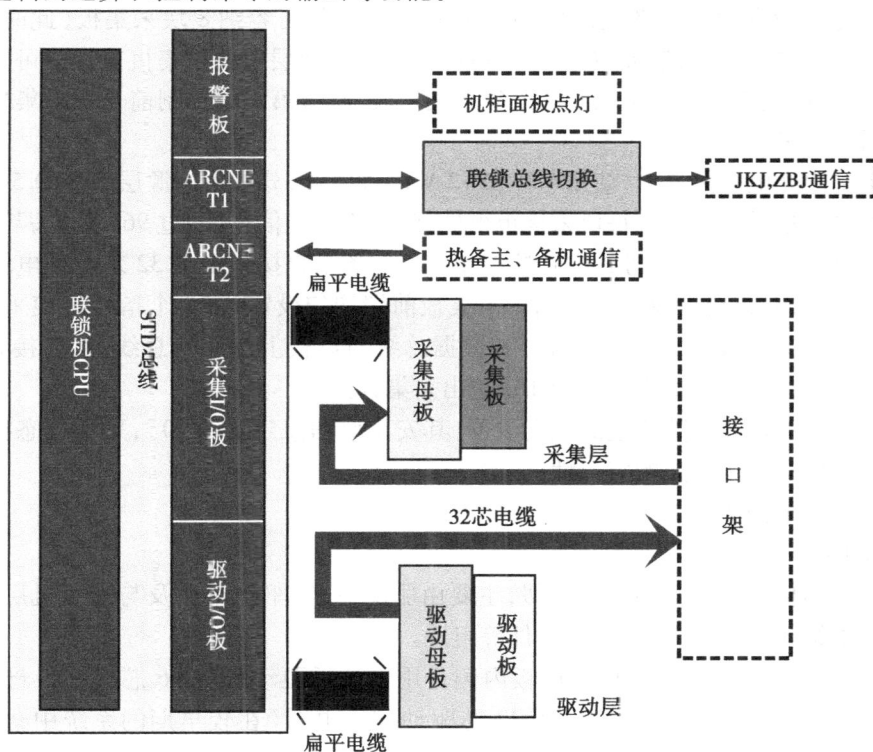

图 6.12 联锁机各电路板间联系图

系统的通信通过两块通信板进行,通过 ARCNET 与监控机和执表机通信,接收监控机送来的值班员控制命令,并向其发送站场表示和提示报警信息;接收执表机发送的站场表示和提示报警信息,并向其发送所管辖范围内的信号、道岔等的控制命令。通过 ARCNET 实现主、备联锁机之间的通信,以实现双机热备。

CPU 使用 I/O 接口板通过采集总线和驱动总线对采集板和驱动板进行控制和诊断,每组采集或驱动总线最多可控制 8 块采集板或驱动板,即每块 I/O 接口板按其设置最多可控制相应的 8 块采集或驱动板。

CPU 板通过指示报警板,点亮计算机层面板上的运行、通信收发和中断等指示灯。

切记,更换计算机层的任何板卡务必要关闭电源!

D. 采集层

采集层主要由采集机笼、采集板以及与计算机层和电源层联系的扁平电缆、电源线及相应的接插件等组成。

采集机笼的主体是采集母板。母板内侧是用于接插采集板的 96 芯插座。母板背侧的 32 芯插座用于接插来自接口架的专用 32 芯采集信息配线电缆(在较早期的系统中,该 32 芯插座位于机柜最下方的零层接口架上,通过焊接配线的方式与母板相连)。分布于母板上的印制电路主要由两部分组成:一部分是贯通的采集总线,通过 96 芯插座与每一块采集板相连,通过母板边侧的牛角接插件经扁平电缆连接至计算机层的 I/O 接口板;另一部分是将采集板经 96 芯插座引出的采集信息输入端与 32 芯插座相连,完成采集信息配线电缆与采集板输入端的转接。

采集机笼一般有两种规格,通常最小宽度的采集机笼可容纳 8 块采集板(此时与驱动机笼合为一体,按左边 8 块采集板,右边 6 块驱动板配置),通层宽的采集机笼最多可容纳 14 块采集板,此时其母板实际由两组独立的采集总线构成,左边第一组控制前 8 块采集板,右边第二组控制后 6 块采集板。

采集板采用光电隔离技术,使用 5 V 和 12 V 两种电源,分别由电源层的 STD 5 V 和 12 V 采集电源通过采集母板供给。每块采集板可处理 32 路采集信息,通过 96 芯插头与采集母板插接,其采集信息输入端通过母板的转接与相应的一条来自接口架的 32 芯专用电缆相连,对应关系非常清晰,对核对配线非常有利。采集板前端均匀设置的 32 个指示灯使采集信息的状态一目了然。采集板的所有控制信号和数据总线与母板上的采集总线相连,接收 CPU 通过 I/O 板送出的控制和检查命令,向 CPU 送出采集数据。

采集板的电路按照故障安全的原则设计,其安全侧信息定义为"0",采用动态检查、双译码校核等技术确保采集信息的安全性。

采集板可带电插拔。

E. 驱动层

驱动层的结构与采集层的非常相似,主要由驱动机笼、驱动板以及与计算机层和电源层联系的扁平电缆、电源线及相应的接插件等组成。

驱动机笼的主体是驱动母板。母板内侧是用于接插驱动板的 96 芯插座。母板背侧的 32 芯插座用于接插来自接口架的专用 32 芯驱动配线电缆(在较早期的系统中,该 32 芯插座位于机柜最下方的零层接口架上,通过焊接配线的方式与母板相连)。分布于母板上的印制电路主要由两部分组成:一部分是贯通的驱动总线,通过 96 芯插座与每一块驱动板相连,通过母板边侧的牛角接插件经扁平电缆连接至计算机层的 I/O 接口板;另一部分是将驱动板经 96 芯插座引出的驱动信息输出端与 32 芯插座相连,完成驱动配线电缆与驱动板输出端的转接。

驱动机笼一般有两种规格,通常最小宽度的驱动机笼可容纳 6 块驱动板(此时与采集机笼合为一体,按左边 8 块采集板,右边 6 块驱动板配置),通层宽的驱动机笼最多可容纳 14 块驱动板,此时其母板实际由两组独立的驱动总线构成,左边第一组控制前 8 块驱动板,右边第二组控制后 6 块驱动板。

驱动板采用光电隔离技术,使用 5 V 和 12 V 两种电源,分别由电源层的 STD 5 V 和 12 V 驱动电源通过驱动母板供给。每块驱动板可输出 32 路驱动信息,通过 96 芯插头与驱动母板插接,其驱动输出端通过母板的转接与相应的一条来自接口架的 32 芯专用电缆相连,为相应的动态组合单元提供动驱动信号,对应关系非常清晰,对核对配线非常有利。驱动板前端均匀设置的 32 个指示灯使驱动信息的状态一目了然。驱动板的所有控制信号和数据总线与母板上的驱动总线相连,接受 CPU 通过 I/O 板送出的控制和检查命令。

驱动板的电路按照故障安全的原则设计,以动态方式输出控制脉冲并通过回读电路回采校验(第二重回读)。回读有误时 CPU 将进一步区分该驱动位是固定回读错还是动态回读错,如为固定回读错将暂停对该位的驱动并报错,间隔一段时间后再次驱动看故障是否已恢复;如为动态回读错则将停止全部驱动,切断驱动电源以确保安全。

驱动板可带电插拔,但若插拔时发生较大的虚接抖动,则可能会导致非固定的回读错产生致使全部驱动被终止。此时应在插好后将 CPU 复位,重新启动系统。

F. 零层

零层位于机柜最下层,主控系统最为重要的连接线缆从这里引入和引出。上面装有联锁总线切换合、零端子和接地端子等,如图 6.13 所示。

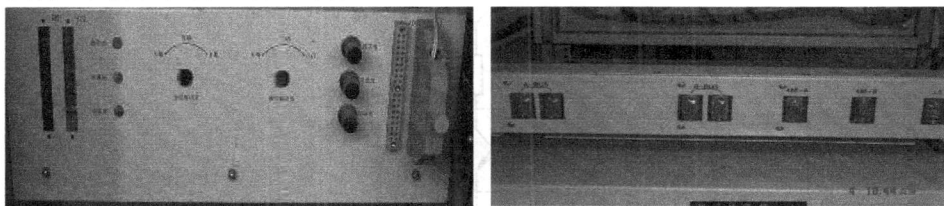

图 6.13　机柜零层

联锁总线切换合上装有 A、B 两条总线的两组共 6 个接插端口,联锁机上还另有一个用于主、备机通信的独立插口,合内装有总线切换板。联锁机、执表机和监控机之间通过屏蔽电缆的插接连通总线。

零端子分 01、02 两个,01 零端子主要是电源配线,02 零端子主要是切换校核电路的配线,该端子不能随便拔出,影响主、备机的切换校核。

③接口系统的构成及其功能

接口系统此处系指机械室内对外与现场设备相连,对内与主控系统相连的电路系统。主要由继电电路、配线和结合电路以及防护电路等组成。TYJL-Ⅱ型计算机联锁系统基本完整地保留了 6502 电气集中对室外设备的控制和表示电路(如道岔电路,信号点灯电路等),以这些电路中的相关继电器(定/反操继电器、定/反表继电器、轨道继电器、信号继电器和灯丝继电器,等等)为界面进行控制和信息采集。

通常在机械室内靠近计算机机房的地方设置有接口架,由联锁机,执表机的零层端子,采集层和驱动层引出的采集回线、驱动回线以及大量的采集和驱动电缆均以 32 芯插头插接至本接口架的里侧。接口架是主控系统与接口系统的一个十分清晰的分界面。

接口系统可分为两大部分:一部分是基本未作更改的 6502 继电电路以及其他电路或系统,此部分无须在此叙述;另一部分是计算机联锁所特有的,可大致分为采集电路、驱动电路和专用防护电路。

A. 采集电路

现场表示信息的采集是由主控系统通过对相关继电器接点的数字量采集完成的。采集电路的原理图如 6.14 所示。

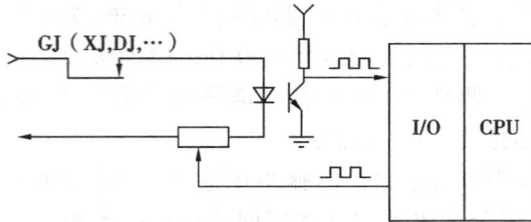

图 6.14 采集电路原理图

由机柜电源层送出的采集电源在机械室各继电器架之间环接,称为采集回线。采集回线送出采集电源至各个继电器的接点,当接点闭合时即经其至相应采集板的输入端,以动态脉冲的方式经 I/O 板交 CPU 识别处理。当电路中任何元器件故障均导致固定状态的输入时,由软件将其固定为安全侧"0"。

B. 输出驱动电路

TYJL-Ⅱ型计算机联锁系统沿用电气集中使用安全型继电器控制现场设备的方式,而由主控系统驱动板给出的动态脉冲需经功率放大方能驱动安全型继电器。Ⅱ型系统使用具有故障安全性能的专用输出驱动电路实现此功能,该电路主要由动态驱动电源、动态驱动电路和偏极 1 000 安全型继电器组成。

动态驱动电路的原理如图 6.15 所示。

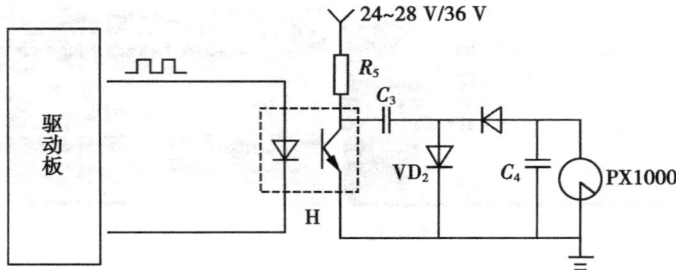

图 6.15 驱动电路原理图

无控制信号输入时,电路处于静止状态,固态继电器 H 截止,电容 C_3 两端电压等于局部电源电压,电路中无电流流通,动态继电器处于落下状态。当有控制脉冲输入时,控制脉冲低电平使固态继电器 H 导通,电容 C_3 经 H 向 C_4 充电,控制脉冲由低变高时,H 截止,电源经 R_5、VD_2 向 C_3 充电,经 2 ~ 3 个脉冲,使 C_4 的电位充到偏极继电器的吸起电压时,偏极继电器励磁吸起。此电路主要利用了偏极继电器的特性,并巧妙地使其吸起电压与电路的工作电压方向相反来实现电路的故障安全。

TYJL-Ⅱ型联锁系统目前广泛使用双输入驱动单元,该单元由四组动态驱动电路合装在一个安全型继电器匣内,每组驱动电路都有 A,B 两个输入端,分别接受主控系统 A,B 机的输出脉冲控制,并有相应的灯光指示。A,B 双路输入只有一路有效,其控制选择权除采用切断备机的驱动回线的方式外,更主要的是由动态驱动电源的输入方向来决定。切换电路通过改变动态驱动电路所使用的动态驱动电源的极性来控制 A,B 系统的控制权,确保只有工作机的控制命令有效,即使任意操控处于脱机状态下的备机也不会对工作系统产生任何影响,具有绝对的安全性。图 6.16 为上述切换电路的原理图。

Ⅱ型联锁系统中每一个主控机柜,均专门设置一个特殊的控制单元,该控制单元用于控

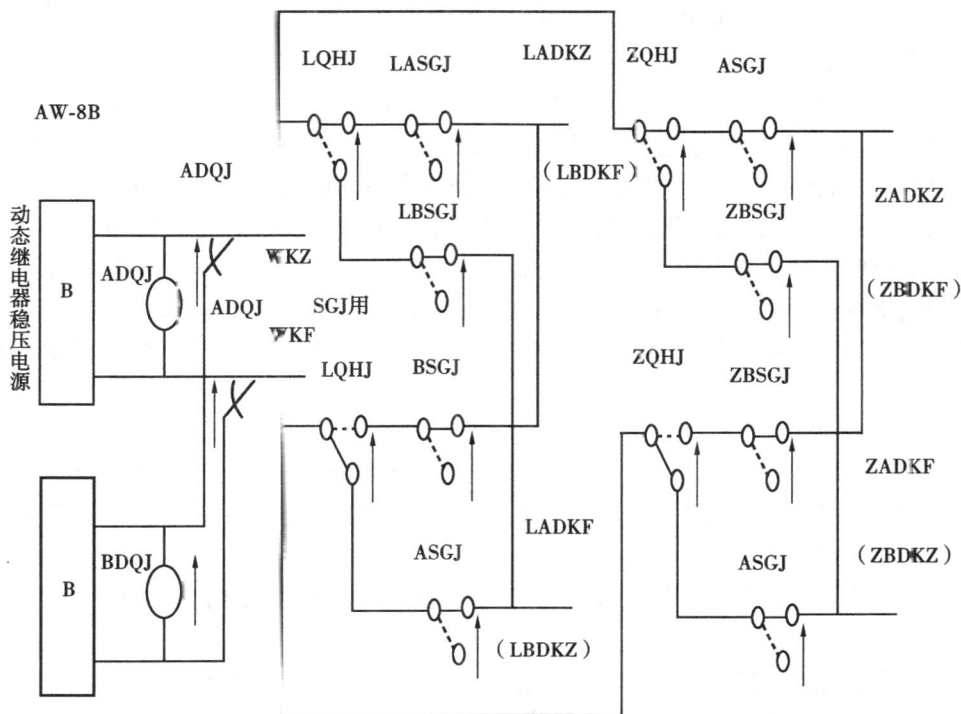

图 6.16 驱动局部电源切换图

制本机柜所属动态驱动电路所用的驱动电源,俗称"事故继电器"。现大多数系统使用专用的事故驱动组合,该组合亦采用动态驱动方式,也有两个控制输入端,但这两个输入并非一般驱动组合中的 AB 双机驱动的关系,而是要求来自同一机柜并具有相反相位的动态脉冲才能使事故继电器吸起。作为最为关键的输出电源控制,在事故驱动组合内设置了专用电路对计算机的输出脉冲相位进行严格检查,当脉冲重叠超过 3 ms 时即会熔断组合内的保险丝,切断驱动电源,确保系统安全。

图 6.17 是动态驱动系统的配线原理图。在接口系统中,对应于主控系统的每个机柜均设有独立的驱动回线和独立的事故继电器,该机柜所属的全部动态驱动单元的驱动电源均经由其事故继电器的前接点,当事故继电器落下时全部驱动无效。

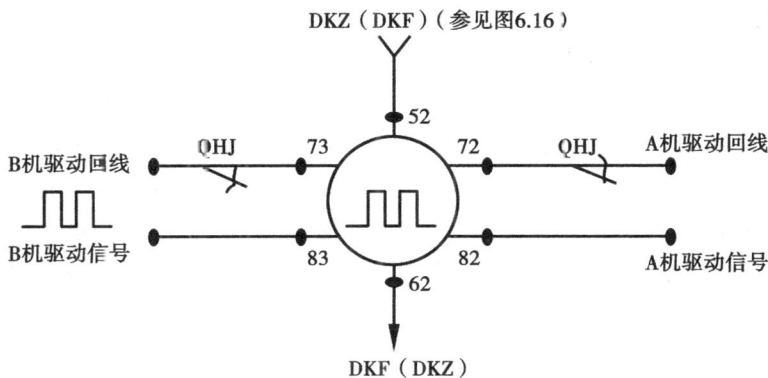

图 6.17 动态继电器励磁条件示意图

AW-8B 是专为 TYJL-Ⅱ型联锁系统设计的动态驱动电源,具有能够对输出电压脉冲波动故障进行安全保护并采用故障安全设计的监控电路。该电源具有良好的大范围动态带载能力和短路保护性能。为了适应不同站场规模,其输出电压设计为 25～36 V 可调。

TYJL-Ⅱ型联锁系统驱动电路的故障安全是由主控系统和接口系统中诸多相关环节共同实现的,具体包括:CPU 及其运行的双通道驱动处理和回读检查程序、由 I/O 板形成的驱动总线及其回读控制处理、驱动板及其回读控制处理、动态驱动组合和偏极安全型继电器的应用、具有输出电压脉动故障安全防护功能的动态驱动电源的应用、具有输入脉冲相位校核及熔断防护功能的事故驱动单元的应用等。此外还有由 CPU 在线运行的控制表示的逻辑检查、驱动继电器单脉冲瞬间吸起故障检查、道岔驱动双断检查等程序在系统运行的过程中不断地进行检查。

C. 防护电路

TYJL-Ⅱ型联锁主控系统中经过改进的采集板和驱动板已经达到部颁防雷标准,在接口系统中增设的防护电路是为重雷区内增强系统雷电防护能力而设的,对电气化区段牵引电流的侵入亦有相当的防护能力。

防护电路由强电防护插件组合、断线检查器和相应的配线规则构成。图 6.18 为 JKFH-2型防护插件的结构示意图。

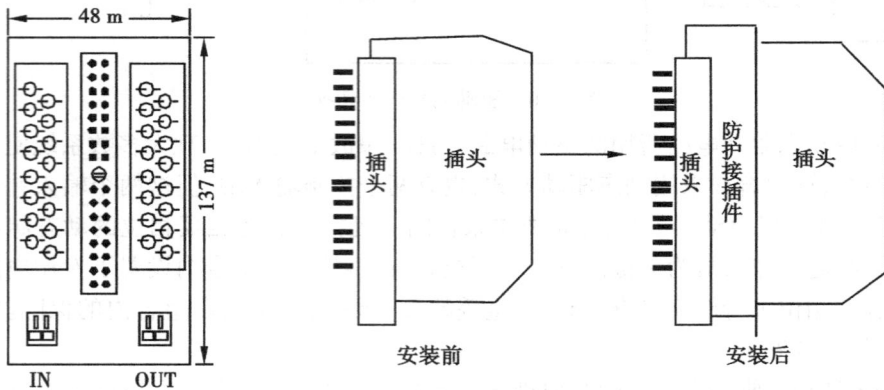

图 6.18　JKFH-2 型强电防护式接口架接插件正视图及安装示意图

图示的接插件由 32 个放电管和有关接插装置组成,直接加插在主控系统和结合系统分界的接口架上原 32 芯接插组合之间。JKFH-2 型由放电管电路组成的防护单元是独立的接插结构,便于检修;其宽度较小是考虑了为了适应在已开通系统中加装改造时无须进行任何改动,只要将 32 芯插头拔下,将防护插件插上后再将 32 芯插头插在防护插件上即可。

每个接插件下部有环线引入和引出孔,用于将各个接插件环连起来接地。由于防护系统的接地环线断线将使其失去保护作用,且在与多个放电管击穿短路的故障组合情况下有可能形成混线故障,因此,除采用双线环接外,还必须严格按照单环无分叉的配线原则连接。防护接插组合用于驱动时每个机柜单独成为一个封闭系统;用于采集时,每一组互为备用的机柜(A 机和 B 机)成为一个封闭系统;每一封闭系统的防护环线必须严格地按照串联方式逐一连接,最终与断线检查器连接构成一个封闭的单环,严禁出现局部断线后检查不到的分叉结构。

断线检查器对环线进行开路检查,当环线于任意处断开(电阻值大于 10 Ω)或检查器本身故障时即向主控系统给出报警信息,在控制台给出醒目的提示。断线检查器的检测及报警电路均设计为动态的故障安全电路;当环线单点开路报警时,两段环线仍通过断线检查器本身处于连通状态。

④辅助系统的构成及其功能。

辅助系统系指其功能与联锁系统的基本功能——基本控制功能和安全保障功能没有直接关系的系统,辅助系统的故障不会影响联锁系统的基本功能。TYJL-Ⅱ型联锁系统的辅助系统一般由电务维护终端(维修机)和微机监测系统构成。

A. 电务维修机

电务维修机是计算机联锁系统的重要辅助设备,系统的全部运行信息均由其储存记录,并为维护维修人员提供人机界面;联锁系统与其他系统的连接一般也是通过维修机来实现。其主要功能如下:

a. 储存记录功能

这是电务维修机最主要也是最重要的功能。TYJL-Ⅱ型系统使用以太网将两台监控机和维修机相连,把监控机上的系统全部的操作和运行记录实时地传送给维修机,由维修机定时地或人为地把这些信息保存到硬盘上。为维护、维修和故障分析提供可靠的依据。定时自动存盘的记录文件可以保存一个月,人工存盘的记录可以永久保存。

b. 人机界面功能

在维修机上能够实时地显示与车站值班员控制台相同的站场图像及其他记录信息;储存的全部记录可以以多种形式分类显示和打印,也可以以图像的形式再现。

c. 远程诊断功能

此功能支持从维修中心通过远程广域网络登录到现场的电务维修机,实现以与现场相同的操作方式远程查看现场维修机上的记录及图像再现。此功能对指导现场的故障处理十分有效。

d. 时钟功能

监控系统的时钟统一由维修机进行调校,以使整个系统的时钟保持一致。

e. 与微机监测及调度监督的接口功能

联锁系统与监测及调监等系统均通过电务维修机相连(通常通过串口),向其提供信息。维修机实际上同时起到通信前置机的信息处理、转发和使联锁系统与外部系统物理隔离的双重保护作用。当微机监测系统亦采用铁科院的配套产品时,通过 CAN 卡与监测主控系统连接维修机还同时兼有监测系统的站机功能,可接收监测系统上的全部数据,并可显示出道岔、轨道、信号等各种设备数据的列表和曲线,并进行存盘和打印。

f. 维修机采用标准的工控机,其通常的配置如下:

- 主机板:奔腾 233 MHz,内存容量 32 M,3 英寸软盘驱动器,20 G 硬盘;
- 一块以太网卡(用于和二位机通信),两个 RS232 串行通信接口,一个并行口,一块串行通信卡(用于对外接口);
- 12 槽无源 PC 总线母板,一块显卡,14 英寸彩色监视器;
- 全 ASCII 键和中文输入键盘,Microsoft 兼容鼠标;
- LQ300 打印机(连接到并行口);
- 3com 调制解调器(用于远程诊断)。

维修机的系统设计充分考虑方便维护人员的使用,采用 Windows NT WorkStation 4.00 中文版操作系统,具有操作简单、清楚、直观等特点,电务维修人员经过简单培训即可进行操作。

B.微机监测系统

这个系统无论是哪一种计算机联锁都要用到,因此任务 2 中将独立介绍。

【任务实施】

任务提出

车辆段计算机联锁是城轨信号系统的重要组成部分,从业前有必要进行系统学习。

实施过程

1.准备相关资料,例如 DS6-K5B 和 TYJL-Ⅱ型计算机联锁相关资料。

2.学生分组讨论学习计划。

3.组织学习 DS6-K5B 和 TYJL-Ⅱ型计算机联锁系统的功能特点、结构组成等内容。

4.各组通过现场设备、视频及各种学习资料进行任务的实施。

5.各组将学习的成果进行交流汇报。

6.对学习情况进行评价。

【任务考评】

任务实施过程考核评价表

考评项目		配分(分)	要　求	学生自评	小组互评	教师评定
知识准备	现场参观安全教育	10	安全教育考试合格			
	教学资料准备		充分性			
任务完成	两种联锁系统的结构	20	熟悉程度			
	两种联锁系统原理	20	熟悉程度			
	两种联锁系统软件及接口	20	熟悉程度			
	任务实施过程记录	5	详细性			
	所遇问题与解决记录	5	成功性			
现场学习表现		5	违章不得分			
协调合作,成果展示成绩		15	小组成员的参与积极性、成果展示的效果			
成　绩						
总成绩 (根据需要按照自评、互评和教师评价作百分比计算,以学生为主、教师为辅)						

任务 2　车辆段微机监测系统和电源系统

【场景设计】

1. 多媒体教室、校内计算机联锁实验室或地铁车辆段联锁设备室,学生人数根据现场实际情况定。

2. 配置有车辆段联锁系统、室外信号基础设备。

3. 考评所需的记录、评价表。

【知识准备】

信号微机监测系统是保证行车安全、加强信号设备管理、监测信号设备运用质量的重要行车设备。信号微机监测系统把现代最新技术,传感器、现场总线、计算机网络通信、数据库及软件工程,融为一体,通过监测并记录信号设备的主要运行状态,为相应部门掌握设备的当前状态和进行事故分析提供科学依据。同时,系统还具有数据逻辑判断功能,当信号设备工作偏离预定界限或出现异常时,可及时进行报警,避免因设备故障或违章操作影响列车的安全、正点运行。

（1）微机监测系统

1）概述

信号微机监测系统作为一个车站的集中管理机器,集中处理各种采集机采集的实时信息,并进行显示和存储,同时又为操作人员提供人机界面。根据对信号设备监测的结果,人机界面实现车站或车辆段作业状态及设备运用状态的实时显示和各种数据的查询功能。

微机监测的特点:利用微机高速信息进行实处理能力,进行实时监测、故障诊断、自动分析;利用微机大规模信息存储能力,进行数据处理、记忆存储、回放再现。利用微机联网能力,加强调度指挥、故障处理、集中管理。

该系统能在信号设备运行的全部时间内监测设备运行状态,全天候实时(或定时)对主体设备进行监督、测试、存储、打印、查询、再现;能监测信号设备的主要电气性能,当电气性能偏离预定界限时及时报警;能发现信号故障和故障预兆,为防止事故,实现信号设备状态提供可靠信息,充分发挥保障运输安全、提高运输效率的作用。

2）组成和系统框图

不论是 TJWX-2000 还是新型的 TJWX-2006-hh 微机监测系统结构相同,只不过 2006-hh 检测系统是 2000 的升级版本,增加了信息的采集量(比如电源屏的电压、电流、频率等)扩大了采集范围,对继电器的采集使用了光电隔离原件,精确度、抗干扰和可靠性进一步提高。

微机监测系统由站机、采集机、维修终端、通道防雷隔离元件、采集用的继电器、组合架组成。微机监测系统框图如图 6.19 所示。

监测系统体系结构包括系统配置的层次结构和数据通信的网络结构。体系结构的划分应符合相应部门监测、维护和管理工作的实际需要。微机监测系统硬件基本结构框图如图 6.20 所示。

站机可将本站监测信息传送到服务器,为实现远程监测和管理提供基础。其中采集机、站机是系统的基础,是所有原始信息的源头。

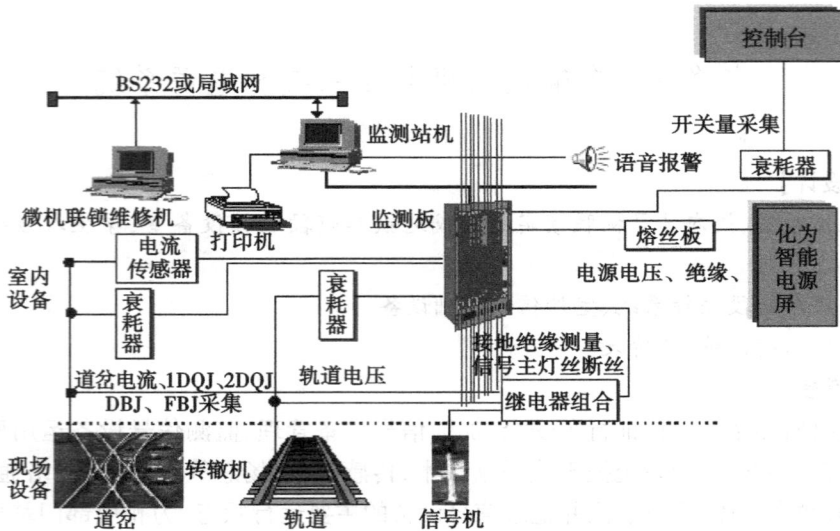

图 6.19　微机监测系统框图

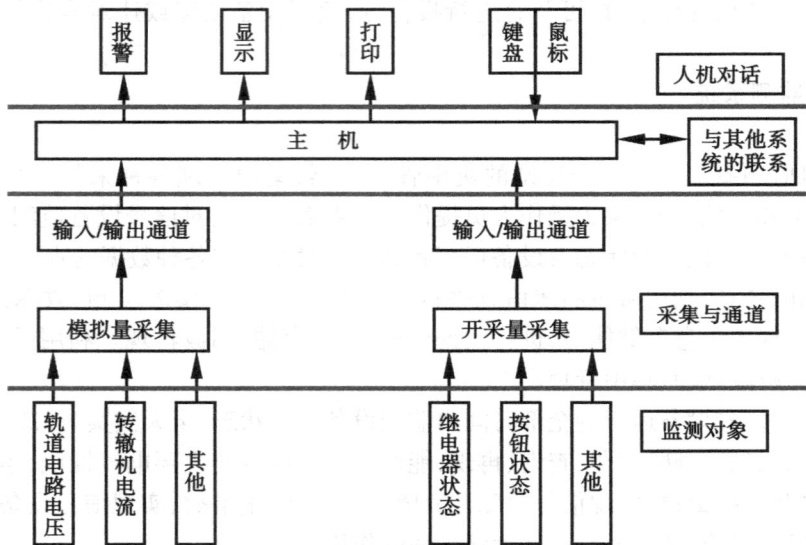

图 6.20　微机监测系统硬件基本结构框图

　　站机硬件系统采用集散式控制系统结构,分为采集分机、站机和网络路由 3 个层次。每站设站机一台,根据站场不同配置若干采集分机,采集分机与站机之间采用 CAN 总线连接。每站设路由器一台,与远程站机或服务器之间为光纤数字通道,如图 6.21 所示。

　　采集设备包括电源采集机柜、信息采集机柜、电缆绝缘测试仪、电源漏流测试仪、模拟量综合采集分机、开关量综合采集分机、区间综合采集分机、25 Hz 轨道电路采集分机、直流电源采集分机和区间开关量采集分机等。电缆绝缘测试仪、电源漏流测试仪与工控机之间采用 485 连接,其他采集分机与工控机之间采用 CAN 连接。采集设备与信号采集对象之间采用高阻或光电隔离,保证信号设备安全。

　　3)监测内容

　　开关量——指类似开通或关断的、在时间上和数值上断续变化的数值量,如通和断、亮和

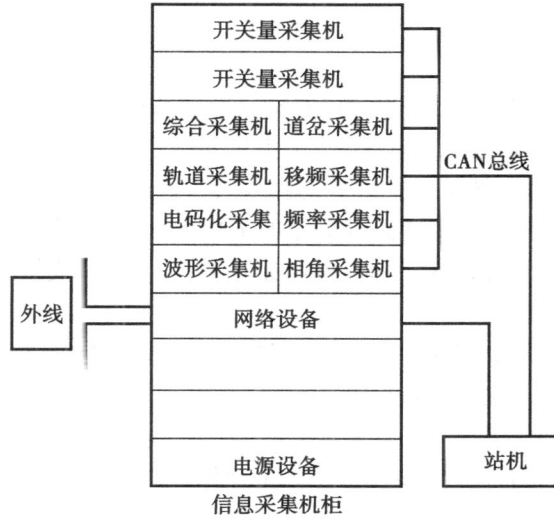

图 6.21

灭、有和无、高和低等。开关量可用数字信号表示。开关量的监测类型如图 6.22 所示。

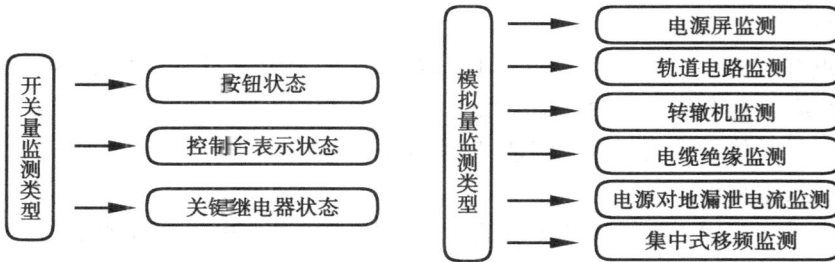

图 6.22　开关量和模拟量的监测类型

模拟量——指自然界大量出现的,在时间上和数值上均作连续变化的物理量。如压力、质量、温度、密度、流量、转速、位移、电压、电流等。模拟量的监测类型如图 6.23 所示。

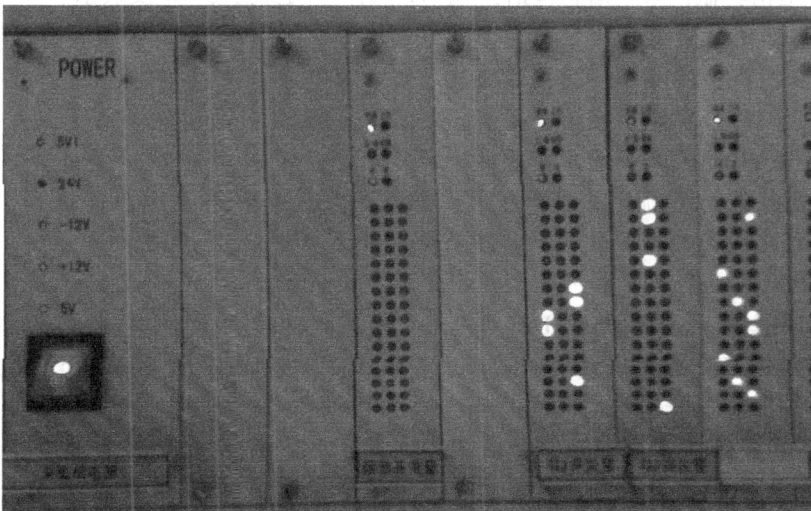

图 6.23　8 块开关量采集板

4）系统原理

①开关量采集机。

开关量采集机完成开关量信息的监测,主要包括对站场和区间开关量信息的监测,以及各种功能性关键继电器状态监测、熔丝断丝、锁闭封连报警的监测。

由采集机电源、总线板和8块开关量采集板组成(见图6.23),其中每个开关量采集板完成48路开关量的采集,共同完成384路开关量的采集,可以根据实际站场的大小灵活配置采集板的数量,开关量总路数超过384路时,可增加采集机电源、总线板和开关量采集板。

②电源屏采集机。

电源屏采集机由C0组合、转换单元、采集机电源、总线板、电流传感器和两块交流模入板组成,可实现对48路电源屏输入输出信号的电压、电流、功率、频率,以及25 Hz电源输出电压相位角的采集。

交流模入板完成对模拟量信号的采集,每个交流模入板可完成对48路模拟量的采集。主要用于电源屏实时电压、电流信号的监测,通过各种隔离转换单元和电流传感器转换成模拟量信息,以电压或电流信号的形式输出到交流模入板进行采样。通过对电压和电流的采集同时完成对电源屏频率、功率、25 Hz电源屏相位角的监测。

③信号机点灯电流采集机。

信号机点灯电流采集机由信号机点灯电流传感器、电源、总线板和两块模拟量采集板组成,可以满足48架列车信号机的采集要求。

每秒定时发送信号机电灯电流信息,最多监测96路。

④直流道岔采集机。

普通道岔采集机用于完成对ZD6等直流道岔转辙机动作电流曲线的采集。一个普通道岔采集机由电源、总线板、8块普通道岔采集板和96个1X模块组成,可以实现对96个直流转辙机的采样。

其中,每个普通道岔采集板可完成对36开关量、12路模拟量的采集,可监测12个ZD6道岔采集板。每个道岔转辙机采集信息包括:一个1DQJ、一个定表示、一个反表示、一路模拟量输入。

a.共采集12条道岔曲线、12个1DQJ开关量和24个定反表示开关量;

b.重启动时自主发送采集机状态数据;

c.定时发送1DQJ和定反表示开关量(现在都集中到了开关量分机);

d.自主发送1DQJ和定反表示变化数据;

e.采集到道岔启动电流后,主动发送启动电流曲线;

f.根据主机的命令发送采集机自身状态信息及程序版本信息和故障信息。

⑤三相道岔采集机。

提速道岔采集机用于完成对ZDJ9等三相交流道岔转辙机,动作电流和功率曲线的采集。每个提速道岔采集机由电源、总线板、8块提速道岔采集板和48个功率模块组成,可以实现对48个ZDJ9或液压电动转辙机的动作电流和动作功率的采样。

每个提速道岔采集板可以完成对18路开关量、24路模拟量的采集,可监测6个提速电机。每个道岔转辙机采集信息包括:1个1DQJ、1个定表示、1个反表示、4路模拟量输入(3路电流输入和1路功率输入)。

a.采集18条道岔曲线、6个1DQJ开关量和12个定反表示开关量;

b. 重启动时自主发送采集机状态数据;

c. 定时发送 1DQJ 和定反表示开关量;

d. 自主发送 1DQJ 和定反表示变化数据;

e. 自主发送道岔位置与表示不一致报警;

f. 采集到道岔启动电流后,主动发送启动电流曲线;

g. 根据主机的命令发送采集机自身状态信息及程序版本信息和故障信息。

⑥绝缘、漏流、灯丝采集机。

绝缘、漏流、灯丝采集机完成电缆绝缘测试、电源屏对地漏流测试、灯丝断丝报警、灯丝断丝位置测试等功能,由绝缘漏流灯丝采集板实现。

每块绝缘漏流灯丝采集板完成 40 路开关量输出、4 路开关量输入、4 路模拟量输入。开关量的输出用于绝缘、漏流、灯丝测试时控制继电器组合进行电缆选路和灯丝继电器开出。4 路开关量用于接收灯丝断丝报警,4 路模拟量用于各种测试模拟量的输入。

每个绝缘漏流灯丝采集板(即绝缘漏流灯丝采集机)可以完成对 256 路电缆绝缘和电源屏漏流的测试和 4 个方向咽喉灯丝断的测试和监测。绝缘漏流灯丝采集机不单独配置电源和总线板,可以利用电源屏采集。机后空余的位置安装使用。

绝缘、漏流、灯丝采集机完成的任务如下:

a. 重启动时自主发送采集机状态数据;

b. 每秒定时发送采集机状态数据;

c. 收到主机电缆绝缘、漏流测试命令后,执行命令;

d. 自主发送测试数据;

e. 自主发送主灯丝断丝报警开关量和模拟量(目前采用模拟量的形式);

f. 根据主机的命令发送采集机自身状态信息及程序版本信息和故障信息。

⑦轨道电路采集机。

对于铁路而言,480 轨道采集机由电源、总线板和 3 块 480 轨道交流采集板及 4 块 480 轨道直流采集板组成,可以实现对 48 路 480 轨道电路接收端的交直流电压的测试;25 Hz 轨道采集机由电源、总线板和 8 块 25 Hz 轨道采集板组成,可以实现对 120 路轨道电路的采集,可以监测 25 Hz 相敏轨道电路轨道接收端交流电压、相位角,轨道采集板监测 25 Hz 相敏轨道电路,轨道接收端交流电压、相位角。每个轨道采集板可以采集 15 路轨道电压和一路局部电源。采集板对采样到的轨道电压信号进行数字滤波,滤除 50 Hz 的交流干扰,然后计算轨道电压的有效值。15 路轨道电压信号的相位与局部电源的相位进行比较,得到轨道电路电压与局部电源间的相位角。

对于地铁而言,老线路的车辆段微机监测与铁路相通,新的车辆段轨道电路目前多采用 50 Hz 微电子相敏轨道电路器,其采集信息方式与 25 Hz 相敏轨道电路基本相同。

轨道电路采集机主要完成以下任务:

a. 系统重启动时自主发送采集机状态数据;

b. 对采到的轨道电压按规定进行滤波;

c. 按设计要求测试相位角(每个从机只采集 15 路轨道电压);

d. 定时发送全部轨道相位角信息;

e. 定时发送全部轨道电压数据;

f. 自主发送轨道电压变化数据。

⑧道岔表示电压采集机。

道岔表示电压采集机由电源、总线板和 8 块道岔表示电压采集板组成,可以实现对 112 道岔表示继电器的交直流电压的测试,每个道岔表示电压采集板可以采集 14 个道岔表示继电器,可以对 7 个道岔的表示电压进行监测(7 个定表示和 7 个反表示)。对于 ZD6 系列道岔,每块采集板可以实现对 7 组道岔的监测,对于 ZDJ9 系列道岔,每块采集板可以实现对 7 个电机的监测。

⑨外电网采集机。

外电网采集机由外电网隔离采集箱和外电网监测单元两部分组成,就近采用壁挂方式安装在电务闸刀配电箱附近,与站机以 CAN 网络线相联,供电由监测系统提供。外电网采集机采用了单独的壁挂式或座式机箱的结构。采用的结构为隔离箱+采集箱的双箱式结构,隔离采集箱外就近安装外电网监测单元完成外电网信息的采集。

外电网采集板(即外电网采集机)监测外电网输入相电压、线电压、电流、频率、相位角、功率。外电网采集板实时对电压信号进行监测,一旦发现外电网的断电、瞬间断电立即报警。外电网采集板还可以记录实时波形,如有需要可以记录电网质量劣化(如瞬间断电、波形畸变等)的波形。

每个外电网采集板可以监测二路外电网的输入。

对于 1 路 220 测量 9 路模拟量信息(包括相电压有效值、相电压基波有效值、相电压谐波有效值、相电流有效值、相电流基波有效值、相电流谐波有效值、相功率、相功率因数、相频率)。对于 2 路 220 测量 18 路(9×2)模拟量信息。对于 1 路 380 测量 34 路模拟量信息(3 相×9+7 路信息:总功率、AB 线电压、BC 线电压、CA 线电压、AB 电压相位差、BC 电压相位差、CA 电压相位差)。对于 2 路 380 测量 68 路(34×2)模拟量信息。

每秒定时发送 8 个字节的外电网故障信息。

收到主机的测试命令,进行曲线采集测试。

如果有故障或者收到测试命令,则每秒上送 1 条曲线,连续 18 s 一共上送 18 条曲线。

重启动时自主发送采集机状态数据。

根据主机的命令发送采集机自身状态信息及程序版本信息和故障信息。

⑩环境监控采集机。

环境采集机由两部分组成:一部分为安装在采集机柜内的环境采集板,另一部分为用于控制空调的空调控制器。环境采集板使用 4U 采集板设计,安装在微机监测采集机柜内,空调监控器使用箱式设计,安装在空调的附近便于使用红外对空调进行控制。

环境采集板完成对信号机械室、电源屏室、微机室以及 TDCS 车务终端机柜内的温湿度和关键设备表面温度监测,以及电源室、微机室、机械室等处的烟雾、明火、水浸、门禁、玻璃破碎等报警开关量信息的采集。每个环境采集板可以监测 16 路模拟量和 16 路开关量信息,模拟量用于监测温湿度模拟量信息,开关用于监测烟雾等报警开关量信息。环境采集板的信息采集都使用工业标准传感器对各种信息完成采集。每个环境采集板预留四路开关量输出,作为声光报警驱动使用。采集机所需要的采集板的数量根据被监测环境的实际需要而定。

空调监控器监测民用空调电压、电流、功率,同时自动根据设定或由站机控制空调的启停,来对室温进行调节。空调控制器电压和电流的采样方式与外电网的采样基本相同,只是量程要小一些,功率可通过对电压和电流的计算得到。对空调的控制可以通过内置的 5 种常用空调的控制码实现,同时也可通过对空调遥控器的学习得到各种控制码。

a. 最大采集 48 路温度,48 路湿度信息;

b. 最大采集 48 路灾害侵入信息;

c. 最大采集 16 台空调信息(48 路电压 48 路电流信息 16 路功率 16 路空调附近温湿度信息);

d. 最大有 18 路报警输出信息;

e. 能够监测所有采集板电源是否正常信息;

f. 能够对灾害侵入板的 1,2 路传感器供电复位;

g. 能够控制空调的电源,对空调进行遥控;

h. 重启动时自主发送采集机状态数据;

i. 定时发送环境监控数据;

j. 根据主机的命令发送采集机自身状态信息及故障信息;

k. 能主动向上位机索要环境监控配置码,未到之前按各 1 块配置。

5)系统主要部分的功能

①站机系统的功能。

完成所有采集机原始数据的收集、存储。从其他系统(微机联锁、智能电源屏、智能灯丝监测系统等)接收信息,完成实时监测、故障分析、诊断和人机对话,处理数据(分类形成图表)、存储数据、查看数据、网络传输数据等。

②采集机的功能。

在线采集各种信号设备的质量数据和状态数据并对采集数据进行预处理。其中采集机有开关量采集机、信号机点灯电流采集机、普通道岔采集机、提速道岔采集机、绝缘漏流灯丝采集机、移频采集机、轨道采集机、道岔表示电压采集机、移频采集机、外电网采集机、环境监控采集机。

③隔离转换单元的功能。

用于采集各种信号设备的模拟量或开关量信息数据。

(2)电源系统及 UPS

1)电源系统

电源设备是任何一个系统、设备所不能缺少的,它的质量直接影响系统设备的工作状态和运行质量,地铁信号系统使用的电源尤其重要,是地铁运输安全运行的基本保障。地铁信号系统属于国家一级负荷供电,由两路不同的电源同时供电,并往往同时配有大型在线式UPS,以保证系统稳定运行。

①信号电源系统功能。

信号电源屏有两路独立的交流电源供电,选择其中一路向设备供电。两路电源之间有切换电路,具有自动和手动转换功能。当检测到当前供电的主电源欠压、过压、断相、缺相等故障时,设备可以自动将负载接入到另一路供电电源上,而且切换过程不会影响设备的供电。提供多种需要的标准电源输出,如 AC220 V,DC60 V,DC24 V 等。保证不间断地供电,并且不受外电网电压波动和负载变化的影响。智能电源屏的输出电源采用模块化,具有稳压滤波作用,输出电压更稳定,并具有自动检测功能,包括欠压、过压、断相、缺相等故障的检测。信号电源屏具有较完善的保护功能,当电源或负载发生严重异常情况,能即时切断输出。并且具有防雷、防火、防触电等措施,从而提高了电源的安全性和可靠性。电源屏具有实时输入输出电源的电压、电流等多种电气参数测量功能,并能直观显示出来。智能电源屏有良好的用户界面,能提供更多信息及能根据用户需求进行个性化设置。当发生故障时电源屏能立即发出声光报警。智能电源屏具有更加完善的故障检测系统,能判断故障类别,并能存储多条报警信息。具有远程监控功能,可以对全线各个站点的电源设备进行集中组网监控,实时获取设备状态信息。

②信号电源提供的电压输出。

信号电源主要是提供以下两种的电压输出:

a. 24,60 V 的直流电压的输出;

b. 220,380 V 的交流电压的输出。

③信号电源组成。

信号电源系统主要由以下部分组成:电源模块包括直流模块、25 Hz 交流模块、50 Hz 交流模块。监控模块直流屏配电包括两路交流输入的自动切换控制、系统的输入防雷、配电监控板、监控转接板、交流电流采样板、直流输出配电部分。交流屏配电包括交流模块输入配电、交流输出配电。

④切换电路工作原理。

切换电路可用多种方式实现,在此以其中一种方式为例说明其切换原理。

切换电路由检测回路(包含输入交流电压采样板、切换逻辑控制板、切换驱动板)和动作回路(包含供电线路和 4 个输入交流接触器 KM1-KM4)组成。检测回路不间断地对交流 I 路和交流 II 路进行检测,首先由电压采样板完成输入电压采样,并把采样到的输入电压值送给切换逻辑控制板,切换逻辑控制板完成输入过压、欠压判断和切换逻辑的实现并产生切换控制信号,切换控制信号送到切换驱动板,由切换驱动板驱动相应输入交流接触器,交流接触器的动作见表 6.1。供电部门输入的两路电源均正常时,交流接触器 KM1 与 KM3 闭合,KM2 与 KM4 断开,切换电路选交流 I 路输出,交流 II 路作为备用。当检测回路检测到交流 I 路电出现过压、欠压、断电等情况同时交流 II 路时供电正常时,交流接触器 KM1 与 KM3 断开,KM2 与 KM4 闭合。切换电路选交流 II 路输出。当检测到交流 I 路恢复正常后,切换电路会切换回交流 I 路供电。表 6.1 是交流 I 路、II 路供电状态与交流接触器 KM1,KM2,KM3,KM4 对应状态表。

表 6.1

交流 I 路	交流 II 路	交流接触器 KM1	交流接触器 KM2	交流接触器 KM3	交流接触器 KM4
断 电	断 电	断 开	断 开	断 开	断 开
断 电	供 电	断 开	闭 合	闭 合	断 开
供 电	断 电	闭 合	断 开	断 开	闭 合
供 电	供 电	闭 合	断 开	闭 合	断 开

切换电路支持人工手动切换功能。无论何种供电方式,两路电源的切换时间(包括自动或手动)不大于 0.15 s,以满足切换时不影响设备正常工作,也就是常说的无缝切换。

⑤设备告警信息及主要操作。

A. 信号电源系统的告警信息。

信号电源系统的报警信息:包括灯显示报警、监控屏上的提示报警,同时伴有声音报警。信号电源系统的报警信息一般分为以下几类:、

a. 配电监控报警。包括系统电源输入故障、UPS 输出故障、电源系统内部空开断、电源系统的防雷单元故障及对应设备的电源输出故障等。

b. UPS 告警信息。包括逆变器故障、整流器故障、电池放电、电池电压偏低、电池温度超限、电池空开跳、负载不受保护、UPS 过载、输入超限等。

c. 模块告警:包括模块通信中断、模块故障等。

日常维护中,可以通过监控中心(ATS 的人机界面)、信号电源系统的后台集中报警界面、现场信号电源系统的监控单元界面等,实时监控电源系统的工作状态。

B. 故障模块、电源熔断器的更换。

a. 故障模块的更换:

在信号电源系统中,交流模块采用"1+1"或"N+1"热备份工作方式,而直流模块采用的是"N+1"自主均流并联工作方式。每个模块具有完善的保护(过压、欠压、过温、过流)功能,每个模块内的通用监控板采集模块的工作状态,在模块通过指示灯(模块前板)指示模块的工作状态:红灯表示故障、绿灯表示模块在正常工作状态、黄灯表示保护状态,并将模块的工作状态送给系统的监控模块。右模块发生故障时,因其独特的"1+1"或"N+1"结构,故信号电源系统均支持模块的热插拔。具体操作步骤如下:

Ⅰ. 拆卸模块。

- 断开模块的交流输入空开断开;
- 取下模块前面板的固定螺钉;
- 沿模块导轨方向轻轻拉出模块,并托住模块底部,取下模块;
- 将模块放在平稳的台面上。

Ⅱ. 安装模块。

- 确保模块的交流输入空开断开;
- 把模块放入导轨、缓慢推进机柜,使后端连接器可靠连接;
- 固定模块的正面紧固螺钉(注意用力不要太大,螺丝不会松动即可);
- 合上模块的输出空开。

Ⅲ. 注意事项。

在模块插入过程中,若感觉受阻时,不要使劲强行推入,应该检查模块是否正确进入滑道,检查无误后才能继续将模块推入到位,以部分的模块更换后需重新调整其参数避免模块撞针和背板的损坏;

部分模块更换后需重新调整其电流参数。

b. 信号电源系统的开关机操作:

Ⅰ.电源系统的开机步骤：
- 闭合低压配电盘上的1QF,2QF开关；
- 闭合电源屏1的交流电源1、交流电源2的开关(观察交流电源1、交流电流2的灯是否亮)；
- 检查其他空气开关和防雷开关是否处在合位置上；
- 检查模块灯显示是否正确(正常:电源灯绿亮;保护灯黄灭;故障灯红灭)；
- 检查监控模块,显示屏上无有故障信息,电源屏开机完成。

Ⅱ.电源系统的关机步骤：
- 断开电源屏1的交流电源1、交流电源2的开关；
- 断开低压配电盘上的1QF,2QF开关。

c.信号电源系统的人机界面操作。

信号电源系统的监控模块,包括LCD液晶显示器、键盘和LED显示灯。用户可在液晶显示器上非常直观的查阅系统的运行参数,并通过按键,对系统的重要参数进行设置和配置,界面采用全中文操作,每个步骤都有相应的提示。通过选择液晶显示器右边对应的功能键,进入主菜单界面,界面内容如下：

- 系统输入；
- 系统输出；
- 模块输出；
- 告警数据,返回；
- 系统管理；
- 远程通信、帮助；
- UPS信息。

在液晶显示器右边键盘选择相应的数字,进入下一级菜单。

2)DSG2-30W型智能电源屏介绍

①DSG2型电源系统简介。

DSG2型智能铁路信号电源系统是按铁道部颁发最新标准,在原铁道部鉴定的DS型铁路信号电源系统的基础上,设计开发的新一代高可靠、高性能的信号电源产品。该系统实现了不同厂家同类电源模块的互换,统一了智能电源屏与微机监测系统之间的通信协议。满足了铁路信号系统对设备先进性,可靠性,安全性及降低维护难度与成本的需要。

②应用范围。

DSG2型智能铁路信号电源系统是向国有铁路、客运专线、地方铁路、工矿企业及城市轨道交通等的信号机点灯、轨道电路、计算机联锁、CTC、列控、转辙机、区间移频、NVLE、ATS等信号设备提供各种稳定的交、直流电源的供电设备。

③系统性能、特点及新技术应用。

A.输入配电。系统设置两路电源转换模块,采用"Y"型供电方式,具有手动、自动转换,输入电源过、欠压报警,断、错相保护等功能。

B.交流稳压。采用数控补偿式稳压模块,具有可靠性高;无附加波形失真、对电网无干扰;稳压精度高;响应速度快;负载适应能力强、可适应各种负载;效率高、温升低、噪音低;本电源利用在供电主回路中串入补偿绕组,通过控制补偿电压的极性和幅值来实现升压或降压功能,从而达到稳定输出电压的目的;主电路由补偿绕阻组成,没有功率器件,具有极高的可靠性。当系统采用 UPS 满足全站用电设备(转辙机除外)的不间断供电时,系统的稳压环节由 UPS 完成,替代了数控补偿式交流稳压模块。该系统具有如下特点:

a.高频开关电源。采用成熟可靠的 PWM 技术。

b.综合化设计。包含铁路信号电源所有负荷种类模块,可根据不同车站的具体情况,灵活组合。

c.标准化设计。采用行业标准机柜:模块、机笼外型统一,封闭式机笼,便于安装调试和维护。

d.智能化设计。系统设置智能监测模块,可实现对系统进行遥测、遥信功能;智能监测系统硬件采用工业控制器,抗干扰能力强;采用彩色触摸屏作为监测系统的操控设备,使人机界面更加良好;信息量大、采集点多,故障诊断可定位到板级,故障信息、电压日曲线查询等操作均能轻易完成;通过 RS485 通信口可实现信息的实时远传,具备了远程测试和诊断功能;设置密码,阻止非法操作对系统的破坏;监测系统故障时,不影响供电系统的正常工作。

e.带电插拔技术。采用先进、可靠的线簧式连接器件,可实现带电插拔,提高产品的可用性和可维护性,减少设备修复时间。

f.测量报警装置。智能监测模块具有电量测量、故障报警功能,以菜单方式显示,具有操作简单、显示直观的优点。

g.冗余方式。工频交流输出电源采用"$N+1(N{\leqslant}3)$"回路热备方式,高频开关电源采用"$N+M$"并联冗余方式,均可实现故障自动退出及报警。

h.元器件选用。元器件选用国内外知名厂家品牌,采用耐高温阻燃绝缘导线,确保产品质量。

i.安全防护。全封闭式安装结构,提高设备安全防护等级,防护等级 IP20。

j.雷电防护。系统输入端和向室外信号设备供电的输出端设置了防雷器件,采用进口压敏电阻芯片与放电管相结合的防雷组合单元,加装防火隔板,具有无续流、通流量大、残压低、阻燃防火等优点。

k.操作简易。输入断路器安装于屏体上部,输出断路器安装于屏体下部,具有丝印标志,操作简单、直观明了。

l.长寿命、高可靠性:电子元器件均降额、降容使用,大大提高了产品的使用寿命,平均无故障时间(MTBF)可达 $2{\times}10^5$ h。合理的冗余配置、完善的故障退出机制,使产品具有极高的可靠性,平均无运行故障时间(MTBSF)可达 $2{\times}10^5$ h。

m.维护方便。各路输出电源均为对地悬浮供电方式,各电源之间相互电气隔离,将故障影响范围降至最低。输出电源模块化设计,更换方便,减少了设备修复时间和维护成本。系统的平均修复时间(MTTR)不大于 15 min。

n.不间断供电。采用不间断供电的设计方案,系统采用两台大功率 UPS 并机均流的工作方式,可保证在输入电源停电或两路电源转换时,系统对用电设备(转辙机和非稳压用电设备除外)的不间断供电,电池后备时间满足设计要求,一般常选电池后备时间不小于 30 min(有人值守车站)或 2 h(无人值守车站)。

④系统分类。

根据智能电源系统用途不同可分为:车站联锁电源系统、区间电源系统、驼峰电源系统、25 Hz 电源系统、提速电源系统等类型;按容量可分为 5,10,15,20,30 kV·A(超出以上容量范围,公司将根据用户需求进行配置)等类型。

⑤系统工作原理及对外接口。

A. 系统工作原理。

系统内设有两路输入电源转换电路,当某路供电电源发生故障或需要人为进行转换时,能在 0.15 s 内转换至另一路电源。工频交流输出电源采用"$N+1(N \leqslant 3)$"回路热备方式,当某一主回路电源发生故障时,备用回路能自动投入工作。直流电源采用"$N+M$"并联冗余方式。

智能监测单元模块具有良好的人机界面和自诊断功能,能够实时显示各供电单元的工作情况及状态信息,可将数据通过标准通信接口(注:标准通信接口 RS-485 在 1 号屏中)上传上位机或微机监测系统,支持历史数据查询。监测模块内部装有电池作为后备电源,当输入停电时,监测系统维持正常采集、监测工作大于 10 min,便于维修人员尽快查找故障原因。

系统的布置图如图 6.24 所示。

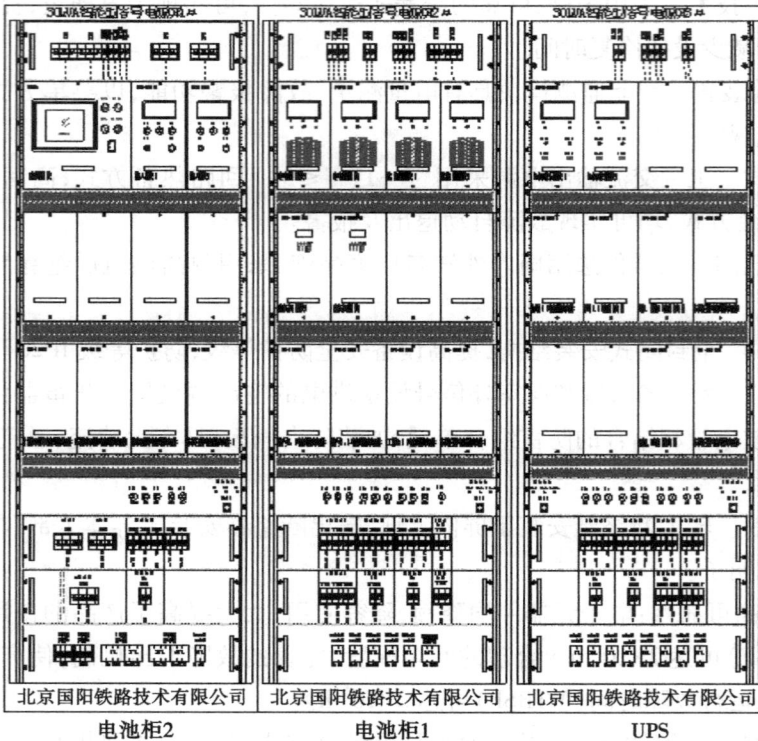

图 6.24 DSG2 型系列智能电源屏布置图

(工频交流 220 V 或 110 V 电源"$N+1(N \leqslant 3)$"热备方式)

B. 系统对外接口。

为让车务人员了解系统供电与工作状态,系统对外提供 Ⅰ、Ⅱ 路电源(主、副)工作接点(2D-1,2D-2,2D-3)如图 6.25 所示,并为设置电源屏故障报警的电路提供状态干接点(2D-4,

2D-5,2D-6),如图 6.26 所示。

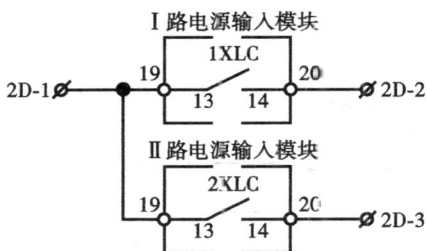

图 6.25　Ⅰ、Ⅱ路电源(主、副)工作接点
Ⅰ路工作:2D-1 与 2D-2 接通,2D-1 与 2D-3 断开
Ⅱ路工作:2D-1 与 2D-2 断开,2D-1 与 2D-3 接通

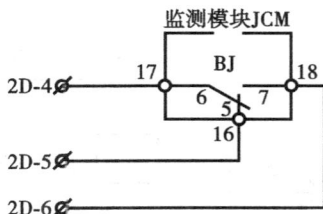

图 6.26　电源屏故障报警接点
电源屏正常:2D-4 与 2D-5 断开,2D-4 与 2D-6 接通
电源屏故障:2D-4 与 2D-5 接通,2D-4 与 2D-6 断开

系统监测数据通过标准通信接口(注:标准通信接口 RS-485 在 1 号屏中)上传上位机或微机监测系统,支持历史数据查询。

3)UPS 不间断电源系统

①UPS 结构及原理。

UPS 电源系统由 4 部分组成:整流、储能、变换和开关控制。其系统的稳压功能通常是由整流器完成的,整流器件采用可控硅或高频开关整流器,本身具有可根据外电的变化控制输出幅度的功能,从而当外电发生变化时(该变化应满足系统要求),输出幅度基本不变的整流电压。净化功能由储能电池来完成,由于整流器对瞬时脉冲干扰不能消除,整流后的电压仍存在干扰脉冲。储能电池除可存储直流直能的功能外,对整流器来说就像接了一只大容器电容器,其等效电容量的大小,与储能电池容量大小成正比。由于电容两端的电压是不能突变的,即利用了电容器对脉冲的平滑特性消除了脉冲干扰,起到了净化功能,也称对干扰的屏蔽。频率的稳定则由变换器来完成,频率稳定度取决于变换器的振荡频率的稳定程度。为方便 UPS 电源系统的日常操作与维护,设计了系统工作开关,主机自检故障后的自动旁路开关,检修旁路开关等开关控制。

UPS 电源系统主要分两大部分即主机和储能电池。额定输出功率的大小取决于主机部分,并与负载属哪种性质有关,因为 UPS 电源对不同性能的负载驱动能力不同,通常负载功率应满足 UPS 电源 70% 的额定功率。储能电池容量的选取当负载功率确定后主要取决其后备时间的长短,这个时间因各企业的情况不同而不同,主要由备用电源的接入时间来定,通常在几分钟或几个小时不等。

②UPS 电源工作原理。

按 UPS 的工作方式来分,可分为在线(on-line)式 UPS 和离线(off-line)式 UPS。离线式 UPS 又称后备式 UPS,它还可分为正弦波输出、方波输出、带稳压的或不带稳压的。

A.后备式 UPS。

后备式 UPS 是指 UPS 中的逆变器只在市电中断或欠压失常状态(欠压值约为 170 V,即 UPS 投入电压)下才工作,向负载供电,而平时逆变器不工作,处于备用状态。

图 6.27 为后备式 UPS 电源流程图。市电供电正常时,市电一方面直接通过交流旁路支路转换开关,经滤波器输出至负载;另一方面通过电源变压器,经整流后变成直流电,再经充

电回路向蓄电池组充电。当市电供电中断时,蓄电池储存的电能通过逆变器变成交流电,经滤波器继续向负载供电。

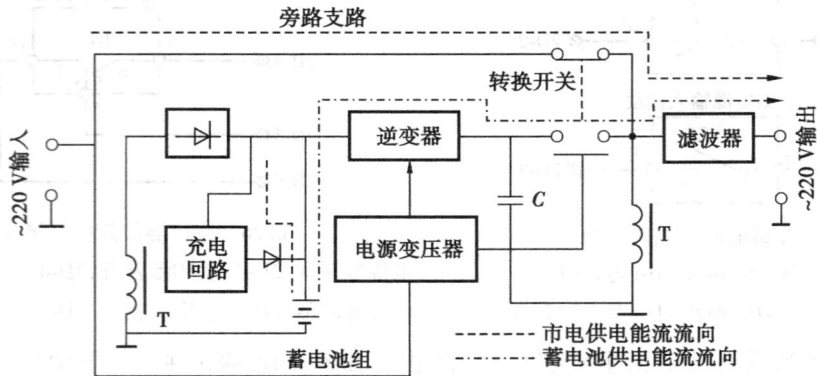

图 6.27　后备式 UPS 电能流程图

在后备式 UPS 中实际电路也含有各种保护、告警等控制回路,比较复杂。

B. 在线式 UPS。

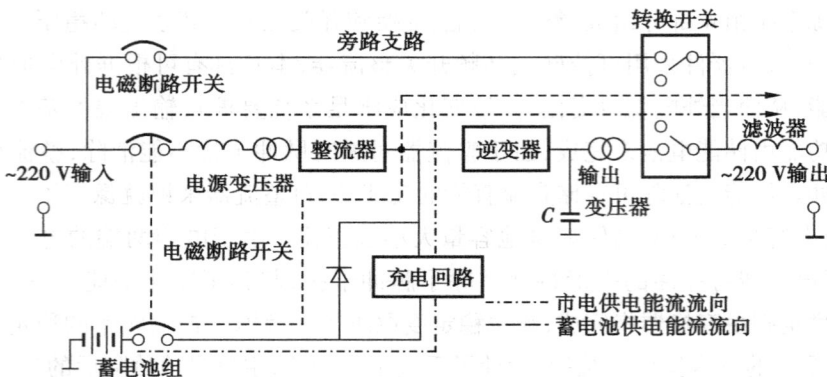

图 6.28　在线式 UPS 电能流程图

图 6.28 为在线式 UPS 电能流程图。市电供电正常时,市电经过电源变压器、整流器后,一路经逆变器、滤波器输出至负载;另一路经充电回路向蓄电池组充电。当市电中断,蓄电池组端电压低于设定值或逆变器故障时,市电就通过旁路支路经转换开关、滤波器向负载供电。由此可见,不管市电正常或中断,在线式 UPS 的逆变器总是在工作。

C. UPS 的主要组成部分。

UPS 主要由逆变器、蓄电池、整流器/充电器和转换开关等组成。逆变器主要由晶体三极管、变压器和控制回路等组成,其作用是变直流为交流输出,它是 UPS 的核心部分,UPS 的技术性能、质量主要取决于它。蓄电池是 UPS 储能装置。UPS 中的蓄电池应具有良好的大电流放电特性,能经得住反复地充放电,寿命要长,目前 UPS 常用的是免维护密封式铅酸蓄电池。整流器/充电器是把市电变成直流电,为逆变器和蓄电池提供电能的装置。转换开关(静态开关)的作用是通过瞬时的高速检测回路,当市电有干扰或出现大的浪涌时,把 UPS 迅速转到旁路输出,以保护 UPS;它的第二个作用是提供维修通道。对转换开关要求切换时间快、过载能力大。

D. 各类 UPS 的特点。

a. 在线式 UPS 的特点;

- 在线式 UPS 都为正弦波输出,其最显著的特点是实现了对负载的真正不间断供电。
- 在线式 UPS 实现了对负载的抗干扰供电。因为在线式 UPS 无论由市电或蓄电池对负载供电,都要通过逆变器进行,这就可能从根本上消除来自市电电网上的所有电压波动和电干扰对负载的影响,UPS 始终向负载提供一个稳压稳频的高质量交流电源。而且,在线式 UPS 的正弦失真系数最小。
- 与后备式 UPS 相比,在线式 UPS 具有优良的瞬时特性时,它在 100% 负载加载或减载时,其输出电压的变化小于 4%,时间为 10 ~ 40 ms。
- 在线式 UPS 具有较高的工作可靠性。

b. 后备式正弦波输出的 UPS 的特点。

- 一般后备式正弦波输出的 UPS 电路中均采用抗干扰式分级调压稳压技术,当市电在 180 ~ 250 V 的范围内时,能输出一个具有抗干扰的稳压的正弦波电压。
- 切换时间较短,约 4 ms,最短 2 ms。
- 其输出端的零线和火线是固定的,这是因为 UPS 中市电供电或逆变器对负载供电都是由同一电源变压器来完成。所以用户在连接这种 UPS 时,应符合厂家的规定。后备式正弦波输出的 UPS 都有零、火线判错电路,一旦发现输入端零、火线与 UPS 要求的不一致,UPS 会自动保护,没有输出。还需指出的是,后备式 UPS 中 220 V 输入的零线就是 UPS 控制线路的地线。

c. 后备式方波输出的 UPS 的特点。

- 与后备式正弦波输出的 UPS 一样,该线路中采用抗干扰式分级调压稳压技术,当市电在 180 ~ 250 V 变化时,它的稳压精度为 5% ~ 10%;市电中断时,逆变器对负载提供稳定度为 ±5%、无干扰的方波电源。
- 方波输出的后备式 UPS 的控制线路中未采用与市电同步的技术,其切换时间相应比正弦波输出的后备式 UPS 要长一些为 4 ~ 9 ms。
- 与后备式正弦波输出的 UPS 一样,它的输出端零、火线是固定的。使用时,交流输入端的极性应符合出厂规定。
- 不能接像日光灯那类性质的负载,否则会达不到机器的出厂指标,或损坏 UPS 本身。并且,它不能进行频繁的关闭和启动。UPS 关机后,如立即再启动,它就不能正常工作,此时无电压输出且蜂鸣器长鸣,称为启动失败。因此,关机后,如需重新开机,要等 6 s 以上时间。

【任务实施】

任务提出

车辆段微机监测系统和电源系统都是联锁必不可少的一部分,也是城轨信号系统的重要组成部分,从业前有必要进行系统学习。

实施过程

1. 准备相关资料,例如微机监测的基本功能、监测内容及监测的简单原理等相关资料。
2. 学生分组讨论学习计划。
3. 组织认识 DSG2 智能电源系统的组成及其性能。
4. 学习 UPS 不间断电源系统的组成、工作原理及各类 UPS 的特点。
5. 各组通过现场设备、视频及各种学习资料进行任务的实施。
6. 各组将学习的成果进行交流并汇报。
7. 对学习情况进行评价。

【任务考评】

任务实施过程考核评价表

考评项目		配分(分)	要　求	学生自评	小组互评	教师评定
知识准备	现场参观安全教育	10	安全教育考试合格			
	教学资料准备		认真程度			
任务完成	微机监测的基本内容	20	熟悉程度			
	微机监测信息的采集	20	熟悉程度			
	DSG2 智能电源系统的组成及其性能	20	熟悉程度			
	UPS 不间断电源系统的组成、工作原理及各类 UPS 的特点		熟悉程度			
	任务实施过程记录	5	详细性			
	所遇问题与解决记录	5	成功性			
现场学习表现		5	违章不得分			
协调合作,成果展示成绩		15	小组成员的参与积极性、成果展示的效果			
成　绩						
总成绩 (根据需要按照自评、互评和教师评价作百分比计算,以学生为主、教师为辅)						

思考题

1.简述 DS6-K5B 计算机联锁系统硬件组成。

2.简述 DS6-K5B 计算机联锁系统软件组成及功能。

3.简述 TYJL-Ⅱ型计算机联锁系统的硬件构成。

4.简述 TYJL-Ⅱ型计算机联锁监视控制系统的构成及功能。

5.简述微机监测系统的组成。

6.微机监测系统的监测内容有哪些?

7.简述微机监测系统的采集机需要采集哪些信号?

8.解释后备式 UPS 和在线式 UPS 的异同。

9.UPS 主要组成部分有哪些?

項目 **7**
DCS 信号子系统

【项目描述】

1. 浙大网新 CBTC 信号系统的 DCS 子系统结构组成。

2. 浙大网新 DCS 子系统的功能、原理。

3. 浙大网新 DCS 子系统的性能及接口情况。

【项目目标】

1. 了解城轨 CBTC 信号系统中 DCS 系统的作用。

2. 掌握浙大网新 CBTC 信号系统的 DCS 子系统结构组成。

3. 掌握浙大网新 DCS 子系统的功能、原理。

4. 了解浙大网新 DCS 子系统的性能及接口掌握维修子系统概念。

5. 了解 DCS 子系统常用的通信协议等。

【能力目标】

1. 能正确说明城轨 CBTC 信号系统的各个子系统构成。

2. 能正确说明城轨 CBTC 信号系统中 DCS 系统的作用。

3. 能熟练掌握浙大网新 CBTC 信号系统的 DCS 子系统结构组成。

4. 能正确阐述浙大网新 DCS 子系统的功能、原理。

5. 能认知浙大网新 DCS 子系统的性能及接口情况。

6. 能对应实际设备说出大致名称。

7. 能正确说明轨旁和车载 DCS 相关设备的安装位置。

8. 培养学员学习的主观能动性和参与学习交流的能力。

9. 具备团结协作吃苦耐劳的工作素养。

【场景设计】

1. 多媒体教室,地铁控制中心、车载或轨旁,校内 CBTC 模拟实验室,人数根据实际情况确定。

2. 教学用的 PPT、视频及相关教学引导资料。

3. 考评所需记录、评价表。

【知识准备】

城轨信号控制技术和通信技术不断发展的今天,基于通信的移动闭塞系统(CBTC)已经

207

几乎是所有新建线路首选的信号系统,在该系统中,数据通信子系统(Data Communications Subsystem,DCS)为行车控制搭建了一个通信网络,一方面通过干线网络(SDH 骨干网或以太网)将控制中心、正线车站、车辆段、停车场、维护中心等地点的各系统设备连接起来;另一方面通过无线接入 AP 点、无线天线或波导管或泄漏电缆等将在线运行的列车与干线网络连接起来,使得相关 ATS 信息、ATP 信息、ATO 信息能在各系统设备间快速传递,完成 ATS,ATP,ATO 的各类功能。下面以浙大网新的 CBTC 系统的 DCS 子系统为例进行介绍。

（1）**系统组成**

1）概述

数据通信子系统 DCS 是一个宽带通信系统,提供了 CBTC 系统内的 3 个主要列车控制子系统,包括中央控制室(OCC)、轨旁子系统(ZC、MicroLok Ⅱ)和车载子系统(CC)以及其他沿线地面设备之间双向、可靠、安全的数据交换。DCS 子系统基于开放的业界标准:有线通信部分采用 IEEE 802.3 以太网标准,无线通信部分采用先进的 WLAN 技术—IEEE 802.11g 标准,最大限度地采用成熟的设备。

2）系统结构组成

从网络层次上来划分,DCS 系统包括以下 5 个主要子系统(层次),如图 7.1 所示。

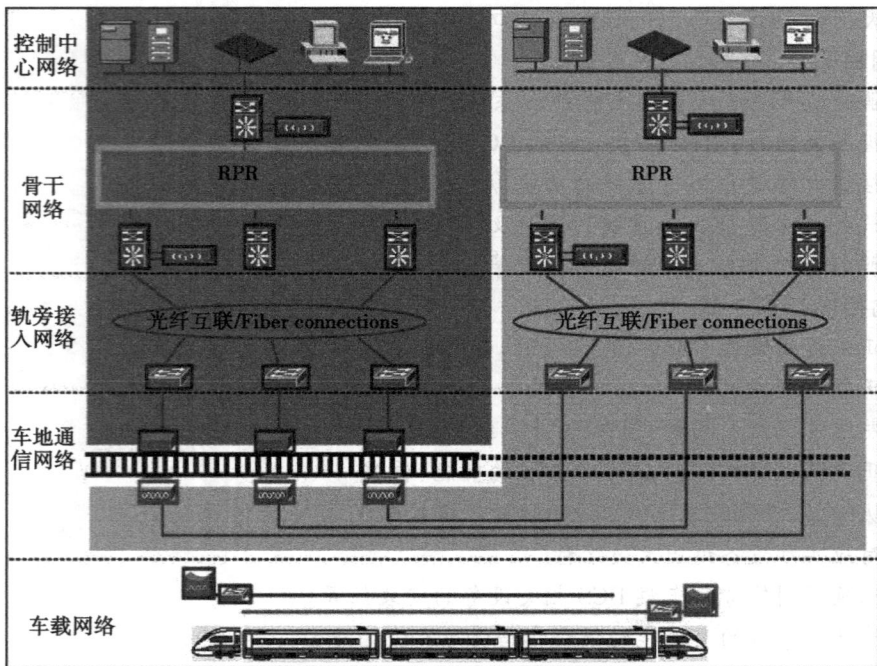

图 7.1　数据通信子系统体系结构框图

a. 控制中心子系统。是整个 DCS 系统的数据处理和存储中心,是控制信息的集中管理和发布中心。

b. 骨干网子系统。是整个 DCS 系统的核心传输网平台,用以连接控制中心、主要的车站和设备集中站。

c. 轨旁数据接入网子系统。是 DCS 的车站信息节点,实现各种控制信号信息的边缘有线接入。

　　d. 车地通信网子系统。是轨旁无线覆盖网络的集合,包括轨旁无线接入点及相关的光纤传输系统。

　　e. 车载网络子系统。是列车信息网络的集合,包括车载无线、有线和其他车载控制系统部件。

　　①控制中心子系统。

　　控制中心子系统的架构如图 7.2 所示。

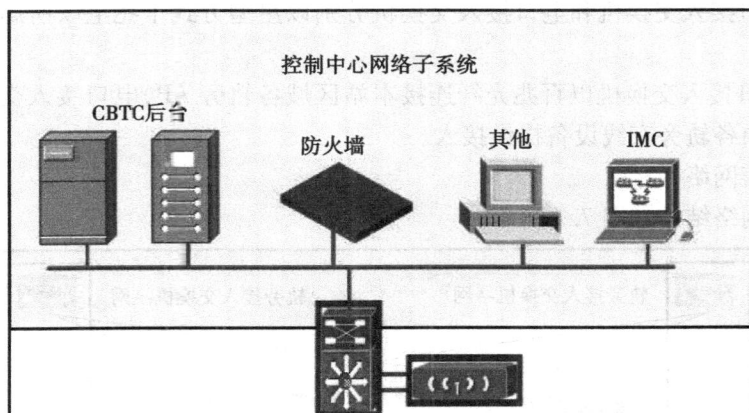

图 7.2

　　a. 控制中心是 DCS 的信号信息汇集点,设计上类似一个小型的专用数据中心和网络管理中心。

　　b. 控制中心交换机是控制信息数据的交换中心,需要支持全线速的转发能力,保证信号能够顺畅无阻塞的到达 CBTC 后台处理机。

　　c. CBTC 的后台处理机(服务器、存储设备等)通过千兆以太网直接连接到控制中心交换机。

　　d. 网络管理部分包括:

　　● 有线网管系统:负责对所有有线网络设备进行设备监控、故障管理、性能监视、日志采集。

　　● 无线网管系统。

　　②骨干网络子系统。

　　如图 7.1 所示的骨干网络部分,轨旁骨干网络采用业内关键应用组网的通用架构构建,由传输模块和骨干交换模块构成。传输层面采用 RPR(Resilient Packet Ring)弹性分组环技术连接组网。RPR 集 IP 的智能化、以太网的经济性和光纤环网的高带宽效率、可靠性于一体。

　　接入交换机通过光接口接入骨干交换机。在传输节点上(某些集中站,比如西安 2 号线的北大街和南稍门)采用 A,B 网交叉布放方式,在每台骨干交换机中插一块 RPR 板卡,RPR 板卡通过光纤互联组成 RPR 环网。

　　③轨旁数据接入网络。

　　如图 7.1 所示中的轨旁接入网络部分,提供各轨旁子系统(ZC、MicroLok Ⅱ、ATS 等)和轨旁无线设备(轨旁 AP 等)接入数据通信子系统的接口。接入交换机提供标准的 10 M/100 M 以太网接口,遵循国际通行的 IEEE 802.3u 和 802.3x 协议。网络层和传输层采用 UDP/IP

209

协议。

A. 一般线路非设备集中站都部署一台光口接入交换机(A,B 网分别部署,两网独立并行运行),连接 AP 及发车指示器、灯丝报警系统。

B. 在设备集中站及运营控制中心和车辆段分别部署一台轨旁无线设备接入交换机和有线设备接入交换机(A,B 网分别部署,两网独立并行运行),轨旁无线设备和有线设备采用不同的 AS 交换机接入网络,保障轨旁数据接入的高可靠性。

C. 轨旁光口接入交换机和电口接入交换机分别以星型方式千兆上联所属的本区域骨干交换机。

D. 轨旁光口接入交换机以百兆光纤连接本站区域各轨旁 AP,电口接入交换机通过百兆双绞线为本站内各轨旁有线设备提供接入。

④车地通信网络。

车地通信网络结构如图 7.3 所示。

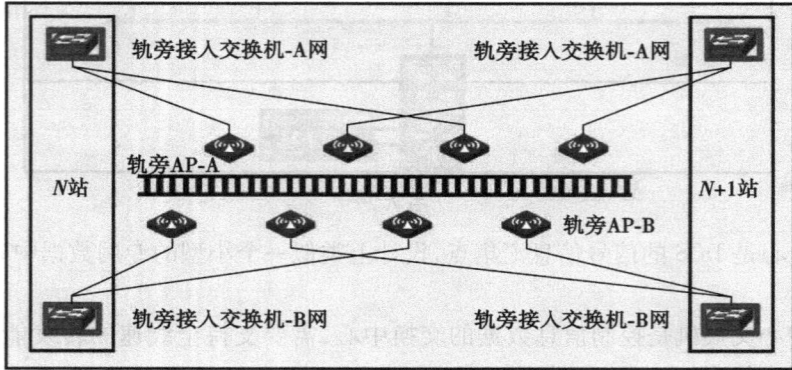

图 7.3　车地通信网络结构图

a. 车地通信网络主要由轨旁 AP、天线、连接线缆、供电部分设备、保护箱设备组成。

b. 轨旁 AP 采用防护等级为 IP65 的室外防护机箱,满足项目防护等级要求。

c. 轨旁 AP 分为 A,B 网设备独立部署。

d. 任一网络(A 网或 B 网)轨旁 AP 的部署遵循无线信号重叠覆盖的原则,即每个轨旁 AP 的无线信号覆盖范围为 2 倍的轨旁 AP 部署间距,如图 7.4 所示,任一轨旁 AP 故障的情况下,仍能维持轨旁无线信号的连续覆盖。

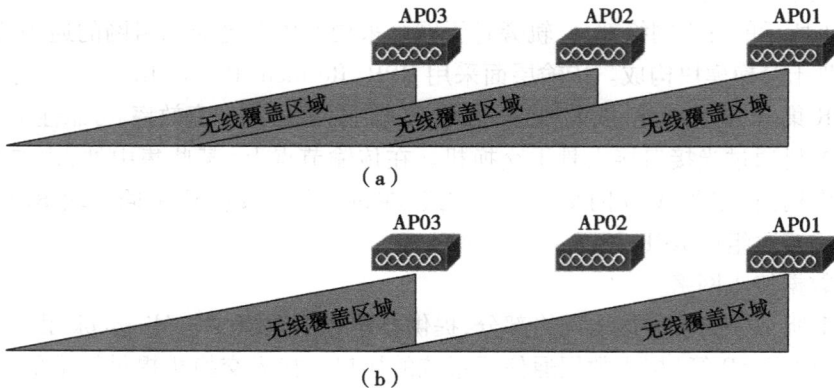

图 7.4　轨旁 AP 部署示意图

表 7.1 针对车地通信的相关指标进行了说明。

表 7.1　车地通信相关指标

项　目	无线电台
传输介质的主要特点	电磁波
采用的技术标准	802.11 系列无线局域网标准 （包括 802.11g,802.11i 和 802.11e 等）
调制解调方式	OFDM
传输频带	车地通信的无线局域网采用双网并行工作， 每网都占用 22 MHz 信道带宽
数据传输速率 Data transmission rate	最大 54 Mbps
单次报文传输时间（平均值）	100 ms
报文的循环更新时间	初步的 ZC 每 300 ms,CC 每 250 ms 更新 （具体数值在设计联络会上讨论）
单次报文传输时间（最大值）	最大 0.5 s Max:0.5 s
丢包率	采用丢包率描述:100 数据包,丢包不大于 1 个
无线通信设备移动切换时间	不超过 50 ms
满足车地间可靠通信的最高列车运行速度	120 km/h
对环境的干扰	EMC 标准
对环境的要求	EMC 标准
抗环境干扰的措施及指标	详见文中相关章节

⑤车载数据通信网络。

提供各车载子系统（自动列车防护子系统 ATP、自动列车运行子系统 ATO 等）和车载设备（司机驾驶台 TOD、I/O 控制器 MTORE 等）以及车载无线设备（如车载 MR）之间的通信接口。采用双网结构，如图 7.5 所示。车载 ESE 提供标准的 10 M/100 M 以太网接口,遵循国际通行的 IEEE 802.3u 和 802.3x 协议。网络层和传输层采用 UDP/IP 协议。

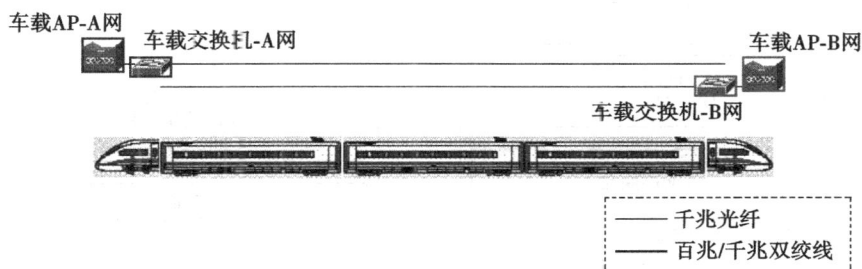

图 7.5　车载子系统——A/B 两网

车载网络系统分别由车头驾驶室网络部分及车尾驾驶室网络部分组成。其中车头驾驶室网络部分由车载无线网络单元、车载天线、车载网络交换机和车载 CBTC 系统设备组成。车尾驾驶室网络部分也同样由车载无线网络单元、车载天线、车载网络交换机和车载 CBTC 系统设备组成。具体车载网络系统拓扑如图 7.6 所示。

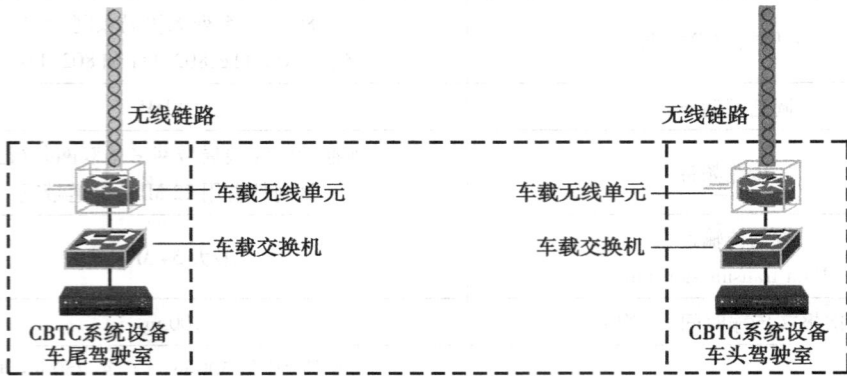

图 7.6　车载网络系统拓扑

车载无线网络单元采用 H3C WA2220E-AG-T,与轨旁天线的选择一样,车载无线单元的天线配置为定向天线,在列车车头和车尾各部署一个车载 MR 设备,另外在列车车头和车尾各部署两个天线,MR 分别连接两个天线(分属于 A,B 网)。

3)协议结构

DCS 子系统定义了 ISO/OSI 标准 7 层协议中的 5 层(见图 7.7)。其中传输层、网络层、数据链路层、物理层都遵守通行的标准和协议。应用层是为列车控制特殊设计的。本系统采用开放的体系结构和协议标准。所有的列车控制子系统都包括标准的 IEEE 802.3(以太网)接口和使用 UDP/IP 作为不同设备之间的通信协议。UDP 协议是无连接方式的协议,它的效率高,速度快,占资源少,特别适用于列车控制所需的实时车地双向通信。另一方面,UDP 包的传送是不可靠的传输,它不像 TCP 一样有包重传等机制。因此,采用 UDP 协议的信息在传送

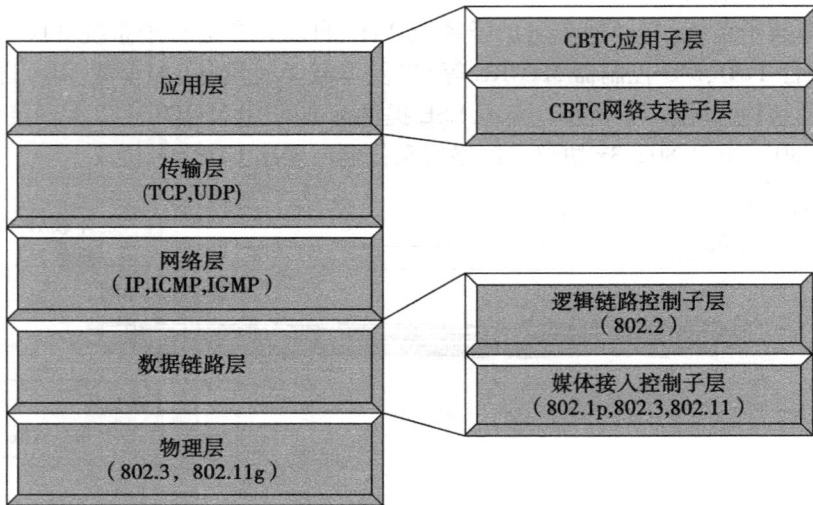

图 7.7　DCS 子系统协议模型

过程中可能丢失,这样就需要辅助的算法实现包重传机制以保证信息不会丢失。为保证数据的可靠传输,在网络支持子层(CNS),采用以下协议:

可靠传输协议(RELIABLE_P)来提供数据包重传机制;

安全传输协议(SAFE_P),可提供两个通信实体间的时间同步(保证车地通信的实时性),数据包数据完整性检测(避免部分数据丢失,确保接收数据的完整)和 CRC 差错校验(检测数据出错和误码)。

(2)DCS **子系统系统功能**

DCS 子系统实现的功能三要包括:

- CBTC 各子系统之间双向、可靠数据通信;
- 信息冗余传输;
- 采用有效的安全机制保障 DCS 网络安全性;
- 采用先进的加密算法保证数据安全性;
- 网络管理。

1)双向可靠数据通信

作为系统的基础,DCS 子系统对各列车控制子系统是透明的,它提供了 CBTC 信号系统各单元之间通信的承载,列车空制子系统和设备之间使用 UDP/IP 协议,可直接进行相互通信;同时,DCS 能够满足数据传输对于传输延时、丢包率的需求。单次报文有效传输时延平均值小于 100 ms,丢包率小于 1%,在列车行进速度为 120 km/h 内,动态切换时延能够保证在 50 ms 以内。

DCS 子系统采用专门技术确保高速的、安全的通信,它允许任何与之相连的设备之间互相通信。在 DCS 子系统的设计中,已提供所有合理方式,来避免单个独立故障或多个相关故障对列车运行的影响(这些故章可能会造成列车停滞在线路上、需要人工救援等)。

根据 DCS 系统对信号信息传送的高可靠性要求,整个 DCS 网络的设计均采厅双网并行的设计思想,在物理和逻辑上,均保证双网的并行工作,实现最高的系统整体可靠性。

2)信息冗余传输

信息路由的冗余已经包含在系统设计中,每条信息先被复制,其后分别通过两个独立的网络传送到终点。

CBTC 系统内设备之间的连接,通过两个相互独立的网络,实现冗余通信。BIM_P 是这个双媒介工作机制的管理协议。

BIM_P 协议的任务是确保两个通过双重网络连接的设备间的可靠通信,包括通信媒介发生单个独立故障和单个媒介内部分多重关联故障的情况。

BIM_P 协议实现的基本原理是通过向两个相互独立的媒介同时地发送信息;接收单元过滤双重信息,只转发一条信息到应用层。

值得指出的是,对于冗余网络,常规模式是每一时刻只使用一个网络来传输,而当一个网络出现故障,再转用另外一个网络时,即主备工作模式。这一模式的缺点是如果当前使用网络出现故障,信息传送会中断。因为检测网络是否发生故障,启动备用网络和使用备用网络再次发送前次传送失败的信息需要一定的时间,而这段时间内通过网络连接的双方之间通信已然中断。这无法满足 CBTC 系统对于数据传输实时性的要求,一个网络的故障很有可能导致列车停滞在轨道上等待。本二程采用的方案为同一条信息通过两个对等独立网络同时传输,即便其中一个网络发生故障,信息仍然能够通过另外一个网络到达目的地(信息通过两个网络同时传送)。通过对比,可以看出本工程采用的信息传送方案不会因为单一网络的故障而导致通信中断和数据丢失,从而满足 CBTC 信号系统对于车地双向通信实时性的要求。

3)BIM_P 原理

①消息传输处理过程。

当一设备单元 X 希望通过双媒介通信介质传送一个消息到设备单元 Y 时:

A. 设备单元 X 在消息头部添加一个消息识别码 BIM_MSG_ID。这一数值被置于消息的应用层消息的报头(即 CBTC 消息的报头)。

B. 设备单元 X 发送携带有其 BIM_MSG_ID 的消息:

通过其地址端口@ei(其中 i 取值为 $1 \sim N$)发往单元 Y 的设备地址:

C. 消息识别码 BIM_MSG_ID 考虑到了以下限制条件:

a. 对于每个应用层消息,设备单元 X 使用不同的 BIM_MSG_ID。

b. BIM_MSG_ID 的选择不依赖于收信人。

c. 同样的数据需在足够长的时间内(对应于消息的生存时间)不得重用。

D. 基于前述的限制条件,设备单元 X:

a. 以步长 1 生成 BIM_MSG_ID,其取值 $0 \sim CO\_max\_BIM\_MSG\_ID$。

b. 当增至 CO_max_BIM_MSG_ID 时,设定 BIM_MSG_ID 归零。

②消息接收处理过程。

在与每一远程设备对话时,对于收到的消息,设备单元 Y 都管理着一个 BIM_MSG_ID 的列表。这一列表称为 List_BIM_MSG_ID_per_Eqpt。

a. 当设备单元 Y 从双媒介连接上接收到一个消息时:当消息不再对应列表时,设备单元 Y 将不处理此消息;若在对应列表中,设备单元 Y 将处理此消息;

b. 受限于循环时间长度,在那之后 BIM_MSG_ID 将被删除;

c. 设备单元 Y 记住它所接收到并处理的消息的 BIM_MSG_ID。这些数值将根据每一设备进行分类。

4)网络安全

①网络安全设计综述。

CBTC-DCS 网络是一个专用信号系统网络,即网内各种终端、设备均设计为指定用途,与互联网(Internet)不直接相连,信息的内容、流向、格式均有严格定义和要求,因此,可看做是一个封闭型、高安全级别的网络。

空中接口是通信中的开放式空间,容易遭受恶意用户的拦截和/或袭击。

错误信息可能导致危险的情况发生,危及列车运行安全,降低系统的可用性,可能的错误信息类型如下:

A. 重复信息。这种错误模式是指收信方多次收到同一信息。

B. 被删除信息。这种错误模式是指一个信息从原始信息流中被删除(接收方没有收到这个信息)。

C. 插入信息。这种错误模式是指一个新信息被加入到原始信息流中。

D. 重新排序信息。这种错误模式是指一个信息(在原始信息流中)的顺序被改变。

E. 错误信息。这种错误模式是指信息包含的数据出现错误。

F. 延迟信息。这种错误模式是指信息被延迟(比预计到达的时间晚)。

G. 被篡改信息。这种错误模式是指原始信息被插入虚假数据(伪装成真实数据)。

H. 被截获信息。这种错误模式是指信息被恶意用户截获。

I. 错误的信息可能带来以下危害(但并不仅限于)。

a. 恶意用户伪装成"有效"ZC 并且:

● 发送虚假移动授权限制(MAL)或其他虚假信息给列车。

● 从真正的 ZC 处拦截信息,修改后再发送回列车。

b. 恶意用户伪装成"有效"列车并且:

● 产生虚假信息(如错误的列车位置和速度信息)并发送至 ZC。

● 从真正的列车处拦截信息,修改后再发送回 ZC。

为了减少危害,系统采用了下列安全措施:数据加密,数据发送方校验,数据过滤和数据完整性检验等。安全措施包括两个层次:第一是确保信息的安全传输;第二是限制接入。这两层保护使得系统能够满足 CENELEC 50159-2 的安全标准。如图 7.8 所示。

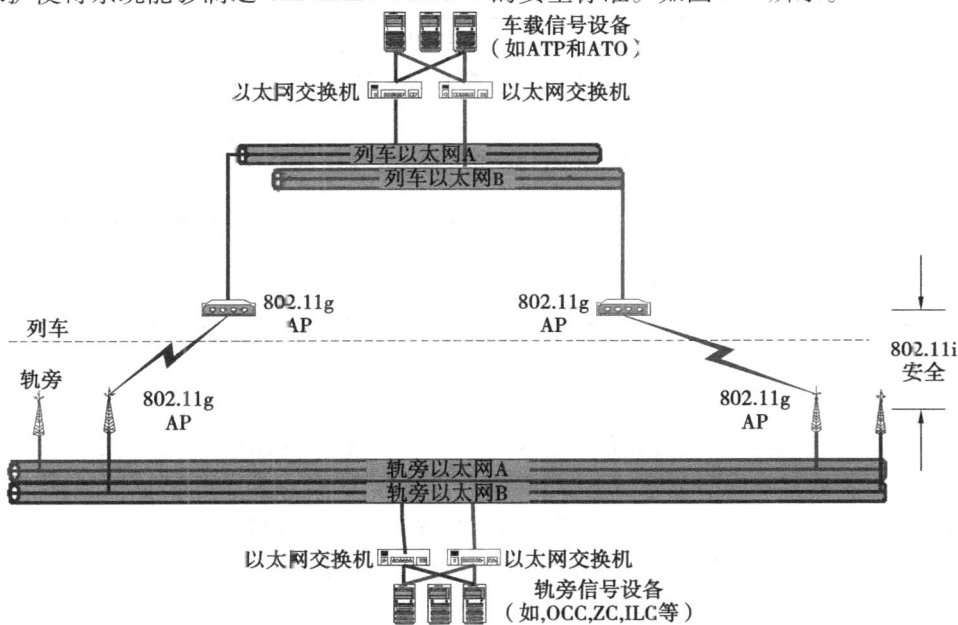

图 7.8　网络安全结构图

②802.11i 安全。

无线局域网(WLAN)的安全隐患可通过相应手段来消除。下表列举了网络安全措施(遵循 IEEE 802.11i 的标准),能够创建并维护一个安全的 802.11 无线网络。下面,对于每一项安全措施,表 7.2 中都给出相应的叙述,每一项措施的目的和解释,以及实施要求。

表 7.2　无线网系统安全总结

安全措施	安全措施的目的和解释	实施要求
确保 AP 的重新启动,Reset 功能只在必需的时候才被使用,并且只能由得到授权的人员来实施	防止由于非授权人员接近 AP 导致网络设备服务中断	AP(不包括外置天线)必须要放置在一个适应环境要求和防盗窃的密闭盒中

215

续表

安全措施	安全措施的目的和解释	实施要求
禁用服务集标志(SSID)广播功能,这样客户端 SSID 必须与 AP 设置一样才能接入网络	禁用服务集标志(SSID)广播功能能够减小恶意用户侵入 AP 的可能性	要求设备具备此功能
设置媒体接入子层(MAC)的允许接入用户列表	防止非法用户接入网络	要求设备具备此功能
安装 2 层或更高层交换机用于与 AP 的连接	使用 2 层或更高层的交换机能够把网络分成小的区段来减少恶意用户通过连接上端口而侵入网络并监测网络数据的可能性	要求设备具备此功能
密码可以动态刷新	动态刷新密码能够极大地提高密码的安全性,减少密码被破获的可能性	要求设备具备此功能
传往 AP 的远程管理数据需要通过加密的有线网络。使用 SNMP v3	SNMP v3(而不是 SNMP v1 或 v2)来保障基于网页的 AP 配置安全性,同时可以实现对车载 AP 的安全管理	要求设备具备此功能
使用先进的加密保护手段	CBC-MAC 协议和先进加密协议(简称:CCMP/AES)	要求设备具备此功能

③无线与有线结合点的安全-有线交换机端口接入认证。

有线交换机端口接入认证,是指轨旁 AP 在接入以太网交换机时,交换机和轨旁 AP 间的认证过程。设备支持有线交换机接口认证:基于 MAC 地址的接入认证。

此认证的目的是决定接入交换机的端口是否打开,没有合法配置的 AP,即使连接到以太网交换机上,该端口也处于关闭状态。引入这个技术,可有效地保护以太网交换机的端口。

在默认配置的有线网络交换机上,只要插上合适的 RJ 45 接头,设备就可在二层以太网上获得网络的访问权。如果是在公司内部的私有网络,可能安全隐患还不是很严重。但是如果以太网交换机的端口,通过 5 类线连接到公共区域,就应当考虑在这台交换机的公共端口上实现二层端口接入认证,以区分合法用户和非法用户。

在地铁 CBTC 系统项目中,采用将交换机连接 AP 的端口打开基于 MAC 地址的接入认证功能,从而提高网络接入的安全性。

④车载接入认证。

车载 MR 的接入认证,是指车载 MR 在经过正确配置后,通过轨旁 AP(作为认证点)向网络发起的认证。

接入认证方面,简单的实现方式是采用静态 WEP,或者预共享密钥(PSK)的方法,但是存在安全方面的不足。因此,我们采用 802.1X 来实现无线局域网空中链路的二层端口接入认证,作为本项目的无线安全体系的一部分。实施 802.1X 后,没有合法身份的用户不可能连接到无线网络中,也不可能获知网络通信的信息。

⑤无线通信安全加密。

我们采用的无线网络产品具备 AES 加密功能,可以有效地改善无线链路的通信安全。

AES 是一种旨在替代 TKIP 和 WEP 中使用的 RC4 加密的加密机制。AES 不存在任何已知攻击,而且加密强度远远高于 TKIP 和 WEP。AES 是一种极为安全的密码算法,目前的分析表明,AES 是非常高可靠的加密机制,业界还没有破解 AES 加密的案例。

⑥无线信号泄漏防护。

无线信号泄漏防护,是指通过各种技术,将无线信号控制在合理使用的时间、空间范围内,并防止无线信号、WLAN 信息的不合理扩散。为了确保地铁 CBTC 系统项目的无线信号在合理范围内使用,在本项目中我们采用如下措施。

5)网络管理和维护

CBTC-DCS 网络系统中,有线部分主要由各类交换机设备组成。在地铁项目中,网管系统对全网交换机设备进行统一管理。

项目采用的网管系统是一个集成管理工具套件,它可以实现网络设备的配置、管理、监控和故障排除。网管系统的应用构建在通用的互联网标准基础之上。网络操作人员通过浏览器,利用该工具套件方便地进行网络管理。该网管系统包含的各种应用模块可以集中或分布部署,但其需管理的网络设备和这些设备的关键信息则可集中存储一个资源库中。网管系统支持功能视图的定制,能满足一位或一组网络操作人员的需要。

(3)系统原理

CBTC 的网络分成轨旁骨干网络、轨旁数据接入网络、车地双向通信网络和车载数据通信网络。

1)轨旁骨干网络

轨旁骨干网络由骨干交换模块和传输模块组成。一般在线路上设置几个骨干交换机,采用单网环式拓扑结构,西安地铁 2 号线拓扑结构设了 4 个骨干交换机为 A 和 B 两种结构,如图 7.9 所示。

一般选择 OCC 和部分设备集中站,作为设备汇聚节点,每个汇聚节点各部署骨干交换机作为汇聚节点的数据交换转发设备,每个骨干交换机通过传输模块和光缆连接组成带宽为 2.5 Gbps 的环路。传输环采用了 RPR 技术可以提供优秀的底层保护,完全可以依赖底层 RPR 的保护,实现业务的快速恢复和收敛(<50 ms)。

2)轨旁数据接入网络

轨旁数据接入网络如图 7.10 所示。

轨旁数据接入网络主要由轨旁接入交换机、轨旁 AP、天线、连接线缆、供电部分设备、保护箱等设备和组件组成。轨旁接入交换机通过冗余的以太网络与骨干交换机相连。

①关于轨旁 AP 光纤的部署。轨旁 AP 光纤的部署如图 7.11 所示。轨旁 AP 光纤的部署,需要考虑光纤的汇聚方向问题。

如某一站点(N 站)出现严重故障,造成该站完全断网,则 N-1 和 N+1 站的 A/B 网仍将保持部分完整,CBTC 信号信息仍可在轨旁与车载 CBTC 设备间通信。

②无线链路预算、轨旁无线接入点设备数量的计算及分布无线信道的电波传播特性与电波传播环境密切相关。

③通过计算并结合实际工程勘测经验,同时考虑 2 倍 AP 间距覆盖距离的因素,一般隧道内的 AP 分布间距为 200 m 左右。弯道处 AP 间的分布间距小于 200 m。

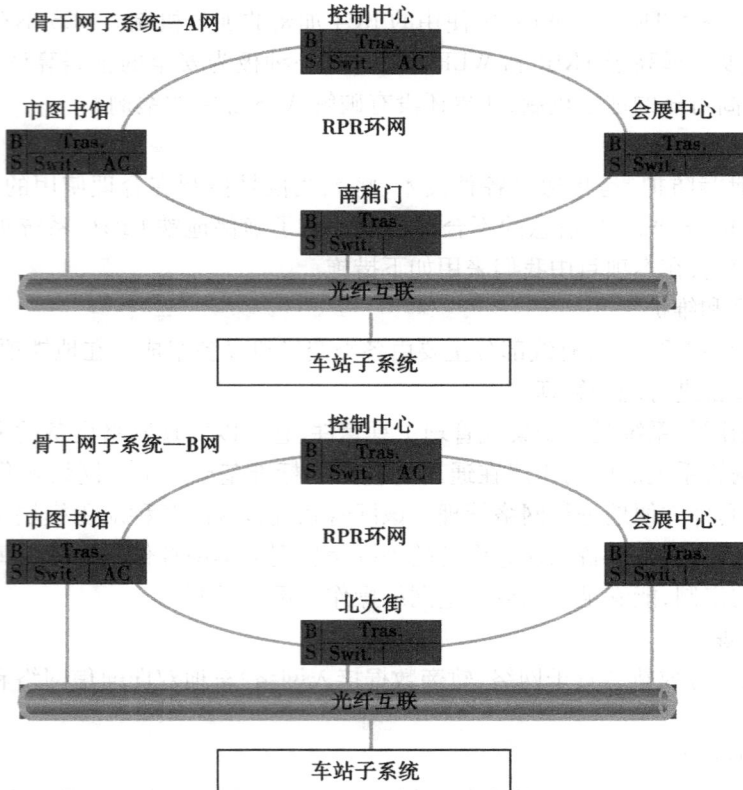

图 7.9 DCS 子系统骨干网络

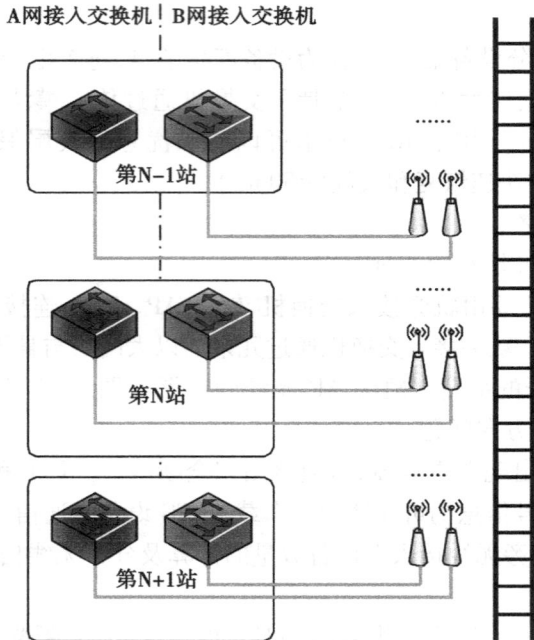

图 7.10 DCS 子系统轨旁数据接入网络

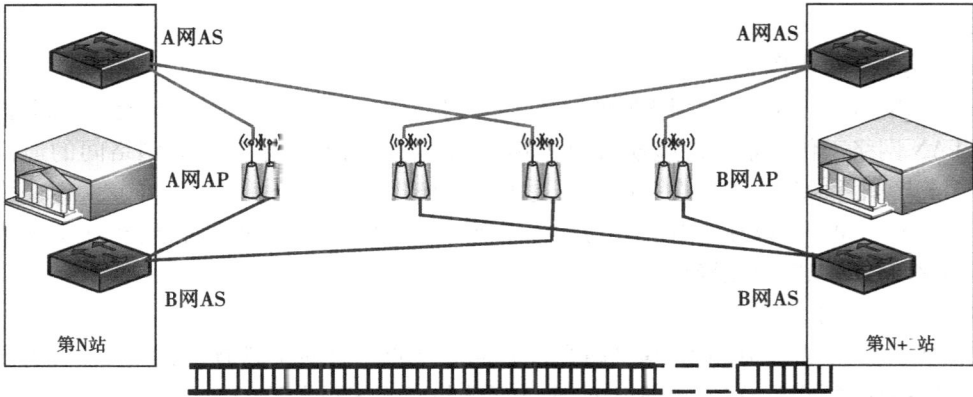

图 7.11　DCS 子系统轨旁 AP 光纤部署

3）车载数据通信网络

DCS 子系统车载数据通信网络如图 7.12 所示。

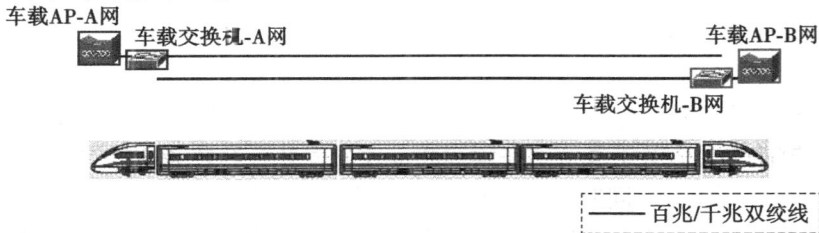

图 7.12　DCS 子系统车载数据通信网络车载网络系统的组成

①车载网络系统的组成。

车载网络系统分别由车头驾驶室网络部分及车尾驾驶室网络部分组成。其中车头和车尾驾驶室网络部分分别由车载无线网络单元、车载天线、车载网络交换机和车载 CBTC 系统设备组成。具体车载网络系统拓扑如图 7.13 所示。

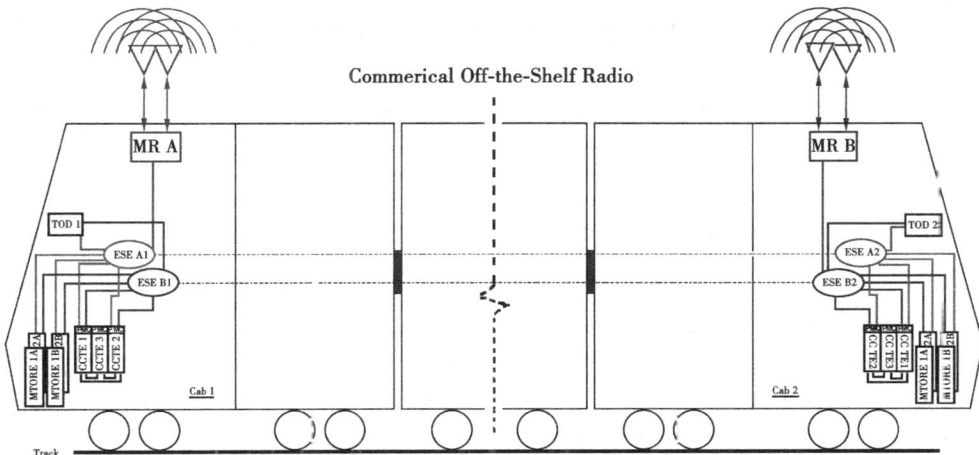

图 7.13　DCS 子系统车载网络系统拓扑

与轨旁天线的选择一样，为了克服隧道内部的多径发射问题及其他地铁环境中的特殊问题，一般使用定向天线作为车载无线单元的外置天线。为了达到更好的接收效果，克服多径问题，为每一个车载无线单元配置两个定向天线。

②无线设备。

A. 轨旁 AP 的选择。

车载 MR 和轨旁 AP 均选用优质的系列无线通信设备,应具有较小的传输延时和高可靠性。

WLAN 网络工作在基础设施模式(Infrastructure),即所有列车和轨旁网络间的通信都通过 AP 进行。几个 AP 能连接在一起形成更大的网络,允许无线设备在其中漫游,定义为扩展服务集(ESS)。MR 可以在所有设置为同一扩展服务集的基站之间漫游,当相邻基站覆盖区域彼此重叠时,可以实现无缝切换。

B. 轨旁天线的选择。

地铁环境大多为隧道环境,其多路径反射问题严重。针对地铁环境的特殊性,由于隧道环境多径发射问题严重,在这种环境下,全向天线势必带来更严重的多径发射问题,所以选用定向天线具有较小的信号辐射角度,可以大大降低多径问题带来的影响。所以在这种环境下,应选择比较适合的在地铁隧道中安装的轨旁 AP 外置天线,不会对列车运行造成隐患。考虑到隧道内一般的施工/安装环境,采用 6 m 射频电缆(在 2.4 GHz 频段传输产生 1.3 dB 的衰减)连接天线与无线接入点。

③无线覆盖。

在整个 DCS 子系统中,带宽瓶颈主要集中在车地双向传输系统,也就是车载 MR 与轨旁 AP 之间的无线链路上。直线沿线大约每隔 200 m 左右安装一个轨旁 AP(具体情况还要结合届时现场勘查进一步确定)。同时,轨旁 AP 的具体位置还需要详尽的线路测量来确定。轨旁 AP 设置的总体原则是:车载 MR 在轨道上的任何一点都能至少检测到两个轨旁 AP 发送的信号。

④无线网络冗余。

任何轨旁 AP 故障都可能会导致系统性能下降,因为故障的修复可能需要等到夜间,并且这些故障将影响所有经过该区域的列车运行。为避免这些系统性能降级,在无线网络设计中考虑了充分的冗余:

a. 同一列车上的两个车载 MR 分别与两个独立的轨旁 AP 相关联,即分别与轨旁 A、B 网络相关联。

b. 任何两个相邻轨旁 AP 的覆盖区域彼此交叠,以确保覆盖的连续性和无缝漫游。当一个 AP 发生故障时,可以由相邻的 AP 继续提供覆盖。

⑤频率规划。

由于 CBTC 系统的重要性,所以在列车运行期间需要双系统同时工作以提供冗余。在地面和车载系统的通信上,也同样需要两套系统。列车的车头、车尾都是分别由两套 CBTC 系统同时通过无线系统与地面通信。

这两套 CBTC 系统之间需要相互独立,同样两套无线系统也是独立工作的;考虑采用 WLAN 技术提供车地无线系统连接,采用 2.4 G 的 WLAN 系统,可有 3 个完全不重叠的信道可用。因此,建议分别采用 2.4 G WLAN 系统的信道 1 和信道 13 作为 2 套 CBTC 系统使用的无线系统工作信道,达到之间的完全隔离和冗余。

⑥无线抗干扰分析。

A. 同频干扰情况分析。

轨道边的无线 AP,需要工作在 2.4 GHz 的某个频点上,考虑到 2.4 GHz 无线局域网的视距传输效应,以及系统传输容量/带宽的综合要求,采用如下方式来实现沿着铁轨的 WLAN 信号连续覆盖,避免同频干扰对系统的影响:

a. 每个方向上的每个车站区间,都需要在每隔 200 m 左右的距离部署一个 AP;

b. 采用高速 2.4 GHz 标准—802.11 g(2.4 GHz 频段不需要申请许可,技术最成熟,802.11 g 的 OFDM 调制方法具有更好的传输性能并且抗干扰性强);

c. 采用定向性好的方向性天线(提高传输性能,避免信号的无效泄漏);为了避免 AP 之间覆盖区域的过渡重叠,建议结合实际情况将 AP 发射功率设定在与其覆盖范围相对应的级别上,从而大大降低同频干扰的可能。即避免某一地点收到多于两个以上的无线信号覆盖。

B. 多径干扰情况分析。

当传输信号在隧道内壁、车体及其他室内物体上进行反射时会产生多径效应。在这种情况下,传输信号并非通过单一的直接路径到达接收器,而是经过了多个不同路径。信号从发射器到接收器所经历的每条路径长度都不同,因此每个信号的延迟都有所不同。最终接收到的信号实际上是个多次叠加而产生的信号,每个叠加信号都在不同时刻到达接收器,每个叠加信号的强度均不相同。这样接收到的信号就产生了畸变。在隧道环境中,由于隧道是一个封闭的室内环境,并且由于隧道材料的因素,所以发射的信号产生多径问题。针对多径反射带来的问题,我们设计采用以下的一些技术来克服多径干扰问题。

a. 采用双天线减轻多径干扰。

采用双天线的方式,即为每一个车载无线单元配置了双天线,这样的方式在一定程度上可以有效消除多径干扰的问题。

b. 使用 OFDM 技术减轻多径干扰。

OFDM 技术是 Orthogonal Frequency Division Multiplexing 的英文缩写,其具体意思为正交频率多路传输分割复用技术。这种技术将无线通信传输信号分割成了多个副载波进行传输,而每个副载波由于仅仅携带了很小一部分的数据负载,这样的话,OFDM 技术就能利用更长的符号周期,从而使通信传输信号更不容易受到多径传输的干扰或其他外界的特殊干扰。当然,OFDM 技术除了通过分割载波的方法来增强通信的抗干扰外,它还通过提高载波频谱利用率的方法来提高通信的稳定性。这种技术通过对多载波的调制改进,让各子载波相互正交,于是扩频调制后的频谱可以相互重叠,从而提高系统频率利用率。

OFDM 利用无线传播固有的特性来解决多径问题,主要特征如下:

• 增加冗余和交织可在接收端进行纠错,以提高存在多径和干扰时的性能;
• 对载波进行慢调制是适应多径环境中传输数据的最佳方法;
• 能量分散也能提高抗多径性能。

C. 开放路段周围环境对 CBTC 系统的干扰。

开放路段的障碍物、周围的企业或者家用 WLAN 设备都可能对地铁 CBTC 2.4 G WLAN 系统产生干扰,下面具体分析可能存在的干扰。

对于开放路段的障碍物,主要产生干扰的原因是一些广告牌和灯箱,会出现在 CBTC 信号覆盖的第一菲涅尔区域内,从而大大降低信号的可用度。对于这类情况,需要仔细考虑天线安装高度问题,确保轨旁天线和车载天线的通信的第一菲涅尔区域内避免此类障碍物干扰。

同样在地面部分,采用小角度的定向天线,可以增强定向天线覆盖的主要区域信号,而减弱来自周边带来的干扰信号,增强载干比。这样就减少了周边 WLAN 系统对 CBTC WLAN 系统的干扰。

目前地铁 CBTC 系统采用了 WLAN 802. 11g 技术,其工作频段为 2. 4 ~ 2. 483 GHz,由于其他通信系统工作在不同的频点。而对于轨旁和车载无线接入点,在内部硬件中,都设计了专业的多级滤波器,只放大了 2. 4 ~ 2. 483 GHz 的信号,而滤除了其他频段的信号,因此,其他频段的信号几乎可以全部衰减,从而避免了其他无线系统对 CBTC 无线系统的干扰。

对于这些通信系统对 2.4 G 系统会产生一些谐波干扰,在满足一定的系统隔离度要求下,这些干扰可以忽略。

4)DCS 子系统内部接口

①轨旁接入交换机与轨旁 AP 接口。

接入交换机提供了连接站间 AP 的以太网接口并保有余量。轨旁 AP 提供了相应的 100 M 以太网接口。轨旁 AP 通过单模光纤以星形拓扑结构连接到接入交换机。

②骨干交换机与接入交换机的接口。骨干交换机和接入交换机均提供千兆的以太网口,实行互联。

③传输模块之间的接口。传输模块之间采用基于 RPR 的技术链接,传输设备之间组成 2. 5 G 带宽的传输环。

④网管接口。网管设备提供以太网口,与接入交换机之间以五类双绞线互联。通信协议使用 UDP/IP。

⑤车载 MR 和轨旁 AP 的接口。采用基于 IEEE 802. 11g 的无线局域网技术进行互联。

(4)系统性能

1)整体网络性能

系统的整体网络性能如下:

①开放性。系统的关键技术都基于标准的协议进行实现,从标准协议角度支撑各方设备互联互通的功能。

②先进性。在技术选择方面,都是选择代表当今世界技术发展趋势并已经得到工程应用实践检验,实用多年的成熟技术,诸如:光纤环网技术、正交频分复用(OFDM)无线技术,等等。

③扩展性。网络的系统架构具有良好的扩展性,包括无线网络扩展和有线网络扩展(线路延长和与其他线的互联),都是支持平滑扩容与升级。

④安全性。系统提供代表世界先进水平的安全防护手段,包括:128 位 AES 密码数据加密,用户认证,动态密码刷新机制,消息源发者身份校验,信息完整性检查等,满足 CENELEC 50159-2 标准。

⑤简易性。系统提供良好的网络管理手段,为用户提供简单、便携的管理维护方式。

⑥可靠性。系统的高可靠性是通过网络设备和链路的冗余来实现的。无线传输设备全部采用工业级产品,满足温度,震动等环境要求。

⑦抗干扰性。系统(特别是无线通信设备)对外界电磁干扰(例如,由接触网供电和杂散电流产生的电磁干扰)以及其他工作在相同频率的无线设备产生的同频干扰具有很强的抵抗能力。

数据通信子系统的设计方式确保:任何单个轨旁通信设备(如无线接入点、以太网连接、交换机等)和/或车载通信设备出现故障时,不会影响系统性能,即不会导致通信的中断或延时。通过提供冗余来支持数据通信子系统的可靠性和可用性需求。

2）具体性能

系统的具体性能如下：

①轨旁数据通信网络：这部分通过接入交换机能够提供 100 Mbit/s 的数据传输能力。

②轨旁骨干网络：这部分能够提供 2.5 Gbit/s 的数据传输能力。

③车载数据通信网络：这部分通过车载 ESE 能够提供 100 Mbit/s 的数据传输能力。

④车地双向数据网络：这部分采用 IEEE 802.11g 无线局域网技术，能够提供满足客户实际需求的带宽。

⑤在最不利情况下传输延迟 500 ms。

⑥丢包率不大于 1%。

系统端到端传输能力受限于整个传输通道上最弱环节的传输能力，即受限于车地双向数据网络。根据估算，每一列车与地面设备（包括 ZC 和中央控制室）之间的与列车控制相关的双向通信速率最大为 1 Mbit/s。因此，无线网络的负载很轻。

一个负载很轻的网络能够很好地支持在其上传输数据的服务质量（Quality of Service，QoS）。

当列车以最高 120 km/h 行驶时，车地之间双向通信仍然能够保持连续不中断，任何两个设备之间的平均通信延迟约为 100 ms，情况最坏时，能够保证不大于 500 ms。并且，DCS 的无线链路发送和接收 200 bit 的 IP 数据信息时，数据丢失率不超过 1%。此发送和接收还包括车载无线设备从一个轨旁无线接入点切换到另一个轨旁无线接入点的过程（即越区切换）。

3）冗余设计

①根据 DCS 系统对信号信息传送的高可靠性要求，整个 DCS 网络的设计均采用双网并行的设计思想，在物理和逻辑上，均保证双网的并行工作。

a. 车地双向通信网络：车地通信数据同时由两张网络支撑，可看做 A，B 网，任意一张网内出现故障，信号系统都不会中断。

b. 轨旁数据通信网络：A，B 两张网络的轨旁设备通过独立的光纤线路链接到本网中的骨干交换机。

c. 轨旁骨干网络：骨干网络由传输模块和骨干交换模块组成。传输系统是一个高可靠的 RPR 传输环。

d. 车载数据通信网络：每辆列车的车头和车尾都分别链接在 A，B 网络中，提高系统的整体可靠性。

②无线部分可靠性。

无线系统的高可用性，对于整体系统的稳定性至关重要。如果单台设备的故障就使系统可用性大大降低，或者导致系统在短时间内不可用，甚至系统大面积瘫痪，那么对于 CBTC 系统来讲是不可接受的。无线系统的高可用性设计，体现在解决下列设备/链路的故障：

a. 轨旁 AP 的单点故障；

轨旁 AP 如果发生故障，将会造成无线系统的"信号盲区"（或称"覆盖黑洞"）。为了保证隧道信号的完整覆盖，每台 AP 将输出功率静态定义。轨旁 AP 的发射功率配置不仅满足覆盖到下游第一个 AP，还应当满足覆盖到下游第二个 AP。从而在中间 AP 单点故障时仍然支持连续覆盖，如图 7.14 所示。

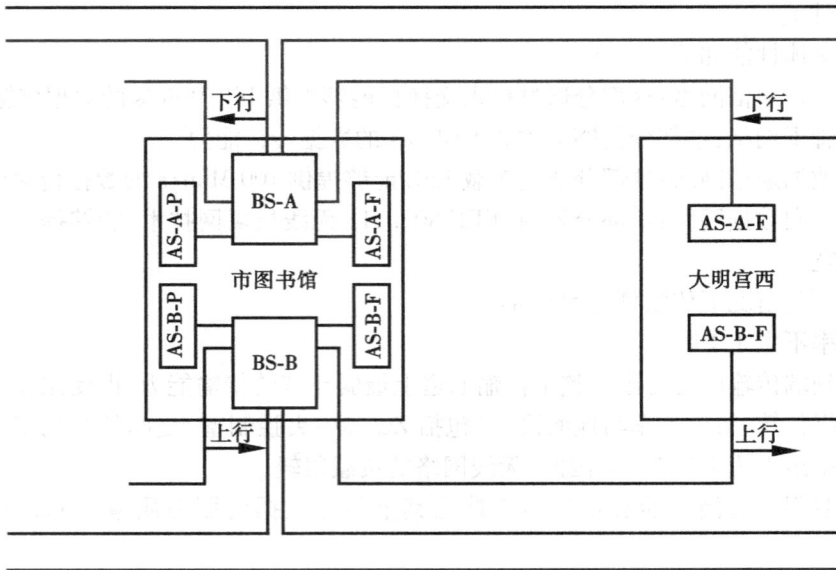

图 7.14　轨旁有线网络设备光缆连接图

b. 车载 MR 的单点故障;

c. 轨旁接入交换机的单点故障;

d. 轨旁骨干交换机的单点故障;

e. 轨旁光纤的单点故障;

f. 轨旁电源的单点故障;

g. 轨旁 AP 与车站交换机的单点链路故障。

③有线部分的可靠性。

轨旁有线网络设备光缆连接采用 A,B 双网连接,A,B 网都要求是双网双向(双天线)的,断掉任意一个电源线不影响信息的传输,采用了冗余的覆盖方式以确保系统的可靠性。轨旁有线网络设备光缆连接如图 7.14 所示。对于典型站,AP 光缆连接方案如图 7.15 所示;对于典型站,AP 电缆连接方案如图 7.16 所示。

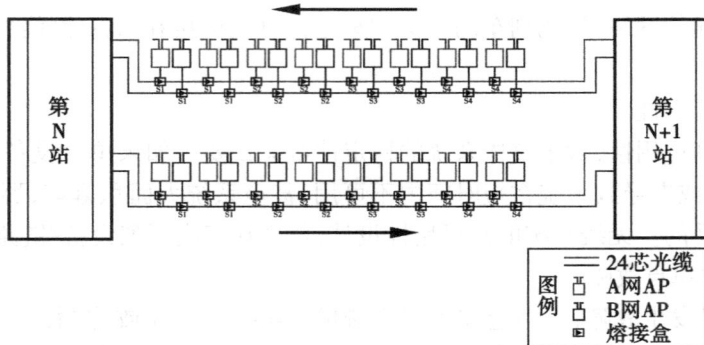

图 7.15　AP 光缆连接方案

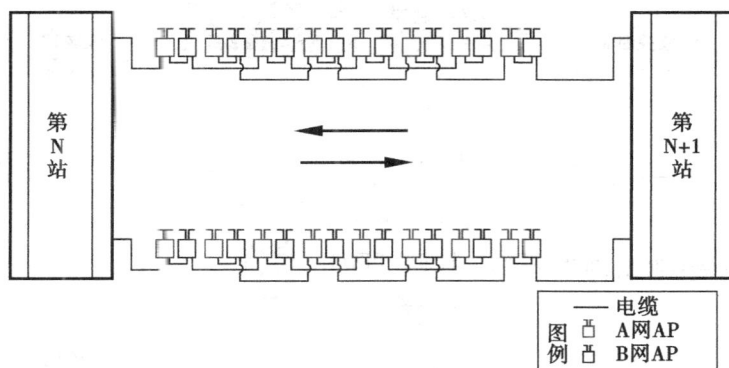

图 7.16　AP 电缆连接方案

（5）接口

1）接口电气特性

①轨旁骨干网络提供的数据接口。

IEEE802.3 标准的 RJ45 接口。通过以太网骨干网交换机连接，接口的传输速率为 10/100/1000 Mbps，与 CBTC 使用的 UDP/IP 报文兼容。物理接口介质可以为双绞线或单/多模光纤。

②车载网络提供用户的数据接口。

车载无线单元提供一个支持 IEEE802.3 标准的 RJ45 端口，速率为 10/100 Mbps。采用 UDP/IP 协议，该端口连接到车载网络交换机。

③电源接口。

车载网络设备的电源由列车的直流电源提供。轨旁网络设备的电源由安装在车站的 UPS 提供。轨旁无线单元的车站电源屏直接由交流电源提供。

2）接口及协议

DCS 系统与信号系统间的接口示意图如图 7.17 所示。数据通信子系统与系统其他子系统和设备间接口信息（包括通信媒介和所适用的协议）如下：

①中央控制室（OCC）。

位于中央控制室内的设备首先通过以太网接口连接到接入交换机，然后接入数据通信子系统。接入交换机通过光纤连接到骨干交换机，骨干交换机再通过光纤链接到传输环。

②ZC。

ZC 通过以太网接口连接到接入交换机，然后接入数据通信子系统。接入交换机通过光纤连接到骨干交换机。通信协议使用 UDP/IP。

③联锁控制器（MicroLok Ⅱ）。

MicroLok Ⅱ通过以太网接口连接到接入交换机，然后接入数据通信子系统。接入交换机通过光纤连接到骨干交换机，其通信协议使用 UDP/IP。

④车载控制器（CC）。

车载控制器通过以太网接口连接到车载 ESE，然后接入数据通信子系统。车载 ESE 连接到车载 MR，并通过无线接口，接入到轨旁网络，其通信协议使用 UDP/IP。

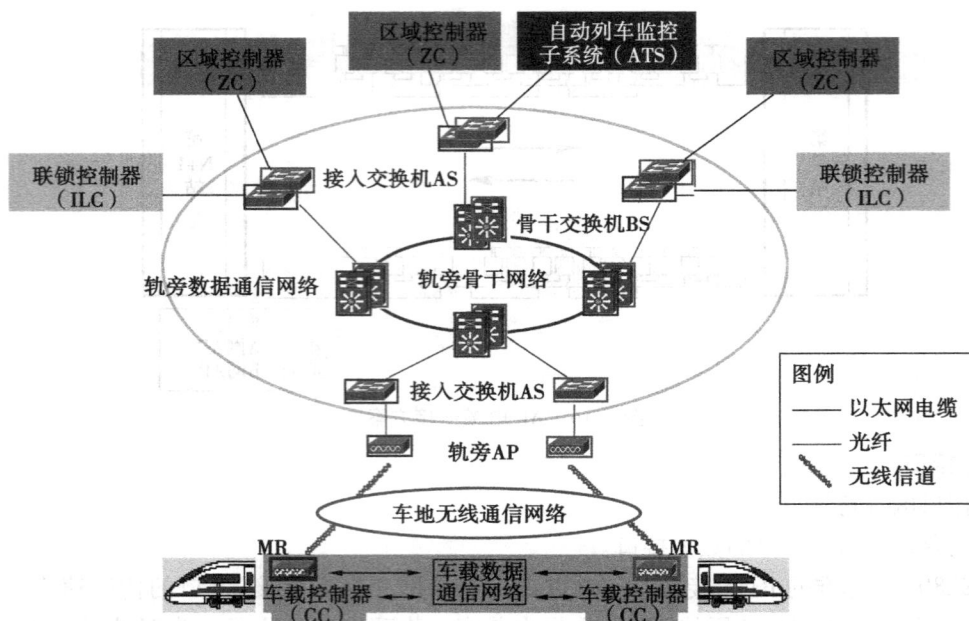

图 7.17 DCS 系统与信号系统之间的接口示意图

⑤车载 MR 与列车上的车载控制器系统之间。

车载 MR 提供了标准的以太网口,可通过车载以太网交换设备和列车车载控制器等设备进行互联。

【任务实施】

任务提出

DCS 子系统是 CBTC 信号系统不可或缺的重要组成部分,也是目前国内信号系统的发展方向,对这个子系统的认识必不可少。

任务的实施步骤及工作要点

1.准备相关资料,制订学习计划。

2.组织学生去实训场地分组进行任务实施。

3.学生分组讨论学习计划。

4.各组通过现场设备、视频及各种学习资料进行任务的实施。

5.对应设备说明 DCS 系统的结构组成、车载轨旁相关设备的布置位置。

6.学习系统的功能原理和接口等内容。

7.各组将学习的成果进行交流汇报。

8.学生的学习情况评价。

【任务考评】

任务实施过程考核评价表

考评项目		配分(分)	要 求	学生自评	小组互评	教师评定
知识准备	现场参观安全教育	5	安全教育考试合格			
	基本知识掌握 制订学习计划	10	熟悉的程度 合理性			

考评项目		配分(分)	要　求	学生自评	小组互评	教师评定
任务完成	CBTC 系统的结构组成	10	合理性			
	DCS 子系统的结构组成	15	熟悉的程度			
	DCS 子系统的功能、原理、性能、接口	20	熟悉的程度			
	DCS 轨旁和车载设备的认识	20	熟悉的程度			
	任务实施过程记录	5	详细性			
	所遇问题与解决记录	5	成功性			
现场学习表现		5	违章不得分			
协调合作,成果展示成绩		10	小组成员的参与积极性、成果展示的效果			
成　绩						
总成绩 (根据需要按照自评、互评和教师评价作百分比计算,以学生为主、教师为辅)						

思 考 题

1. 简述浙大网新 CBTC 系统的 DCS 子系统的结构组成。
2. 简述 DCS 子系统系统功能。
3. 浙大网新 CBTC 系统的车地通信是如何完成的?
4. DCS 系统对信号信息传送的高可靠性是如何实现的?
5. BIM_P 协议,BIM_P 协议的消息传输处理过程? BIM_P 协议的消息接收处理过程?
6. 简述浙大网新 CBTC 系统的轨旁数据接入网络结构。
7. 简述浙大网新 CBTC 系统的车载数据通信网络结构。
8. DCS 子系统内部接口有哪些?
9. 浙大网新 CBTC 系统的 DCS 子系统有哪些冗余设计?

项目 **8** 其他部分

【项目描述】

1. 试车线子系统原理认知。

2. 维修子系统原理认知。

3. 培训子系统认知。

【项目目标】

1. 掌握西门子试车线设备配置、工作原理、功能及试车过程。

2. 掌握浙大网新试车线设备组成、工作原理、测试功能及试车过程。

3. 掌握维修子系统概念。

4. 掌握西门子诊断系统的诊断与服务部件功能。

5. 掌握浙大网新维修子系统结构及功能。

6. 掌握浙大网新维修子系统主要设备调整、操作、维修。

7. 掌握培训子系统设备的构成、功能。

8. 掌握培训设备原理。

【能力目标】

1. 能正确说明试车线设备配置、功能、试车过程。

2. 能熟悉试车线设备工作原理。

3. 能正确区分西门子诊断系统的诊断与服务部件功能。

4. 能正确说明浙大网新维修子系统结构。

5. 能熟悉维修子系统工作的基本流程。

6. 能熟悉维修子系统主要设备调整、操作。

7. 能正确应用系统的维修工艺标准进行维修操作。

8. 能正确说明培训子系统组成。

9. 能正确说明培训子系统设备的构成、功能。

10. 能熟悉培训设备原理。

11. 培养学员学习的主观能动性和参与学习交流的能力。

12. 具备团结协作吃苦耐劳的工作素养。

任务 1　试车线子系统原理

【场景设计】

1. 多媒体教室,地铁现试车线信号设备房,人数根据实际情况确定。

2. 教学用的 PPT、视频及相关教学引导资料。

3. 考评所需记录、评价表。

【知识准备】

城轨车辆段具备车辆日常维护与检修的任务,检修后需要进行车载信号系统的性能测试,所以在车辆段设有一条线路,安装若干段与正线相同的 ATP/ATO 地面设备,用于对车载 ATC 设备的试验。试车线设备室内设置用于改变试车线运行方向和速度的控制台。试车线设备室配备一套适合于 ATP/ATO 设备的 UPS,不设蓄电池、电源屏。

提供信号技术的厂家不同其试车线设备也会有些差异,本任务以西门子和浙大网新的试车线为例进行描述。

(1)西门子试车线设备

1)试车线设备配置

试车线室内设备和室外设备包括以下主要部件:

- TGMT ATP 机柜;
- WCC 无线服务器机柜;
- 联锁机柜;
- ACM 100 室内计轴机柜和室外车轴传感器;
- 试车线 PC(试车线控制工作站);
- 电源屏及 UPS;
- 试车线控制盘;
- 紧急停车测试设备;
- 无人折返按钮,无人折返指示;
- 含模拟状态的屏蔽门/安全门接口;
- 信号机;
- 轨旁电子单元;
- 固定数据应答器;
- 可变应答器;
- 无线 AP 接入点(含室内电源终端架)。

2)试车线原理

车辆段联锁负责进出试车线的进路排列,并支持 ATP 进行测试。试车线 PC(试车线控制工作站)通过 ATP 机柜进行列车测试。列车测试需要借助线路数据库提供的所有试车线数据。在试车线上设有 3 个运营停车点来模拟 3 个车站。定位应答器将安装在虚拟车站区域。

试车线的功能范围包括试车线处于车辆段联锁控制下和信号试车模式两种状态。

①试车线处于车辆段联锁控制下。

在该运行模式下,试车线受到车辆段联锁的控制。此时:

A. 列车不能通过 TRAINGUARD MT 获得移动授权。

B. 所有的测试信号机关闭信号(灭灯显示)。

C. 车辆段联锁控制试车线进路以及车辆在试车线的运行。

②信号试车模式。

A. 在信号试车模式,经过一次成功的试车线控制系统和车辆段联锁之间的接口握手,试车线接收到允许试车信号后,试车线开始受试车线操作员控制。此时:

a. 通向车辆段的道岔在直向位置锁闭。

b. 车辆段联锁将试车线控制移交给试车线控制室中的操作员。

B. 在信号试车模式,试车线操作员可以打开测试信号机和无线电系统的电源。此时:

a. 如果打开测试信号机,测试信号机将点亮,列车可通过可变应答器获得 ITC(点式列车控制)级移动授权。

b. 如果无线电系统的电源接通,列车可以通过车地无线通信获得移动授权;

c. 信号试车必须在试车线操作员的控制下进行。

3)试车线与车辆段接口

列车只可以在车辆段联锁的控制下进出试车线,在试车过程中,只允许一辆列车进入试车线。车辆段联锁保证接口道岔(31#)锁闭至试车线方向,调车信号机在试车期间给"白色"允许信号显示,而且在试车时没有其他车辆进入试车线。

①接口示意图如图 8.1 所示。

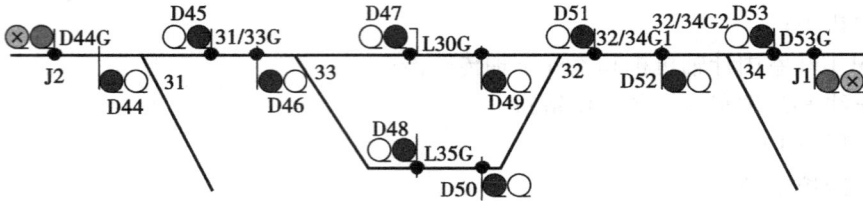

图 8.1　接口示意图

②接口分界。

试车线范围:J1 与 J2 之间部分(31#,32#,33#,34#道岔直向)为试车线,试车线在取得试车线控制权时可在该段进行试车作业。

试车线上 31#,32#,33#,34#道岔及所在区段、无岔区段(D44G,31/33G,L30G,32/34G1,32/34G2,D53G)、调车信号机(D44,D45,D46,D48,D50,D52,D53)均属车辆段设备管辖范围。

③接口方式。

在试车线设备室设置试车线控制盘,一般车辆段与试车线间设有联系电路。

④接口类型。

两者之间互送继电器接点条件。

⑤试车线控制盘如图 8.2 所示。

⑥接口内容。

A. 按钮及表示灯设置。

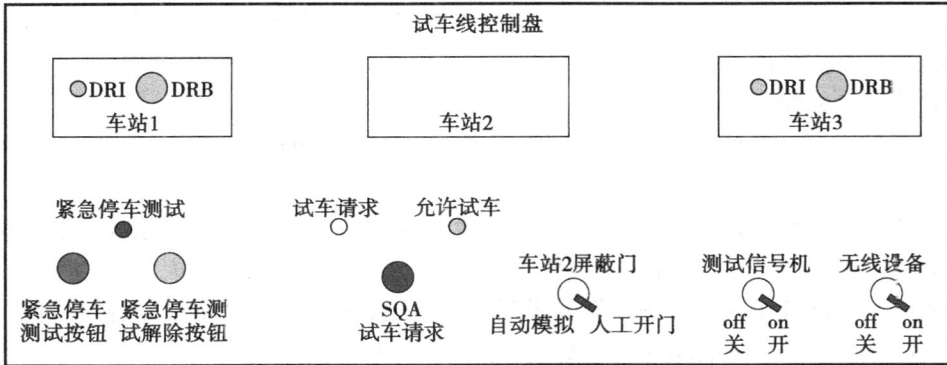

图 8.2 试车线控制盘

在试车线控制盘上设置"请求试车"（两位非自复式）按钮和"请求试车"表示黄灯以及"允许试车"表示绿灯,平时均处于灭灯状态。

在车辆段操作终端上设置"允许试车"（自复式）按钮、"请求试车"表示黄灯、"允许试车"表示绿灯,平时均处于灭灯状态。

B.继电器设置。

a.试车线:

YSKJ:（允许试车继电器）YSKJ 常态落下。采集到继电器吸起后,"允许试车"表示灯点亮,可以开始试车,YSKJ 落下后,"允许试车"表示灯灭灯,停止试车。

SQAJ:（试车线按钮继电器）SQAJ 常态吸起。当试车线值班员按下 SQA 时,SQAJ 落下,按钮抬起时恢复吸起。

b.车辆段:

SQJ:（试车请求继电器）常态吸起。当试车线 SQAJ 落下时,SQJ 随之落下。SQAJ 恢复吸起时,SQJ 随之吸起。

SSJ:（试车锁闭继电器）常态吸起。当试车线值班员办理了请求试车操作,车辆段值班员办理了允许试车作业,相应道岔锁闭,相关信号机开放后 SSJ 落下。当非进路解锁后,恢复吸起。

SKXJ:（试车线空闲继电器）常态落下。当试车线值班员办理了请求试车操作,车辆段值班员办理了允许试车作业,相应道岔锁闭,相关信号机开放后 SKXJ 吸起。当非进路解锁后,恢复落下。

4）试车过程

①请求试车过程:

A.当有试车作业时,试车线值班员与车辆段值班员电话联系后,车辆段值班员将被试车辆以调车方式调入 D44G。

B.试车线值班员按下"请求试车"按钮,SQAJ（请求试车按钮继电器）落下,试车线"请求试车"表示灯点亮。

C.车辆段联锁系统采集到 SQJ 落下后,"请求试车"表示灯点亮。

D.车辆段值班员确认可以试车时,按下"允许试车"按钮（车辆段联锁需检查 D44G 占用、试车线上道岔未锁闭、试车线其他区段空闲,否则按钮不能按下）,将试车线上道岔锁在定位,调车信号机开放。此时"允许试车"表示灯点绿灯、"请求试车"表示灯灭灯。

E. 试车线收到允许试车(YSKJ 吸起)信息后,试车按钮盘"允许试车"表示灯点亮,"请求试车"表示灯灭灯,可以开始试车。

②取消试车过程:

A. 试车结束后,由试车线值班员拉出"请求试车"按钮,SQAJ 吸起。试车线"允许试车"表示灯灭灯。

B. 车辆段联锁系统采到 SQJ 恢复吸起后,检查 D44G 占用、试车线其他区段空闲后,关闭试车线上的调车信号机,非进路延时 30S 解锁,此时"允许试车"表示灯灭灯,试车结束。

C. 若车辆段联锁系统采到 SQJ 恢复吸起后,试车线其他区段故障未出清,此时信号立即关闭,非进路不能解锁;待故障区段恢复后,进路延时 30S 解锁。

5)试车线功能

试车线将完成以下功能:

a. 根据 OBCU(车载控制单元)现场测试流程,在每辆列车到达后执行序列测试。

b. 在新车载软件公布后进行确认测试。

c. 对新车载 OBCU 以及相关传感器和设备进行维护和调试。

d. 维护和调试列车。

①静态和动态测试。

A. 静态测试(检查车载设备的功能如 OBCU 的开关、按钮以及启动)。

将执行以下静态测试:

a. 检查软件版本以及硬件配置(目视检查并记录)。

b. OBCU 的静态测试。

c. 检查至车辆接口的 ATO 输出。

d. OBCU 启动中的故障-安全性能表现。

e. OBCU 的警报、登录以及诊断测试。

B. 动态测试(检查软件及动态表现)。

动态测试将分为不同部分,如测试 SM,AM 以及 RM 驾驶模式,以及在不同驾驶模式间的转换,比如从 AM 转换为 SM 模式。驾驶模式以及在其之间的转换都将与在正线中的操作一样。下文所列的所有测试都可以根据相同的、储存在 OBCU 中的列车及轨道数据库中执行。因此,进行动态测试时,储存在 OBCU 中的线路数据库并不需要变更。例如,可以测试以下内容:

a. 超速监督。

超速监督测试可以在试车线上任何位置进行检查,独立于行驶方向以及行驶模式。在任何情况下如果超越速度(如在 RM 模式下时速超越 RM 限制速度)而应引发紧急制动,其表现必须满足测试要求。

为了测试对临时限速的速度监督,可定义临时限速区域。在 CTC 级别下,临时限速信息可以通过无线信号传送。

超速监督测试可在 ITC 以及 CTC 级别时 SM,AM 以及 RM 驾驶模式下(包括其间的转换过程中)执行。

b. CTC 列车控制测试。

通常情况下,CTC 级别测试可在全试车线上、独立于行驶方向地进行(除了 OBCU 冗余测试）。如果满足以下条件，可执行 CTC 列车控制测试：

- 列车在通过两个应答器后已得到定位；
- 无线系统已打开，无线通信连接已建立；
- 列车已在计轴器处完成筛选。

c. 点式列车控制测试。

点式列车控制操作可以在车站 1 到试车线终点车站 3 附近进行（见图 8.3），至 ITC 的转换可以在信号机 S8102/X8103/X8104 处完成。

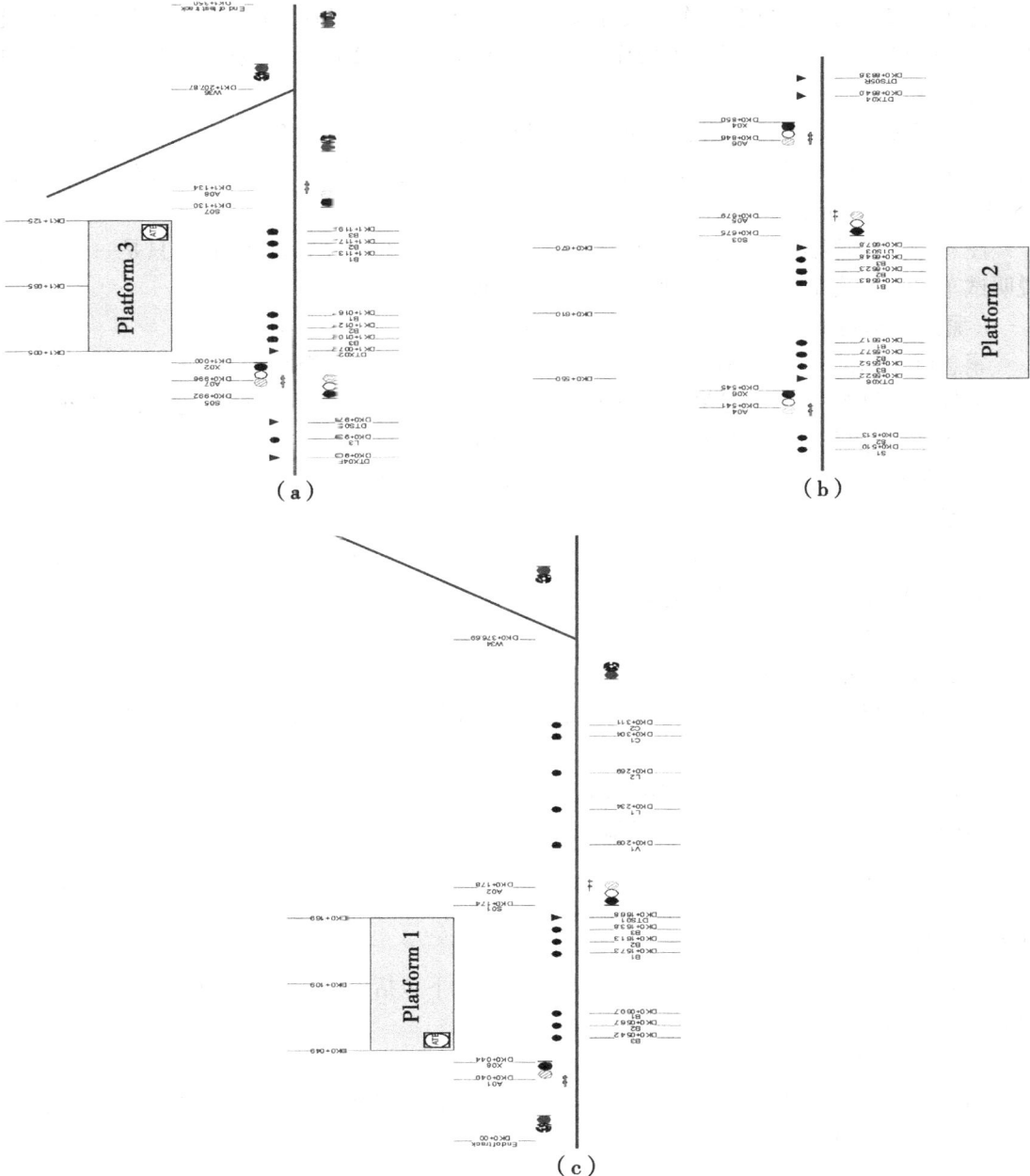

图 8.3 试车线平面图

d. 填充应答器测试。

使用填充应答器的列车测试在车站 3 开始。如果信号机 X8104 显示"绿色"信号，可变数据应答器 VB8104 将移动授权限制至车站 2。如果信号机 X8103 显示"绿色"信号，填充应答器 IB8103 以及可变数据应答器 VB8103 将移动授权设置至车站 1。在这种情况下，列车可以不在信号机 X8103 前停止，忽视车站 2 的停车而以 SM 行驶模式下的许可速度通过信号机 X8103（见图 8.3）。

e. 折返测试。

静止状态下的自动折返操作测试可以在 ITC 及 CTC 控制级别下进行。在 CTC 和 ITC 级别下，静止状态下的列车自动折返操作可以在试车线上车站 2 进行。该操作在两个运行方向上均可操作。

无人驾驶列车折返操作测试只能在 CTC 控制级别下在车站 1 和车站 3 进行。如果无人驾驶列车折返操作测试从车站 1 开始，G8101A 将被作为折返轨。如果测试从车站 3 开始，G8105D 将被作为折返轨（见图 8.3）。

注意：不同的线路试车线折返测试都是根据自己试车线的设置进行的，这只是一个例证，说明试车线具备填充应答器测试和折返测试的功能。

f. 紧急停车测试。

紧急停车测试只能在 TGMT 连续列车控制级别下进行。为测试紧急停车功能，需按下控制盘上的紧急停车按钮，一条紧急停车信息会传输给列车。如果列车正在运行，将由车载控制单元实施紧急制动，如果列车处于静止状态，列车将不会启动。

紧急停车测试可以在 CTC 控制级别下的 SM 和 AM 驾驶模式下进行。

g. 回溜监督测试。

列车回溜/逆向移动的监督测试可以在整条试车线上独立于行驶方向进行。回溜监督测试只能在 RM 及 SM 驾驶模式下进行。

h. 车站精确停车以及车门控制测试。

在试车线的精确停车可以在试车线的 3 个车站进行。站台屏蔽门运行授权区域的激活可以在试车线指定车站测试。测试包括：如对车门释放、无车门释放、在预定停车窗内停车的验证。

PSD 控制测试只能在 CTC 控制级别下进行。

精确停车是 ATO 的一个功能，只能在 AM 模式下进行测试。

i. 双向通信测试。

双向通信测试可以在 TGMT 连续通信级别下执行。测试可以在整条试车线上、独立于行驶方向进行。

双向通信测试可以在 SM,AM 以及 AR 行驶模式下包括模式转换过程中进行，可以在 ITC 向 CTC 转换或 CTC 向 ITC 转换的过程中进行。

j. 硬件性能测试。

如前文所述，硬件性能测试（OBCU 序列测试、修理后的维护）将以 OBCU 静态测试的方式进行，测试将在车站 1 进行。

k. 更换驾驶室测试。

对驾驶室的切换测试（如停稳时的列车自动换端）可以在任何车站和整个试车线、独立于行驶方向执行。

　　一种特殊的驾驶室切换情况是冗余测试。该测试可在整条试车线上执行。为测试在冗余测试中的列车在预定停车窗内停车的功能,可在试车线指定车站进行。

　　冗余切换测试可在 SM,AM 以及 RM 驾驶模式下进行,也可在 ITC 及 CTC 空制级别下进行。

　　l. 车载显示测试。

　　如前文所述,车载显示测试可以通过 OBCU 静态测试实现。

　　m. 报警、记录和诊断测试。

　　如前文所述,警报、记录与诊断测试可以通过 OBCU 静态测试实现。

　　n. 制动测试。

　　制动测试可在整条试车线上、独立于行驶方向地执行。

　　制动测试可以在 RM,SM 以及 AM 驾驶模式下包括模式之间的转换过程中进行,也可以在 IXLC,ITC 及 CTC 控制级别下进行。

　　o. 站台屏蔽门(PSD)开、关测试。

　　如前文所述,站台屏蔽门的开、关测试可以在车站精确停车以及车门控制测试中执行。

　　p. 模拟站间运行测试。

　　模拟站间运行测试可在整条试车线上、独立于行驶方向地执行。

　　模拟站间运行测试可以在 RM,SM 以及 AM 驾驶模式下包括模式之间的转换过程中进行,可以在 IXLC,ITC 及 CTC 控制级别下进行。

　　(2)浙大网新试车线

　　浙大网新试车线为一条单线配置。目的是提供车载 ATP 和 ATO 的静动态调试。以西安地铁 2 号线的试车线为例进行介绍。2 号线试车线主要通过二组道岔与车辆段相连,和正线一样,试车线使用基于计轴的列车位置检查。道岔和用于道岔防护的信号机是由车辆段控制,其状态传给试车线联锁。

　　试车线有 3 个虚拟站台,全长 1 350 m(见图 8.3)。虚拟站台提供了测试车载设备功能的平台,例如:车站停车,屏蔽门和车门功能,自动折返,轮径检测和安全功能,例如虚拟停车点停车。

　　1)设备及工作原理

　　①站台。

　　试车线设置虚拟站台,每个站台长度为 120 m。站台是虚拟的,也就是说没有实际的站台存在。所有按钮、站台设备和模拟站台设备都在试车线附近的试车线控制室内。

　　②信号机。

　　试车线有 3 种类型的信号机:阻挡信号机、出站/进站信号机和道岔防护信号机。

　　阻挡信号机始终保持红灯显示,表示是试车线的尽头。他们不提供其他的显示,不被联锁控制。

　　出站/进站信号都有 3 灯位。他们与正线的控制信号机型号相同,且功能相同。除了某些显示(如黄灯)是为列车通过道岔反位保留外(由于试车线没有此种列车运行),所有的信号显示都是可用的。所有其他的显示(通过,停车,引导和 CBTC)都可用。

　　道岔防护信号机安装在道岔处,有蓝灯和白灯显示,由车辆段联锁子系统控制。当道岔锁闭,列车在试车线试车时,信号机显示通过。

当列车从试车线离开时,道岔转向反位,试车线两端信号机 D59 或 D57 显示通过信号。

③动态信标。

试车线布置本地信标和动态预告信标。这些信标为 CC 提供输入,提供 iATP 模式下的列车运行曲线。

④静态信标。

试车线静态信标有定位信标、校准信标和版本信标 3 种基本类型。

定位信标有许多功能。在其他区域里,将它们布置在站台两端,用于列车 ATP 精确停车;当列车通过道岔分支时,用于车尾定位;在接近用于筛选(如筛选信标)的计轴区段边界或是接近信号机停车点时校正误差。定位的静态信标主要用于 ATP 子系统。

校准信标用于自动轮径校准。它们是冗余信标,之间相距最小基准距离。当车载信标天线读到这些信标后,读取器将把这些信息转给车载控制器。当读到第二个校准信标时,CC 根据连续信标之间车轮的圈数计算出轮径。

⑤自动折返按钮。

自动折返按钮触发站台的无人折返操作,实现自动折返。

2)试车过程

以下试车过程以图 8.3 为例进行描述。

列车进入 1 站台后,试车线道岔由车辆段调度员扳到定位,并锁闭。信号机 D59 防护试车线道岔,并显示通过。然后控制权转给试车线值班员。

当列车进入试车线,CC 仍然未定位。当列车成功读取两个相距至少 34 m 的定位信标后,才进行定位。

此时,除了 RM 或 NRM 模式,列车没有任何其他的驾驶模式。由于试车线的长度限制和站台、信号机的配置,更高级别的驾驶模式的初始化发生在列车从南端向北行驶的过程中。

在站台 1,司机必须用钥匙关闭司机室 B,走到车的另一端,钥匙激活司机室 A。司机以 RM 或 NRM 驾驶列车到站台 3,期间需依照轨旁信号和值班员指令行车。当列车司机室 A 读到 L1 和 L2 信标后,司机室 A 定位成功。在司机室 B 读到 L1 和 L2 信标后,司机室 B 完成定位。

如果两边的车载控制器都成功读到 0+209.000 处的 iATP 版本信标,列车能够升到 iATP 模式。

在列车到达 3 站台后,司机必须用钥匙关闭司机室 A,走到车的另一端,并用钥匙激活司机室 B。

试车线值班员排好北向至站台 1 的进路,列车允许从站台发车。

①进入试车线。

列车通过道岔 W34 从车辆段进入试车线。列车进入试车线必须是在 RM 或 NRM 驾驶模式下。试车线和车辆段值班员必须遵守车辆段试车线间的控制和交接手续。司机驾驶列车进入站台 1。

②驶出试车线。

列车停在信号机 D59 前时可以驶出试车线。当列车停稳后,车辆段值班员操作试车线道岔(W34),道岔转到反位,信号机 D59 显示通过信号,然后司机可以按照车辆段值班员的命令驾驶列车进入车辆段。

3）iATP 模式

列车准备从站台 3 发车时（见图 8.3），司机可以将驾驶模式切换到 iATP。由于列车距下一动态信标在 7 m 的范围内，并且已经成功读取了 iATP 版本信标，TOD 应该显示 iATP 允许指示。当司机通过按发车按钮，驾驶列车朝前行驶，并读到动态信标（DTX02）后，TOD 显示 iATP 模式有效。

iATP 模式生效后，动态信标为当前运行的 CC 提供信号机状态。

4）轮径校准

如图 8.3 所示，列车将在 0+304.000 读到第一个校准信标 C1（或是 C1 信标 3 m 外的冗余信标 C2，如果没有读到 C1）。然后列车将读到 0+510.000 处的校准信标 C3（或是 C3 信标 7 m 外的冗余信标 C4，如果没有读 C3）。每次列车从站台 1 至站台 3 方向通过这些信标时，两端的 CC 都将进行轮径校准。由于轮径校准不是双方向的，所以当列车南向行驶时，没有轮径校准功能。

5）筛选

筛选在计轴边界 ST34 处进行。两个筛选信标 S1 和 S2 充分地消除了列车定位误差，保证了精确筛选。尾车的筛选发生在 ST 34 的边界。

在列车成功筛选后，如果愿意的话司机可以将驾驶模式切换到 ATPM 或 AM。西安地铁 2 号线的最大筛选速度为 18 km/h，以保证 ZC 的可靠筛选。

6）自动折返

试车线有两个自动折返点。此配置可以用来测试 CC 两端的折返功能。

①站台 1 折返。

将站台 1 配置成自动折返站台。当司机确认列车在站台停稳后，控制权必须从驾驶室 B 手动切换到驾驶室 A。当用钥匙激活 A 司机室后，司机必须将驾驶模式切换到 RM，iATP，ATPM 或 AM 模式。当 CC 允许后，司机将模式切换到 ATB。

当需要自动折返操作时，试车线值班员按压位于试车线控制室站台 1 的 ATB 按钮，列车将从站台 1 发车，通过 S01 信号机到达 ST34，折返回到站台 1。当列车停稳后，A 司机室 CC 将自动把控制权切换到 B 司机室，并且两侧的车门和 PSD（它是在信号设备室模拟）都将打开。

②站台 3 折返。

将站台 3 配置成自动折返站台。当司机确认列车在站台停稳后，控制权必须从 A 司机室切换到 B 司机室。当 B 司机室被钥匙激活后，司机必须手动将驾驶模式切换到 RM，iATP，ATPM 或 AM 模式。当 CC 允许后，司机能够将模式切换到 ATB。

当需要激活自动折返操作时，试车线值班员按位于试车线控制室的站台 3 的 ATB 按钮。列车从站台 3 出发，通过信号机 X02 到达 T05，折返回到站台 3。当列车停稳后，司机室 B 的 CC 将自动把控制权切换到司机室 A，并打开两侧的车门和 PSD（它是在信号设备室模拟）。

7）试车线的车载控制器功能

①IATP 模式。

a. 驾驶模式（NRM，RM，iATP）确认；

b. 门旁路开关确认；

c. 门操作模式确认（MDO_MDC）；

d. TOD 操作和显示(iATP 部分);

e. 速度检测(包含零速检测);

f. 加速度检测;

g. 信标检测(静动态);

h. 位置确定;

i. 进路取消;

j. CC 相关的轨旁信号显示;

k. 行车方向检测;

l. 超速防护;

m. 自动和手动车门控制;

n. 静态发车测试。

②CBTC 模式。

a. 驾驶模式(ATP,ATO,ATB)确认;

b. 门旁路开关确认;

c. 门操作模式确认(ADO_ADC,ADO_MDC,MDO_MDC);

d. TOD 操作和显示;

e. ATO 发车;

f. 速度调整和运行级别;

g. 程序化的车站停车;

h. 进路取消/停车保证;

i. 驾驶模式禁止;

j. PSD(模拟)和车门控制;

k. 自动折返;

l. 跳停;

m. 扣车。

【任务实施】

任务提出

试车线子系统是车辆段信号系统的一部分,为了确保行车安全,试车线相关知识有必要掌握。

任务的实施步骤及工作要点

1. 准备相关资料,西门子、浙大网新试车线设备资料及有关视频资料等。

2. 组织学生去实训场地分组进行任务实施。

3. 学生分组讨论学习计划。

4. 学习试车线的设备、功能。

5. 实验室或现场学习在不同状态下如何进入和取消试车功能。

6. 各组通过现场设备、视频及各种学习资料进行任务的实施。

7. 各组将学习的成果进行交流汇报。

8. 学生的学习情况进行评价。

【任务考评】

以学生自评互评为主,教师综合评定。

任务实施过程考核评价表(以上步骤)

考评项目		配分(分)	要　求	学生自评	小组互评	教师评定
知识准备	基本知识	5	熟悉的程度			
	学习计划和资料准备	5	充分性和合理性			
任务完成	试车线设备配置、工作原理	20	熟悉的程度			
	试车线功能及试车过程	20	熟悉的程度			
	试车线设备试车过程	20	熟悉的程度			
	任务实施过程记录	5	详细性			
	所遇问题与解决记录	5	成功性			
课堂表现		5	遵守上课纪律、态度			
协调合作,成果展示成绩		15	小组成员的参与积极性、成果展示的效果			
成　绩						
总成绩 (根据需要按照自评、互评和教师评价作百分比计算,以学生为主、教师为辅)						

任务 2　维修子系统原理

【场景设计】

1. 多媒体教室,车辆段现场或校内实验室,人数根据实际情况确定。

2. 教学用的 PPT、视频及相关教学引导资料。

3. 考评所需记录、评价表。

【知识准备】

(1)西门子诊断系统

1)系统概述

维修子系统也称为服务与诊断系统(S & D),服务与诊断系统是一种用于联锁或远控系统的基于用户控制、工作环境改造学的诊断系统,它通过程序数据接口交换数据。该系统包括安装在服务计算机和诊断计算机上的软件组件。因此,该系统可以分布在几个不同的位置(例如,诊断计算机安装在联锁计算机室内,服务计算机安装在控制中心 OCC 或维修中心)。

　　由于可以将几个联锁系统与一个或多个诊断计算机相连,这样就能依据用户的需求进行优化扩充。服务与诊断计算机具有电子故障记录功能,该计算机可用于一个或几个联锁系统,显示当前联锁系统的故障,每个故障显示都对应有详细的信息(例如,受影响元素、故障地点、维修指南)。用户可使用处理故障人员的名称或利用其他注释完成故障登入。对于运营系统的维护与维修,服务与诊断系统的功能十分适用。但是它不直接支持检测和调试。

　　服务与诊断系统包括两个部件:"服务"和"诊断"。这两个软件可以运行在同一个 PC 上,也可以运行在不同的 PC 上。因此,系统可能有多种结构。出于维护和维修的目的,可以通过有效的分布和布置部件来优化系统配置。

　　2)诊断与服务部件

　　①诊断部件。

　　A. 诊断部件任务。

　　a. 诊断部件的任务是:接收和评估来自联锁系统的关于故障条件的信息。依据故障条件,系统对来自联锁系统的报文进行评估,报文评估的类型为:状态报文、故障报文、事件报文。

　　诊断部件可记录来自联锁系统的故障信息,并进行评估。被检测到的故障信息储存在数据库中,并报告给服务部件。被检测及报告的故障类型取决于连接的联锁系统和它的类型。

　　b. 诊断部件的另一个任务是:对检测到的故障进行记录、发送、处理和存档。如果诊断部件在消息的评估过程中发现了某种故障,该故障将作为当前未处理故障被记录在数据库中。由于当前的、未处理故障的清单已经变化,相应的所有连接的服务部件也将被更新。即新的故障将会被发送到所有的服务部件上。

　　B. 故障信息处理。

　　处理人员确认收到了该故障信息,并将之标注为"已指派(assigned)"。该指派信息及相关人员的名称将会被记录到数据库中。

　　所有服务部件收到了确认信息。在处理完毕后,处理故障的人员标注上"完毕(finished)",以确认对故障的处理已经完毕,对故障处理的完成以及处理人员名称和注释将会记录在数据库中。

　　在当前故障清单中删除该故障,并通知所有相连接的服务部件,该故障已经消除。

　　如果在相连接的服务部件上处理某个故障,输入的数据传送至最早发送该故障信息的诊断计算机。诊断计算机将接收到的信息和故障信息都将存储在数据库中。由于这种变化,将重新向所有服务部件发送该故障信息新数据。

　　如果处理故障的人员在服务部件上报告说该故障已经消除,则应该从当前故障清单中删除该故障消息。随后,诊断计算机通知所有服务部件从故障清单中删除该条故障信息。该故障及确认故障已经消除的人员名称均会存储在诊断计算机中的文档里。日后,可以将这些文档转化为外部存储形式或用作统计评估。

　　诊断计算机必须时刻与联锁系统相连接,以保证连续地收集故障信息和自动地显示故障信息,为保证连续地显示和记录已出现的故障信息,应避免关闭计算机。

　　诊断部件本身不带有用户界面;它仅在后台运行,诊断部件能区分来自不同联锁系统的信息,并向几个服务部件提供当前的故障信息清单。

②服务部件。

A. 连接方式。

服务计算机提供了用于显示和处理已检测到故障的用户界面,故障信息以清单的形式显示。用户界面与运行控制系统 VICOS OC 系列的界面相似。服务部件可显示一个或多个诊断部件提供的故障数据,每个选中的故障以及相关的一些信息被一并显示,通过使用 HTML 服务浏览器可查阅维修指南。

在广州地铁中,为区分服务与诊断系统的系统职能,使用了两台 S & D 计算机。S & D 计算机的诊断部件与 3 个 SICAS 联锁之间有逻辑连接。因此 OCC 的诊断计算机与 SICAS1、2、3 之间有逻辑连接,车辆段的 S & D 与 SICAS4、5、6 之间有逻辑连接。每个诊断部件都接收和处理来自 3 个 SICAS 联锁的服务与诊断信息。每个 S & D 计算机的服务部件与本 S & D 计算机相连,同时,它还与另一个 S & D 计算机的诊断部件经 Profibus 相连接。这样它对与之相连的联锁处理信息还可在另一台 S & D 计算机上显示。即每台 S & D 计算机的服务部件都可以访问所有 SICAS 联锁的诊断部件,两台 S & D 计算机都可以显示当前的故障清单。这种结构的优点在于:当设备状态一改变,维修人员就能立即知道,并能查看和处理所有 SICAS 联锁的当前故障,而不受地点的限制。

B. 服务部件的人机界面。

界面结构服务部件是服务与诊断系统的人机界面。它用于显示故障,处理故障条目,显示维修说明。服务部件的用户界面由以下窗口组成,如图 8.4 所示。

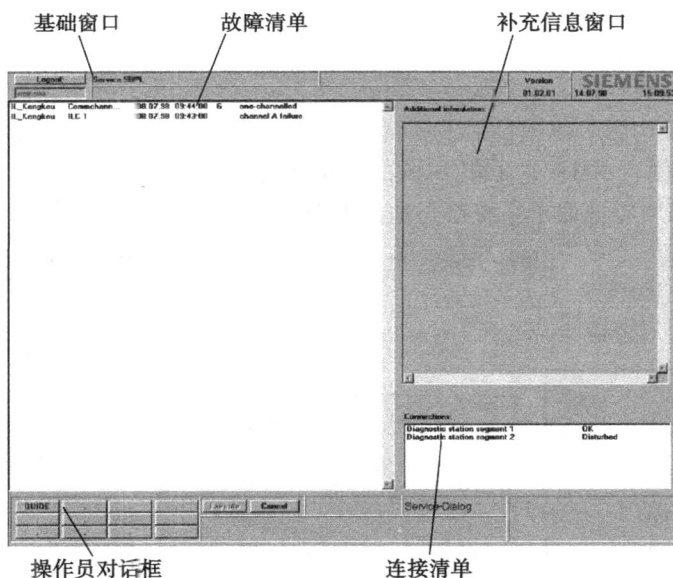

图 8.4　服务部件的操作界面

a. 基础窗口。包括注册/注销对话框、Siemens 标志图、版本号、日期、时间;

b. 故障清单。包含当前故障清单;

c. 补充信息窗口。包含在故障清单或连接清单中所选故障的补充信息;

d. 连接清单。包含控制按钮和命令/状态线。

当按压了操作员对话框中相应的控制按钮后,界面将打开电子维修说明,说明显示在故障清单的区域上,在维修说明关闭之前,故障清单将被隐藏。

在维修说明页打开后,操作员对话框中相应命令按钮将被激活,可以按照界面提示进行各种处理操作。

③维修与维护的在线说明。

维护与维修说明书用于指导维修人员如何消除故障,在诊断和解决故障时给予维修人员支持。通过目录表可以查阅说明书,用户也可以使用 GUIDE 按钮打开与所选故障条目相对应的说明页面。

维修说明按照 HTML 格式编写,并安装到所有的服务部件上。说明书有多页,带下画线的文字表示相应查询内容与之链接。单击查询链接,则与带下画线的文字相关的详细的信息将会显示出来。

与所选故障条目相对应的说明页面内不一定都包含有解决故障的所有方案。在大多数情况下,说明书会告诉维修人员需要进行何种测试,以确定故障产生的确切原因。

每个诊断计算机中都有一个数据库,来自联锁系统的故障信息都存储在这里。当前完毕的故障也都存储在数据库中。当前的故障信息从诊断系统传输至相应的服务部件。在将其转化为外部存储格式之前,它们一直保存在诊断计算机内。

④访问保护。

服务系统设置有保护功能,拒绝非授权的使用,即在使用指令钥匙前,操作员必须先注册自己的名称和密码。

(2)浙大网新维修子系统

1)维修子系统结构

①SMSS 的物理架构图。

SMSS 的物理架构图。该图包括了运营中心,车辆段维修基地,停车场以及多个设备集中站。在维修中心有两台 NMS,它采集 DCS 的健康状态,生成报警。列车与其他子系统经由无线 DCS 进行通信。所有地面子系统都与地面 DCS 相连,如图 8.5 所示。

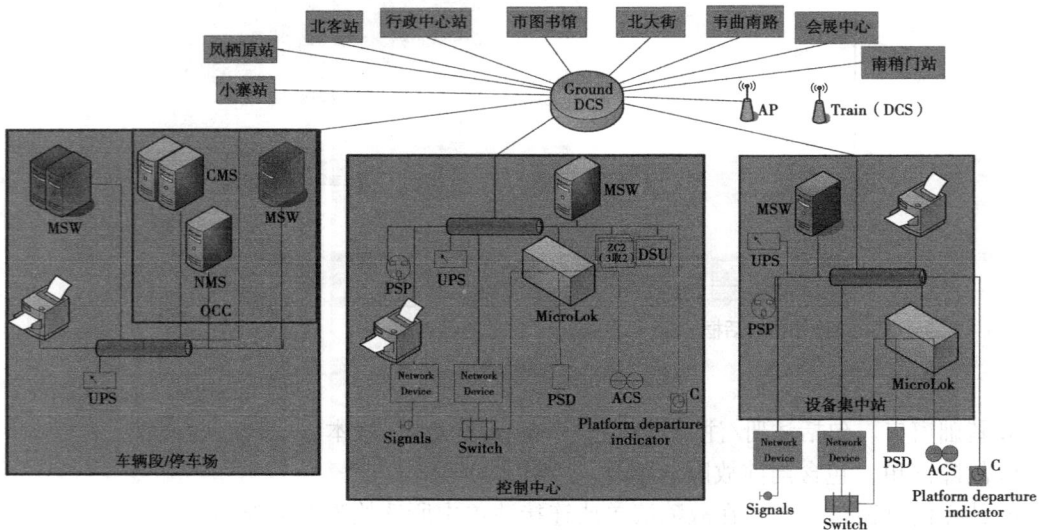

图 8.5　SMSS 的物理架构图

②辆段维修中心。

车辆段有一个信号楼和一个维修中心。车辆段维修中心有两台可以负责全线的维修工作站(MSW)。这台 MSW 通过地面 DCS 的以太网与 CMS 连接,实现全线的维修相关功能。维修中心还有两套网管设备和一套 WCS,用于管理 DCS 子系统,独立于 SMSS。

③控制中心。

在控制中心的一台 MSW 用以监视全线。它与 CMS 结合起来,实现维修相关的功能。CMS 和监视全线的 MSW 都连在地面 DCS 的以太网上。当 CMS 主服务器故障时,它还有一台服务器备用。

④设备集中站。

设备集中站的硬件架构都是一样的。每个都有一台 MSW 和一台打印机。MSW 与 CMS 进行通信,提供其所辖区域内的有关车站 ATS、MicroLok Ⅱ、信号机、计轴、PDI、转辙机、ZC 和 Frontam 维修信息。注意,车站 MSW 没有中央 ATS、车载、DCS、PSP、UPS 的维修信息。CMS 接收、存储和处理来自 ATS、ZC、车载、MicroLok Ⅱ、信号机、计轴、PDI、ZC 和 Frontam 维修信息。

2)维修子系统功能

维修子系统是一套集数据采集、数据通信、处理、控制、协调、图文显示为一体的综合数据应用和管理系统。

维修子系统可以对地铁信号的维护工作提供可靠、有效的数据支持和理论基础。

①维修子系统工作的基本流程。

a.子系统搜集信号系统主要设备的工作状态信息和故障信息;

b.子系统对搜集的信息进行分类、统计、分析;

c.对站场信息通过站场图的形式显示轨旁设备及列车的运行状态,设备工作状态;

d.对报警信息通过报表的形式进行展现。

②信号维修子系统的功能定位为对信号系统的本地和远程监测及报警。

ATC 系统具有较完善的自检和自诊断功能,能对全线的中央设备(含电源设备)、车站设备(含电源设备)、轨旁设备、车载设备以及车-地通信设备进行实时监督和故障报警,并能准确报警到板级。系统能够经专输通道在车辆段维修中心、运营中心实施远程故障集中报警和维护管理,在现场能够使用便携计算机实施故障诊断,对设备故障诊断定位到板级。

在运营中心、车辆段、停车场、车站具备对信号设备运行的工作状态和主要电气性能指标进行在线监测功能。当设备的工作状态异常或电气性能指标偏离预定界限时,实时给出报警及设备状态信息。

ATS、ATP/ATO(含地面及车载)、联锁各子系统设备具有自诊断及监测报警的功能,并能定位到板级,除在相应的终端上进行现地显示检测和报警外,报警信息传至运营中心、车辆段、停车场的监测报警设备,实现维护信息的集成处理(汇总、报告、显示、打印等)。

A.对基础信号设备仅监测其工作状态,基础信号设备的在线检测主要内容包括但不限于:

a.基础信号设备的正常运行状态;

b.站台紧急停车按钮的状态;

c.信号机灯丝监督及报警;

d.道岔挤岔报警;

e. 道岔表示缺口监测报警：通过在室内外增加道岔缺口检查设备，来实现该功能。

f. 电源设备（含 UPS）的报警；

g. 熔丝报警等。

B. 车载设备向维护监测系统传送的相关故障及诊断信息，主要包括不限于：

车载设备的状态信息、车门状态、制动状态、运行模式、出库前的静态测试结果（未能通过测试的结果将报告给 ATS）等。

C. 信号设备故障报警的分类：

一级报警信息（涉及行车安全）和二级报警信息（影响列车运行和设备正常工作）采用声光报警，须经人工确认后才能停止报警，除在监测报警工作站和相应的维护终端进行报警外，同时在相应的行车调度人员工作站进行报警。

一般报警情况为三级报警，可采用红色显示报警信息，仅在监测报警工作站和相应的维护工作站上显示和报警，一般报警情况不影响列车运行和设备的正常工作。

运营中心、维修中心的监测报警设备接收、存储、统计和处理整个信号系统的故障报警信息，并能按要求生成所有信号设备报警和各单项设备的日表、月表、季表和年表，实现维护监测信息的汇总、报告、显示、打印等集成处理。故障信息的时间和日期标签将与主时钟同步。

运营中心、车辆段、停车场的监测报警设备具有智能化集成管理功能，对信号系统的各设备进行维护信息分析，提出对信号设备的维护管理计划，提供维护支持。

信号监测子系统不影响被监测设备的正常工作：

a. 报告 ATS、ZC、车载、联锁、信号机、转辙机、计轴、电源屏、UPS 和 TDI 的报警；

b. 提供已存储报警的统计功能；

c. 显示所有已存储报警的日报、月报、季报和年报；

d. 分析每台信号设备已存储的维修数据；

e. 提供维护信息历史报告用于信号设备的维修管理计划；

f. 提供维修支持；

g. 打印报表可以用来作为维护人员的维护工作单。

③详细的维修信息包括但不限于：ATS 在线系统、计算机系统失效报警、外围连接状态。

④ZC 维修信息。在线可替换单元（LRU）状态、诊断信息、预维修信息。

⑤车载维修信息。

a. LRU 状态；

b. 车载通信报警；

c. 速度传感器报警；

d. TOD 通信报警；

e. 列车接口报警；

f. 牵引报警；

g. 常用制动报警；

h. 应答器（静态和动态）读取器报警，如果列车经过了一个应答器；

i. 车门测试结果；

j. 列车完整性故障报警。

⑥联锁维修报警。

a. 信号机；

b. 信号机断丝报警；

c. 车站灯丝预报警；

d. 转辙机；

e. 挤岔报警（转辙机不在期望位置）。

⑦计轴维修报警。包括故障报警、站台发车指示器、报警信息。

⑧其他功能。

a. 数据分类、归纳功能；

b. 数据报表展示功能；

c. 数据曲线显示功能；

d. 联锁信息通信状态；

e. 其他系统信息通信状态；

f. 站场信息回放功能；

g. 报警信息汇总、统计、分类功能。

3）基本操作

①操作须知。

主要涉及模块的物理防护、静电防护等。针对不同开发商提供的产品，都会有不同的基本操作要求。维护人员须牢记，按指引来操作。

②模块的标记。

一般来讲，每个模块都以一个简称以及一个位于前嵌板左部的竖向编号进行标记。此外还有单元本身的编号。

没有前嵌板的模块，其标签位于前插头上。

模块中如有应用程序，程序版本将标出。属于单元框架内插入处的模块可由单元架上部的锁定杆的由简称和编号组成的标签确定。

装在前嵌板上部和下部的编码片避免了标有错误名称的整个模块插入单元架。由此避免了错误模块的叶片和单元架内的舌片的接触。

③抽取模块。

一般要求只有不带电的情况下才允许抽取或插入模块，因此，在抽取模块前必须将有关模块的供应电压关闭。

由锁定杆固定的模块，必须通过松开螺丝才能取出。对于有把手紧紧连接在前嵌板上的模块，可通过拉把手从单元架中拉出，如果模块与单元架连得太紧，必须使用抽取工具，将此工具固定于模块把手之后，以抽出模块。

如果模块带有插头，松开在顶部和底部的螺丝，取下插头，将抽取工具钩进底部或顶部块，以取出模块。

供电模块则先要松开角落的 4 个螺丝，然后通过底部的拉取把手取出。

④插入模块。

如果模块是由锁定杆固定的，先松开锁定杆螺丝，拉出锁定杆，按照安装图插入模块。必须按照安装图插入前插头，并用螺丝固定。将模块装入单元架之后，锁定杆的螺丝必须重新拧紧。供电模块插入后必须用螺丝固定。在插入模块时,注意顺着引导轨插入。

⑤对故障模块的处理。

对被确定的故障模块必须装入包装并附上问题报告送返制造商。对被维修的模块必须进行和新模块交货前同样的鉴定。

⑥模块内存储部件的更换。

在一些模块内有存储部件(EPROM),存储部件插在插座上,在修改软件时,就可将其更换。更换模块上的存储部件时应遵守以下原则:

a. 在开始工作前必须接触模块放置位置以保持电荷平衡。

b. 从模块内取出的部件只允许放置在导体上。

c. 只可使用相关工具将部件从底座中取出。

d. 必须不损坏或扭曲部件的针脚。

e. 插入部件时要注意插入方向的正确。方向插错可导致无法修复的故障。

f. 插入时要注意把针脚正确无误地插入底座。

g. 用手小心地将部件推入底座。

h. 在插入和推入期间要不扭曲针脚。

i. 在对模块进行测试前再次检查插入方向及部件底座是否正确。

j. 交付程序部件前,如果因为程序修改而改变了版本,应贴上新的标签。

4)主要操作

①设备的重启、复位操作。

重启、复位操作是设备维护的基本操作,针对不同的开发商提供的不同设备,该过程并不相同,须根据开发商提供的操作手册进行操作。

②日常巡检。

a. 运营结束后需对每列车的设备外观及紧固部件进行检查,检查车载 ATO 设备的启动是否正常。

b. 使用专用诊断软件工具分析当天运营的有效数据。

③静态测试。

a. 检查设备外观。

b. 使用专用仿真工具测试 ATO 的输入输出。

④动态测试:在试车线或正线实际运行来真实检测 ATO 设备的状态。

5)维修技能

①系统的维修工艺标准。

维修工艺标准是根据系统设备而定的,不同系统有所不同,但维修人员必须掌握相应系统的维修工艺标准。

②系统的维修操作。

维修人员熟练掌握系统的维修操作,使设备达到维修工艺标准。根据维修规程进行 ATO 系统设备不同级别的维护。

③ATO 系统设备的配线及安装。

维修人员熟练掌握系统设备的配线及安装,能组织更换安装配线端子和整台 ATO 机柜设备。更换设备的注意事项如下:

a. 要完整记录设备原来的状态。

b. 对所有没有标注的线进行标注。

c. 要断开相关的电源。

d. 要使用正确的工具。

e. 注意部件拆卸和安装的顺序。

f. 安装好后要核对所有妾线和部件。

g. 上电测试。

【任务实施】

任务提出

维修子系统是城轨信号系统的一个辅助系统,从业前应有所了解。

任务的实施步骤及工作要点

1. 准备相关资料,西门二、浙大网新维修与诊断系统相关教学引导资料等。

2. 学生分组讨论学习计划。

3. 组织学生讨论学习西门子和浙大网新的维修子系统的基本功能和结构。

4. 各组通过现场设备、视频及各种学习资料进行任务的实施。

5. 各组将学习的成果进行交流汇报。

6. 学生的学习情况评价。

【任务考评】

任务实施过程考核评价表

考评项目		配分(分)	要 求	学生自评	小组互评	教师评定
知识准备	基本知识掌握	5	熟悉的程度			
任务完成	学习计划	5	合理性			
	基本概念掌握	20	熟悉的程度			
	诊断系统的诊断与服务部件功能掌握	20	熟悉的程度			
	维修子系统主要设备调整、操作、维修掌握	20	熟悉的程度			
	任务实施过程记录	5	详细性			
	所遇问题与解决记录	5	成功性			
课堂表现		5	遵守上课纪律、态度			
协调合作,成果展示成绩		15	小组成员的参与积极性、成果展示的效果			
成 绩						
总成绩 (根据需要按照自评、互评和教师评价作百分比计算,以学生为主、教师为辅)						

任务 3　培训子系统

【场景设计】

1. 城轨现场教学或校内培训子系统模拟实验室内教学,人数根据需要确定。

2. 城轨现场、学校实训设备、多媒体、教学引导资料等。

3. 考评所需记录、评价表。

【知识准备】

(1)**概述**

培训子系统由两部分的培训设备设施组成。其中控制中心的培训设施主要用于培训 ATS 操作员;培训中心主要用于培训维护人员以维护轨旁和车载设备,也配备有车站级的 ATS 设备。

培训中心将位于车辆段,为受训的维护人员和参观人员提供详细的信号系统功能介绍。同时培训中心装备了相应的联锁系统和车站级 ATS 设备,以及 ATP/ATO 系统(包括车载系统及其通信子系统),以此对维护人员进行系统功能演示培训。

(2)**培训子系统功能及设备构成**

培训设备的典型构成如图 8.6 所示。

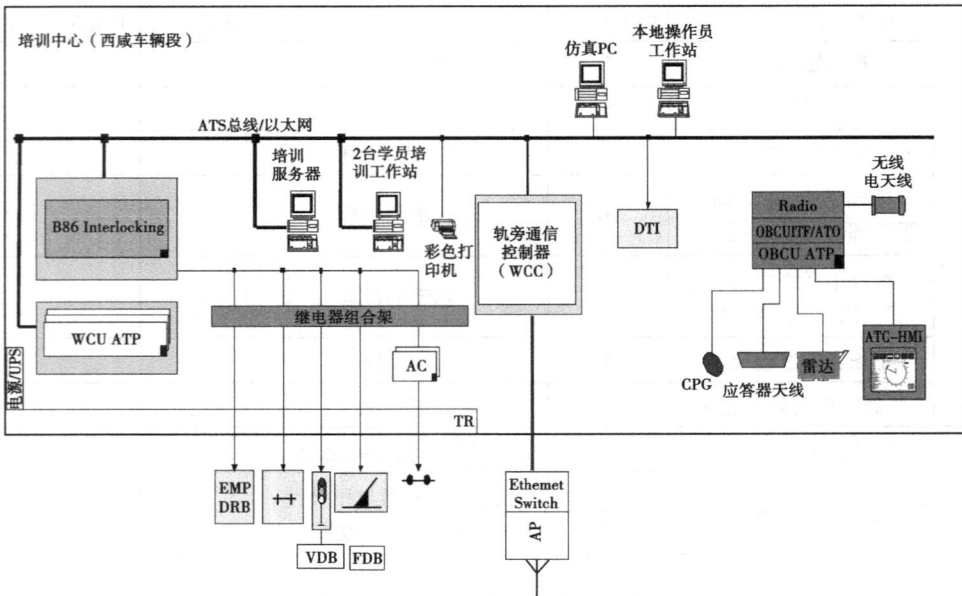

图 8.6　典型培训设备构成示意图

1)典型的培训设备包括以下设备:

①联锁系统。

②ATP 轨旁单元(WCU_ATP)。

③培训人机界面工作站(含打印机)。

④现地控制工作站。

⑤ATP/ATO 车载单元(含天线)。

⑥车载人机界面设备。

⑦室外计轴设备。

⑧室内计轴设备(运算单元)。

⑨地车双向通信的通信设备。

⑩固定数据应答器和可变数据应答器。

⑪室内和室外电路、电缆终端架。

⑫紧急关闭按钮、发车指示器、无人自动折返按钮。

⑬电源设备。

⑭转辙机(含正线及车场)。

⑮信号机(含正线及车场)。

2)培训子系统设备功能

培训中心的培训设备用于培训信号维护人员,使其熟悉 ATP/ATO 系统(包括车载单元和联锁系统)的功能。该设备有助于培训人员掌握故障的识别和处理,测试维护人员的训练水平,并有助于司机的培训。

培训内容涉及以下系统功能:

①联锁系统和 ATP 轨旁单元的主要功能。

②基本的维护操作和预防措施。

③更换硬件模块。

④操作测试和测量工具。

⑤识别、分析和排除故障。

⑥ATP/ATO 车载单元的主要功能。

⑦基本的维护操作和预防措施。

⑧更换硬件模块。

⑨操作测试和测量工具。

⑩识别、分析和排除故障。

⑪计轴设备的主要功能。

⑫基本维护操作和预防措施。

⑬更换硬件模块。

⑭操作测试和测量工具。

⑮识别、分析和排除故障。

⑯模拟列车的追踪运行和折返运行。

⑰模拟列车运行的自动和人工调整。

⑱模拟各种速度等级下车载设备的执行和反映情况。

设备可显示出一个联锁区段(包括相关 ATP/ATO 功能)的主要工作状态。在有无实际室外元件(如转辙机、信号机)和车载单元的情况下都可以进行培训。如果没有连接室外设备或车载单元,将使用内部模拟,这样就可以在不妨碍或危及客运的情况下进行人员培训。

（3）**培训子系统设备原理**

1）培训人机界面工作站

操作员控制台具有操作联锁所需的所有功能单元。操作和显示系统由市场可购得的标准元件组成,如 PC 和显示器等。

2）联锁机柜和 ATP 轨旁单元

用于培训的联锁机柜包括相应的元件控制器机柜。除了配置上减少了一些接口模块外,该机柜与安装在正线上的设备相同,此处不再赘述。

联锁计算机安装在机柜中,由处理和选择单元、通讯板、用于信号机和道岔的现场元件板 3 部分组成。

3）ATP/ATO 车载单元

ATP/ATO 车载单元与安装在列车上的设备相同。车载单元由包含模块的 ATP 计算机、包含模块的 ATO 计算机、与 ATP 轨旁单元相连的通信设备组成。

为避免培训设备相关的无线信号机和正线上的无线报文之间相互干扰,卖方建议 ATP 轨旁单元和 ATP/ATO 车载培训单元之间使用电缆连接,作培训之用。电路间的信号内容与正线的信号内容相似。

4）培训子系统的性能

提供给本项目的培训子系统将使用与正线相同的硬件。因此,对买方员工的培训可以达到最好的效果。提供的培训设备的硬件和性能要求将与正线设备保持一致。

5）培训子系统设备的软件

信号系统的软件会按照标准模式设计,在工程设计阶段只需要应用数据配置。若需对功能进行修改和对系统进行延伸时,基础的软硬件能重复使用。

【任务实施】

任务提出

培训子系统认知。

任务的实施步骤及工作要点

1.准备相关资料,培训子系统设备视频资料等。

2.组织学生去实训场地分组进行任务实施。

3.学生分组讨论学习计划。

4.教师组织讨论各组学习计划。

5.各组通过现场设备、视频及各种学习资料进行任务的实施。

6.各组将学习的成果进行交流汇报。

7.对学生的学习情况进行评价。

【任务考评】

任务实施过程考核评价表

考评项目		配分（分）	要 求	学生自评	小组互评	教师评定
知识准备	现场参观安全教育	5	安全教育考试合格			
	基本知识掌握	5	熟悉的程度			

续表

	考评项目	配分(分)	要 求	学生自评	小组互评	教师评定
任务完成	学习计划	5	合理性			
	基本概念掌握	15	熟悉的程度			
	培训子系统设备的构成、功能掌握	20	熟悉的程度			
	培训设备原理掌握	20	熟悉的程度			
	任务实施过程记录	5	详细性			
	所遇问题与解决记录	5	成功性			
现场参观表现		5	违章不得分			
协调合作,成果展示成绩		15	小组成员的参与积极性、成果展示的效果			
成 绩						
总成绩 (根据需要按照自评、互评和教师评价作百分比计算,以学生为主、教师为辅)						

思考题

1. 西门子试车线室内外设备有哪些?
2. 西门子试车线控制盘按钮及表示灯是如何设置的?
3. 简单说明西门子试车线试车过程。
4. 试车线可以完成哪些功能?
5. 浙大网新试车线的室内外设备有哪些?
6. 浙大网新试车线可以完成哪些方面的测试?
7. 简述城市轨道交通维修子系统的功能。
8. 简述浙大网新维修子系统的结构组成。
9. 简述城市轨道交通培训子系统的功能。
10. 培训子系统典型的培训设备有哪些?

参考文献

［1］北京国铁信通 DS6-K5B 计算机联锁系统培训手册.

［2］林瑜筠.城市轨道交通信号［M］.北京:中国铁道出版社,2008.

［3］刘建国.城市轨道交通概论［M］.北京:中国铁道出版社,2010.

［4］西门子信号系统培训手册。

［5］浙大网新信号系统培训手册。

［6］何宗华,汪松滋,何其光.城市轨道交通通信信号系统运行与维修［M］.北京:中国建
筑工业出版社,2007.